Colin Rose · Malcolm J. Nicholl

M.A.S.T.E.R.-Learning

Colin Rose · Malcolm J. Nicholl

M.A.S.T.E.R.-Learning

Die optimale Methode für leichtes und effektives Lernen

Aus dem Amerikanischen von Bringfried Schröder

mvg

Die Deutsche Bibliothek – CIP-Einheitsaufnahme

Rose, Colin:
M.A.S.T.E.R.-Learning : die optimale Methode für leichtes und effektives Lernen / Colin Rose und Malcolm J. Nicholl / Aus dem Amerikan. übers. von Bringfried Schröder. – Landsberg am Lech : mvg-verl., 2000
Einheitssacht.: Accelerated learning for the 21st century <dt.>
ISBN 3-478-08681-7

Für Joanna, Susan, Alexander und Catherine,
mein ganz persönliches 21. Jahrhundert
Colin Rose

Für Maggie und Mom und Dad,
von denen ich soviel lernen durfte.
Malcolm J. Nicholl

Titel der amerikanischen Originalausgabe: „Accelerated Learning for the 21st Century"
Übertragen aus dem Amerikanischen von Bringfried Schröder

Erstmals erschienen unter dem Titel „Der totale Lernerfolg – unsere wahren Lernpotenziale aktivieren" (ISBN 3-478-71880-5).

Umschlaggestaltung: Vierthaler & Braun, München
Redaktionelle Mitarbeit für die Gesamtausgabe: Claudia Monnet und Barbara Hellberg
Satz: Fotosatz H. Buck, Kumhausen
Druck- und Bindearbeiten: Ebner Ulm
Printed in Germany 08681/900502
ISBN 3-478-08681-7

Inhaltsverzeichnis

Vorwort zur deutschen Ausgabe

Tatsächlich: Es funktioniert!

Für mich gibt es keinen passenderen Einleitungssatz für dieses Vorwort. Vielleicht waren meine Erfahrungen auch der Grund, dass Colin Rose mich bat, seinem Buch einige einleitende Worte voranzustellen. Denn ein Experte für Lernen bin ich wahrlich nicht: Sicher hat Colin Rose zu diesem Thema bereits mehr vergessen, als ich je wusste.

Praktische Fragen des Lernens interessieren mich erst seit wenigen Jahren. Mit wachsendem Unmut hatte ich festgestellt: Eigentlich erfüllen die Erfolge meiner Vorlesungen (an der Hochschule) und Seminare (in der Wirtschaft) meine Ansprüche nicht. Ich halte mich für keinen schlechten Dozenten bzw. Trainer und bin auch der Meinung, die von mir vermittelten Inhalte sind nützlich. Dennoch stellte ich eines Tages fest: In der Hochschule war der Lehr- bzw. Lernerfolg eher bescheiden – legt man nicht die Menge des auswendig Geplapperten, sondern die Fähigkeit des Problemlösens zu Grunde. In den Praxisseminaren sah es ähnlich aus – orientiert man sich nicht an der Zustimmung der Teilnehmenden, sondern an den tatsächlichen Verbesserungen im beruflichen Alltag.

Gerade im Hinblick auf die zahllosen in der – wie es so schön heißt – freien Wirtschaft durchgeführten Seminare zum Thema Kommunikation erfüllt es mich inzwischen mit großem Staunen, wie viel Zigmillionen jährlich zum Fenster hinausgeworfen werden. Sieht man nicht, dass kaum konkrete Verhaltensänderungen erreicht werden, oder will man es nicht sehen? Man bestaunt nicht nur des Kaisers neue Kleider. Nein, man bezahlt sogar die Schneider hervorragend und nimmt jede ihrer neuen Kreationen begeistert auf – bis die neue Mode kommt.

Auch bei mir hat es eine Weile gedauert, bis ich mich diesen Fragen stellte. Und wäre ich nicht weit über 10 Jahre Unternehmer gewesen, hätte ich diese selbstkritische Phase vielleicht nie erreicht. Als Dozent/Trainer neigt man nämlich schnell zu der Ansicht: Was kann ich dafür, wenn andere meine tollen Ideen nicht umsetzen? Als Unternehmer sollte man sich jedoch irgendwann klarmachen: Der Wert einer Mitarbeiterschulung misst sich nicht an deren Dauer oder am Gefühl der Teilnehmenden gegen Ende einer Veranstaltung. Maßstab dürften eigentlich nur die daraus resultierenden Verhaltensänderungen bzw. erkennbare positive Konsequenzen für das Unternehmen sein. Beim Erwerb einer Maschine reicht es auch nicht, dass der Einkäufer ein gutes Gefühl hat.

In dieser Phase der Selbstkritik machte mich ein Freund (der natürlich nicht in der Hochschul-Landschaft tätig ist) auf die in England ansässige Accelerated Learning Systems Ltd. von Colin Rose und ihre Produkte zum Thema Lehren und Lernen aufmerksam. Meine Frau befasst sich als Geschäftsführerin in einem Flensburger Unternehmen mit ähnlichen Fragen. Sie nahm Kontakt zu Colin Rose auf – und so kam ich in den Genuss der Methoden, die inzwischen unter der deutschen Marke Aktivierende LernSysteme® zusammengefasst sind.

Ein konkretes Beispiel: Seit meinem Eintritt in die FH Flensburg vor elf Jahren versuche ich, Studenten Moderationstechnik zu vermitteln. Allerdings hat sich auf Grund teilweise verfünffachter Teilnehmer- und halbierter Stundenzahlen der anfängliche Ausbildungs-Idealzustand in sein genaues Gegenteil verkehrt. Vor zwei Semestern war es dann soweit: Ich war fest entschlossen, diese Veranstaltung einzustellen. Der Studierbetrieb ließ es nicht mehr zu, Moderations*fertigkeiten* zu vermitteln. Nach gutem Zureden durch meine Frau entschloss ich mich jedoch zu einem letzten Versuch, allerdings mit einer vollkommen neuen Veranstaltung auf der Basis des Training- and Development Program (TDP) von Accelerated Learning Systems. Dieses Programm soll das gewährleisten, was Colin Rose und Malcom J. Nicholl in diesem Buch vorstellen: *Aktivierendes Lernen* mit langfristigen Lernerfolgen unter Einsatz des M·A·S·T·E·R-Plans.

Und es funktionierte. Die Versprechungen der englischen Werbebroschüre zum TDP, denen wohl jeder Dozent und Trainer anfangs skeptisch gegenübersteht, waren nicht übertrieben: Rund 90 Studierende lernten aktiv an drei Tagen den sinnvollen Einsatz der Moderationstechnik (und es hätte auch mit 150 Teilnehmenden geklappt!). Außerdem war meine zeitliche, physische und psychische Belastung weitaus geringer als früher. Und nicht zuletzt: Auf Grund der sichtbaren Ergebnisse des Lernprozesses konnte ich anstelle von Teilnahmescheinen sogar aussagekräftige Leistungsscheine ausgeben.

Die Veranstaltung „Moderationstechnik" ist natürlich nicht mein einziges Beispiel für die Wirksamkeit der in diesem Buch beschriebenen Lerntechniken. Zwei ebenfalls beeindruckende andere: Diese Techniken helfen hervorragend bei desinteressierten Studierenden. Diese Spezies lernt man z.B. an anderen Hochschulen bei Lehraufträgen für nicht prüfungsrelevante Fächer kennen. (Frage an einen Studenten: „Es interessiert mich, warum man ohne Schreibutensilien eine Vorlesung besucht." Antwort: „Es wird keine Klausur geschrieben.") Und sie helfen natürlich bei firmeninternen Schulungen. In einem Fall hatte ich sogar die Möglichkeit eines direkten Vergleichs: Bei zwei inhaltlich identischen Trainingsworkshops für dasselbe Unternehmen konnte ich den zweiten Workshop auf die Techniken des aktivierenden Lernens umstellen. Die Unterschiede in Lernatmosphäre und Lernerfolg waren verblüffend.

Im Begriff „Lehren" schwingt – bewusst oder unbewusst – die Vorstellung mit, irgendein klügerer, erfahrenerer oder einfach besserer Mensch könne einem anderen (zwangsläufig dümmeren, unerfahreneren oder schlechteren) Wesen etwas geben. Man gibt Mitmenschen Zeitungen, Schraubenzieher und Kuchen, warum nicht auch Wissen, Können und Erfahrungen? Dieses Buch ist zwar in erster Linie für diejenigen geschrieben, die wissen möchten: Wie lerne ich erfolgreich, langfristig und sogar mit Spaß? Es macht jedoch auch deutlich: *Lehren beinhaltet zum allergrößten Teil, andere zum selbstständigen Lernen zu aktivieren. Diese Techniken nützen daher nicht nur den Selbst-Lernern, sondern auch den Fremd-Lernern bzw. Lehrern. Genauso wenig, wie man andere motivieren kann, lassen sich andere (be-)lehren: Es gibt im Grunde genommen nur Selbst-Motivation und Selbst-Lernen bzw. Anleitungen zum Selbstmotivieren und Selbstlernen.*

Was ist nun das Besondere an diesem Buch, was sind die Gründe für die Wirksamkeit der hier vorgeschlagenen Mittel und Methoden? An dieser Stelle möchte ich lediglich auf die Punkte hinweisen, die mir für den deutschen Sprachraum besonders interessant erscheinen: Hier gehen die „Lern-Uhren" zum Teil anders.

- Rose/Nicholl legen Wert auf das Beantworten der Frage „Wie lernt man?", wobei sie diejenigen Prozesse stark berücksichtigen, die sich zwischen den Ohren abspielen. Wo sonst spielt sich Lernen ab? Die Frage „Was ist Lernen?" interessiert sie (und sicher auch die meisten Lernwilligen) weniger. Karl R. Popper hätte Beifall gespendet: Er hält „Was-ist?"-Fragen für typisch unfruchtbare Fragen.

- Dieses Buch enthält Anleitungen zum Berücksichtigen der individuellen Lernfertigkeiten und -fähigkeiten. Diese höchst wirksamen Ansätze besitzen für mich einen enormen Zusatznutzen: Sie sorgen dafür, dass eine zwar weitgehend unbekannte, aber viel Unheil anrichtende Gruppe ausgeschaltet wird. Wer sind diese Störenfriede? Seltsamerweise tauchen in der Fachliteratur vor allem *Lern*typen auf. Man verschweigt: Nach Eintritt in den Lehrerberuf wandeln sich diese fast automatisch in *Lehr*typen – die *einen* Lerntyp sehr gut ansprechen, die anderen aber dafür umso schlechter. Wer von uns hat nicht die Erfahrung in der Schule gemacht: Mit dem einen Lehrer „konnte" man, mit einem anderen nicht. Die von Rose/Nicholl vorgestellten lerntyp-bezogenen Techniken zeigen deshalb gleichzeitig Möglichkeiten auf, die Grenzen des eigenen Lehrtyps zu überwinden.
- Ferner schlagen sie ausgewählte Mittel und Techniken vor, die ihren Erfahrungen nach Lernerfolge sicherstellen. Ihre Hauptzielgruppe sind Menschen, die praktische Lernschwierigkeiten erfolgreich beheben möchten, nicht Personen mit theoretischen Lehrproblemen. Im Interesse ihrer Zielgruppe und auf der Basis ihrer großen *praktischen* Erfahrungen treffen sie sinnvolle Auswahlentscheidungen. Genau das erwarten die meisten Leser. Wer einen Überblick über das möchte, was möglich ist, muss sich andere Literatur besorgen – hat dann jedoch die mühevolle Arbeit noch vor sich, die Rose/Nicholl hinter sich haben. Bringen Sie Ihr Auto zur Reparatur, wollen Sie weder Vorträge über grundsätzlich Mögliches hören noch selbst Entscheidungen treffen; Sie erwarten einen praktikablen Vorschlag. Genau deshalb gehen Sie zu einem Experten.
- Rose/Nicholls scheinen auch Anhänger des Ausspruchs von Einstein zu sein „Man soll alles einfach machen, aber nicht einfacher." Fast jeder weiß oder ahnt zwar: Es gibt weder Lern-Zauberstäbe noch Nürnberger Trichter. Aber fast alle hoffen im Stillen: Vielleicht kommt doch noch jemand „auf den Trichter". Dieses Buch liefert eine Vielzahl an Tricks und Tipps, die zu zauberhaften Ergebnissen führen sowie Zeit und Energie sparen. Aber an keiner Stelle wird behauptet, man gelange auch ohne Zeit- und Energieaufwand zum Ziel. Die Natur – auch die eigene – lässt sich oft überlisten, jedoch nicht ausschalten. Wie heißt es so schön in einem deutschen Sprichwort: Ehrlich währt am längsten.
- Schließlich und endlich: Was *mir* an diesem Buch am Besten gefallen hat, ist sein Stemmen gegen einen weit verbreiteten Trend: Es geht

ausdrücklich an gegen die bei populären geisteswissenschaftlichen Themen vorherrschende Ex-und-hopp-Mentalität. Endlich hielt ich ein Buch in der Hand, das mir nicht weismachen wollte, die „ultimative echt total neue Methode" zu besitzen, um im Handumdrehen das zu erreichen, was bisher unmöglich war. Das Erschütternde an den Erkenntnissen von Rose/Nicholl ist das genaue Gegenteil: Alles Wichtige ist seit Jahren und Jahrzehnten bekannt. Nur – um es einmal überspitzt und unwissenschaftlich auf den Punkt zu bringen – kein Mensch kümmert sich darum. Noch mehr Bücher wie dieses, und vielleicht gelingt es uns wie in den Naturwissenschaften, aus der Kombination von bewährten und neuen Erkenntnissen und Erfahrungen ein ausbaufähiges System von hoher praktischer Relevanz zu zimmern.

Mir bleibt nur, dem Buch von Colin Rose und Malcolm J. Nicholl auch im deutschen Sprachraum von ganzem Herzen den Erfolg zu wünschen, den es verdient: Natürlich eine weite Verbreitung, aber vor allem ein erfolgreiches Umsetzen von Lehrenden und Lernenden bei Lernaufgaben in Alltag und Beruf.

Dr. Wolfgang J. Linker
Flensburg, im Juli 1998

Dr. Linker ist seit 11 Jahren Professor im Schwerpunkt Marketing an der Fachhochschule Flensburg. Davor war er Geschäftsführer in einem Marktforschungsinstitut und einem mittelständigen Industrieunternehmen. Seit 7 Jahren befasst er sich mit Spezialfragen der menschlichen Kommunikation. Im letzten Jahr konzipierte er ein Projekt, das inzwischen bundesweit und im Ausland auf Interesse gestoßen ist: Unter dem Namen „Konfuzius-Projekt" und auf der Basis sehr spezieller Techniken wurde Anfang 1998 Niebüll zur ersten lernenden Stadt Deutschlands. Nicht allein des Lernens wegen: Damit will man den wachsenden Problemen eines Wirtschaftsraums erfolgreich begegnen.

Einleitung

Die Imperien der Zukunft werden die des Geistes sein.
SIR WINSTON CHURCHILL

- Der Wandel der Welt beschleunigt sich.
- Leben, Gesellschaft und Wirtschaft werden immer komplexer.
- Das Wesen der Arbeit verändert sich radikal.
- Berufe verschwinden: immer mehr, immer schneller.
- Wir leben in einer Zeit der Unsicherheit.
- Die Vergangenheit dient uns immer weniger als Wegweiser.

Das sind die hervorstechenden Merkmale der letzten turbulenten Jahre dieses Jahrtausends. Eltern, Pädagogen, Unternehmen und Regierungen müssen sich den Herausforderungen stellen, die sich daraus ergeben.

Erfolg im 21. Jahrhundert wird vor allem davon abhängen, wie gut wir und unsere Kinder angemessene Fähigkeiten entwickeln, die vernetzten Faktoren Geschwindigkeit, Komplexität und Unsicherheit zu meistern. Es liegt in unserer Hand.

Wenn wir mit dem Tempo der Entwicklung mithalten wollen, müssen wir künftig schneller lernen. Die zunehmende Komplexität der Welt erfordert Fertigkeiten, Situationen logisch zu analysieren und Probleme kreativ zu lösen.

M.A.S.T.E.R.-Learning vermittelt Ihnen die notwendigen Grundvoraussetzungen, damit Sie schneller lernen und kreativ denken können. In diesem Sinne ist es ein Selbsthilfebuch.

Aber dieses Buch ist mehr. Es enthält auch einige wichtige Empfehlungen: wie wir unser Bildungswesen entscheidend verändern können und müssen. Wir als Gesellschaft brauchen dringend und bald viel mehr Menschen, die man gebildet nennen kann. Zur Zeit schaffen wir es gerade, eine kleine Minderheit gut auszubilden. Wir müssen dieses Prinzip aber auf die große Mehrheit ausdehnen.

Auch wenn Sie selbst keine Kinder im schulpflichtigen Alter haben, ist das Thema für Sie hier und jetzt von großer Bedeutung. Es betrifft Sie als Steuerzahler, als Bürger und als Berufstätiger.

Die wichtigen Berufe der Zukunft werden entweder geistiger Natur sein oder ganz spezielle Begabungen erfordern – zum Beispiel auf dem

Gebiet der Musik, der bildenden Kunst oder im Sport. Mechanische Arbeiten, bei denen es um ständige Wiederholung bestimmter Abläufe geht, werden weitgehend von Computer gesteuerten Maschinen übernommen oder in Billiglohnländer verlegt, die unter Überbevölkerung leiden und deren Regierungen Unternehmen subventionieren. Für schlecht ausgebildete Leute wird es einfach keine Arbeit mehr geben.

Aber selbst, wenn Sie heute noch in einem „geistigen" Beruf arbeiten, sind auch Sie davon betroffen. Wenn unser Bildungsniveau nicht erheblich angehoben wird, werden Sie unter höheren Steuern, einem niedrigeren Bruttosozialprodukt und unter mehr Kosten im Gesundheits- und Rentensystem zu leiden haben.

Ein niedriges Bildungsniveau, der Mangel an analytischen Fähigkeiten und die Unfähigkeit, Entscheidungen zu treffen, führen geradewegs in die wirtschaftliche Abhängigkeit. Sie werden in Zukunft mehr Steuern zahlen müssen, denn ein Land, das zu einem großen Teil aus Menschen besteht, die sich in einer High-Tech-Welt nicht zurechtfinden, muss mehr für die Arbeitslosen, für das Sozialwesen und die Verbrechensbekämpfung ausgeben. Sogar die Kosten des Gesundheitswesens werden steigen – denn zwischen Bildungsniveau und Gesundheit besteht ein enger Zusammenhang. Untersuchungen haben gezeigt, dass Menschen mit höherem Bildungsniveau in der Regel gesünder sind und länger leben.

Positiv betrachtet, besteht der Wohlstand einer Nation aus der Summe der genutzten Gehirnpotentiale ihrer Bürger – aus ihrer Kreativität und ihren Fertigkeiten. Mit anderen Worten, unser größtes Kapital ist unsere gemeinsame Gabe, schnell zu lernen und uns auf intelligente Weise an unvorhersehbare Situationen anzupassen.

Zur Zeit geht es in unseren Schulen allerdings fast ausschließlich darum, **was** die Kinder lernen und **was** sie denken sollen.

Wir meinen jedoch, dass es in einer Zeit der rapiden Veränderungen bedeutend wichtiger ist, den Kindern beizubringen, **wie** man lernt und **wie** man denkt.

Nur mit diesen Schlüsseln können wir in Zukunft die Veränderungen und die Komplexität meistern und unsere wirtschaftliche Unabhängigkeit sichern. Und nur so haben wir auch im 21. Jahrhundert noch die Chance, auf dem Arbeitsmarkt vermittelt zu werden. Und nur diese Schlüssel öffnen uns die Türen zu persönlichem Glück, dauerhaften Beziehungen und Wachstum. Lernen heißt auch verdienen lernen; auch im finanziellen Sinn. Hier besteht ein direkter Zusammenhang.

Wenn das Schaffen von Wohlstand, Sicherheit, Optimismus und Kreativität für Sie eine Gesellschaft lebenswert macht, müssen Sie darüber nachdenken, was in unseren Schulen passiert. Es ist unwichtig, ob Sie Schulkinder haben oder nicht. Dies betrifft uns alle.

EIN LEBENSLANGES ABENTEUER

Lernen heißt nicht nur Fragen zu beantworten. Es bedeutet auch nicht, Allgemeinbildung häppchenweise aufzunehmen. Erfolgreiches Lernen lässt sich nicht einfach an Zensuren und Zeugnissen messen. Es genügt auch nicht, das Wissen von anderen zu übernehmen. Lernen ist ein lebenslanges Abenteuer. Es ist eine immer währende Reise auf Ihren persönlichen Lernpfaden. Diese Pfade entstehen, während wir sie gehen. Deshalb müssen wir stetig analysieren und verbessern, wie wir lernen. Man muss sich seiner Lern- und Denkprozesse stets bewusst sein. Lernen beginnt nicht erst, wenn man in die Schule kommt, und es hört nicht auf, wenn man in Pension gegangen ist. Wir dürfen nie aufhören zu lernen und das Gelernte anzuwenden.

Was bedeutet das? Wir müssen Veränderungen durchführen – und zwar dringend. Wir müssen allen Eltern helfen, schon vor der Einschulung ihrer Kinder zu Hause eine fruchtbare, intellektuell anregende Atmosphäre zu schaffen. Untersuchungen zeigen, dass sich 50 Prozent der Hirnkapazität in den ersten fünf, sechs Lebensjahren entwickeln. Ist es deshalb nicht sinnvoll, unsere Kräfte zu bündeln und diese frühen Jahre als eine spaßbringende und kraftgebende Lern- und Entwicklungsphase zu gestalten?

> **Der Marktplatz für das Lernen hat sich dramatisch verändert, mit den Hauptsegmenten Kunden, Arbeitnehmer und Studenten – genau in dieser Reihenfolge**
>
> **STAN DAVIS UND JIM BATKIN IN *THE MONSTER UNDER THE BED***

Die Grundschulklassen sollten kleiner sein. Die Eltern sollten aktiv mit der Schule zusammenarbeiten, und alle zusammen sollten den Kindern möglichst viele interessante, herausfordernde und sinnvolle Projekte anbieten, um die Neugierde zu wecken und Gedanken zu stimulieren.

Auf den weiterführenden Schulen muss dafür gesorgt werden,

dass die Schüler schon in den ersten Jahren Gelegenheit bekommen, selbstständig zu lernen, und die faszinierenden Möglichkeiten ausnützen können, die die neuen interaktiven Lernhilfen bieten. Sie sollten darüber hinaus jedoch auch in Gruppen zusammenarbeiten und sich mit Problemen beschäftigen, die sich auf die Gemeinde beziehen und die sie interessieren, weil ihr Leben dadurch unmittelbar beeinflusst wird. Die Schüler können auf diese Weise ihre elementaren Fähigkeiten entwickeln, ohne ihr kreatives Denken vernachlässigen zu müssen. Mit anderen Worten muss man sowohl das *Was* als auch das *Wie* des Lernens verändern.

Und wie sieht es mit den Erwachsenen aus – sogar wenn sie eine „abgeschlossene Ausbildung" haben und hochqualifiziert sind? Ihre Fertigkeiten mögen jetzt noch mehr als angemessen sein – und dennoch im neuen Jahrtausend nicht mehr akzeptabel sein.

In fast allen Berufen verdoppelt sich das Wissen alle zwei bis drei Jahre – das bedeutet, dass sich Ihr Wisssen ebenfalls in dieser Zeit verdoppeln muss, damit Sie mithalten können. Wenn Sie das aber versäumen, fallen Sie zurück.

Sie müssen sich einmal vorstellen, Ihr Industriezweig verschwindet plötzlich. Was würden Sie dann beruflich tun? Was können Sie eigentlich? Auf welchem Gebiet müssten Sie besonders gut sein? Können Sie mit dem rasanten Tempo der Veränderungen Schritt halten?

„Veränderung ist letzten Endes nur ein anderes Wort für Wachstum, ein Synonym für Lernen. Wir sind alle dazu in der Lage, und es kann sogar Spaß machen, wenn wir es nur wollen", sagt der britische Zukunftsforscher Charles Handy, ehemaliger Vorsitzender der Royal Society for the Encouragement of Art, Manufacture, and Commerce (RSA).

Um das Tempo der Veränderungen anschaulich zu machen, erzählt Handy eine Episode aus seinem Leben. Ende der fünfziger Jahre arbeitete er für ein weltbekanntes multinationales Unternehmen. Seine berufliche Laufbahn war programmiert und führte ihn bis in den Vorstand einer Firma, die ihren Sitz in einem Land am anderen Ende der Welt hatte.

Als Handy das Unternehmen ein paar Jahre später verließ, war nicht nur der Arbeitsplatz, den man ursprünglich für ihn vorgesehen hatte, verschwunden, sondern auch die Firma, deren Chef er werden sollte, hatte aufgehört zu existieren. Aber das war noch nicht alles: Auch das Land, in dem das Unternehmen seinen Sitz gehabt hatte, gab es nicht mehr. Wenn das keine Veränderungen sind!

Wir müssen mit der Zeit gehen, und wenn unser Job von uns nicht verlangt, dass wir ständig weiter lernen, die Initiative ergreifen, uns ein Urteil bilden, vernünftige Entscheidungen treffen und kreative Problemlösungen finden, ist er entweder schlecht bezahlt, fällt der Automatisierung zum Opfer oder wird in ein anderes Land „exportiert".

Fähigkeiten, die früher nur „Topmanager" brauchten, brauchen wir heute alle zum Überleben. *Jeder* muss sich Gedanken darüber machen, was er wissen muss, um in seinem Beruf gute Arbeit leisten zu können – jetzt und in Zukunft.

„Früher bestand der entscheidende Unterschied in unserer Gesellschaft darin, dass die einen mehr und die anderen weniger besaßen. Heute geht es vor allem darum, wer mehr weiß", so Brian Tracy, Autor von *Das Gewinner-Prinzip* und einer der bekanntesten amerikanischen Unternehmensberater und Seminarleiter.

John Sculley, der frühere Vorsitzende von Apple Computers, drückt das Ganze ebenfalls sehr treffend aus: „Die Ressourcen der neuen Wirtschaftsstrategien kommen nicht mehr aus der Erde. Es geht heute um Ideen und Informationen, und die kommen aus den Köpfen der Menschen.

Das Ergebnis: Während wir im alten Wirtschaftsgefüge reich an Mitteln waren, sind wir jetzt und fast über Nacht völlig verarmt. Unser Bildungssystem hat den Schritt vom bloßen Auswendiglernen von Fakten zum Erlangen kritischer Denkfähigkeiten nicht geschafft."

Unter dem Titel „Jobs im Zeitalter der Unsicherheit" schrieb das *Time Magazine*: „In einem Punkt sind sich die Experten absolut einig: Die Zukunft gehört den klugen Köpfen, die ihre Computer beherrschen und mit Glasfaserkabeln, E-Mails oder was es sonst noch alles geben wird sprechen können... ein High-Tech-Arbeiter muss bereit sein, noch einmal die Schulbank zu drücken, um etwas Neues zu lernen. Wenn er keinen Unternehmer findet, der bereit ist, dies zu finanzieren, muss er die Kosten selbst übernehmen, und das mindestens alle fünf bis zehn Jahre."

Einer dieser Experten, das Computergenie Bill Gates, Gründer der Microsoft Corporation, schreibt in seinem Buch *Der Weg nach vorn:* „In einer sich ständig verändernden Welt ist eine gute Ausbildung die beste Vorbereitung, um sich anpassen zu können. In einer Wirtschaft, die sich ständig im Wandel befindet, haben diejenigen Menschen und Gesellschaften die beste Chance, die entsprechend ausgebildet sind. Die Prämie, mit der die Gesellschaft bestimmte Fähigkeiten honoriert, wird

Bildung muss wieder neu erfunden werden.

Charles Handy in *The Age of Unreason*

immer höher steigen. Ich gebe deshalb jedem den guten Rat, sich um eine möglichst gute Ausbildung zu kümmern und anschließend immer weiter zu lernen. Interessieren Sie sich für alles Neue, und sorgen Sie dafür, dass Sie *Ihr ganzes Leben lang* nicht aufhören zu lernen."

Der Zukunftswissenschaftler Daniel Burns, Autor von *Techno-Trends – 24 Technologies That Will Revolutionize Our Lives,* drückt es so aus: „Die Zukunft gehört denen, die in der Lage sind, immer wieder etwas Neues zu lernen. Dieser Lerneifer wird im Laufe Ihres Berufslebens immer höher bewertet werden. Wir müssen erkennen, dass die Schätze eines Unternehmens seine Informationen und Menschen sind, nicht die Gebäude oder die Hardware. Der Wert der Menschen lässt sich ins Unendliche steigern, vorausgesetzt, man ist bereit, etwas zu investieren."

Eine derartige Investition heißt lebenslanges Lernen. Voraussetzung ist eine Partnerschaft zwischen Schülern, Eltern, Lehrern, Managern und Regierungschefs. Es muss ein Verhältnis sein, das dem Umstand Rechnung trägt, dass wir alle zusammen für unsere Bildung verantwortlich sind. Gemeinsam müssen wir die Quellen des menschlichen Geistes ausschöpfen.

1

Die Welt im Umbruch

Das ganze Leben ist ein Experiment.
OLIVER WENDELL HOLMES

Die Welt wird immer kleiner, und die Globalisierung ist nicht mehr aufzuhalten. An der Schwelle des 21. Jahrhunderts ist die Kommunikation zwischen den sieben Kontinenten etwas ganz Alltägliches geworden.

Bahnbrechende wissenschaftliche und technologische Erfindungen sind an der Tagesordnung. Die Datenbanken der Welt wachsen in nie da gewesenem Maße. Das Wissen – gemessen an der Zahl der Veröffentlichungen – verdoppelt sich alle zwei bis drei Jahre.

Überlegen Sie einmal:

- Heute kann ein einzelner Computerchip elektronische Operationen in einer vier Milliardstel Sekunde ausführen. Im Jahr 2000 wird er dazu nur noch 200 Billionstel Sekunden brauchen.
- Mit einem Knopfdruck lässt sich eine e-Mail in wenigen Sekunden von Computer zu Computer rund um die Welt schicken. Über eine einzige haarfeine Glasfaser lässt sich der Inhalt der *Encyclopaedia Britannica* – alle 29 Bände – in weniger als einer Sekunde übermitteln.
- Die Satellitentechnologie ermöglicht direkte visuelle Kommunikation zwischen der Mongolei und Manhattan, Laos und London. Manchmal schalten über eine Milliarde Menschen ihre Fernsehgeräte an, um dasselbe Sportereignis zu verfolgen.
- Der durchschnittliche amerikanische Haushalt empfängt heute 39 verschiedene Fernsehkanäle – die Zahl hat sich in den letzten zehn Jahren verdoppelt. Sehr bald werden es 500 Kanäle sein.
- Forschungsprojekte, die früher Wochen in Anspruch genommen haben, lassen sich heute bereits in Minuten durchführen. Über das In-

ternet haben wir von unserem Wohnzimmer oder Büro aus sofortigen Zugriff zu allen größeren Bibliotheken, Universitäten, Wissenschaftsjournalen, Zeitungen, Magazinen und vielen anderen Quellen.

- Mehr als 50 Millionen Menschen in 160 Ländern sind bereits an das Internet angeschlossen, und im Jahr 2000 rechnet man mit 200 Millionen Teilnehmern.
- Täglich reisen drei Millionen Menschen von einem Teil der Welt zum anderen. Die Fluglinien befördern jährlich eine Milliarde Passagiere. Im Jahre 2000 werden es zwei Milliarden sein.
- Allein die Zahl der Geburten in den nächsten vier Jahren wird größer sein als die der Weltbevölkerung zu Christi Geburt. Jedes Jahr nimmt die globale Bevölkerung um die Zahl der Einwohner Frankreichs und Englands zu. Und alle diese Menschen brauchen Lebensmittel und schließlich auch Arbeit.
- Unsere Großväter sind in den meisten Fällen noch mit einem einzigen Beruf ausgekommen. Unsere Eltern hatten vielleicht zwei oder drei Jobs. Die heutigen Schulabgänger müssen damit rechnen, dass sie ihren Beruf im Laufe ihres Lebens drei- bis viermal wechseln müssen – wohlgemerkt, ihren Beruf, nicht nur den Job. Heute kann man einen jungen Menschen nicht mehr fragen: „Was willst du einmal werden, wenn du groß bist?“ Die Frage muss lauten: „Was willst du *als Erstes* tun?“

Handys, Autotelefone, Faxgeräte, Voice Mail, e-Mail – ein schwindelerregendes Menü an Kommunikationsmöglichkeiten.

Faith Popcorn, Autor des Bestsellers *Der Popcorn-Report*, schreibt: „Man hat das Gefühl, dass selbst die Zeit schneller verfliegt als früher. Sofort bedeutet heute tatsächlich sofort – man hat kaum noch Zeit, Luft zu holen.

Die ‚Geschwindigkeit der Technologie‘ konfrontiert uns schneller mit den Tatsachen des Lebens, als wir sie verdauen können. Der Einsatz der neuen Technologien hat zur Folge, dass nicht nur die Informationen, sondern auch wir selbst jederzeit greifbar sind. Wir sind die meiste Zeit im wahrsten Sinne des Worte ‚on-line‘. Wir können uns nirgendwo verstecken. Es gibt keine Entschuldigung mehr, wir sind jederzeit und überall erreichbar.

Der gleiche Fortschritt, den wir so lieben, weil er uns Zeit verschafft, raubt uns mit der Geschwindigkeit der Elektronen die Zeit wieder. Die neuen Technologien tragen zu jenem Beschleunigungssyndrom bei, das uns aus unserem menschlichen Zeitgefühl herausreißt."

Ob Schnellimbiss oder schnelle Kommunikation, alles wird ständig rasanter. Wir leben in einer Zeit, in der Satelliten Bilder vom Jupiter zur Erde senden, in der Amerikaner und Russen gemeinsam unseren Planeten mit einer Geschwindigkeit von 28 000 Kilometern pro Stunde umrunden, in der fast täglich bahnbrechende Entdeckungen auf dem Gebiet der Wissenschaften und der Medizin gemacht werden, in der das gesamte Wissen, das in allen großen Bibliotheken der Welt lagert, buchstäblich auf Knopfdruck abrufbar ist.

ARBEITSPLÄTZE VERSCHWINDEN

Aber es ist auch eine Zeit, in der immer mehr Arbeitsplätze verschwinden. Auf jeder Besprechung, die in der Industrie stattfindet, diskutiert man heute darüber, was man tun muss, um das Ergebnis zu verdoppeln und die Belegschaft zu halbieren.

Und diese Manager wissen sehr wohl, welche sozialen Konsequenzen das hat. Aber sie müssen sich in einer Welt behaupten, in der der Wettbewerb immer härter wird, und sie sind davon überzeugt, dass sie weiter automatisieren müssen, weil auch die Konkurrenz menschliche Arbeitskraft durch Software ersetzt – und zwar auf allen Ebenen. Das Ganze hat für Sie – und für das Bildungswesen im Allgemeinen – so weitreichende Folgen, dass wir uns ausführlich mit diesen Problemen beschäftigen müssen.

Uns ist bewusst, dass die Automation vor allem die Arbeiten ersetzen wird, die sich ständig wiederholen und die keine besondere

Das Jahr 2000 wirkt auf die Menschheit wie ein starker Magnet, dessen Anziehungskraft sich bis in die neunziger Jahre erstreckt und diesem Jahrzehnt eine gewisse Intensität verleiht. Die Jahrtausendwende verstärkt Emotionen, beschleunigt Veränderungen, steigert das Bewusstsein und zwingt uns, uns selbst, unsere Werte und unsere Institutionen in Frage zu stellen.

John Naisbitt und Patricia Aburdene in *Megatrends*

Qualifikation erfordern. Das ist nichts Neues. Welche Folgen das für die Gesellschaft hat, dürfte allerdings weniger offensichtlich sein. Und es ist sicher auch noch nicht allen Leuten klar, dass man demnächst auch Arbeitsplätze streichen wird, die eine hohe Qualifikation verlangen.

In seinem Buch *Das Ende der Arbeit und ihre Zukunft* bringt Jeremy Rifkin viele Beispiele, wie Arbeitsplätze abgebaut werden. Einige von ihnen sind weiter unten in einer Übersicht zusammengefasst. Die Analyse soll als nüchterne Warnung dienen und beweisen, dass nur eine massive Erhöhung des Bildungsniveaus einen gesellschaftlichen Aufruhr verhindern kann.

Welche Arbeitsplätze sind bedroht? Mehr als Sie denken!

In den Industrieländern sind 60 Prozent aller Arbeitsabläufe ziemlich einfach und wiederholen sich ständig. Automaten und komplizierte Computer können die meisten dieser Tätigkeiten übernehmen. Allein in den USA gefährden Computer und Maschinen etwa 30 Millionen Arbeitsplätze.

Ein paar Fakten:

- Zwischen 1981 und 1991 verschwanden in den USA 1,8 Millionen Arbeitsplätze – während gleichzeitig die Produktivität um 35 Prozent stieg.
- Im größten Handelsblock der Welt – der Europäischen Union – waren 1996 etwa 18 Millionen Menschen ohne Arbeit. Wenn sie sich alle in einer Reihe aufstellen würden, wäre dies eine Menschenkette, die um den halben Globus reichen würde.
- Nur noch 17 Prozent der berufstätigen Bevölkerung in den USA arbeiten in Fabriken und nur noch zwei Prozent in der Landwirtschaft.
- Die Rüstungsausgaben (die Rüstungsindustrie hat in den dreißiger Jahren wesentlich dazu beigetragen, das Problem der Arbeitslosigkeit zu lösen) haben sich von sieben Prozent in den achtziger Jahren auf unter fünf Prozent in den Neunzigern verringert. Zwischen 1989 und 1993 gingen rund 800 000 Arbeitsplätze verloren. Und bis zum Jahr 2000 sollen noch weitere 1,2 Millionen gestrichen werden.
- Ein Industrieroboter kann etwa drei bis vier Arbeiter ersetzen und amortisiert sich in etwa zwölf Monaten. Die *Financial Times* in London schätzt, dass sich die Zahl der Roboter in den nächsten zehn Jah-

ren von 600 000 auf 2,4 Millionen vervierfachen wird. Wenn das zutrifft, werden weitere sieben Millionen Arbeitsplätze verloren gehen.

- In den USA und in Westeuropa werden innerhalb der nächsten zehn Jahre die Hälfte aller Textilarbeiter überflüssig sein – Folge der Auslagerung der Produktion in Billigländer oder des Einsatzes von Computern. In den letzten zwanzig Jahren hat sich die Zahl der Bergarbeiter um 60, die der Stahlarbeiter um 50 Prozent verringert. In den letzten acht Jahren wurden in der Reifenherstellung 30 Prozent der Arbeitsplätze eingespart. In der chemischen Industrie waren es 25 Prozent.

Das dürfte Sie nicht überraschen, denn ein Teil dieser Arbeitsplätze befand sich in veralteten Industriezweigen. Aber wie sieht es bei General Electric, dem führenden Unternehmen auf dem Sektor der Elektronik, aus? Das müsste doch ein sicherer Industriezweig sein. GE hat sich von 1981 bis 1993 von 400 000 auf 230 000 Mitarbeiter „gesundgeschrumpft“. In der gleichen Zeit haben sich die Umsätze des Unternehmens verdreifacht.

Das Ausmaß dieser Prozesse ist uns allen noch nicht so ganz klar. Das hängt vor allem damit zusammen, dass die meisten von uns der Ansicht sind, dass ein Roboter Teile ausstanzt oder Karosserien spritzlackiert. Die Wahrheit ist jedoch bedeutend komplizierter.

In den nächsten 25 Jahren wird die neue Wissenschaft der Nanotechnologie die industrielle Fertigung revolutionieren.

Diese Technologie ermöglicht, Moleküle mit Hilfe von Mikromaschinen zu manipulieren. Wissenschaftler entwickeln derzeit Maschinen, die nur so groß sind wie ein Molekül und schon bald in der Medizin eingesetzt werden können, um zum Beispiel Cholesterinablagerungen in verstopften Arterien zu entfernen.

In der industriellen Fertigung werden sie Abfälle in ihre atomaren Bestandteile zerlegen, und die einzelnen Atome wieder zur Herstellung neuer Produkte verwenden. Die Nanotechnologie macht es möglich, dass äußerst kostengünstig und zeitsparend produziert werden kann. Und diese ganze Entwicklung wird sich im Laufe von nur einer Generation vollziehen.

Die japanische Regierung hat beispielsweise einen Zehnjahresplan aufgestellt, der die Entwicklung von Computern vorsieht, die wie ein menschliches Gehirn operieren. Sie haben eine etwas „verschwommene“ Logik, können Stimmen erkennen, besitzen eine Art Nervensystem,

> **Die amerikanische Wirtschaft wird sich durch ihre Arbeitskraft definieren, und zwar als Summe der Fähigkeiten und Fertigkeiten der Menschen, die hier leben.**
>
> **ROBERT REICH, US-ARBEITSMINISTER**

optische Scanner und parallel laufende Prozessoren. (Warum wir allerdings unbedingt ein menschliches Gehirn nachahmen müssen, ist eine andere Frage.)

Es wird vielleicht keine 15 Jahre mehr dauern, bis wir eine neue Generation von Computern haben, die unser Sprech- und Denkmuster erkennen und auf „einfühlsame" Weise mit uns kommunizieren können. Diese neue Computergeneration wird natürlich auch in der Lage sein, das holographische Bild eines menschlichen Gesichts zu projizieren, so dass sie nicht nur wie Menschen *denken* kann, sondern auch so *aussehen* wird.

Viele Supermarktcomputer können bereits heute die Verkäufe an der Kasse registrieren und die Nachbestellungen organisieren und an die Lieferanten weiterleiten. In den Lagerhäusern der Hersteller wird die Ware von Robotern aus dem Regal genommen, verpackt, verschickt und in Rechnung gestellt. Ergebnis: Bei jedem Schritt werden weniger Menschen gebraucht.

Kein Grund zur Panik, meinen viele, das sei doch alles schon einmal dagewesen. Auch die Mechanisierung in der Landwirtschaft hatte damals zur Folge, dass natürlich bedeutend weniger Arbeitskräfte gebraucht wurden. Aber diese Leute konnten in den neu entstandenen Fabriken wieder beschäftigt werden. Und heute wird es so sein, dass die industrielle Arbeit nach und nach verschwindet und die Menschen statt dessen in größerem Maße im Dienstleistungssektor arbeiten werden.

Einen Augenblick! Werfen wir einmal einen Blick auf den Dienstleistungssektor.

- In den USA haben Banken und Sparkassen in den letzten fünf Jahren 300 000 Leute entlassen – und sie wollen noch vor der Jahrtausendwende weitere 700 000 Stellen abbauen. Das sind 30 Prozent der gesamten Arbeitsplätze. Die Versicherungen folgen diesem Beispiel.
- Bei AT & T (der US-Telefongesellschaft) fallen auf Grund der neuen Stimmenerkennungstechnologie 6 000 Fernvermittlungsstellen (und die Arbeitsplätze von 400 leitenden Angestellten) weg. Obwohl sich die Zahl der Telefongespräche in den letzten zehn Jahren

um 50 Prozent erhöht hat, sind bereits 40 Prozent der Arbeitsplätze abgebaut worden. In nur acht Jahren fielen im Bereich der Telekommunikation insgesamt 180 000 Arbeitsplätze dem Rotstift zum Opfer.

- Seit Einführung der Sichterkennungstechnologie vor sechs Jahren sind bei der amerikanischen Post 40 000 Arbeitsplätze überflüssig geworden.
- Auch der Einzelhandel wird sich durch die Datenautobahn erheblich verändern. Wenn sich das interaktive Fernsehen durchgesetzt hat, werden Filme über die Telefonleitung flimmern. Das heißt, sowohl die Videoverleihfirmen als auch die Fabriken, in denen die Videobänder für diese Läden kopiert worden sind, werden dann überflüssig sein. Darüber hinaus können Sie mit Hilfe des Internets die meisten Dinge direkt vom Hersteller beziehen, also den Groß- und Einzelhandel überspringen.

Aber schließlich werden sich doch wohl Ärzte, Musiker, Künstler, Schauspieler und andere Personen, die hochspezialisierte Tätigkeiten ausüben, keine Sorgen um ihren Arbeitsplatz machen müssen? Seien Sie da nicht so sicher:

- Am 7. November 1992 führte „Robodoc“, ein von der University of California in Davis entwickelter Roboter, die erste Operation an einem Menschen durch. Viele Krankenhäuser testen bereits Computerdiagnosen.
- Etwa 50 Prozent der Musik der Fernseh-Werbespots stammen von einem Synthesizer. Früher brauchte man dazu ein ganzes Orchester.
- Es ist heute schon möglich, Bilder und Bewegungen von Schauspielern zu digitalisieren, die längst tot sind. Man kann auf diese Weise Millionen von Bildern umprogrammieren und einen völlig neuen Film produzieren. Außerdem sind viele Zeichentrickfilme und Spezialeffekte computergesteuert.
- Es gibt inzwischen sogar ein Computersystem, mit dessen Hilfe man die Stimme aller möglichen prominenten Sänger naturgetreu synthetisieren kann, so dass sie irgendein Lied Ihrer Wahl singen. So könnte „Michael Jackson“ eine Oper und Pavarotti „House of the Rising Sun“ schmettern.

Holen wir erst einmal Luft. Was bedeutet das alles für uns und unsere Kinder? Wird es in dieser neuen Welt mit mehr Menschen und weniger Arbeitsplätzen ein „oben" und „unten" geben? Welche Konsequenzen hat das für Sie und Ihre Ausbildung? Wie sollen wir angesichts des schrumpfenden Arbeitsmarkts unsere Kinder erziehen? Unsere Analyse war doch sicher ziemlich einseitig, oder?

Es gibt tatsächlich eine Alternative, die uns einen bedeutend optimistischeren Ausblick gewährt. Man kann das Zeitalter der Informationen auch als den Beginn einer Kosten günstigeren Produktion und ständig steigenden Produktivität betrachten. Die bahnbrechenden Neuerungen werden zu logarithmischen Steigerungsraten führen. Über das Internet werden auch kleinere Unternehmen Zugang zum Weltmarkt bekommen – Bill Gates spricht in diesem Zusammenhang von „reibungslosem freiem Marketing". Und wir werden womöglich in einer utopischen Freizeitwelt leben, und uns von den Maschinen bedienen lassen.

Wir verlieren Arbeitsplätze, das ist leider wahr, aber es werden auch neue geschaffen. Die neuen Technologien und die Computer erhöhen die Produktivität, dadurch werden die Preise sinken und die Gewinne steigen. Und der Export wird zunehmen.

Billigere Waren stärken die Kaufkraft des Konsumenten – zumindest derjenigen, die noch Arbeit haben. Und eine Erhöhung der Nachfrage wird neue Arbeitsplätze schaffen – vor allem in den High-Tech-Industrien.

Die Argumentation geht weiter: Arbeitslosigkeit ist sicher ein schweres Schicksal für diejenigen, die davon betroffen sind. Nach und nach werden aber die Löhne unter dem Wettbewerbsdruck fallen, so dass die Arbeitgeber wieder neue Leute einstellen können. Wir haben diesen Kreislauf schon drei Mal erlebt – auf die Revolutionierung der Landwirtschaft folgte die industrielle Revolution und danach die Revolution auf dem Dienstleistungssektor. Heute erleben wir eine Revolution des Wissens. Immer wieder wurden Arbeitsplätze wegrationalisiert, für die keine besondere Qualifikation erforderlich ist, und jedesmal haben neue Industriezweige neue Arbeitsplätze geschaffen.

Die Revolution auf dem Gebiet der Kommunikation beginnt gerade erst.

BILL GATES IN *DER WEG NACH VORN*

Heutzutage gibt es da jedoch einige Besorgnis erregende Unterschiede. Es sind nicht nur die völlig unqualifizierten Arbeiten, die abgeschafft werden – auch in der Verwaltung und im mittleren Management gehen Arbeitsplätze verloren, die durchaus eine gewisse fachliche Kompetenz erfordern. Und der Druck der weltweiten Konkurrenz hat zur Folge, dass die Unternehmen diesen Prozess nicht aufhalten können.

In den neuen Industriezweigen werden jetzt einfach weniger Menschen gebraucht als in den alten. Und die Arbeitslosen haben nicht die nötigen Qualifikationen. Man kann schließlich aus einem Bankangestellten nicht von heute auf morgen einen Biochemiker machen.

Laut Statistiken der Vereinten Nationen war 1996 weltweit ein Drittel der gesunden Erwachsenen ohne Arbeit. Eine höhere Qualifikation ist daher das globale Gebot der Stunde.

Wir haben zwar auf der einen Seite viel zu viele Arbeitslose, leiden gleichzeitig jedoch unter einem Mangel an wirklich qualifizierten Arbeitskräften. Oft muss die arbeitende Bevölkerung Überstunden machen. Dieses Missverhältnis lässt sich jedoch nicht ohne weiteres ausgleichen, weil die Arbeitslosen nicht die erforderlichen Fähigkeiten haben.

Können wir unter diesen Umständen erwarten, dass wir unsere Exporte in die Länder erhöhen, die in der gleichen Lage sind?

Wenn die *strukturelle* Arbeitslosigkeit in dem Maße zunimmt, wie es viele Beobachter insgeheim befürchten, könnte die Zahl der Arbeitslosen (einschließlich der von extremer Kurzarbeit betroffenen Arbeitnehmer) in den USA und in Westeuropa die Zwanzigprozentmarke erreichen. (Schon 1996 waren in Spanien 24, in Irland 16, in Deutschland neun und in Frankreich acht Prozent der arbeitenden Bevölkerung ohne Job.) Zwanzig Prozent entspräche 60 Millionen arbeitslosen Menschen.

Abgesehen von dem Stress, dem Elend und den Krankheiten, die mit der Arbeitslosigkeit einhergehen, kann eine solche Entwicklung zu einer massiven Wirtschaftskrise führen. Den Arbeitslosen fehlt nämlich das nötige Geld, um die Produkte zu kaufen, die durch die Steigerung der Produktivität in immer höherer Zahl hergestellt werden. Eine Steigerung der Abgaben für die Arbeitslosen-, Sozial- und Krankenversicherung würde auch die Kaufkraft der arbeitenden Bevölkerung beeinträchtigen. Ergebnis: auf der einen Seite zu viele Waren, auf der anderen Seite zu wenig Geld.

Der einzige Trend, der sich eigentlich voraussagen lässt, ist die ständige Veränderung.

LINDA A. TSANTIS, PHD. IN *CREATING THE FUTURE*

Und das ist im Grunde schon jetzt der Fall. Im Laufe der letzten 20 Jahre hat die amerikanische Arbeiterschaft 15 Prozent ihrer Kaufkraft verloren, während die Gehälter der Topmanager in der gleichen Zeit enorm gestiegen sind. Im Jahr 1979 verdiente ein Geschäftsführer 29-mal so viel wie ein durchschnittlicher Fabrikarbeiter, 1992 war es schon fast das Hundertfache. Die Reichen sind reicher und die Armen ärmer geworden.

Einem Bericht der Vereinten Nationen aus dem Jahre 1996 zufolge, besitzen die 358 Milliardäre der Welt mehr, als 45 Prozent der Weltbevölkerung verdienen.

Das hat nichts mit einer „Politik des Neides“ zu tun, sondern entspricht ganz einfach den Tatsachen. Die Erhöhung der Produktivität hat sich negativ auf das Einkommen der Arbeiter ausgewirkt, während sie einer kleinen Elite Wohlstand beschert hat. Knapp ein Prozent der Amerikaner besitzen inzwischen 37 Prozent aller Aktien und über 50 Prozent des gesamten privaten Geschäftsvermögens, während auf der anderen Seite 38 Millionen Amerikaner unter der Armutsgrenze leben.

Wenn man diese Entwicklung nicht stoppt, wird das Ergebnis, abgesehen von der sozialen Ungerechtigkeit, katastrophal sein. Verringert sich das Einkommen von 80 Prozent der Bevölkerung, lässt automatisch auch die Nachfrage nach. Eine Elite, die aus nur 20 Prozent der Bürger besteht, kann unmöglich allein die Produkte der „arbeiterlosen Fabriken“ konsumieren. Der ganze Trend führt in den Abgrund.

Hier wiederholt sich die Geschichte. Die Weltwirtschaftskrise von 1929, in der die Arbeitslosigkeit in den USA in nur vier Jahren von einer Million auf 15 Millionen anstieg, war durch ein Phänomen ausgelöst worden, das der berühmte Wirtschaftswissenschaftler John Maynard Keynes „technologische Arbeitslosigkeit“ nannte. Die Automation raubte den Menschen schneller die Arbeit, als die Innovationen neue Stellen schaffen konnten. Kommt Ihnen das nicht bekannt vor?

Wirtschaft, Arbeitskräfte und Regierung müssen zusammenarbeiten, um das Bildungsniveau zu heben, damit Amerika konkurrenzfähig bleibt.

Joan C. Szabo in *Nation's Business*

Erwarten Sie nicht, dass die Arbeitsbeschaffungsmaßnahmen der Regierungen das Problem lösen können, denn alle Länder sind inzwischen schon völlig überschuldet. Etwa zwanzig Prozent der Gesamtausgaben der amerikanischen Regierung müssen inzwischen nur für die Tilgung aufgewendet werden!

Das ist der Preis, den letzten Endes die Wirtschaft zahlen muss. Vor allem die sozialen Kosten sind erschreckend. Und das Potential für soziale Unruhen ist enorm hoch.

Wenn nichts geschieht und sich der augenblickliche Trend fortsetzt, müssen wir mit einem erheblichen Anstieg der Kriminalität rechnen. In den Städten werden Ghettos entstehen, und die Haushaltsbudgets der Sozial- und Arbeitslosenversicherungen werden implodieren. Schon heute werden in den USA die Kosten für die Versorgung der „Unterschicht" auf 230 Millionen Dollar pro Jahr geschätzt. Und wir müssen damit rechnen, dass die Betroffenen unter Stress und den damit verbundenen gesundheitlichen Störungen leiden und dass viele Familien diesem Druck nicht standhalten werden – all das sind die bekannten Folgen hoher Arbeitslosigkeit.

Niemand kann ein Interesse daran haben, dass dieses düstere Bild, das wir entworfen haben, Realität wird.

UNSICHERHEIT

Die atemberaubende Geschwindigkeit, mit der sich die Veränderungen vollziehen, die zunehmende Komplexität und die Vernichtung der Arbeitsplätze haben in der Bevölkerung eine große Verunsicherung ausgelöst.

Mit dem, was Sie heute wissen, können Sie morgen nicht mehr erfolgreich sein. Und Sie können sich auch nicht mehr darauf verlassen, dass Ihr Arbeitgeber Ihnen Ihren Arbeitsplatz für das ganze Leben garantieren kann. Nicht einmal der Staat kann Ihnen die Sicherheit bieten, dass er für Sie sorgen wird, wenn Sie krank, arbeitslos oder alt sind. Das hat nichts damit zu tun, dass die Welt lieblos geworden ist, sondern ist eine direkte Folge der Wirtschaftsentwicklung.

Wir stehen vor komplexen Problemen, die sich weitgehend unserer Kontrolle entziehen – Umweltverschmutzung, die Ausbeutung der natürlichen Ressourcen oder die vielen ethischen Probleme, die durch wissenschaftliche Entdeckungen entstehen. Die Mehrzahl dieser Probleme kann nur aus dem Weg geräumt werden, wenn es genügend Menschen gibt, die sie verstehen und an den Lösungen mitarbeiten. Dazu bedarf es

> **Auf dieser Welt gibt es keine Sicherheit; nur gute Gelegenheiten.**
>
> **GENERAL DOUGLAS MACARTHUR**

einer interdisziplinären Kooperation, wie wir sie noch nie erlebt haben, und das Niveau des analytischen und kreativen Denkens muss erheblich erhöht werden.

Richard Paul von der *Foundation for Critical Thinking* sagt: „Eine Regierung setzt sich letzten Endes aus Menschen zusammen, und die sind stets durch das Niveau ihrer Fähigkeiten begrenzt."

Wenn die Menschen durch globale und soziale Probleme verunsichert werden, lösen sich für viele die Familienstrukturen und die traditionellen und religiösen Werte auf. Das wiederum ruft die Sehnsucht nach den alten Verhältnissen wach, und die Menschen werden dann laut Richard Paul besonders anfällig für die „einschmeichelnden Stimmen, die uns mit raffinierten, vereinfachenden Parolen dazu verführen wollen, uns wieder zum ‚Bewährten und Wahren' zu bekennen." So wird auch im Bildungswesen immer wieder die Forderung nach einer „Rückkehr zum Altbewährten" laut – in der Regel ist damit gemeint, dass der Lehrer wieder vorn steht und passive Schüler unterrichtet. Dieser Stil steht jedoch im krassen Widerspruch zu dem, was wir inzwischen über Motivation und effektives Lernen wissen. Solche konventionellen Methoden können die Schüler nicht zum selbstständigen Denken anregen, aber genau das wird in einer immer komplexer werdenden Gesellschaft von ihnen verlangt.

Trotz des schier unglaublichen technischen Fortschritts scheint die Pädagogik noch in den Tagen der Pferdekutschen zu leben.

Nicht viel hat sich geändert. Wie vor hundert Jahren sitzen die Kinder in Bankreihen an ihren Pulten und werden von ihrem Lehrer berieselt. Und die Lehrpläne zwingen die Schüler, ständig von einem Fach zum anderen zu springen, von Biologie zu Mathematik, von der Geographie zur Soziologie. Unaufhörlich überschüttet man sie mit fachbezogenen Daten, Zahlen und Fakten. Nie bringt man ihnen das bei, was eigentlich am Wichtigsten ist: wie man lernt, zu lernen und zu denken. Nie schult man sie auf die Weise, dass sie die komplexen Probleme der Wirklichkeit meistern können.

In einer Zeit, in der Veränderung die einzige Konstante ist, in der sich alle Veränderungen in einem atemberaubenden Tempo vollziehen, reicht das traditionelle Lernmodell nicht mehr aus. Das öffentliche

Schulwesen steckt auf der ganzen Welt in einer Krise. Oft sind es die Lehrer, die „an vorderster Front kämpfen", die zu Unrecht die vernichtende Kritik an dem niedrigen Bildungsniveau über sich ergehen lassen müssen. In Wirklichkeit ist das ganze System völlig falsch, und leider können auch die gelegentlichen Änderungen der Lehrpläne nichts Großartiges bewegen.

WAS KANN MAN ALSO TUN?

Entscheidend ist, dass man lernt, *wie* man lernt, und nicht, *was* man lernt – das gilt vor allem in einer Zeit, in der niemand voraussagen kann, welche Fähigkeiten in Zukunft gefragt sein werden. Außerdem kann das, was wir lernen, schnell wieder aus der Mode kommen.

Um komplexe persönliche und soziale Probleme effektiv lösen zu können, muss man lernen, logisch und kreativ zu denken.

Da die Welt, in der wir leben, sich so unglaublich schnell verändert, müssen wir uns um so mehr bemühen, Schritt zu halten. Das bedeutet, dass sich unsere Ausbildung nicht auf die Jahre zwischen fünf und 25 beschränken darf. Man darf nicht der Illusion erliegen, man brauche nur ein paar Prüfungen zu bestehen und sich ein Diplom unter den Nagel zu reißen, dann hätte man „ausgesorgt".

Einige besonders moderne Lehrer experimentieren bereits heute mit alternativen Methoden. *Business Week* veröffentlichte einen Artikel mit der Überschrift „Die Revolution des Lernens". Dort steht unter anderem: „... in den Lehrerzimmern und auf Elternversammlungen wird ständig über ‚Lernmodalitäten' geredet. Gemeint ist damit, dass Menschen auf unterschiedliche Art lernen. Ein Kind, das am liebsten verbal lernt, wird auf die konventionellen Lehrmethoden positiv reagieren, also auf Lektionen und Texte. Untersuchungen haben jedoch gezeigt, dass viele Kinder bedeutend besser lernen, wenn die Informationen visuell oder akustisch dargeboten werden – oder beides gleichzeitig, also multimedial."

In den Schulen und Universitäten geht es jedoch immer noch vor allem um Lerninhalte und nicht um Lernprozesse. Der Unterschied zwischen Menschen, die schlecht lernen, und solchen, die gut lernen, besteht einfach nur darin, dass die letzteren effektive Lernstrategien entwickelt haben.

Man sollte den Kindern in der Schule solche Strategien beibringen – in seltenen Fälle wird das sogar schon praktiziert –, dann wären die meisten Menschen in der Lage, effektiv zu lernen. Und wenn Lehrer und Ausbilder ebenfalls wüssten, wie man einen Stoff so anbietet, dass das Gehirn ihn am besten verarbeiten kann, könnte man erstaunliche Ergebnisse erzielen.

Lernen, wie man lernt

Wer mit den schnellen Veränderungen fertig werden will, muss auch schnell lernen können. Er muss neue Informationen rasch aufnehmen und verarbeiten können – und sie auch behalten.

Das heißt, er muss auch mit 30, 40 oder 50 Jahren noch so offen und empfänglich sein wie als Drei-, Vier- oder Fünfjähriger. Wie wir später noch sehen werden, bedeutet das für die Lehrer, dass sie einem 40-jährigen Schüler den Stoff so anbieten müssen, dass ihm das Lernen genauso viel Spaß macht wie dem Vierjährigen.

Einer Untersuchung zufolge haben 82 Prozent der Kinder, die mit fünf oder sechs Jahren in die Schule kommen, im Hinblick auf ihre Lernfähigkeit ein positives Selbstbild. Dieser Wert sinkt jedoch bis zum Alter von 16 Jahren im Durchschnitt auf 18 Prozent. Das heißt: Vier von fünf Heranwachsenden und Erwachsenen haben Minderwertigkeitsgefühle, wenn sie etwas Neues lernen sollen.

Und das ist ein weiterer Grund, warum es so wichtig ist zu lernen, *wie* man lernt – Menschen, die das wissen, haben ein besseres Selbstwertgefühl und sind selbstbewusster. Sie kommen mit den neuen Technologien und Veränderungen nicht nur besser zurecht – es macht ihnen sogar Freude. Wenn jemand weiß, wie man lernt, verfügt er über die Grundvoraussetzungen, um selbstständig weiter lernen und sich weiterentwickeln zu können. Aus einem passiven Bildungskonsumenten wird dann ein aktiver Mensch, der seine eigenen Lernprozesse unter Kontrolle hat und sein Leben selbst in die Hand nimmt.

Die Methode des „Aktivierenden Lernens", die Sie in diesem Buch kennen lernen werden, bringt Fähigkeiten ans Licht, die in jedem von uns schlummern. Sie besteht aus einem 6-Schritte-Programm, das Ihnen zeigt, wie man effektiv lernt.

Im Grunde gehen wir davon aus, dass jeder von uns auf eine ganz persönliche Weise lernt. Wenn man sich die Methoden aneignet, die dem eigenen Lernstil entsprechen, lernt man auch auf die natürlichste Weise.

Und eine natürliche Methode ist immer leichter und bringt Sie aus diesem Grund schneller ans Ziel.

Lehrer (oder Ausbilder), die mit dem 6-Schritte-Programm arbeiten, achten stets darauf, dass der Lernprozess abgeschlossen wird. Und wenn Schüler und Lehrer diesem Muster folgen, können sie so zusammenarbeiten, dass das Lernen Freude macht, effektiv ist und schnell zum Ziel führt.

Das ist der Grund, warum das „Aktivierende Lernen" sowohl für Lehrer als auch für erwachsene Schüler, für Eltern, für Schulkinder und Studenten geeignet ist. Wir möchten alle Eltern dringend bitten, vor allem die Abschnitte zu lesen, in denen wir beschreiben, wie der Unterricht durch das „Aktivierende Lernen" verändert werden kann. Spiele, Aktivitäten, Musik, Entspannungsübungen, visuelle Vorstellungen, Rollenspiele, Farben und Lernkarten lassen entspannt und mit Freude lernen.

Viele Lehrer, die solche Ideen gern übernehmen würden, werden durch das bestehende Schulsystem daran gehindert. Wir brauchen deshalb dringend eine Revolution des Bildungswesens. Benützen Sie dieses Buch, um das Feuer dieser Revolution zu entfachen.

Unsere Erfahrungen haben uns gezeigt, dass das aktivierende Lernen auch in der freien Wirtschaft nützlich ist. Will ein Unternehmen konkurrenzfähig bleiben, so muss sich jeder Mitarbeiter darum bemühen, schneller lernen und besser denken zu können.

Heutzutage befindet sich die größte Quelle des Reichtums zwischen Ihren Ohren. Heute entscheidet die Kraft des Gehirns, ob man reich ist, nicht die Muskelkraft.

BRIAN TRACY, AUTOR VON DAS GEWINNER-PRINZIP

> **Unser wichtigstes Bildungsziel ist zu lernen, wie man lernt.**
>
> LUIS ALBERTO MACHADO IN *CREATING THE FUTURE*

Die Kraft des Geistes ersetzt die Muskelkraft

Aktivierendes Lernen ist das Ergebnis der Arbeit von Jahrzehnten. Wir berufen uns dabei auf zahlreiche Untersuchungen namhafter Forscher, darunter Dr. Georgi Lozanov, ein Psychiater und Dozent aus Bulgarien, und Dr. Howard Gardner, ein Pädagoge, der in Harvard lehrt, der Neurologe und Nobelpreisträger Roger Sperry und der Neurobiologe Gerald Edelman. Darüber hinaus haben wir uns die praktischen Erfahrungen innovativer Lehrer, Universitätsprofessoren, Ausbilder aus Großunternehmen und fortschrittlicher Unternehmer, die erkannt haben, um was es geht, zunutze gemacht.

Menschen aus allen möglichen Gesellschaftsschichten sind bereit, sich den Herausforderungen zu stellen, damit das menschliche Gehirn – „der schlafende Riese" – dem ungeheuren Druck, den zukünftige Veränderungen mit sich bringen werden, gewachsen ist. Wir selbst haben die Forschungsergebnisse nur gesammelt und einen praktischen Aktionsplan entworfen, der sich ohne große Schwierigkeiten realisieren lässt.

Im 21. Jahrhundert müssen wir schnell lernen und klar denken können, das sind die entscheidenden Fähigkeiten, die über unser Schicksal bestimmen. Nur ein Mensch, der beides kann, ist in der Lage, sich auf sich selbst zu verlassen. Er wird schon in jungen Jahren jeden Stoff bewältigen können, den man ihm anbietet. Er wird zahlreiche Informationen verarbeiten, ihre wahre Bedeutung erkennen und wissen, wie man dieses Wissen zum Beispiel nützen kann, um neue Produkte zu schaffen oder kreative Problemlösungen zu finden. Diese Gaben sollten in jedem Elternhaus, in jeder Schule und in jedem Unternehmen gelehrt werden.

UND ES GIBT NOCH ANDERE LÖSUNGEN

Wir haben auf den vorigen Seiten zunächst einmal versucht, Ihnen das Problem bewusst zu machen, also gewissermaßen einen lauten Alarm ausgelöst. Da wir in turbulenten und problematischen Zeiten leben, müssen wir dafür sorgen, dass wir den Herausforderungen der Zukunft gewachsen sind.

Die frühe Kindheit

Die Eltern sind die ersten – und wichtigsten – Lehrmeister eines Kindes. Und für dieses Kind sind die ersten fünf Lebensjahre entscheidend. Wir wollen den Eltern zeigen, was sie tun müssen, damit ihre Kinder im Vorschulalter in einer stimulierenden Umgebung aufwachsen, die das logische Denken und ihre Kreativität fördert.

Die Schulzeit

Das heutige Schulsystem sorgt dafür, dass eine kleine Minderheit ein hohes Niveau erreicht. In dieser Beziehung leistet es gute Arbeit. **In den nächsten Jahren** geht es jedoch vor allem darum, das Bildungsniveau der Mehrheit zu heben. Die Schulabgänger von heute sind einfach nicht hinreichend auf das Berufsleben der Zukunft vorbereitet. In den verschiedenen Sparten werden hohe Anforderungen gestellt. Der Mitarbeiter der Zukunft muss analytisch denken können, kreativ und flexibel sein. Im Grunde weiß noch niemand, wie die Berufe der Zukunft überhaupt aussehen werden. Wahrscheinlich werden einige davon erst noch erfunden.

Dieses Buch beweist, dass es möglich ist, das Bildungsniveau aller Menschen zu heben – nicht nur das einer elitären Minderheit. Und es zeigt Ihnen, wie dieses Ziel erreicht werden kann. Der Schwerpunkt liegt dabei vor allem auf der Persönlichkeitsentwicklung, nicht auf materiellem Fortschritt. Wir sind davon überzeugt, dass das eine wichtige Voraussetzung ist, um die Probleme der Zukunft zu lösen.

Die Schule darf sich nicht nur auf die Vermittlung von Lerninhalten beschränken, sondern muss darüber hinaus die Verantwortung für die Charakterentwicklung und die emotionale Reife der ihr anvertrauten Kinder übernehmen. Wir sind zur Zeit zwar in der Lage, alle möglichen technischen Probleme in den Griff zu bekommen, aber noch weit davon entfernt zu wissen, wie man weise Entscheidungen fällt. Und das ist ein Missverhältnis, um das wir uns kümmern müssen.

Wir leben in einer Informationsgesellschaft, das heißt, dass uns das Wissen der gesamten Menschheitsgeschichte auf Knopfdruck zur Verfügung steht. Unsere Kinder müssen lernen, wie sie diese Erkenntnisse auf schöpferische Weise anwenden können. Trotzdem lehren wir immer noch so, als hätte diese Informationsrevolution gar nicht stattgefunden.

Das Erwachsenenalter

Um einen Arbeitsplatz zu bekommen und wirtschaftlich unabhängig zu sein, muss man etwas gelernt haben. Man muss sein Schicksal selbst in die Hand nehmen und darf sich nicht als Opfer der Umstände betrachten. Man muss Veränderungen verkraften können und darf sich nicht dagegen sträuben.

Wir werden Ihnen zeigen, wie Sie Ihre Einstellung verändern können. Sie müssen selbstständig werden und dürfen sich nicht davon abhängig machen, dass Sie irgendjemand einstellt. Sie müssen Chef Ihres eigenen Dienstleistungsunternehmens werden, und Ihr Einkommen muss davon abhängen, wie viel Ihre Dienste wert sind. Ihr gegenwärtiger „Arbeitgeber“ ist im Grunde nur Ihr bester Kunde. Er braucht Sie, damit Sie den Wert seines Unternehmens steigern und sich um eine kontinuierliche Verbesserung kümmern.

Das Geschäftsleben

Die Unternehmen müssen sich in „Lernorganisationen“ verwandeln. Sie müssen ihren Angestellten die Möglichkeit bieten, sich in formlosen Teams weiterzubilden und Probleme gemeinsam zu lösen, und sie müssen ihnen Zeit und Gelegenheit geben zu lernen, wie so etwas geht. Die Unternehmer werden sehr bald festellen, dass es ihren eigenen Intercssen dient, wenn ihre Firma ein Entwicklungszentrum wird und sich nicht ausschließlich am Profit orientiert. Menschen sind nicht einfach nur Werkzeuge des wirtschaftlichen Erfolgs.

Aber auch die Angestellten müssen sich für die Werte und Ziele ihres Unternehmens engagieren. Umfangreiche Investitionen in die Weiterbildung sind erforderlich. Die Unternehmen, die sich gesundschrumpfen wollen, sollten fairerweise einen Teil der Kosten tragen.

Arbeitgeber und Arbeitnehmer müssen ihre jeweiligen Rollen erweitern. Man kann den Abbau von Arbeitsplätzen zum Beispiel durch Arbeitszeitverkürzung und Umverteilung der Arbeit vermeiden. Um die so entstehende Freizeit produktiv zu nutzen, könnten die Leute freiwillig bestimmte Aufgaben in ihrer örtlichen Gemeinde übernehmen.

Es ist jedoch nicht unser Anliegen, solche Lösungen zu finden. Wir sollten trotzdem nicht vergessen, dass das „Goldene Zeitalter", in dem wir alle mehr Freizeit hätten, nur dann kommen kann, wenn die große Mehrheit – und nicht nur eine Minderheit – nach Verlassen der Schule ein so hohes Bildungsniveau erreicht hat, dass jeder in der Lage ist, die Aufgaben zu lösen, die die neue Art der Arbeit mit sich bringen wird. Und er muss wissen, wie er seine Freizeit sinnvoll gestaltet.

Die Antwort lautet Qualität

Wenn es auch viele Schwierigkeiten geben wird, müssen wir uns fragen, ob diese so schlimm sein können wie die möglichen Alternativen – Wirtschaftskrise und ernste gesellschaftliche Probleme. Die Menschen, die von der High-Tech-Zukunft begeistert sind, haben im Grunde Recht. Die Aussichten sind tatsächlich gut – vorausgesetzt, man gehört zu den Glücklichen, die einen gut bezahlten Job haben. Aber Inseln von Wohlstand und von Zufriedenheit mit der Arbeit in einem Ozean relativer Armut und Unzufriedenheit sind eine gefährliche Mischung. In *Visions of the Future* schreibt Robert Heilbronner: „Wenn man die Leute durch ein Fenster auf den Wohlstand der Welt blicken lässt, ohne ihnen auch eine Tür zu zeigen, lädt man Probleme förmlich ein."

Unsere Lebensqualität ist das direkte Ergebnis der Qualität unseres Lernens und Denkens. In diesem Buch geht es darum, wie man beides verbessern kann.

„MAPPEN" SIE IHRE GEDANKEN

Wer sich Notizen macht, unterstützt die Erinnerung. Wer sich Gedanken macht, wie er diese Notizen macht, unterstützt die Erinnerung noch mehr. Ein nützliches Konzept ist das der Gedanken-Maps, quasi Landkarten des Lernens. Ein solches „Gedanken-Map" finden Sie auf der folgenden Seite und am Ende jedes Kapitels. Wir rekapitulieren und erinnern damit die Schlüsselelemente. So werden aus „Gedanken-Maps" die „Landkarten des Lernens", „Gedächtnis-Maps" werden „Landkarten der Erinnerung". Eine umfassende Erläuterung des Konzeptes der Gedanken-Maps finden Sie in Kapitel 6. Sie erfahren dort auch, wie Sie selbst solche Maps anfertigen können. Einen Tipp vorab. Der Kernpunkt befindet sich stets auf der Mitte der Seite. Die weiteren Informationen werden darum herum angeordnet. Ein bisschen Humor in der bildlichen Darstellung und ein wenig Übertreibung machen es Ihnen leichter, die Informationen „auf einen Blick" zu speichern. Sie brauchen sich so nicht mühselig Seite um Seite konventionelle Notizen einzuprägen.

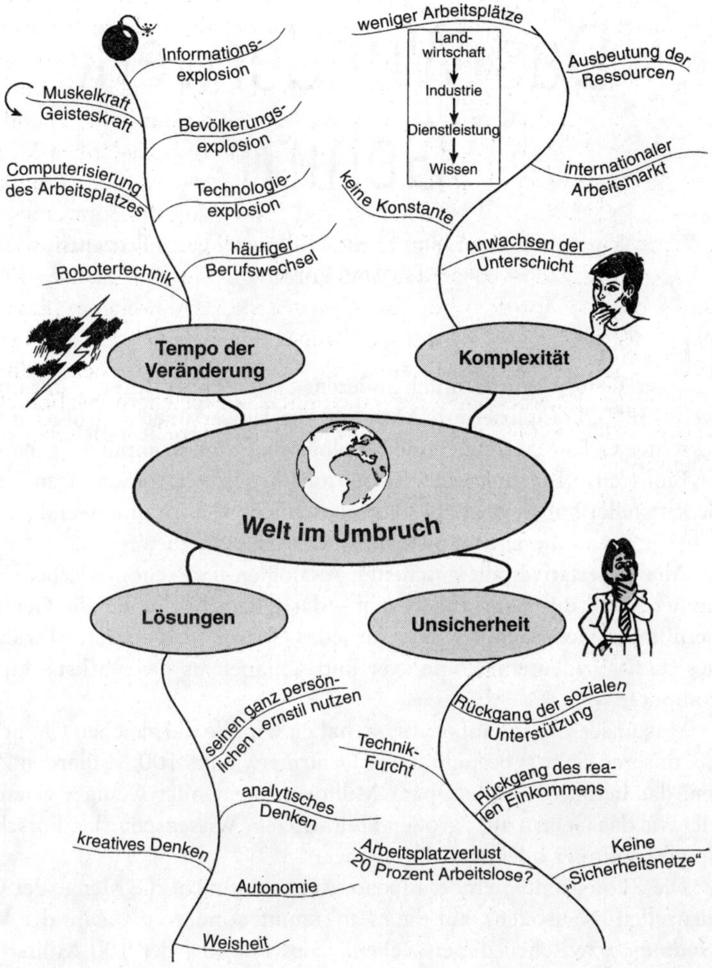
Welt im Umbruch
Tempo der Veränderung
Informations-explosion
Muskelkraft
Geisteskraft
Bevölkerungs-explosion
Computerisierung des Arbeitsplatzes
Technologie-explosion
häufiger Berufswechsel
Robotertechnik
Komplexität
weniger Arbeitsplätze
Land-wirtschaft
Industrie
Dienstleistung
Wissen
Ausbeutung der Ressourcen
internationaler Arbeitsmarkt
keine Konstante
Anwachsen der Unterschicht
Lösungen
seinen ganz persönlichen Lernstil nutzen
analytisches Denken
kreatives Denken
Autonomie
Weisheit
Unsicherheit
Rückgang der sozialen Unterstützung
Technik-Furcht
Rückgang des realen Einkommens
Arbeitsplatzverlust
20 Prozent Arbeitslose?
Keine „Sicherheitsnetze"

2

Das Wunderwerk Gehirn

Wir wissen nicht einmal ein Millionstel eines Prozents.
THOMAS EDISON

Unser Gehirn wurde unter anderem „schlafender Riese“, „Zauberwebstuhl“, „komplizierteste Maschine des Universums“, „größtes unerforschtes Gebiet der Erde“ und „biologischer Supercomputer“ genannt. Biologen, Psychologen, Evolutionstheoretiker, Pädagogen und Schriftsteller haben versucht, das menschliche Gehirn umfassend zu beschreiben und dieser komplexen Struktur gerecht zu werden.

Alle Superlative, alle gescheiten Analogien und schöpferischen Metaphern sind durchaus angebracht – das gilt nicht nur für die Gehirne berühmter Menschen, sondern für jedes Gehirn, also auch für Ihr eigenes. Es ist bedeutend komplexer und schlauer als der stärkste Supercomputer.

Was unser Gehirn anbetrifft, so haben wir alle die gleichen Chancen: Bei unserer Geburt bestand unser Gehirn etwa aus 100 Milliarden Zellen, das heißt, bis auf ein paar Millionen mehr oder weniger genauso viel wie das Gehirn aller großen Philosophen, Wissenschaftler, Forscher, Spitzenpolitiker oder Nobelpreisträger.

Die Zahlen sind atemberaubend. Aber es ist nicht die Menge der Gehirnzellen (Neuronen), auf die es ankommt, sondern die Zahl der *Verbindungen* zwischen diesen Zellen. Jedes Einzelne der 100 Milliarden Neuronen kann bis zu 20 000 „Äste“ oder Dendriten entwickeln.

Versuchen Sie gar nicht erst nachzurechnen. Es ist eine unglaubliche Zahl, die in die Billionen geht. Aber viel wichtiger ist, **was das bedeutet**. Es besagt, dass die Kapazität des menschlichen Gehirns schier unendlich ist und dass es bedeutend komplizierter ist als der „intelligenteste“ Computer, der je erfunden wurde. Und es veranschaulicht, über welches ungeheure Potential wir verfügen, das keiner jemals ganz nutzen kann.

Die Menschen erforschen den Weltraum, dabei befindet sich das größte unerforschte Gebiet hier auf der Erde – in unserem Gehirn. *Die Zahl der möglichen Neuronenverbindungen im menschlichen Gehirn ist größer als die Zahl der Atome im ganzen Universum.* So verbildlicht es Professor Robert Ornstein von der Stanford Universität.

Unser Wissen vergrößert sich in einem rasanten Tempo. In den letzten zehn Jahren hat man mehr über das Gehirn erfahren als je zuvor. Vor allem haben die enormen Fortschritte in der Technologie dazu beigetragen, dass man einem Teil der Geheimnisse des Geistes auf die Spur kommen konnte.

Nichtinvasive Prozeduren wie zum Beispiel die „Magnetic Resonance Imagery“ (MRI) und die Positronenemissionstomographie (PET) haben uns sozusagen ein Fenster zum Gehirn geöffnet. Mit ihrer Hilfe können die Wissenschaftler einen Gedanken „sehen“, sie können beobachten, wie Angst entsteht oder wie eine lange verschüttete Erinnerung wieder in das Bewusstsein des Betroffenen gelangt.

In nur wenigen Stunden lassen sich heute Daten sammeln, für die man früher 20 Jahre lang Tierversuche hätte machen müssen. Das klingt unglaublich, aber es ist wahr. Die bahnbrechenden neuen Entdeckungen ermöglichen den Wissenschaftlern, zwischen Neuronengruppen zu unterscheiden, die nur einen Millimeter weit auseinander liegen – dabei muss man bedenken, dass auf einem einzigen Stecknadelkopf 30 000 Neuronen Platz hätten.

Aber auch die kognitiven Disziplinen haben entscheidende Fortschritte gemacht und Theorien über biologische Prozesse entwickelt, mit denen die Funktionsweise des Gehirns erklärt werden kann. Und mit Hilfe der „Brain-imaging“-Technologie lassen sich diese Theorien jetzt überprüfen.

Robert Sylwester, Professor für Pädagogik an der Universität Oregon, schreibt: „Diese theoretischen Arbeiten und die Entwicklungen auf dem Gebiet der Genetik werden womöglich das Jahrhundert der Biologie einleiten, so wie Albert Einsteins Theorien für die Fortschritte in der Physik unseres Jahrhunderts verantwortlich waren.“

Eines ist jedenfalls klar: Wenn Sie Ihr Gehirn weiterentwickeln wollen, müssen sie täglich üben, so wie auch ein Sportler jeden Tag trainieren muss, um seine Muskulatur zu verbessern. Untersuchungen, die Marian Diamond und ihre Mitarbeiter an der University of California in Berkeley durchgeführt haben, beweisen, dass man auch seine geistigen „Muskeln" trainieren muss, weil sie sonst genauso schlaff werden, wie die Bauchmuskeln oder der Bizeps.

Will man den Lernprozess wirklich verstehen, muss man sich klarmachen, wie das Gehirn arbeitet. Wenn man das begriffen hat, weiß man, warum das Lernen von der Wiege bis zum Grab eine so große Bedeutung hat und wie man den Prozess entscheidend verbessern kann.

Wir werden in diesem Kapitel folgende Begriffe behandeln:

- Ihre drei Gehirne – das Reptilien-, das Säugetier- und das Denkhirn.
- Ihre zwei Gehirne – die rechte und die linke Hälfte.
- Ihr Gehirn – die Kapazität des gesamten Gehirns.
- Ihre acht Intelligenzen – Ihre ganz persönliche Kombination der Fähigkeiten.
- Ihre vier verschiedenen Hirnstromwellen – warum sie so wichtig sind, und wie man das Beste aus ihnen machen kann.

Im nächsten Kapitel werden wir uns dann mit folgenden Themen beschäftigen:

- Ihre fünf verschiedenen Arten des Gedächtnisses – es gibt mehr als nur das Kurzzeit- und Langzeitgedächtnis.
- Sie werden festellen, dass Ihr Gehirn nicht zu durchschauen ist – und eher mit einem Dschungel als mit einem Computer verglichen werden kann.

Zunächst aber der auch für den Laien verständliche neueste Stand der unglaublichen Komplexität des menschlichen Gehirns.

HIRNFORSCHUNG FÜR EINSTEIGER

Sie haben drei Gehirne, zwei Gehirne und ein Gehirn. Das klingt verwirrend, ist aber in Wirklichkeit ganz einfach, auch wenn das Gehirn tatsächlich die komplizierteste Ansammlung von Protoplasma ist, die wir kennen. Der Neurophysiologe Sir John Eccles, dem man 1963 den

Nobelpreis für seine Arbeiten über die Synapsen – die verbindenden Zwischenräume zwischen den Hirnzellen – verlieh, hat einmal gesagt, dass die ungeheuer hohe Sensibilität der interzellulären Verbindungen im menschlichen Gehirn darauf schließen lässt, dass es sich dabei „um eine Maschine handelt, die so sensibel ausgelegt ist, dass sie nur von einem Gespenst bedient werden kann."

Schauen wir uns das einmal an:

DREI GEHIRNE IN EINEM

Im Laufe der Evolution hat sich das menschliche Gehirn zu der komplexen Struktur entwickelt, die Dr. Paul MacLean, ehemaliger Leiter des *Laboratory of Brain and Behavior* am *United States Institute of Mental Health,* die „Dreieinigkeit des Hirns" genannt hat.

1. Der Hirnstamm (oder das Reptilienhirn)

An der Schädelbasis, dort, wo die Wirbelsäule austritt, befindet sich der Teil des Gehirns, den wir mit den niederen Lebensformen gemein haben – wie mit Eidechsen, Krokodilen oder Vögeln – daher „Reptilienhirn".

Dieser Teil des Gehirns steuert zahlreiche Grundfunktionen wie Atmung und Herzfrequenz. Auch die Fluchtreaktion oder andere Instinkthandlungen werden hier ausgelöst. Das Reptilienhirn kontrolliert auch unsere Urinstinkte – zum Beispiel territoriales Verhalten. Sie kennen das unangenehme Gefühl, wenn Ihnen jemand zu nahe „auf die Pelle“ rückt. Die Wut, die Sie dann möglicherweise empfinden, ist nur schwer zu kontrollieren, denn sie ist oft eine Reaktion darauf, dass jemand versucht, Ihnen etwas wegzunehmen, und Sie fühlen sich bedroht – in jedem Fall ist es eine Verletzung Ihrer Intimsphäre, Ihres „Reviers“.

2. Das Limbische System (oder Säugetierhirn)

Der zentrale Teil des Gehirns liegt wie ein Kragen um den Hirnstamm (das Wort *limbisch* kommt vom Lateinischen *limbus* und bedeutet soviel wie Rand oder Kragen). Es handelt sich dabei um den Teil des Gehirns, den wir mit den anderen Säugetieren gemein haben.

Wichtigste Komponenten des limbischen Systems sind der Hypothalamus und der Mandelkern. Das limbische System steuert die Gefühle und sorgt außerdem für Homöostase, also dafür, dass der Körper sich im Gleichgewicht befindet. Es kontrolliert außerdem die Hormonausschüttung, das Hunger- und Durstzentrum, die Sexualität, die Zentren der Lust, den Grundumsatz, die Immunfunktionen und einen wichtigen Teil des Langzeitgedächtnisses.

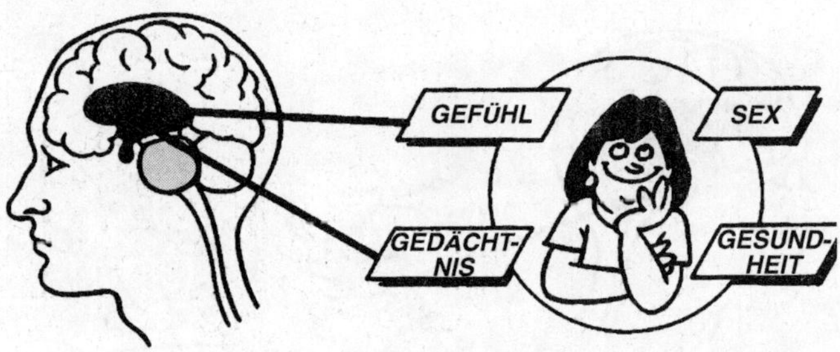

Hypothalamus und Mandelkern sind außerdem wichtige Steuerungselemente für das gefühlsbetonte und zielgerichtete Verhalten. Das bedeutet, dass Appelle an das Gefühl eines Menschen eine größere Wirkung auf sein Verhalten haben als rationale Argumente. Auf die Evolution bezogen hat sich das limbische System vor der „Erfindung" der Logik entwickelt.

Wichtig ist, dass derselbe Teil des Gehirns, der die Gefühle steuert, auch für die Gesundheit zuständig ist und zu gleichen Teilen die Emotionen und das Gedächtnis kontrolliert. Wenn etwas von starken Gefühlen begleitet ist, prägt es sich in der Regel auch besser im Gedächtnis ein. Sie werden sich vermutlich auch noch gut an Ihren ersten Kuss erinnern können, und Sie wissen bestimmt auch heute noch genau, wo Sie waren, als Präsident Kennedy erschossen wurde. Jüngere Leser werden sich bestimmt noch entsinnen, was sie gerade getan haben, als die *Challenger* explodierte oder die Bombe in Oklahoma City hochging.

Lernen muss Spaß machen. Rollenspiele und die Zusammenarbeit mit anderen sind wichtig, denn sie vermitteln positive Gefühle. Unsere Schüler sollen sagen: „Das hat Spaß gemacht, können wir weitermachen?"

Wenn sich das Gehirn im Zustand positiver Gefühlserregung befindet, werden – so die Hirnforschung – Endorphine ausgeschüttet, die an Opiate erinnern, man könnte sie auch „Lustdrogen" nennen. Dadurch wird die Ausschüttung eines starken Neurotransmitters, Acetylcholin, angeregt. Das ist wichtig, weil Neurotransmitter „Gleitmittel" sind, die die Verbindungen zwischen den einzelnen Gehirnzellen möglich machen. Einfacher ausgedrückt: Wenn dem Gehirn die Arbeit Spaß macht, funktioniert es besser. Es gibt also durchaus eine wissenschaftliche Grundlage für den Einsatz von Kunst, Theater, Farben, Gefühlen, sozialem Lernen und sogar Gesellschaftsspielen.

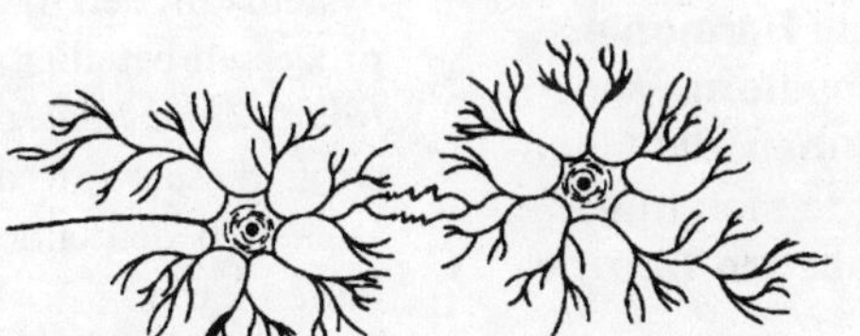

Und was ist mit den negativen Gefühlen? Mortimer Mishkin und Tim Appenzeller schreiben im *Scientific American,* dass das limbische System, vor allem der Thalamus, eine Art Schaltzentrale darstellt, die zwischen unseren Sinnen und der Hirnrinde vermittelt und ankommende Informationen auf ihre emotionale Bedeutung hin überprüft. Wenn Sie gestresst sind oder Angst haben, kann diese Information unter Umständen nicht bis zur Hirnrinde vordringen. Stattdessen, so schreibt der Autor und Wissenschaftler Lesley Hart: „... schaltet das Gehirn in einen niedrigeren Gang, zieht sich also in die primitiveren Regionen zurück. Wir verlassen uns dann eher auf unsere Instinkte als auf unser rationales Urteil."

Aus der Sicht der Evolution betrachtet ist das sogar sinnvoll. Wenn Sie von einem wilden Tier angegriffen werden, haben Sie keine Zeit mehr zu philosophieren. Heute bedeutet Stress in den meisten Fällen, dass man Angst hat zu versagen. Aber jede Art von Stress blockiert die Lernfähigkeit. *Ich war plötzlich wie vernagelt,* ist eine geläufige Redensart, die man von Schülern hört, die eine Prüfung hinter sich haben.

Bei der Methode des „Aktivierenden Lernens" führen wir ganz bewusst vor jeder Lernsitzung Entspannungsübungen durch und versuchen auf diese Weise, Stress zu reduzieren und das Energieniveau zu erhöhen. Luiz Machado de Andrade, ein angesehener Pädagoge, der an der Universität von Rio de Janeiro arbeitet, hat bereits 1984 darauf hingewiesen, dass das limbische System auf eine sehr effektive Weise die Mechanismen unserer Selbsterhaltung steuert – und das ist die stärkste Kraft, die wir besitzen. Wenn man das limbische System an den Lern- und Lehrprozessen beteiligt, das heißt, *Gefühle ganz bewusst miteinbezieht,* sorgt diese Kraft dafür, dass das Lernen bedeutend effizienter ablaufen kann.

Das menschliche Gehirn ist ein Zauberwebstuhl, auf dem Millionen leuchtender Schützen (Spulen) ein sich immer wieder auflösendes Muster weben. Die Muster haben stets eine vergängliche Bedeutung, eine sich ständig verändernde Harmonie von Untermustern. Man könnte glauben, die Milchstraße würde sich in einem kosmischen Tanz bewegen.

Sir Charles Sherrington

In seinem Buch *The Brain of the Brain* bezeichnet er das limbische System als Steuerungszentrale des gesamten Gehirns, also als primäre Form der Intelligenz. Er nahm schon damals die ganze Diskussion über emotionale Intelligenz vorweg und rief die Lehrer dazu auf, sich die Wirkung der Gefühle auch im Schulunterricht zu Nutze zu machen, damit die Schüler ihr Potential besser nutzen können.

3. Der Neocortex (oder das Denkhirn)

Machen Sie mit einer Hand eine Faust, legen Sie dann die andere Hand auf die obere Seite der Faust. Das Handgelenk der unteren Hand ist dann Ihr Reptilienhirn, die Faust Ihr Säugetierhirn und die Hand, die Sie auf die Faust gelegt haben, Ihr Denkhirn.

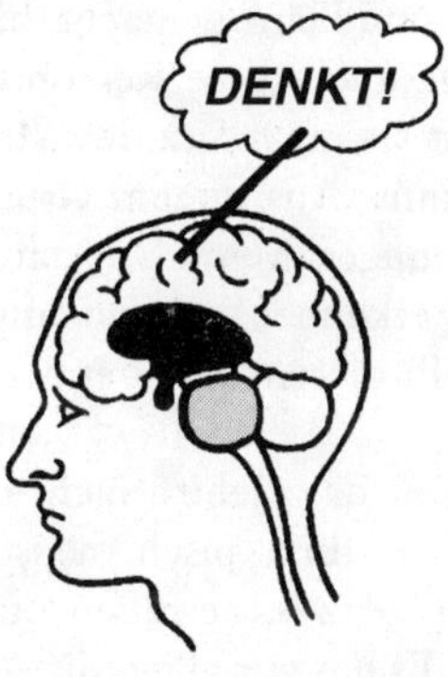

Die Hirnrinde ist nur etwa drei Millimeter dick und liegt in Falten. Glatt ausgebreitet wäre sie etwa so groß wie eine Zeitungsseite.

Dieses „dritte" Gehirn ist in der Tat außergewöhnlich. Es ist der Sitz der Intelligenz – also der Teil des Gehirns, der uns zu Menschen und die Menschheit zu einer einzigartigen Spezies macht.

Der Neocortex ist für Sehen und Hören, für das Schöpferische, das Denken und Reden zuständig – alle höheren Intelligenzfunktionen. Hier werden Entscheidungen getroffen, hier wird die Welt geordnet, es werden Erfahrungen im Gedächtnis gespeichert, Sprache produziert und verstanden, Bilder erkannt und beurteilt, Musik gehört und genossen. Dieses Gehirn besitzt alles, was Sie brauchen, um etwas lernen und behalten zu können.

Von allen Säugetieren haben die Menschen die Hirnrinde mit den meisten Falten. Vermutlich hängt das damit zusammen, dass ein so großer Cortex in einen Kopf passen muss, der so klein ist, dass er den engen Geburtskanal passieren kann.

Der Neocortex besteht aus verschiedenen „Lappen", die für die Sprache, das Hören, das Sehen und den Tastsinn verantwortlich sind. Das bedeutet, dass wir unsere Erinnerungen an verschiedenen Stellen speichern. Wenn wir Wert darauf legen, etwas nicht zu vergessen, sollten möglichst alle Sinne an der Speicherung der Informationen beteiligt sein. Wenn Sie etwas sowohl gehört als auch gesehen, gesagt und getan haben, haben Sie es wirklich intus. Wie Sie sehen werden, haben wir diese Erkenntnis beim Aufbau unserer Sprachkurse berücksichtigt.

Die Frontallappen, die sich direkt hinter der Stirn befinden, entwickeln sich im Wesentlichen im frühen Teenager-Alter. Auf dieser Ebene werden Urteile gefällt und Pläne gemacht, hier laufen auch die höheren Denkprozesse ab. Da auch diese Region eng mit dem limbischen System verbunden ist, ist sie auch Sitz des Mitgefühls, des Altruismus und des Gerechtigkeitssinns. Aus diesem Grund wäre es sehr wichtig, bei der Erziehung eines jungen Menschen darauf zu achten, dass man ihm Gelegenheit gibt zu erkennen, wie wichtig es ist, sich für die Gemeinschaft einzusetzen. In diesem Alter entwickeln sich Liebe, Mitgefühl und Sympathie.

Erstaunlicherweise dient das Gehirn nicht in erster Linie dem Denken. Die Attribute, die wir für typisch menschlich halten – Sprache, Wahrnehmung und Intelligenz –, betreffen nur einen kleinen Teil der Funktionen des Gehirns. Es hat vor allem die Aufgabe, unser Überleben und unsere Funktionstüchtigkeit zu gewährleisten. Und dazu müssen wir in der Lage sein zu lernen, zu reagieren und uns anzupassen.

Robert Ornstein und David S. Sobel schreiben in *The Healing Brain: A Scientific Reader* über die Entwicklung des Gehirns: „Unsere verschiedenen Hirnstrukturen sind Zeugen der Evolution, die wir ständig mit uns herumtragen, Strukturen, die sich zu unterschiedlichen Zeiten entwickelt haben. Es gibt in uns viele verschiedene Gehirne. Da sich unser Gehirn über einen Zeitraum von Millionen von Jahren entwickelt hat, muss man es unter architektonischen und archäologischen Gesichtspunkten betrachten. Auch in unserem Gehirn entdecken wir wie bei einer Ausgrabung verschiedene Schichten."

Ornstein und Sobel weisen darauf hin, dass das menschliche Gehirn aus einem Kompendium von Schaltkreisen besteht, die übereinander geschichtet sind. Der größte Teil dient lebensnotwendigen Bedürfnissen und nicht der Zukunftsplanung.

Sie fügen hinzu: „Wie wir inzwischen wissen, entwickelte sich das Gehirn in verschiedenen Schichten, wobei jede einzelne dazu diente, den Lebewesen auf ihrem Weg vom Wasser zum Land, dann auf die Bäume und zu den Savannen Ostafrikas und schließlich bis zur Fifth Avenue Stabilität zu garantieren."

Ornstein räumt ein, dass es auch heute noch ein großes Mysterium ist, warum der Mensch seinen nächsten Verwandten, von denen er abstammt, so überlegen ist. „Wir sind mehr als ein etwas intelligenterer Schimpanse, und je mehr man darüber nachdenkt, desto schwerer fällt es einem dahinterzukommen, warum das so ist. Dieser riesige Cortex hat uns die Anpassungsfähigkeit und die zusätzliche Kapazität verliehen, uns sowohl an die Höhen des Himalayas und die Sahara als auch an die Wildnis von Borneo oder sogar die City von London anzupassen."

DOPPELT GENÄHT HÄLT BESSER

Das menschliche Gehirn – diese große Masse an Zellgewebe – besteht aus zwei Hemisphären, aus der rechten und linken Hirnhälfte.

Die Zweiteilung ist keine neue Entdeckung. Schon die alten Ägypter wussten, dass die linke Hirnhälfte Signale aus der rechten Körperhälfte empfängt und steuert und umgekehrt.

Erst in den letzten zwei Jahrzehnten hat man jedoch die bahnbrechende Entdeckung gemacht, dass beide Hirnhälften unterschiedliche Funktionen haben und durch ein ungeheuer komplexes Netz aus 300 Millionen Neuronen miteinander verbunden sind. Dieses Netz – das Corpus callosum – dient der Informationsübertragung zwischen beiden Hemisphären. Die Untersuchungen, die Professor Roger Sperry von der University of California durchgeführt hat, besagen einfach ausgedrückt, dass die linke Hirnhälfte für die „akademischen" Aspekte des Lernens zuständig ist – also für Sprachen, mathematische Prozesse, logisches Denken, Schlussfolgerungen und Analysen.

Die rechte Hirnhälfte ist dagegen im Wesentlichen für „schöpferische" Aktivitäten zuständig, sie arbeitet mit Reimen, Rhythmen, Musik, visuellen Eindrücken, Farben und Bildern. Sie repräsentiert unseren „metaphorischen Verstand", der Analogien und Muster verwendet. Die

Wissenschaftler schreiben der rechten Hirnhälfte außerdem ein gewisses begriffliches Denken zu – hier entstehen zum Beispiel Begriffe wie Liebe, Schönheit und Treue.

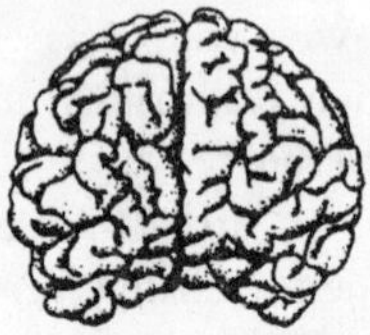

Man darf die Unterschiede jedoch nicht überbetonen. Unser Gehirn ist viel zu komplex und lässt sich nicht so einfach kategorisieren, und die beiden Hälften stehen ständig in Kontakt miteinander. Wenn wir zum Beispiel eine rote Kugel über einen Tisch rollen sehen, muss unser Gehirn Farbe, Form, Bewegung und Richtung der Kugel in vier verschiedenen Hirnregionen verarbeiten, um uns den Gesamteindruck vermitteln zu können.

Obwohl bei bestimmten Tätigkeiten jeweils eine Hirnhälfte dominiert, sind beide an fast allen Denkvorgängen beteiligt. Wenn es jedoch um die Verarbeitung von bestimmten Lerninformationen geht, müssen wir auf die Unterschiede achten.

Manche Menschen (bei denen die linke Hirnhälfte dominiert) ziehen eine Informationsaufnahme vor, die sich langsam Schritt für Schritt vollzieht. Sie lernen „linear". Andere (bei denen die rechte Hirnhälfte dominiert) müssen sich zuerst einen Gesamteindruck verschaffen, sie brauchen einen Überblick. Sie lernen „ganzheitlich".

Um ein Gesicht erkennen zu können, gehen wir nicht wie ein Scanner vor, das heißt, wir tasten es nicht linear von oben nach unten ab, sondern setzen unsere rechte Hirnhälfte ein und machen sofort die Gestalt des Gesichts aus. Verfolgen wir dagegen ein Gespräch, konzentriert sich die linke Hirnhälfte auf das, was gesagt wird (also auf den Inhalt), während die rechte darauf achtet, wie es ausgedrückt wird (also auf die damit verbundenen Gefühle).

Ein Mensch, der Verstand besitzt und das auch weiß, kann jederzeit zehn Menschen schlagen, die keinen besitzen und das nicht wissen.

George Bernhard Shaw

Wenn Sie den Text eines Liedes hören, achtet die linke Hirnhälfte auf die Worte, während die rechte die Melodie verarbeitet. Außerdem ist in diesem Fall auch das limbische System – unser Gefühl – beteiligt. Mit anderen Worten, unser *ganzes Gehirn* nimmt aktiv an dem Prozess teil.

Wenn der menschliche Geist sich erst einmal auf eine neue Idee eingelassen hat, kehrt er nie wieder in seine ursprüngliche Dimension zurück.

Oliver Wendell Holmes

Es ist kein Zufall, dass Worte die in Verbindung mit Musik, Bildern oder Gefühlen wahrgenommen werden, leichter und schneller gelernt werden. Die Methode des aktivierenden Lernens macht sich diese Erkenntnis zu Nutze.

Wenn es einem gelingt, die „schwächere" Hirnhälfte dazu zu bringen, mit der stärkeren zusammenzuarbeiten, erreicht man eine Steigerung der Gesamtleistung – das konnte Professor Ornstein bei seinen Untersuchungen feststellen.

Vor allem in der westlichen Kultur, in der Lesen, Schreiben und Rechnen einen hohen Stellenwert haben – ausnahmslos Aktivitäten der linken Hirnhälfte – ist dieses Ergebnis von größter Bedeutung.

Wir müssen endlich erkennen, was unser Gehirn wirklich zu leisten vermag, und diese Vorteile ausnützen. Wir sind normalerweise immer dann gut, wenn es um Tätigkeiten geht, die ganzheitliches Denken verlangen, zum Beispiel, wenn wir irgendetwas erforschen, Strukturen oder Zusammenhänge erkennen, etwas voraussagen, uns Gedanken über Probleme der Ethik und Moral machen, Analogien finden und unserer Phantasie freien Lauf lassen.

Weniger gut (und weniger motiviert) sind wir bei monotonen Arbeiten, und wenn man uns zwingt, uns isolierte Fakten zu merken und eintönige Rechenaufgaben zu lösen. Das ist auch der Grund, warum die Erfindung des Computers unser Leben so enorm verändert hat. Wenn es um lineare Prozesse oder Rechenoperationen geht, ist er uns Menschen weit überlegen. Aber nur der Mensch kann ihn auf kreative Weise programmieren. Wir sollten den Computer einsetzen, um unsere Schwächen auszugleichen, und die Zeit, die wir dadurch gewinnen, nutzen, um unsere Stärken weiterzuentwickeln – das heißt unsere Kreativität und unsere emotionalen Kapazitäten.

EINFACH EINZIGARTIG

Sie sind einmalig. Sie haben im Grunde nur ein Gehirn, das sich aus der Summe der einzelnen geistigen Fähigkeiten Ihres „dreieinigen" Gehirns und der beiden Hirnhälften zusammensetzt. Kein anderer Mensch verarbeitet Informationen genau auf die gleiche Weise wie Sie. Ihr Gehirn ist so einzigartig wie Ihr Fingerabdruck.

Fast jeder weiß, dass der IQ, der Intelligenzquotient, als Maßeinheit für die Intelligenz einer Person steht. Aber ist dies gerecht und genau? Gibt es nicht auch andere Formen der Intelligenz, die mit solchen Tests nicht gemessen werden können?

Es gibt eine „demokratischere" Methode der Intelligenzmessung, bei der das gesamte Spektrum der menschlichen Fähigkeiten erfasst und die enormen Kapazitäten des menschlichen Gehirns anschaulich gemacht werden können.

DIE GLORREICHEN ACHT – EINE NEUE SICHT DER INTELLIGENZ

Die heutigen Intelligenztests haben ihren Ursprung in den Arbeiten des französischen Psychologen Alfred Binet, der Anfang des 20. Jahrhunderts einen Test entwickelte, mit dessen Hilfe man Kinder aussondern konnte, die Lernprobleme hatten und in den Genuss von Fördermaßnahmen kommen sollten.

Lewis Terman von der Stanford University standardisierte diesen Test, der dann „Stanford-Binet-Test" genannt wurde. Später übernahm Terman von William Stern den Begriff des Intelligenzquotienten, der auch heute noch verwendet wird. Der Quotient setzt sich aus dem Intelligenzalter, das im Test ermittelt wird, und dem Lebensalter eines Menschen zusammen – das Ergebnis wird dann mit 100 multipliziert.

Im Laufe der Jahre ist der IQ zum Standardmaß für die Intelligenz geworden, obwohl er unter Wissenschaftlern, Pädagogen und Laien heftige Diskussionen ausgelöst hat.

Intelligenztests sind zweifellos gar nicht so schlecht, wenn man damit Schulleistungen voraussagen möchte, „da aber laut Definition Intelligenz das ist, was der Intelligenztest misst, drehen sich die Testmacher im Kreis", erklärt Michael S. Gazzaniga, Leiter der *Division of Cognitive Neuroscience* der Cornell University Medical College.

Mit anderen Worten: Intelligenztests messen die Fähigkeit, in Intelligenztests gut abzuschneiden.

Normalerweise dienen solche Prüfungen vor allem der Ermittlung sprachlicher, logisch-mathematischer sowie visueller und räumlicher Fähigkeiten.

An dieser Stelle kommt der in Harvard lehrende Pädagogikprofessor Howard Gardner ins Spiel.

Seine provozierende Frage lautet: Wie würde ein Marsmensch, der auf der Erde gelandet ist, die Intelligenz der menschlichen Rasse beurteilen? Würde ihn der IQ eines einzelnen Menschen interessieren? Oder würde er sich auf die Personen konzentrieren, die auf einem bestimmten Gebiet besonders gut sind – zum Beispiel auf Schachmeister, Dirigenten oder Leistungssportler? Man hält diese Leute mit Sicherheit für intelligent, selbst wenn unsere Methoden der Intelligenzmessung bei ihnen versagen. Wie ist es andererseits möglich, dass Menschen mit einem IQ von 140 letzten Endes für Menschen mit einem IQ von 100 arbeiten müssen?

Gardner hat seine Theorie der „Multiplen Intelligenzen" entwickelt, die besagt, dass der IQ im Gegensatz zur Körpergröße, zum Gewicht oder zum Blutdruck nicht als absolute Zahl betrachtet werden darf. Es ist völlig falsch, den IQ als feste Größe zu sehen, die mit einem Test gemessen werden kann, zu dem man nur Papier und einen Bleistift braucht.

Es geht nicht darum, wie gescheit Sie sind, sondern *wie Sie gescheit sind*, sagt Gardner.

Jeder Mensch verfügt über ein ganzes Programm an Fertigkeiten, die er zur Lösung der verschiedensten Probleme einsetzt. Gardners Definition der Intelligenz lautet: *Intelligenz ist die Fähigkeit, ein Problem zu lösen oder ein Produkt herzustellen, das in einer oder in verschiedenen gesellschaftlichen Sphären einen Wert darstellt.*

Mit anderen Worten: Die Intelligenz kann unterschiedlich sein, je nachdem, in welchem Umfeld man sich befindet. Wenn Sie mit einer Eingeborenen mitten im australischen Busch ohne Essen und Wasser gestrandet wären, wäre sie die Intelligentere – denn sie wüsste, wie man unter solchen Bedingungen überleben kann. Würden Sie die Frau dagegen in ihr Büro verfrachten und an Ihren Computer setzen, wäre es umgekehrt.

„Probleme“ können in jeder möglichen Form auftreten: Man sucht das Ende einer Geschichte, man kalkuliert beim Schach einen bestimmten Zug, oder man versucht, die Bremsen des Wagens zu reparieren. Auch unter „Produkt“ kann man alles Mögliche verstehen: eine wissenschaftliche Theorie, eine Komposition oder eine erfolgreiche Wahlkampagne.

Gardner stützt sich bei seiner Theorie auf die Neurobiologie und ergänzt sie durch Erkenntnisse aus der Psychologie, Anthropologie, Philosophie und Geschichte.

Außerdem sammelte er Material aus den unterschiedlichsten Quellen. Er analysierte Untersuchungen, die man mit Wunderkindern, Hochbegabten, Menschen mit einem Hirnschaden, mit so genannten genialen Idioten, normalen Kindern, normalen Erwachsenen, mit Fachleuten verschiedener Richtungen und Menschen aus unterschiedlichen Kulturen durchgeführt hat.

Das Ergebnis hat er in seinem revolutionären Buch *Abschied vom IQ* festgehalten, in dem er auf überzeugende Weise für eine andere Wertschätzung der menschlichen intellektuellen Fähigkeiten plädiert. Laut Gardner gibt es sieben verschiedene Arten der Intelligenz:

Linguistische Intelligenz. Die Fähigkeit zu lesen, zu schreiben und sich in Worten mitzuteilen. Schriftsteller, Journalisten, Dichter, Redner und Schauspieler müssen über linguistische Intelligenz verfügen.

Berühmte Beispiele: Charles Dickens, Abraham Lincoln, T. S. Eliot, Sir Winston Churchill.

Logisch-mathematische Intelligenz. Die Fähigkeit, logische Schlussfolgerungen zu ziehen, zu rechnen und logisch-systematisch zu denken. Diese Fähigkeiten sind bei Ingenieuren, Naturwissenschaftlern, Wirtschaftwissenschaftlern, Buchhaltern, Detektiven und Juristen besonders ausgeprägt.

Berühmte Beispiele: Albert Einstein, John Dewey.

Visuell-räumliche Intelligenz. Die Fähigkeit, in Bildern zu denken und sich etwas im Kopf vorstellen zu können, zum Beispiel ein zukünftiges Ergebnis. Darunter fallen Architekten, Künstler, Seeleute, Fotografen und strategische Planer. Diese Form der Intelligenz braucht man auch, wenn man sich orientieren will, navigiert oder eine Karte zeichnet.

Berühmte Beispiele: Pablo Picasso, Frank Lloyd Wright, Christoph Kolumbus.

Musikalische Intelligenz. Die Fähigkeit, Musik zu machen oder zu komponieren, zu verstehen, zu genießen, den Rhythmus zu halten. Musiker, Komponisten, Tonmeister und Toningenieure müssen auf diesem Gebiet besonders begabt sein. Die meisten Menschen verfügen jedoch über eine gewisse musikalische Intelligenz, die sich auch weiterentwickeln lässt. Denken Sie nur daran, wie leicht Ihnen das Lernen fällt, wenn Sie einen Reim oder eine Melodie zur Hilfe nehmen.

Berühmte Beispiele: Wolfgang Amadeus Mozart, Leonard Bernstein, Ray Charles.

Körperlich-kinästhetische Intelligenz. Die Fähigkeit, den eigenen Körper bei Problemlösungen einzusetzen, Produkte herzustellen oder Ideen und Gefühle zu zeigen. Es handelt sich dabei um Talente, die man im Sport, beim Tanzen, beim Schauspielern oder zum Bauen und Konstruieren gebraucht. Auch Chirurgen gehören in diese Kategorie, obwohl diese Form der Intelligenz von vielen Menschen, die praktisch veranlagt sind – „die geschickte Hände haben" –, nicht als gleichberechtigt mit den anderen Formen anerkannt wird.

Berühmte Beispiele: Charlie Chaplin, Michael Jordan, Rudolf Nurejev.

Interpersonale (soziale) Intelligenz. Die Fähigkeit, gut mit anderen Menschen zusammenzuarbeiten und Beziehungen aufzubauen. Einfühlungsvermögen und Verständnis für andere gehören ebenso dazu wie die Gabe, Motivation und Ziele der anderen anzuerkennen. Diese Form der Intelligenz finden wir bei guten Lehrern, Pflegern, Therapeuten, Politikern, Religionsführern und Verkäufern.

Berühmte Beispiele: Mahatma Gandhi, Ronald Reagan, Mutter Teresa, Oprah Winfrey.

Intrapersonale Intelligenz. Die Fähigkeit zur Selbsterkenntnis und Reflektion, zur Betrachtung und Bewertung der eigenen Leistungen, des eigenen Verhaltens und der innersten Gefühle. Philosophen, Berater und viele Menschen, die in ihrem Beruf Spitzenleistungen vollbringen, besitzen diese Art der Intelligenz.

Berühmte Beispiele: Sigmund Freud, Eleanor Roosevelt, Plato.

1996 beschloss Gardner, noch eine achte Form der Intelligenz hinzuzufügen, die naturalistische. Trotz vieler Spekulationen widerstand er jedoch der Versuchung, noch eine spirituelle Intelligenz, also eine neunte Form, einzuführen.

Naturalistische Intelligenz. Die Fähigkeit, sich in Flora und Fauna auszukennen, und sie in produktiver Weise einzusetzen. Bauern, Botaniker, Biologen und Naturschützer besitzen diese Form der Intelligenz.

> **Das menschliche Gehirn ist die komplizierteste Maschine des Universums.**
>
> PROFESSOR COLIN BLAKEMORE, UNIVERSITY OF OXFORD

Berühmte Beispiele: Charles Darwin, E. O. Wilson.

Im konservativen Schulunterricht wurden bisher vor allem zwei Formen der Intelligenz angesprochen – die sprachliche und die logisch-mathematische.

Denken Sie jetzt einmal darüber nach, was so ein Intelligenztest im Grunde testet: ausschließlich Fähigkeiten, die sich auf Wörter und Zahlen beziehen. Schüler, die sprachlich oder mathematisch intelligent sind, schneiden auch bei einem IQ-Test gut ab. Deshalb lässt das Testergebnis auch eine ziemlich gute Prognose des Schulerfolgs zu. Die Art, wie der Schulunterricht abläuft (Frontalunterricht) und das Lehrmaterial (logisch aufgebaute Bücher) sprechen vor allem diese beiden Arten der Intelligenz an. Und da die Lehrer meistens selbst gute Schüler waren, erhält sich das System von selbst.

Aber kann der IQ auch voraussagen, ob jemand in seinem Leben glücklich oder wirtschaftlich erfolgreich sein wird, eine gute Beziehung hat oder im Leben gut zurechtkommt? Das kann er natürlich nicht. Sprachliche und logisch-numerische Fähigkeiten sind in einer modernen Welt tatsächlich sehr wichtig – trotzdem darf man nicht übersehen, dass es darüber hinaus noch mindestens sechs andere Formen der Intelligenz gibt. Erst wenn Sie alle diese Formen im Griff haben, können Sie die geballte Kraft Ihres Gehirns nutzen.

Für die Schüler, deren Stärken vor allem auf dem Gebiet jener Intelligenzformen liegen, die Gardner definiert hat, kann das Lernen sehr frustrierend sein – denn ihnen wird der Stoff nicht in der Form angeboten, die sich für sie persönlich besonders eignen würde.

Aktivierendes Lernen zeigt den Schülern aller Altersgruppen, wie man lernen kann, indem man seine individuelle Intelligenz optimal nutzt.

Ein Balanceakt

Jeder normale Mensch verfügt bis zu einem gewissen Grad über alle diese Intelligenzformen, die verschiedenen Kombinationen und Mischungen sind jedoch so unterschiedlich wie die Gesichter und Persönlichkeiten der Individuen.

Kinder zeigen schon im Alter von vier oder fünf Jahren deutliche Profile ihrer Stärken und Schwächen, das beweisen die Daten einer Untersuchung, die an der Harvard Universität durchgeführt wurde.

Bei manchen Erwachsenen sind eine oder zwei Intelligenzarten besonders gut ausgeprägt, deshalb sind sie oft auf einem bestimmten Gebiet außerordentlich begabt, während sie auf einem anderen einen eher hilflosen Eindruck machen. Ein klassisches Beispiel ist der brillante Mathematiker, der komplexe Probleme lösen kann, aber nicht in der Lage ist, anderen Menschen ein mathematisches Problem verständlich zu machen.

Es kann auch vorkommen, dass jemand, bei dem keine der Intelligenzformen besonders ausgeprägt ist, durch die besondere Mischung seiner Fähigkeiten auf einem bestimmten Gebiet Außergewöhnliches leistet.

Im Allgemeinen kommt man mit den unterschiedlichen Herausforderungen des Lebens am besten zurecht, wenn möglichst viele der verschiedenen Arten von Intelligenz gut ausgebildet sind und man aus diesem Grund flexibler ist. Das Ziel der Erziehung sollte daher eine „umfassende“ Intelligenz sein.

Gardner selbst – dem von der MacArthur Stiftung ein Hochbegabtenstipendium gewährt worden war – ist ein Renaissancemensch mit zahlreichen Facetten und vielen verschiedenen Stärken, die sich auf alle Intelligenzformen beziehen. Er ist ein ausgezeichneter Redner, ein produktiver Schriftsteller, hat sportliche Ambitionen (joggt täglich), spielt Klavier und war auf dem College Mitglied einer Theatergruppe – ein Mann mit vielen Gesichtern.

Kein Wunder, dass er darauf hinweist, dass eine Art der Intelligenz zwar gut, das Zusammenwirken mehrerer Formen jedoch besser ist: „Da fast jede Rolle, die ein Mensch in der Gesellschaft spielt, verschiedene Formen der Intelligenz voraussetzt, wird es immer wichtiger, den Einzelnen als eine Ansammlung von Fähigkeiten zu betrachten. Wenn er Probleme nur auf eine Art lösen könnte, wäre es leicht, diese Fähigkeit mit

Das größte unentdeckte Gebiet der Welt liegt zwischen unseren Ohren.

William O'Brien, ehemaliger Geschäftsführer der Hanover Versicherung

einem simplen Test, zu dem nur Papier und Bleistift benötigt wird, zu messen ... Das Ganze kann tatsächlich größer sein als die Summe seiner Teile."

Und was ist spirituelle Intelligenz? Gardner meint, dass er die Existenz einer solchen Intelligenzform nicht bestätigen konnte, aber sehr interessiert sei herauszufinden, was man unter „Spiritualität" oder unter einem „spirituellen Menschen" versteht.

Er schreibt weiter: „Ob es sinnvoll ist, den Begriff Spiritualität ebenfalls auf die Liste der Intelligenzformen zu setzen, weiß ich nicht. In jedem Falle lohnt es sich, wenn sich Psychologen, die auf diesem Gebiet noch nicht vorbelastet sind, über diese menschliche Fähigkeit Gedanken machen."

Howard Gardners „Theorie der multiplen Intelligenzen" bietet uns sieben verschiedene Möglichkeiten, jeden Stoff zu behandeln, und obendrein eine achte, mit der wir prüfen können, ob unsere Schlüsse gesellschaftlich und ökologisch akzeptabel sind.

Gardner lehnt jedoch alle dogmatischen Versuche ab (und wir stimmen auch in diesem Punkt mit ihm überein), in *allen* Fächern unbedingt *alle* Intelligenzformen ansprechen zu wollen. „Die meisten Themen lassen sich auf verschiedene Weise behandeln. Es ist jedoch nicht sehr sinnvoll, alles unbedingt in sieben verschiedenen Arten anzugehen. Das wäre reine Energie- und Zeitverschwendung."

Grundsätzlich sagt uns diese neue Auffassung von der menschlichen Intelligenz, dass es „viele Fenster gibt, die in denselben Raum schauen" – dass ein bestimmtes Thema aus unterschiedlichen Blickwinkeln behandelt und gelernt werden kann. Und wenn Menschen ihre stärkste Intelligenzform einsetzen, macht ihnen das Lernen mehr Spaß, und sie kommen schneller zum Ziel.

Wir lernen auf diese Weise auch, dass „Intelligenz" aus einer Reihe von Fähigkeiten und Fertigkeiten besteht. Wenn Sie diese voll ausschöpfen, können Sie Ihre Intelligenz verbessern und weiterentwickeln. Die Strategien des aktivierenden Lernens geben ihnen das Werkzeug an die Hand, mit dem Sie diese Gaben entwickeln können.

WELLEN SCHLAGEN – VIER ARTEN DER HIRNSTROMWELLEN

Radio und Fernsehen übermitteln Informationen auf unterschiedlichen Frequenzen, genauso macht es Ihr Gehirn.

Wenn Sie denken, erzeugt es ganz schwache elektrische Impulse. Es handelt sich dabei um vier verschiedene Hirnstromwellen – Alpha, Beta, Theta und Delta – die man mittels eines Elektroenzephalogramms (EEG) messen kann. Man befestigt zu diesem Zweck Elektroden auf der Kopfhaut und zeichnet die Hirnstromwellen pro Sekunde auf einem Diagramm auf. Das Muster Ihrer Hirnstromwellen ist im Wachzustand ein völlig anderes als im Tiefschlaf:

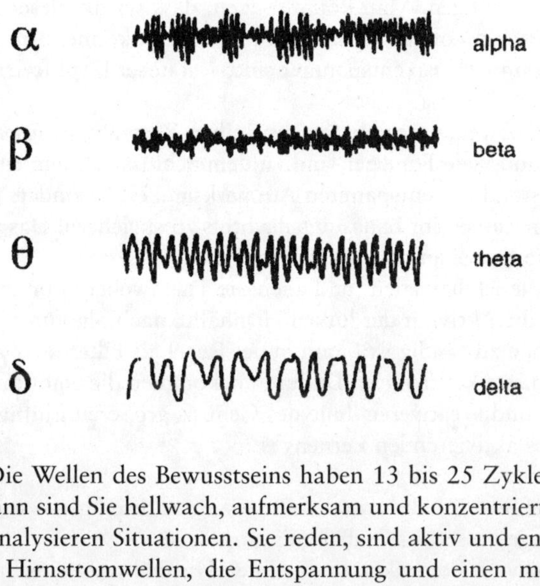

Beta: Die Wellen des Bewusstseins haben 13 bis 25 Zyklen pro Sekunde. Dann sind Sie hellwach, aufmerksam und konzentriert. Sie denken und analysieren Situationen. Sie reden, sind aktiv und engagiert.

Alpha: Hirnstromwellen, die Entspannung und einen meditativen Zustand anzeigen. Alphawellen bestehen aus acht bis zwölf Zyklen pro Sekunde. Sie haben Tagträume, lassen Ihrer Phantasie freien Lauf und befinden sich in einem Zustand entspannter Wachheit.

Theta: Wellen, die auftreten, wenn man sich intensiven Tagträumen hingibt oder sich bereits im ersten Schlaf befindet. Sie haben vier bis sieben Zyklen in der Sekunde. Es ist das Stadium zwischen „Tag und Traum“, in dem das Gehirn die Informationen des Tages verarbeitet. Hin und wieder kommt es in dieser Phase zu plötzlichen Eingebungen.

Delta: Hirnstromwellen des traumlosen Tiefschlafs, sie bestehen aus einem halben bis drei Zyklen pro Sekunde.

Welche Hirnstromfrequenz eignet sich nun am Besten für das Lernen? Das hängt von verschiedenen Faktoren ab. Wenn Sie einen komplizierten wissenschaftlichen Sachverhalt aufnehmen und verstehen wollen, ist der Beta-Zustand der Beste. Untersuchungen haben allerdings gezeigt, dass der Alpha-Zustand der „entspannten Aufmerksamkeit“ sich sehr gut eignet, um Dinge, die Sie bereits verstanden haben, zu vertiefen.

Im Beta-Zustand konzentrieren Sie sich unmittelbar auf das Problem, das Ihnen soeben gestellt wurde, oder Sie erledigen Ihre alltäglichen Aufgaben. Sie sind dann jedoch nicht so offen für plötzliche, intuitive Eingebungen. Man könnte sagen, dass wir in dieser Phase mitunter den Wald vor lauter Bäumen nicht sehen können. Im Alpha-Zustand – wenn wir also entspannter sind – ist unser Kopf freier und empfänglicher.

Die Alphawellen verschaffen uns einen Zugang zu unserem Unbewussten, und viele Forscher sind zu dem Schluss gekommen, dass sich dieser Zustand der entspannten Aufmerksamkeit besonders gut eignet, um Informationen im Langzeitgedächtnis zu speichern. Das gilt vor allem für die Fremdsprachenkurse.

Wenn die Alphawellen (und auch die Thetawellen) dominanter werden, lässt die Aktivität der linken Hirnhälfte nach, die für die logischen Operationen zuständig ist – und in der Regel als Filter oder Zensor das Unterbewusste kontrolliert. Dadurch bekommen die emotionaleren, intuitiveren und kreativeren Teile des Gehirns größeren Einfluss.

Ziel des aktivierenden Lernens ist:

- Das Gefühlshirn aktiv an den Prozessen zu beteiligen – so lassen sich die Dinge besser ins Gedächtnis einprägen.
- Die Aktivität der linken und rechten Hirnhälfte zu synchronisieren.
- Alle acht Formen der Intelligenz anzukurbeln, so dass die Lerninhalte jedem Menschen zugänglich werden und die Leistung des Gehirns in vollem Maße genutzt werden kann.
- Entspannungsphasen einzulegen, um das Gelernte zu vertiefen. Verstehen und Einprägen sind zwar zwei verschiedene Prozesse, jeder Stoff muss jedoch im Gedächtnis gespeichert werden, damit man später darauf zurückgreifen kann.

Da das Gedächtnis beim Lernen eine so große Rolle spielt, werden wir uns im nächsten Kapitel vor allem mit seiner Funktionsweise befassen.

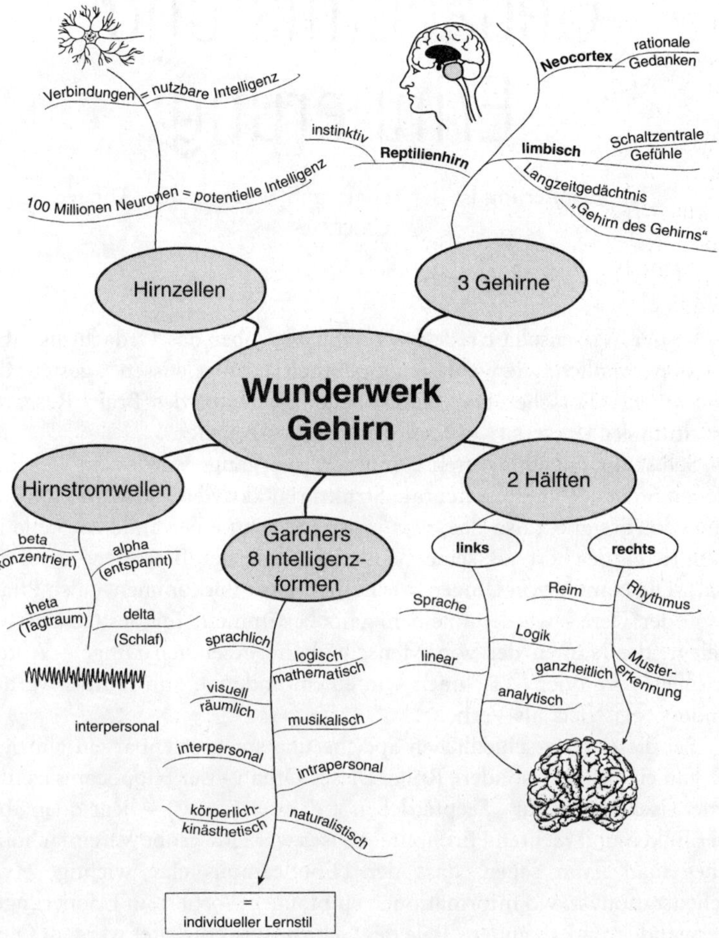

3

Gedächtnis und Erinnerung

Die Erinnerung ist der Schatz und Wächter aller Dinge.
CICERO

„In der Wissenschaft reden wir zwar viel über das Gedächtnis, aber es ist erstaunlich, wie wenig wir eigentlich darüber wissen", gesteht der prominente Forscher Dr. Arnold Scheibel, Leiter des Brain Research Institute der University of California in Los Angeles.

Selbst für die einfachsten Erinnerungsvorgänge werden an verschiedenen Stellen komplexe neurale Strukturen aktiviert. So wird zum Beispiel ein Ereignis (also das, was passiert ist) an einer anderen Stelle im Gehirn gespeichert als seine Bedeutung (wie der Betroffene es erlebt hat). Die Namen von Dingen, die in der Natur vorkommen – also Pflanzen oder Tiere – werden in einem ganz bestimmten Teil des Gehirns abgelegt, die Namen der von Menschenhand erzeugten Dinge – Autos, Möbelstücke oder Maschinen – in einem anderen. Substantive werden anders registriert als Verben.

Bei dieser unterschiedlichen Speicherung spielt offenbar ein winziges Organ eine ganz besondere Rolle. Dieses Organ – der Hippocampus (das griechische Wort für „Seepferdchen", dem er ähnelt) – liegt quer über der linken und rechten Hirnhälfte. Es ist zwar eine grobe Vereinfachung, aber man kann sagen, dass der Hippocampus eine wichtige Zwischenstation ist, wo Informationen empfangen, sortiert, in Erinnerungen verwandelt und an andere Teile des Gehirns weitergeleitet werden. Ohne ihn könnten wir zwar lernen, uns jedoch nicht an das Gelernte erinnern.

Dr. Mark Gluck, Professor am *Center for Molecular and Behavioral Neuroscience* der Rutgers University in New Jersey bestätigt zwar, dass der Hippocampus für das Lernen unerlässlich ist, weist aber gleichzeitig darauf hin, dass er eines der empfindlichsten und instabilsten Teile des Gehirns ist. Verminderte Sauerstoffzufuhr zieht diesen Teil des Gehirns zuerst in Mitleidenschaft. „Man muss sich den Hippocampus als einen sehr wendigen Kajak vorstellen. Er muss sämtliche aktuellen Informationen aufnehmen und in der Lage sein, eine Vielzahl von Veränderungen mit großer Geschwindigkeit zu verarbeiten", stellt Gluck fest. „Wir nehmen an, dass der Hippocampus die Funktion eines Filters hat, dass er neue Assoziationen herstellt und entscheidet, was wichtig ist und was nicht beachtet oder unterdrückt werden muss. Deshalb spielt er beim Lernen eine so entscheidende Rolle."

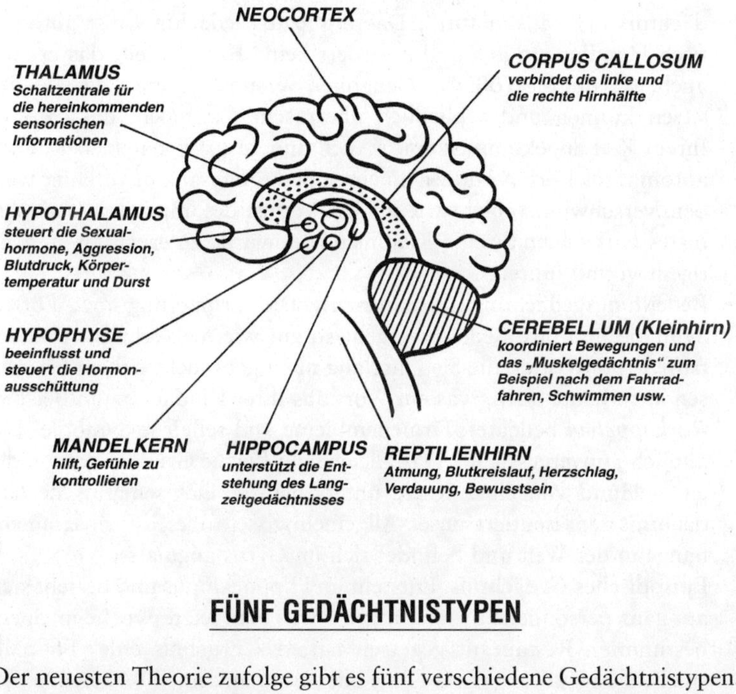

FÜNF GEDÄCHTNISTYPEN

Der neuesten Theorie zufolge gibt es fünf verschiedene Gedächtnistypen.

Der Neurologe Dr. Murray Grossman und seine Mitarbeiter des University of Pennsylvania Medical Center haben dieses Modell entwickelt. (Als Gedächtnisstütze können Sie sich das Akronym K-A-B-E-L merken und sich vorstellen, Ihr Gehirn wäre verkabelt – mehr über solche Gedächtnisstützen später).

- **(Extremes) Kurzzeitgedächtnis** – nur ein paar Sekunden lang. Liegt im präfrontalen Cortex und versetzt Sie in die Lage, sich mehrere Dinge gleichzeitig zu merken. So behalten Sie zum Beispiel den Anfang eines Satzes, während Sie den Rest hören. Mit seiner Hilfe können Sie auch mehrere Dinge zur gleichen Zeit tun – Sie können zum Beispiel jemandem zuwinken, um ihn auf sich aufmerksam zu machen, gleichzeitig mit einer anderen Person reden und dabei Ihre Post öffnen. Bei vielen Menschen nimmt diese Fähigkeit nach dem 40. Lebensjahr ab.
- **Automatisch (Implizit).** Wenn Sie erst einmal Radfahren, Autofahren oder Schwimmen gelernt haben, werden Sie es vermutlich nie wieder vergessen. Wir sprechen in diesem Zusammenhang vom „Gedächtnis der Muskulatur". Das implizite Gedächtnis löst automatisch Handlungen aus und erfordert keine Bewusstheit, das erklärt auch, warum Sie völlig in Gedanken versunken hinter dem Steuer sitzen können und schließlich überrascht feststellen, dass Sie an Ihrem Ziel angekommen sind. Auch andere Fähigkeiten, bei denen automatische Erinnerungen an einen Bewegungsablauf verlangt werden, verschwinden nicht wieder. Ein Verlust des impliziten Gedächtnisses (das seinen Sitz im Kleinhirn hat) würde zu ernsthaftem geistigem Verfall führen.
- **Bedeutungsgedächtnis (Semantisch).** Die Erinnerung an Wörter, Symbole und ihre Bedeutung geht so gut wie nie verloren. Das betrifft sogar Wörter, die Sie jahrelang nicht gebraucht haben. Sie wissen auch heute noch, was ein Wort aus Ihrer Kindheit, zum Beispiel *Rotkäppchen* bedeutet. Firmenembleme und religiöse Symbole sind ähnlich „unvergesslich". Das Gleiche gilt für die Grundelemente, die einen Hund von einer Katze unterscheiden. Das semantische Gedächtnis repräsentiert unser Allgemeinwissen über die Zusammenhänge in der Welt und befindet sich im Gyrus angularis.
- **Episodisches Gedächtnis.** Entsteht im Hippocampus und bezieht sich auf ganz persönliche Erinnerungen – was man letzte Woche in einem bestimmten Restaurant gegessen hat, das Ergebnis eines Fußballspiels, die Handlung eines Films oder wo man seinen Wagen geparkt hat. Wenn wichtige Informationen auf eine emotional angenehme Art angeboten werden – eine Geschichte, ein Gespräch oder ein Film – kann man sich in der Regel auch gut daran erinnern.
- **Langzeitgedächtnis.** Leute, die bei Quizsendungen gewinnen, besitzen ein derartiges Erinnerungsvermögen. Es besteht aus Daten aus

allen möglichen Bereichen, die im Laufe des gesamten Lebens angesammelt wurden. Es hat den Anschein, als würde das Langzeitgedächtnis – das sich über den ganzen Cortex ausbreitet – im Alter nachlassen. Es könnte sich bei den entsprechenden Ausfällen jedoch auch um ein Problem des Wiederaufrufens handeln, das heißt, dass ein älterer Mensch mehr Informationen gespeichert hat und daher auch länger braucht, um seinen ganzen Gedächtnisspeicher zu durchforsten.

BLEIBENDE ERINNERUNGEN

Warum können wir uns an bestimmte Dinge auch nach langer Zeit noch entsinnen? Das hängt vor allem von der Intensität ab, mit der die Information ursprünglich aufgenommen wurde. Deshalb ist es auch so wichtig, dass beim Lernen mehrere Aspekte angesprochen werden – Hören, Sehen, Sagen und Tun. Und es ist wichtig, dass der Lernprozess von positiven Gefühlen begleitet wird, wie zum Beispiel durch das Lernen in einer Gemeinschaft. Alle diese Faktoren intensivieren das Erinnerungsvermögen.

Es gibt jedoch heute neue Hinweise darauf, dass eine Erinnerung auch im Schlaf oder in einem völlig entspannten Zustand im Gehirn verankert werden kann – also im Zustand der bereits erwähnten Thetawellen. Woher wir das wissen? Die Zeitschrift *Science* veröffentlichte kürzlich eine Untersuchung, bei der man Ratten Elektroden in den Hippocampus implantiert hatte. Während die Nager verschiedene Teile ihres Käfigs untersuchten, registrierten die Forscher, welche Hirnzellen dabei aktiviert wurden. Als die Ratten dann schliefen, wurden die gleichen Zellen beansprucht. Man konnte feststellen, dass die Merkfähigkeit durch eine Reizung des Hippocampus mit einer Frequenz, die den langsamen Thetawellen entspricht, verbessert wurde.

> **Ihr Gehirn ist ein schlafender Riese.**
>
> **TONY BUZAN IN *MAKE THE MOST OF YOUR MIND***

Auch Humanversuche zeigten, dass Schlaf das Erinnerungvermögen verbessert, vor allem, wenn der Betroffene träumt – also in den so genannten REM-Phasen (Rapid Eye Movement). Die Zeitschrift *Psychology Today* berichtete über ein kanadisches Projekt, bei dem Studenten, die den ganzen Abend gelernt hatten und anschließend ins Bett gingen und schliefen, mehr Informationen speichern konnten, als ihre Kommilitonen, die die ganze Nacht gebüffelt hatten. In Israel stellte man fest, dass Probanden, die man in einer Nacht sechzig Mal in den REM-Phasen geweckt hatte, überhaupt nicht mehr aufnahmefähig waren.

Tagsüber wird das Gehirn mit so vielen Empfindungen, Informationen und Erlebnissen überschwemmt, dass es sie gar nicht alle verarbeiten kann, jedenfalls so lange der Gehirncomputer noch „on-line" ist, das heißt, immer noch weitere Informationen empfängt, stellt der Psychologe und Computerspezialist Christopher Evans fest. REM-Phasen treten auf, wenn das Gehirn sozusagen auf „off-line" schaltet und die Informationsflut des Tages verarbeitet und in seinen komplexen Gedächtnisspeichern ablegt.

Während des Schlafes assimiliert und speichert das Gehirn Informationen ab und versucht, ihnen einen Sinn zu geben. Neueren Untersuchungen zufolge konstruieren wir im Traum die bizarrsten Geschichten, damit unser Gehirn Gelegenheit bekommt, die zunächst zusammenhanglosen neuen Fakten und Ereignisse so zu ordnen, dass sie Sinn machen und entsprechend eingeordnet werden können.

Träume (also visuelle Darstellungen) sind offenbar die natürliche Art und Weise, sich an Dinge zu erinnern. Das ist auch der Grund, warum man sich so gut an etwas erinnern kann, wenn eine Reihe von Fakten in Form einer anschaulichen Geschichte präsentiert wird. So ist zum Beispiel der Spruch *Mein Vater erklärte mir jeden Sonntag unsere neun Planeten* eine gute Gedächtnisstütze, mit deren Hilfe man sich die neun Planeten in der Reihenfolge ihres Abstands zur Sonne einprägen kann – Merkur, Venus, Erde, Mars, Jupiter, Saturn, Uranus, Neptun und Pluto.

Wir haben diese Entdeckung in unseren Sprachkursen genützt. Die Fremdsprache wird über eine gesprochene Geschichte mit vielen Bildern und Klangeffekten gelernt. Da sie außerdem in Form einer spannenden Geschichte vermittelt wird, fällt das Lernen leichter und macht mehr Spaß. Das konventionelle Pauken vieler zusammenhangloser Substantive und Verben ist bedeutend langweiliger.

Solche Untersuchungsergebnisse geben *Psychology Today* zufolge den „schnelleren" Auftrieb. Der bulgarische Psychiater Georgi Lozanov arbeitet beispielsweise mit „Tiefenentspannung durch Zwerchfellatmung in Kombination mit Musik und Rhythmik".

Die Ergebnisse erklären auch, warum man nicht „im Schlaf" lernen kann. Man hoffte, Informationen, die im Schlaf abgespielt werden, würden die Schwelle des Unterbewussten überschreiten, so dass man sich später wieder an sie erinnern könnte. Das ist zwar eine sehr angenehme Vorstellung, von der jeder Faulenzer träumt. Aber es funktioniert nicht, weil das Gehirn während des Schlafes keine neuen Informationen aufnehmen kann. Es ist viel zu sehr damit beschäftigt, noch einmal alles abzuspielen, zu registrieren und ordentlich abzulegen, was es tagsüber aufgenommen hat.

GEFÜHLE SCHAFFEN DAUERHAFTE ERINNERUNGEN

„Eine Erinnerung, die mit gefühlsbetonten Informationen verbunden ist, brennt sich im Gehirn ein."

Das ist eine anschauliche Beschreibung von Jill Neimark, die unter der Überschrift „It's Magical. It's Malleable. It's… Memory" (etwa: Unsere Erinnerung ist etwas Magisches, Formbares) in *Psychology Today* erschien.

Laut Neimark hat die Wissenschaft gerade erst angefangen zu begreifen, wie das emotionale Gedächtnis funktioniert und warum es eine so große Kraft hat. Emotionale Reaktionen können sowohl durch positive als auch durch negative Ereignisse ausgelöst werden. Bei *jeder* Erfahrung, die starke Gefühle auslöst, greift das Gehirn auf die alte Kampf-oder-Flucht-Reaktion zurück und überflutet die Zellen mit den starken Stresshormonen Adrenalin und Noradrenalin.

Dr. James McGaugh von der University of California in Irvine stellt fest: „Wir nehmen an, dass das Gehirn die chemischen Substanzen, die in einer Stresssituation oder beim Auftreten intensiver Gefühle ausgeschüttet werden, ausnutzt, um die Intensität der Gedächtnisspeicherung zu regulieren."

Diese Stresshormone lösen körperliche Reaktionen aus – das Herz schlägt schneller, und der Muskeltonus erhöht sich. Außerdem stimulieren sie die Hirnzellen zu äußerst lebhaften Bildvorstellungen. Aus gutem Grund: Sie müssen schließlich sofort reagieren können, sollten Sie einmal von einem Amokläufer angegriffen werden.

McGaugh und sein Mitarbeiter Larry Cahill haben eine interessante Untersuchung durchgeführt, die anschaulich macht, wie Emotionen, selbst ganz normale Gefühle, zu besserer Erinnerung und Lernfähigkeit führen.

Man verabreichte zwei Gruppen von College Studenten ein Mittel, das die Wirkung von Adrenalin und Noradrenalin blockiert. Dann zeigte man ihnen zwölf Dias, auf denen zum Beispiel ein Junge zu sehen war, der mit seiner Mutter die Straße überquert oder einen Mann im Krankenhaus besucht. Der einen Gruppe erzählte man dazu eine ganz normale Geschichte: Der Junge besucht zusammen mit seiner Mutter den Vater, der Chirurg ist. Der zweiten Gruppe wurde dagegen eine dramatische Geschichte erzählt: Der Junge wird von einem Auto angefahren, und der Chirurg versucht, die abgetrennten Füße wieder anzunähen.

Zwei Wochen später mussten dieselben Studenten ohne Vorwarnung an einem Erinnerungstest teilnehmen. Die Mitglieder der Gruppe, der man die normale Geschichte erzählt hatte, wussten nur noch lückenhaft, was sich auf den zwölf Dias abgespielt hatte, während die Gruppe, der die dramatische Geschichte präsentiert worden war, sich wesentlich besser an die Bilder erinnern konnte.

In einem weiteren Test wurden die Probanden aufgefordert, sich eine Liste von Wörtern anzuhören, die auch emotional geladene Begiffe wie *Brust, Leiche* und *Vergewaltiger* enthielt. Sie konnten sich an die „emotionalen" Wörter besser erinnern als an die neutralen. Und was wahrscheinlich noch wichtiger ist, sie behielten auch besser im Gedächtnis, welche Stimme die Wörter ausgesprochen hatte – ein klarer Hinweis auf ein gesteigertes Bewusstsein für die mit den Worten verbundenen Ereignisse.

Auch Robert Sylwester, Professor für Pädagogik an der University of Oregon, hält eine höhere Bewertung der Gefühle, die den Lernprozess begleiten, für sinnvoll.

Er konstatiert: „Wir wissen, dass beim Lernen Gefühle eine große Rolle spielen. Sie fördern die Aufmerksamkeit und gleichzeitig das Lernen und das Gedächtnis. Wir haben Gefühle nie richtig verstanden, deshalb wissen wir auch nicht, wie wir in der Schule damit umgehen sollen – abgesehen davon, dass wir zu viel oder zu wenig Gefühl als unangemessenes Verhalten definieren. Gefühle haben höchstens im Kunst- oder Sportunterricht, in den Pausen oder in außerschulischen Dingen etwas zu suchen.

Wir beurteilen die Rechtschreibung eines Schülers, wissen aber nicht, ob er sich wohl fühlt. Und wenn das Budget knapp wird, streichen wir zuerst Fächer wie Kunst, weil dabei Gefühle eine Rolle spielen. In der Schule haben wir das Gefühl von der Logik und Vernunft abgespalten, weil das die Verwaltungsarbeit und die Wertmaßstäbe vereinfacht. Wir haben dabei allerdings auch zwei Seiten einer Münze voneinander getrennt – und dabei etwas sehr Wichtiges verloren.

Man kann Gefühle nicht von den wichtigen Dingen des Lebens trennen. Man sollte so etwas erst gar nicht versuchen."

> **Das menschliche Gehirn ist ein größeres Wunder und noch komplexer als das Universum mit seinen Myriaden von Galaxien. Das Gehirn des Menschen ist ein Spiegel der Unendlichkeit. Seine Möglichkeiten, sein Horizont oder seine Fähigkeit zu schöpferischem Wachstum sind grenzenlos.**
>
> NORMAN COUSINS IN *DER ARZT IN UNS SELBST*

Die Rolle des Gefühls ist aus mehreren Gründen für das Lernen und für die Erziehung **unverzichtbar:**

Erstens gibt es mehr Nervenverbindungen, die **vom** Gefühlszentrum im limbischen System **zum** intellektuellen Cortex laufen als umgekehrt. Deshalb wird unser Verhalten oft bedeutend stärker von unserem Gefühl beeinflusst als von der Logik.

Zweitens haben wir gesehen, dass das limbische/emotionale System eine Art Schaltzentrale ist, die ankommende Informationen aus den Sinnen an den Denk-Cortex weiterleitet. Es gibt jedoch noch einen schnelleren Weg, auf dem emotionsgeladene Informationen, die zum Beispiel eine bedrohliche Situation signalisieren, weitergeleitet werden können. Sie laufen nicht nach „oben", um dort erst einmal überprüft zu werden, sondern direkt nach „unten", zu den primitiveren Teilen des Gehirns. Der Mensch reagiert dann „aus dem Bauch" heraus.

Das erklärt auch, warum Situationen, die schon einmal Schmerz oder Angst ausgelöst haben, heftige, reflexartige, völlig unbedachte Reaktionen auslösen können. Unter dem Aspekt der Evolution betrachtet ist das auch sinnvoll. Auf den flüchtigen Eindruck von etwas, das wie eine Schlange aussieht, reagiert man am Besten sofort, selbst wenn sich später herausstellen sollte, dass es nur ein harmloser Zweig war. Das gleiche kann allerdings auch passieren, wenn man Angst vor Mathematikaufgaben hat.

Wir müssen deshalb lernen, den Zustand unseres Bewusstseins zu kontrollieren. Eigentlich müsste man den Schülern beibringen, wie sie ihre Gefühle erkennen, akzeptieren und steuern können. Das ist leider nicht der Fall.

Und es gibt noch eine weitere wichtige Rolle, die die Gefühle beim Lernen spielen. Unser Gehirn kann gefährliche Situationen, die ganz plötzlich auftreten, besonders gut erkennen und schnell damit umgehen. Gefahren, die sich erst allmählich entwickeln, werden nicht so schnell wahrgenommen, unser Gehirn erkennt sie nicht und kann deshalb auch nicht entsprechend reagieren. Das ist der Grund, warum es uns so schwer fällt, auf Bedrohungen wie schwindende Ressourcen, Umweltverschmutzung, Untergang der großen Städte, Überbevölkerung oder steigende Arbeitslosigkeit angemessen zu reagieren. Diese Entwicklungen vollziehen sich so allmählich, dass wir sie nicht als lebensbedrohlich einstufen.

Wenn wir genügend Menschen motivieren wollen, müssen wir eine Möglichkeit finden, ihnen diese Probleme bewusst zu machen. Das gilt vor allem für unsere Schüler, denn ihre Generation muss entweder Lösungen finden oder mit den Folgen leben.

EIN DSCHUNGEL IM KOPF

Fünf verschiedene Gedächtnisse, acht Intelligenzarten, drei Gehirne, zwei Gehirne, ein Gehirn, vier verschiedene Hirnstromwellen. Was hat das alles zu bedeuten?

Das Gehirn des Menschen ist der komplizierteste Organismus, den wir kennen. Es ist daher kein Wunder, dass alle unsere Versuche, die Wirkungsweise unseres Gehirns zu beschreiben, zum Scheitern verurteilt sind, und viele Experten Analogien aus der Welt der Computer herstellen. Die von uns selbst geschaffene, künstliche Intelligenz von Computern hat unser Leben revolutioniert und uns selbst in Erstaunen versetzt. Kein Wunder, dass wir der Versuchung erliegen, solche Analogien zu bemühen, obwohl sie uns in die Irre führen.

Eine Theorie aus berufenem Munde, die allerdings nicht unumstritten ist, lehnt jeden Zusammenhang zwischen der geordneten Funktionsweise eines Computers und der des menschlichen Gehirns ab.

Der berufene Mund ist Gerald Edelman, der 1972 den Nobelpreis für eine Entdeckung bekam, die die konventionelle Auffassung von der Wirkungsweise des menschlichen Immunsystems auf den Kopf gestellt hat.

Man war bis zu diesem Zeitpunkt davon ausgegangen, dass die Antikörper *lernen*, schädliche Eindringlinge wie Bakterien oder Viren zu erkennen. Man glaubte, dass das Immunsystem dann zum Gegenangriff überging, die Antigene zerstörte und sich das Profil des Angreifers merkte, um beim nächsten Mal schneller und besser reagieren zu können.

Edelman entdeckte dagegen, dass jeder Mensch mit einer ungeheuer großen Zahl an *spezifischen* Antikörpern geboren wird, die in der Lage sind, einen *spezifischen* Virentyp zu erkennen und zu vernichten. Wenn diese natürliche Immunität fehlt (wie zum Beispiel gegen den AIDS-Virus), können wir sterben, wenn wir infiziert werden. Unser Immunsystem ist nicht in der Lage zu *lernen*, wie es den Angreifer vernichten kann, sondern hat sich im Laufe von Jahrmillionen durch ständige Selektion so entwickelt. Man besitzt es entweder von Geburt an oder nicht.

Edelman, Vorsitzender der neurobiologischen Abteilung des berühmten Scripps Research Institute in La Jolla in Kalifornien, beschäftigte sich dann mit der Wirkungsweise des menschlichen Gehirns. Seine „Theorie der neuronalen Gruppenselektion“ wurde salopp als „Neuraler Darwinismus“ bezeichnet.

Er zog den Schluss, dass der genetische Prozess, der sich über Jahrtausende erstreckt, beim Menschen zur Entwicklung eines Gehirns geführt hat, dass schon von Geburt an mit der „Grundintelligenz“ und den körperlichen Attributen ausgestattet ist, die ein Überleben in der modernen Welt gewährleisten.

Es ist das einzige Mal, dass die Evolution eine Spezies mit einem Organ ohne Gebrauchsanleitung ausgestattet hat. Ein luxuriöses Organ, das seinen Besitzer Jahrtausende lernen lässt, wie man es richtig benützt – wenn er es überhaupt jemals lernt.

Arthur Koestler

Es gibt bestimmte neurale Netzwerke, die bereits bei der Geburt ihre Funktion übernehmen. Ein Säugling erkennt zum Beispiel schon bestimmte Geräusche, er muss es nicht erst lernen. Einem Kind muss man nicht beibringen, wie man geht oder spricht: Die Grunddispositionen sind genetisch vorhanden, müssen jedoch stimuliert werden, um sich richtig entwickeln zu können.

Es ist daher so außerordentlich wichtig, Kindern schon früh eine anregende Umgebung zu schaffen. Wenn die Fähigkeiten, die in jedem Säugling schlummern, nicht stimuliert werden, verschwinden sie unter Umständen auf Nimmerwiedersehen. „Wer rastet, der rostet."

Wir wissen, dass das bei Fremdsprachen zutrifft. Vor dem zwölften, dreizehnten Lebensjahr ist ein Kind noch in der Lage, sich einen fremden Akzent anzueignen. Möglicherweise ist es mit der Fähigkeit, mit anderen zusammenzuarbeiten, ähnlich. Da die Schule sich vor allem auf die Leistungen des Einzelnen konzentriert, ist es durchaus möglich, dass unser Teamwork-Geist dadurch beeinträchtigt wird. Das ist gefährlich, wenn man bedenkt, dass unser Erfolg als Spezies nicht von unserer Körperkraft abhängt, sondern davon, wie gut wir zusammenarbeiten.

Edelmann zufolge ist der Computer kein geeignetes Modell für das Gehirn, denn er muss programmiert und von einer anderen Instanz (oder einer anderen Person) bedient werden. Wenn man einen Computer vor Augen hat, denkt man automatisch an ein ordentliches Ablagesystem. Aber unser Gehirn funktioniert ganz anders. Statt linearer Aktivitäten laufen vielmehr parallele Prozesse ab.

Edelman glaubt, in der Biologie bessere Analogien finden zu können. Die innere Dynamik des Gehirns erinnert ihn in weit stärkerem Maße an das Leben im Dschungel als an einen Computer.

Der Dschungel wird demzufolge nicht von einer bestimmten Gruppe oder einem einzelnen Organismus kontrolliert oder gesteuert. Er stellt ein lebendiges System dar, das sich ständig weiterentwickelt und dessen einzelne Teile voneinander abhängig sind. Alle Pflanzen und Tiere erfüllen eine Vielzahl von wichtigen ökologischen Aufgaben, die in einem größeren Zusammenhang stehen. So ist ein Baum zwar ein einzelner lebendiger Organismus, aber er bildet mit den Insekten, Vögeln, Ranken oder Moosen eine Symbiose. Ein Baum bekommt nicht absichtlich Äste, damit die Vögel dort ihre Nester bauen können, aber die Vögel benützen sie zu diesem Zweck.

Der Urwald schreibt den Organismen auch nicht vor, was sie tun müssen, um zu gedeihen – er sagt dem Baum nicht, wie er seine Äste und Wurzeln ausrichten soll, um möglichst viel Sonnenlicht und Nährstoffe aus der Erde zu bekommen. Alle Bäume haben diese Fähigkeit von Natur aus – die einen sind erfolgreich, die anderen gehen unter. Das Prinzip der Evolution ist Selektion, nicht Instruktion.

Edelman vergleicht weiter: „Die Schaltkreise des Gehirns sehen völlig anders aus als alle anderen, die wir bisher gesehen haben: Die Neuronen haben baumartige Fortsätze, die sich in unendlicher Zahl überlappen. Ihre Signale laufen genauso ab, wie die zahllosen Interaktionen in einem Dschungel."

Sie müssen sich also das phänomenale, komplexe Netzwerk der Gehirnzellen als neurales Äquivalent der unglaublichen Vielfalt der Organismen im Dschungel vorstellen, die auf die zahllosen Herausforderungen aus der Umwelt reagieren.

Unser Gehirn ist das Ergebnis einer natürlichen Auslese und bestimmter ökologischer Prinzipien, die seit Millionen von Jahren am Werk sind und sich auch in unserem Leben noch weiter fortsetzen. Das Ergebnis ist der großartige menschliche **Verstand**, dessen Grundlage das Gehirn ist. Die neuralen Netzwerke, mit denen wir geboren wurden, sind in der Lage, sich in perfekter Weise an die sich ständig verändernden Umweltbedingungen anzupassen.

Das Gehirn ist so lebendig wie der Dschungel. Und das Gesetz des Dschungels heißt Überleben. Auch unser Gehirn ist Meister im Lernen, was man tun muss, um zu überleben, und zwar gesellschaftlich, ökonomisch, emotional und körperlich. Edelman zufolge tut unser Gehirn genau das, was nötig ist, um zu überleben. Es ist neurologisch programmiert zu lernen.

Ein Dschungel im Klassenzimmer?

Welche Konsequenzen müssen wir aus der Tatsache ziehen, dass unser Gehirn an einen Dschungel erinnert und immer bereit ist, auf Herausforderungen aus der Umwelt zu reagieren? Wie wirkt sich das auf unsere Lernfähigkeit aus? Lernt es womöglich am besten, wenn es sich in einer Dschungelatmosphäre befindet?

Wir denken dabei nicht an eine chaotische Schule, in der die Schüler sich wie die Wilden benehmen. Uns schwebt eher eine Schule vor, die den vielen verschiedenen Arten der Intelligenz Rechnung trägt, deren Klassenzimmer sinnlich anregend, also farbig sind, und in denen bildende Künste, Musik, Theater und andere Veranstaltungen den Platz einnehmen, der ihnen zukommt. Die Informationen an den Wänden,

Jeder von uns ist eine lebendige Aufzeichnung seiner eigenen Lebenserfahrungen. Das Gehirn ist sehr spezialisiert – verschiedene Teile tun zur gleichen Zeit verschiedene Dinge. Das ist auch der Grund, warum das Gehirn dem Computer überlegen ist. Computer können sehr schnell sein – aber sie funktionieren immer in Serie.

Dr. Larry Squire, University of California, San Diego

und die bloße Neuartigkeit des Ganzen werden dem Dschungelhirn bedeutend besser gefallen. Die Lernatmosphäre muss **Herausforderungen** enthalten, um die angeborenen, bereits vorhandenen Fähigkeiten der Schüler zu Tage zu fördern und weiterentwickeln zu können.

Wir lernen am Besten, wenn wir Dinge ausarbeiten, wenn wir selbst Bedeutungen finden und unseren ganz persönlichen Lernstil anwenden können. Wir wollen die Antworten nicht von einem Lehrer hören, der sie uns auf die Art gibt, die ihm selbst am meisten zusagt.

Unser Gehirn **liebt** komplizierte Dinge und Herausforderungen. Es ist immer dann besonders wach, wenn es darum geht, Beziehungen oder Bedeutungen in einer vielfältigen Umwelt zu erkennen, und wenn es das Gefühl hat, dass das, was es lernt, für sein Wohlbefinden wichtig ist. Motivation ist ein Schlüssel zum Lernen.

Wenn man an die unterschiedlichen Begabungen und Bedürfnisse jedes einzelnen Schülers, an die vielen Kombinationen der verschiedenen Intelligenzarten und die Problematik der rechten und linken Hirnhälfte denkt, erscheint das Bild vom „Lerndschungel" gar nicht so schlecht gewählt.

So hört der eine Schüler am liebsten Musik beim Lernen, der andere muss immer wieder Fragen stellen, bis er die Informationen ganz verstanden und verinnerlicht hat, und wieder ein anderer kann nicht lernen, wenn er an sein Pult „gefesselt" ist – er muss sich bewegen.

Die Lehrpläne wären in bedeutend stärkerem Maße auf die Bedürfnisse des Einzelnen zugeschnitten, wenn sich die Verantwortlichen nach Edelman und Sylwester richten würden. Und die Lehrer würden schlechtes Benehmen im Klassenzimmer als ein ökologisches Problem betrachten, das innerhalb der Schulstrukturen gelöst werden muss, und nicht als unerwünschtes Fehlverhalten. Größerer Wert würde gelegt auf interessante, komplexe Themen, wie zum Beispiel Kunst und Menschlichkeit, Begriffe, die einer Interpretation bedürfen, statt sich ausschließlich auf die sprachlichen und logischen Grundtechniken zu konzentrieren – also auf die linke Hirnhälfte.

Professor Sylwester schreibt weiter: „Das Gehirn ist ein biologisches System, keine Maschine. Zur Zeit schicken wir Kinder, die ein solches biologisches Gehirn besitzen, in Schulen, die sich an Maschinen orientieren. Beides passt einfach nicht zusammen. Wir haben den Schulen Lehrpläne aufgezwungen, die biologisch nicht realisierbar sind."

Was hat das für Sie zu bedeuten?

Der Vergleich zwischen dem Gehirn und dem Dschungel zwingt jeden, der offen ist und selbstständig denken kann, zum Nachdenken. Das Bild soll als Anregung dienen. Es besagt, dass sich die Regeln verändert haben und sich ständig weiter wandeln werden, dass die „disziplinierte" Art und Weise, wie Sie bisher gelernt haben, für Sie möglicherweise falsch war, und dass Sie die verlorene Zeit mit Hilfe der Methode des aktivierenden Lernens wieder wettmachen können.

Selbst wenn Sie in Ihrem Leben alle Prüfungen mit Bravour bestanden haben und Sie mit der Art und Weise, wie man Sie unterrichtet hat, sehr zufrieden waren, sollten Sie nicht selbstgefällig sein. Das aktivierende Lernen wird Ihnen zeigen, wie Sie die Kraft Ihres Gehirns und Ihre Kreativität noch mehr steigern können, indem Sie Ihre Lernmethode durch bestimmte Elemente ergänzen und abrunden.

WER RASTET, DER ROSTET!

Und wie ist das, wenn Sie inzwischen „schon in die Jahre gekommen sind"? Lernen war etwas, das Sie in der Schule gemacht haben. Sie denken womöglich, Sie seien zu alt, um „noch einmal die Schulbank zu drücken". In jedem Fall nimmt Ihr Erinnerungsvermögen mit zunehmendem Alter ab, das ist bekanntlich das erste Zeichen des Alterns – oder etwa nicht? Es ist wahrscheinlich ohnehin zu spät und lohnt sich nicht mehr, etwas Neues zu lernen, oder?

Die Statistiken sind unkritisch betrachtet tatsächlich deprimierend. Je länger man lebt, desto größer ist die Chance, dass man Opfer der Alzheimer-Krankheit oder anderer Demenzformen wird.

Vom 60. Lebensjahr an verdoppelt sich die Häufigkeit solcher Erkrankungen alle fünf Jahre. Während bei den 60- bis 64-jährigen nur ein Prozent darunter leidet, sind es bei den über 85-jährigen schon 30 bis 40 Prozent.

Inzwischen sind jedoch Experten der unterschiedlichsten Disziplinen zu dem gleichen Schluss gelangt: Gegen geistigen Verfall im Alter lässt sich etwas tun. Man hat sogar festgestellt, dass manches alte Gehirn über erstaunliche Fähigkeiten verfügt.

Bei einer Untersuchung, an der über 1500 Menschen im Alter zwischen 25 und 91 teilnahmen, wurden den Probanden Tests vorgelegt, mit denen die Funktionen des Lesens und des Lösens mathematischer Probleme geprüft wurden. Douglas Powell, Psychologe an der Harvard University berichtet, dass 25 bis 33 Prozent der über 80-jährigen die gleichen Ergebnisse wie die jüngeren Teilnehmer erreicht hatten. Einigen der ältesten Teilnehmer gelang es sogar, selbst im Vergleich mit den anderen Altersgruppen, absolute Spitzenergebnisse zu erzielen.

Neurobiologen wie Gerald Fishbach (ebenfalls in Harvard), die inzwischen in der Lage sind, in das lebendige Gehirn hineinzublicken, haben feststellen können, dass der allgemeine Glaube, dass jährlich etwa 100 000 Hirnneuronen absterben, schlichtweg falsch ist. Sie haben jedoch entdeckt, dass viele Zellen im Alter schrumpfen oder inaktiv werden.

„Glaubt man der herrschenden Lehrmeinung, verlieren wir im Laufe des normalen Alterungsprozesses eine ungeheure Zahl von Hirnneuronen. Unsere Untersuchungsergebnisse stimmen mit dieser These nicht überein“, erläutert Dr. Robert D. Terry, Professor für Neurologie und Pathologie an der University of California in San Diego. „Die Anzahl der großen Neuronen nimmt tatsächlich ab, wird aber durch die steigende Zahl der kleinen Neuronen ausgeglichen. Wir sind daher zu dem Schluss gekommen, dass die größeren Neuronen nicht wirklich absterben, sondern nur schrumpfen, so dass wir sie einer kleineren Klasse zuordnen müssen.“

Ich muss eine ungeheure Menge an Verstand haben: Ich brauche manchmal eine ganze Woche, um mich zu etwas zu entschließen.

Mark Twain

Wissenschaftler sind mittlerweile der Auffassung, dass sich gleichaltrige Erwachsene von etwa 50 Jahren immer stärker voneinander unterscheiden. Bei manchen lässt sich ein starker geistiger Verfall feststellen, bei anderen findet überhaupt keine Veränderung statt, und manche können ihre geistigen Fähigkeiten sogar verbessern. Was verursacht diese Unterschiede?

Robert Ornstein von der Stanford University und Charles Swencionis vom *Albert Einstein College of Medicine* der Yeshiva University bieten eine Erklärung an: „Es sieht inzwischen so aus, als ob das Gehirn nicht unbedingt Zellen verlieren muss, sondern bis ins hohe Alter in der Lage ist, neue Dendriten zu bilden. **Wenn die Gehirnzellen stimuliert werden,** entstehen neue Verbindungen (dies erscheint uns besonders wichtig). Wenn also der Organismus auch im Alter noch stimuliert wird, entwickeln sich immer wieder neue Dendriten. Das Gehirn bildet zwar keine neuen Zellen mehr, aber die Verbindungen zwischen den Zellen dürften entscheidend sein."

Mit anderen Worten, auch ein altes Gehirn kann diese wichtigen Verbindungen herstellen, vorausgesetzt, es wird dazu angeregt.

Auch das alte Gehirn besitzt die erstaunliche Fähigkeit, sich zu verjüngen. Um einen Ausgleich für verloren gegangene Zellen zu schaffen, kann es sich neu „verdrahten". Wenn ein bestimmtes Neuron nicht in der Lage ist, das zu tun, was von ihm verlangt wird, kommen ihm die benachbarten Neuronen zur Hilfe und bilden neue Dendriten, die die Aufgaben der verschwundenen Zelle übernehmen.

PET-(Positronenemissionstomographie-)Scans zeigen, dass ein Mensch, der einen Schlaganfall erlitten hat, zumindest einen Teil seiner Sprache und Mobilität wiedergewinnen kann, obwohl die Neuronen im betroffenen Teil des Gehirns dauerhaft geschädigt sind.

Wissenschaftler wie der Neurologe Dr. Lawrence Brass von der Yale University gehen davon aus, dass das Gehirn eines Schlaganfallpatienten neue Dendritenverbindungen bilden kann. Das zeigt, dass selbst das Gehirn eines alternden Menschen auf eine Verletzung mit Wachstum reagieren kann. Man nimmt an, dass bei einigen Patienten benachbarte Neuronen ihre Netzwerke erweitern und die Aufgaben des beschädigten Gewebes übernehmen.

Das Gehirn funktioniert ähnlich wie ein Muskel – je mehr man es trainiert, desto besser entwickelt es sich. Trainiert man zu wenig, wird das Gehirn schlaff.

Bei einem inzwischen berühmten Experiment, das Marian Diamond in der University of California in Berkeley durchgeführt hat, wurden Ratten in eine Umgebung verfrachtet, in der es zahlreiche Reize und Anregungen gab, also Schaukeln, Leitern, Laufräder, alle möglichen Spielzeuge – und andere Ratten. Die Tiere lebten in diesem Umfeld länger und erreichten zur Überraschung der Forscher ein Alter von bis zu drei Jahren – was etwa 90 Menschenjahren entspricht. Gleichzeitig nahm ihr Gehirn an Volumen zu, und es zeigten sich ganze Wälder von Zellverbindungen: Ihre Gehirne waren tatsächlich gewachsen! Die Ratten, die dagegen in einem nackten Käfig lebten, siechten dahin, starben früher und hatten weniger Zellverbindungen.

Diamond stellt fest: „,Wer rastet, der rostet' ist ein Prinzip, das auch auf die Reizung der Nervenzellen zutrifft. Wir können nachweisen, dass eine Nervenzelle ihre gesunden Merkmale behalten kann, vorausgesetzt, sie wird stimuliert. Warum wir das zur Sprache bringen?

Im Grunde richten wir uns damit gegen die Altenheime, in denen die Menschen kaum noch Anregungen bekommen. Ihr Nevensystem erhält dort einfach zu wenig Input. Kein Wunder, dass sie senil werden. Geistiges Training ist Hirnnahrung – genauso wie körperliches Training die Muskeln, Knochen und anderen Organe fit hält."

Eine Untersuchung, die zum Nachdenken anregt, wurde von Ellen Langer und Rebecca Levy von der Harvard University durchgeführt. Sie wirft ein Licht auf ein kulturelles Vorurteil: In China, wo die alten Leute verehrt werden – es gibt dort kein negatives Gleichsetzen von Alter und mentaler Schwäche –, schneiden die alten Leute in kognitiven Leistungstests besser ab als ihre amerikanischen Altersgenossen. Und die Quote der Alzheimer-Krankheit ist sehr niedrig.

Die „Superschwestern"

Eine weitere interessante Untersuchung wurde mit Unterstützung eines Nonnenordens durchgeführt, dessen Mitglieder wegen ihres hohen Alters berühmt sind. Die *School Sisters of Notre Dame* werden nicht nur durchschnittlich 85 Jahre alt (viele werden noch viel älter), sondern leiden auch in geringerem Ausmaß und erst in höherem Alter unter Demenz, Alzheimer und anderen Hirnerkrankungen als die Normalbevölkerung.

Fast 700 Nonnen hatten sich bereit erklärt, nach ihrem Tod ihr Gehirn der medizinischen Forschung zur Verfügung zu stellen. David Snowdon, Professor für Präventivmedizin an der University of Kentucky, der zur Zeit bereits über hundert Gehirne dieser Nonnen untersucht hat, konnte schon jetzt einen interessanten Unterschied feststellen.

Die Nonnen mit einem Universitätsabschluss, die als Lehrerinnen gearbeitet und sich in ihrem Leben länger mit geistigen Dingen auseinandergesetzt hatten, lebten länger als die Nonnen, die keine solche Ausbildung besaßen und als Köchinnen oder Putzfrauen tätig waren.

Professor Snowdon, der im *Sanders-Brown Center on Aging* (Zentrum für Altersforschung) der Universität arbeitet, glaubt beweisen zu können, dass die Nonnen mit der besseren Ausbildung bedeutend mehr Nervenzellverbindungen haben und aus diesem Grund Hirndefizite besser kompensieren können.

Bei einer Untersuchung, die an der University of California in Los Angeles durchgeführt wurde, konzentrierten sich die Forscher auf den Teil des Gehirns, der für das Wortverständnis zuständig ist – also auf das so genannte Wernicke-Zentrum. Sie konnten nachweisen, dass zwischen der Zahl der Dendriten und dem Bildungsgrad der Probanden eine positive Korrelation besteht.

Diejenigen, die eine Collegeausbildung genossen hatten, besaßen mehr Dendriten als die, die bereits nach der High School abgegangen waren. Und bei diesen High School Absolventen fanden sich wiederum mehr Dendriten als bei Leuten, die die Schule noch früher verlassen hatten. Das lässt nur einen Schluss zu: Das Studium vermittelt den Menschen die Fähigkeit, mit Wörtern umzugehen; und das ist eine geistige Aktivität, die eine Erhöhung der Dendritenzahl im Wernicke-Zentrum zur Folge hat.

Die Moral von der Geschichte: Lernen Sie so lange, bis sie ein möglichst hohes Niveau erreicht haben, und hören Sie nie auf zu lernen.

Wir werden noch öfter auf den Zusammenhang zwischen der Auseinandersetzung mit geistigen Dingen und der Weiterentwicklung des Gehirns zurückkommen.

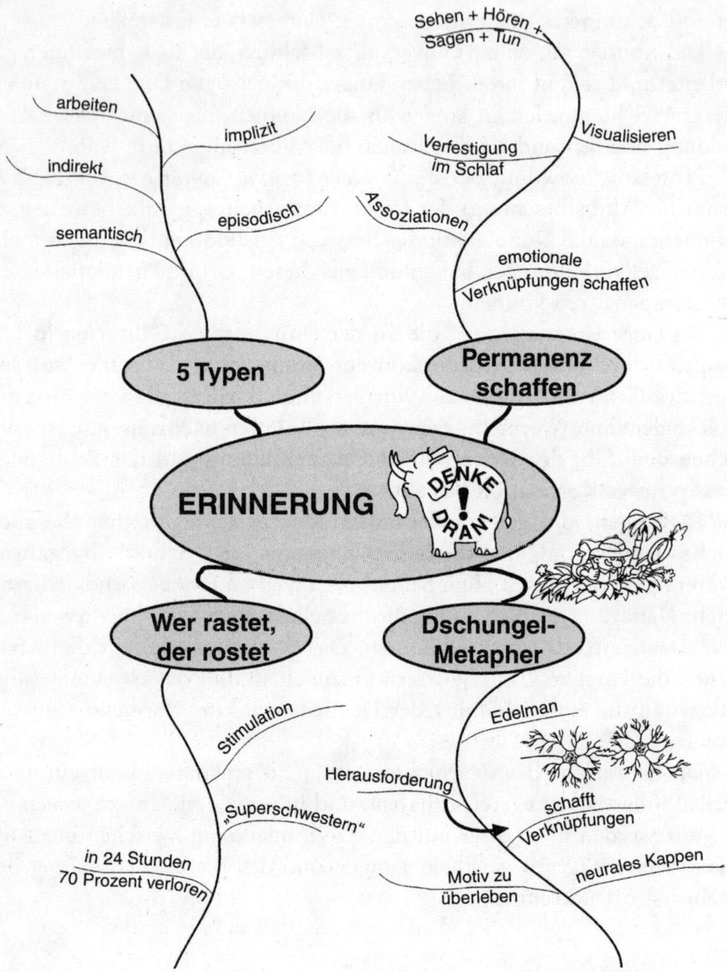
ERINNERUNG
DENKE DRAN!
5 Typen
arbeiten
implizit
indirekt
episodisch
semantisch
Permanenz schaffen
Sehen + Hören + Sagen + Tun
Visualisieren
Verfestigung im Schlaf
Assoziationen
emotionale Verknüpfungen schaffen
Wer rastet, der rostet
Stimulation
„Superschwestern"
in 24 Stunden 70 Prozent verloren
Dschungel-Metapher
Edelman
Herausforderung
schafft Verknüpfungen
Motiv zu überleben
neurales Kappen

4

Der M·A·S·T·E·R-Plan

Was würden Sie tun, wenn Sie wüssten,
dass Sie einfach nicht versagen können?
ROBERT A. SCHULLER, Verfasser des Buches
Power to Grow Beyond Yourself

Ein Kind wacht jeden Morgen auf und ist begierig, die neuen Freuden zu entdecken, die die Welt ihm bietet.

Das Kind ist von Natur aus ein furchtloser Forscher mit einer schier unbezähmbaren Neugier. Jeder Tag ist ein neues Abenteuer, eine neue Entdeckungsreise – und die liebenden Eltern machen ihrem Kind natürlich Mut und feiern jede neue Errungenschaft.

Rückschläge werden lediglich als Teil des Lernprozesses betrachtet. Wenn das Kleinkind hinfällt, steht es einfach wieder auf und versucht es noch einmal.

Irgendwann wird uns dann jedoch die Freude am Lernen verdorben, und das Lernen wird zu harter Arbeit. Lernen besteht dann nur noch aus der Aufnahme der Informationen, die man braucht, um Prüfungen zu bestehen und gute Noten zu bekommen. Die einzelnen Fächer werden voneinander getrennt behandelt und haben offenbar nichts mit der realen Welt zu tun. Das Ganze wird zum Stress.

Aber muss das eigentlich so sein? Warum kann das Lernen nicht genauso viel Freude machen wie in der Kindheit – bevor „Lernen" mit dem Drill in der Schule verwechselt wurde? Warum kann die Schule nicht das gleiche erregende Gefühl vermitteln, das wir als Kind auf unseren Entdeckungsreisen erlebt haben? Damals haben wir alles Neue in der uns noch unbekannten Welt gesehen, gehört, gerochen, berührt und ziemlich häufig auch geschmeckt. Das war eine wichtige Zeit. Damals haben wir versucht, in allem einen Sinn zu entdecken.

Das „Aktivierende Lernen" bietet Ihnen jede Möglichkeit zu lernen. Es hilft Ihnen, das Genie anzuzapfen, das in jedem von uns steckt.

JEANETTE VOS, MITVERFASSERIN VON *THE LEARNING REVOLUTION*

Es ist möglich. *Wir müssen nur die Erkenntnisse anwenden, die wir über die Funktionsweise des Gehirns gewonnen haben.*

Zu den Bedingungen für ein effektives Lernen gehören unserer Meinung nach ein kindgemäßes, (wohlgemerkt *kindgemäßes* nicht kindisches) unterstützendes und spielerisches Umfeld.

Diese Auffassung wird auch von Mihaly Csikszentmihalyi vertreten. Als Psychologe beschäftigt er sich seit 20 Jahren mit dem so genannten „flow", einem Zustand der Konzentration, der zu optimalen Erfahrungen führt. Es handelt sich dabei um einen Bewusstseinszustand, der es dem Menschen ermöglicht, sich vollständig in eine bestimmte Tätigkeit zu vertiefen. In diesem Zustand hat ein Individuum das extrem belebende Gefühl, alles mühelos unter Kontrolle zu haben, und ist daher in der Lage, persönliche Höchstleistungen zu vollbringen.

Csikszentmihalyi schreibt: „In den ersten Lebensjahren ist jedes Kind eine kleine ‚Lernmaschine'. Jeden Tag probiert es neue Bewegungen und neue Wörter aus. Die absolute Konzentration, die sich auf dem Gesicht des Kindes zeigt, wenn es diese neuen Dinge lernt, macht deutlich, wie viel Freude ihm das Ganze macht. Und jeder einzelne Augenblick des Lernens mit Freude vergrößert die Komplexität des sich entwickelnden Selbst des Kindes.

Leider verschwindet diese natürliche Verbindung zwischen Entwicklung und Freude mit der Zeit. Wahrscheinlich hängt das damit zusammen, dass das Lernen nun mit Beginn der Schulzeit von außen an das Kind herangetragen wird. Dann verschwindet nach und nach der Spaß, neue Aufgaben zu meistern."

Ein Grund, warum Kinder so schnell lernen, ist, dass sie dem Lernen gegenüber noch keine Vorurteile haben. Sie wissen noch nicht, dass Spiel und Arbeit zwei ganz verschiedene Dinge sind, die sich gegenseitig ausschließen. Da Spielen jedoch ein wesentlicher Teil des Lernens ist, nehmen wir Informationen schneller auf, wenn uns das Lernen Spaß macht.

Was können wir tun, damit das Lernen erfolgreich ist *und* Freude macht? Wir müssen dafür sorgen, dass:

- das Umfeld stressfrei ist, so dass man Fehler machen darf, die Erfolgserwartungen jedoch hoch sind.
- das Thema passend ist, denn niemand lernt gern, wenn er die ihm gestellte Aufgabe nicht für sinnvoll hält.
- das Lernen von positiven Gefühlen begleitet ist. Das ist in der Regel dann der Fall, wenn man mit anderen zusammenarbeitet, wenn es humorvoll zugeht, wenn andere einem Mut machen, wenn man regelmäßig Pausen einlegt und mit Enthusiasmus unterstützt wird.
- man ganz bewusst alle Sinne aktiviert und sowohl die rechte als auch die linke Hirnhälfte einsetzt.
- das Gehirn des Lernenden herausgefordert wird, das Gelernte mit möglichst vielen Arten der Intelligenz gründlich zu durchdenken und zu erforschen, damit das Ganze auch Sinn macht.
- man das, was gelernt wurde, anschließend vertieft – indem man in den Pausen oder Perioden der Entspannung, in denen der Verstand trotzdem ganz wach ist, noch einmal über alles nachdenkt.

Alle diese Punkte sind in unserem Programm für das „Aktivierende Lernen" enthalten. Auch wenn der Lernprozess Spaß machen und den Lernenden anregen soll, ist es aber genauso wichtig, sich an einem zusammenhängenden Plan zu orientieren und Schritt für Schritt vorzugehen.

Die „Struktur" der Methode des „Aktivierenden Lernens" besteht im Wesentlichen aus sechs Schritten, die man sich mit Hilfe des Akronyms M·A·S·T·E·R leicht merken kann. Diese Gedächtnisstütze wurde von Jayne Nicholl, Autorin von *Open Sesame* und Mitarbeiterin im Programm des aktivierenden Lernens, entwickelt.

1. Mentale Einstimmung und Vorbereitung

Sie müssen sich in einem besonders „kreativen" Bewusstseinszustand befinden, das heißt entspannt, voller Selbstvertrauen und vor allem motiviert sein. Wenn Sie unter Stress stehen, wenn Ihnen das nötige Selbstvertrauen fehlt oder wenn Sie in dem, was Sie lernen sollen, keinen Sinn erkennen können, werden Sie natürlich nicht besonders gut lernen.

Eine positive Einstellung zum Lernen ist eine der wichtigsten Voraussetzungen. Sie müssen sich den neuen Stoff oder die neue Fertigkeit wirklich aneignen wollen. Und Sie müssen fest davon überzeugt sein,

> **Die beste Möglichkeit, gute Ideen zu haben, ist, eine Menge Ideen zu haben.**
>
> **LINUS PAULING, ZWEIFACHER NOBELPREISTRÄGER**

dass Sie dazu auch durchaus in der Lage sind – und dass das, was Sie jetzt lernen, für Ihr späteres Leben von großer Bedeutung sein wird.

Sie müssen von dem Gefühl durchdrungen sein, dass sich der Aufwand an Zeit und Energie wirklich lohnt. Im nächsten Kapitel bezeichnen wir diesen Aspekt als WB-FM: „Was bringt's – für mich?" Sir Christopher Ball von der berühmten Royal Society for the Encouragement of Arts, Manufacture, and Commerce (RSA) formuliert es so: „Die drei wichtigsten Faktoren beim Lernen sind Motivation, Motivation und Motivation."

2. Aufnehmen der Lerninhalte

Sie müssen die grundlegenden Fakten eines Themas so in sich aufnehmen, wie es Ihrer ganz persönlichen Vorliebe entspricht.

Obwohl es bestimmte allgemeine Lernstrategien gibt, an denen sich jeder orientieren sollte, gibt es doch auch große Unterschiede zwischen der Art und Weise, wie der Einzelne sieht, hört oder körperlich an dem Lernprozess beteiligt ist. Wenn Sie Ihre visuellen, akustischen und kinästhetischen Stärken kennen, können Sie bestimmte Methoden anwenden, die Ihnen die Aneigung des Lernstoffs künftig erheblich erleichtern.

3. Suche nach Sinn und Bedeutung

Um die Informationen dauerhaft zu speichern, müssen Sie zuerst die Konsequenzen und ihre Bedeutung erkennen können – also den Sinn des Ganzen. Dazu ist es erforderlich, dass Sie sich intensiv und erschöpfend mit dem Thema beschäftigen. Es ist ein großer Unterschied, ob man etwas von einer Sache weiß oder ob man sie wirklich verstanden hat. Die bloßen Tatsachen müssen für Sie eine ganz persönliche Bedeutung bekommen, das ist das zentrale Element des Lernens.

Es kommt nur zu oft vor, dass wir uns bestimmte Dinge nur merken, um sie dann bei einer Prüfung reproduzieren zu können, ohne dass wir uns bemüht haben, sie wirklich zu verstehen. Fakten müssen nicht weiter interpretiert werden. Das ist auch der Grund, warum die Multiple-Choice-Verfahren eine so geringe Aussagekraft haben. Sie testen ausschließlich die Fähigkeit, sich Daten zu merken, (also das, was wir in der zweiten Stufe unseres Lernmodells behandeln). Es wird aber nicht geprüft, ob es Ihnen gelungen ist, diesen Fakten eine ganz persönliche Bedeutung zu verleihen. Paris ist die Hauptstadt von Frankreich, das muss man sich nur einprägen, man braucht es nicht zu verstehen, denn ein solcher Lernprozess läuft auf einer sehr niedrigen Ebene ab.

Niemand wird bereit sein, Ihnen viel dafür zu bezahlen, dass Sie eine solche Aufgabe „bewältigt“ haben. Auch das Jahr der Französischen Revolution, 1789, ist nur ein Datum. Um aber verstehen zu können, warum die Revolution so wichtig war und wie stark sie die Geschichte Europas und Amerikas beeinflusst hat, muss man sich um eine Deutung der Ereignisse bemühen. Man muss sich durch einen wahren Dschungel an Informationen kämpfen, um zu begreifen, welchen Sinn das Ganze hatte. Und wenn Sie das können, wird die Welt sie auch entsprechend entlohnen. Der Unterschied zwischen dem bloßen Aufspüren von Fakten und dem „Sinnstiften“ ist der gleiche wie zwischen oberflächlichem und tiefem Lernen.

Bei der Umwandlung von Informationen in Bedeutung kommen die acht Arten der Intelligenz ins Spiel. Wenn Sie die Fakten eines Themas untersuchen und in einen sinnvollen Zusammenhang bringen wollen, ist jede einzelne eine Quelle, aus der Sie schöpfen können.

4. Treibstoff fürs Gehirn

Oft ist ein Thema so umfangreich, dass man sich eine Vielzahl von Daten merken muss. Sie müssen sich dann darauf verlassen können, dass alles in ihrem Langzeitgedächtnis gespeichert wird.

Wenden Sie alle vorher erwähnten Schritte an, dann können Sie mit Fug und Recht behaupten, dass Sie das Thema gelernt haben, denn dann haben Sie wirklich alles verstanden. Sie dürfen aber auch nicht vergessen, das Ganze so „abzuspeichern“, dass es jederzeit abrufbar ist.

Es gibt zahlreiche Gedächtnisstützen. Wir werden im siebten Kapitel darauf zurückkommen. Es handelt sich dabei um Strategien, die sich auch Showmaster oder Schauspieler, die im Rampenlicht stehen, zunutze machen. Darunter fallen Assoziationen, Kategorisierungen, einprägsame Geschichten, Akronyme, Flash Cards, „Lernkarten", Musik und eine sorgfältige Überprüfung.

5. Einsatz des Gelernten

Woher wissen Sie nun, ob Sie das Gelernte auch wirklich verstanden haben? Sie können sich zunächst einmal selbst auf die Probe stellen – beweisen Sie sich, dass Sie das Thema nicht nur oberflächlich, sondern auch in der Tiefe begriffen haben.

Noch besser ist, wenn Sie sich mit einem Lernpartner zusammentun. Bereiten Sie eine Art Schulstunde vor – im Kopf oder schriftlich – und versuchen Sie dann, einem anderen das Thema nahe zu bringen. Manchmal glaubt man, man hätte etwas verstanden, muss dann aber feststellen, dass man nicht in der Lage ist, es einer anderen Person zu erklären. Erst wenn Sie es einem anderen beibringen können, haben Sie etwas wirklich verstanden. Dann wissen Sie es nicht nur – dann „besitzen" Sie es.

Damit Ihnen diese fünf Schritte in gewisser Weise zur zweiten Natur werden, müssen Sie das Ganze immer wieder üben. Sie müssen sich selbst Situationen suchen, in denen Sie die einzelnen Schritte anwenden und sich selbst testen können.

6. Reflexion über das Lernen

Sie sollten sich hinterher Gedanken darüber machen, wie Sie gelernt haben. Wohlgemerkt, nicht über das, was Sie gelernt haben, sondern *auf welche Weise*. Welche Schlüsse haben sie gezogen, die Ihnen beim nächsten Mal helfen können?

Sie müssen Ihren Lernprozess selbst analysieren und herausfinden, welche Methoden und Ideen Ihnen am meisten geholfen haben, dann werden Sie nach und nach Ihre eigene Lernmethode entwickeln, die ganz speziell auf Ihr Gehirn zugeschnitten ist. Und dann haben Sie die Kontrolle über sich selbst übernommen – Sie sind ein selbstbestimmter Schüler geworden.

Der letzte Schritt in Ihrem Lernplan besteht darin, dass Sie eine Pause machen, nachdenken und sich fragen:

- Wie läuft der Lernprozess ab?
- Was hätte besser sein können?
- Welche Bedeutung hat das Ganze für mich?

Das ist praktisch der letzte Schritt der „Lernschleife". Wenn Sie den gesamten Lernprozess noch einmal Revue passieren lassen, können Sie jeden Stolperstein in ein Sprungbrett verwandeln. Werfen Sie Ideen, die Ihnen nichts gebracht haben, über Bord, und probieren Sie beim nächsten Mal etwas Neues aus. Auf diese Weise können Sie aus Ihrer Selbstanalyse Kapital schlagen.

Sie haben jetzt die für Sie maßgeschneiderte Lernmethode entdeckt. Betrachten Sie Ihr wahres Potential als ein Kombinationsschloss. Wenn Sie erst einmal Ihre persönliche Kombination kennen, die aus den verschiedenen Intelligenzarten und Lernvorlieben besteht, öffnet sich der Sesam Ihres Lernpotentials.

Brian Tracy schreibt dazu: „Die Methode des ‚Aktivierenden Lernens' entspricht dem Betriebssystem eines Computers. Sie ist nicht das eigentlich Programm, aber man kann mit ihr alle Programme betreiben. Sie ist ein Werkzeug, mit dem man schneller und sicherer ans Ziel kommt."

Bekanntlich nützen die meisten Menschen nur einen winzigen Bruchteil ihrer Hirnkapazität aus, weil man es ihnen nie anders beigebracht hat. Die folgenden sechs Kapitel werden Ihnen helfen, ein wahrer Meister Ihres eigenen Gehirns zu werden.

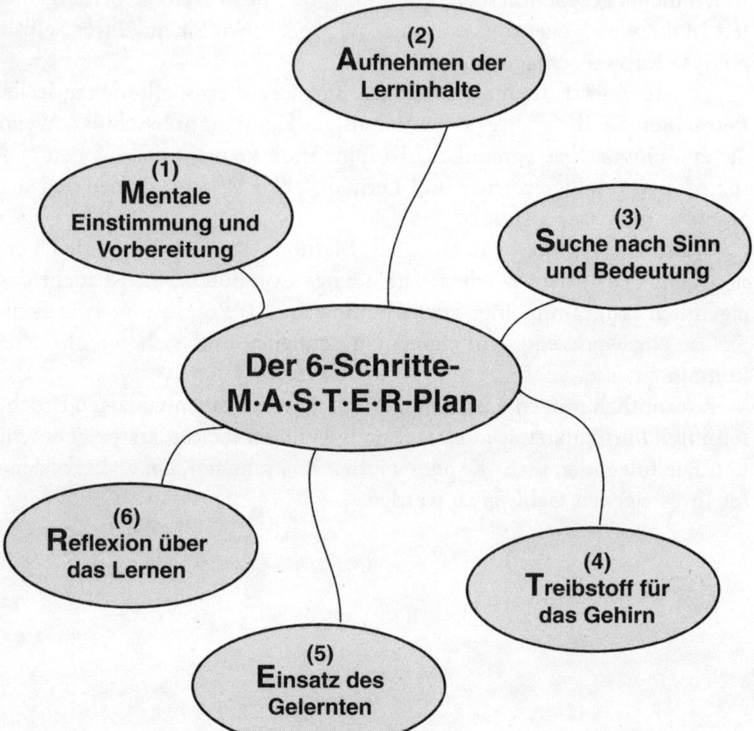
(2)
Aufnehmen der Lerninhalte
(1)
Mentale Einstimmung und Vorbereitung
(3)
Suche nach Sinn und Bedeutung
Der 6-Schritte-M·A·S·T·E·R-Plan
(6)
Reflexion über das Lernen
(4)
Treibstoff für das Gehirn
(5)
Einsatz des Gelernten

5

Mentale Vorbereitung

Alles, was sich der menschliche Verstand vorstellen und woran er glauben kann, kann er auch erreichen.
NAPOLEON HILL, VERFASSER VON *DENKE NACH UND WERDE REICH*

Die Fünfkämpferin Marilyn King lag im Krankenhaus. Die Olympischen Spiele standen vor der Tür, aber wegen ihrer Verletzungen war sie nicht in der Lage, ihr Training wieder aufzunehmen.

Eine Unterbrechung des Trainingsprogramms in einer derart kritischen Phase hätte die Karriere vieler Sportler ruiniert.

Aber Marilyn besaß eine Geheimwaffe. Sie stellte sich ihr Training vor. Weil ihr dieses auf dem Sportplatz verwehrt war, übte sie im Geist.

Im Krankenhausbett ersetzte sie das körperliche Training durch ein geistiges. In Gedanken spielte sie immer wieder ihre siegreichen Läufe durch und stellte sich vor, sie würde tatsächlich trainieren und an den Olympischen Spielen teilnehmen.

Als sie dann das reale Training endlich wieder aufnehmen konnte, stellte ihr Coach erstaunt fest, dass sie topfit war. Sie hatte sich so intensiv vorgestellt, dass sie leistungsfähig sei, dass sie es auf dem Platz tatsächlich war.

Heute setzt die dreimalige Olympiasiegerin diese Kräfte zum Nutzen der Allgemeinheit ein. Sie ist inzwischen Leiterin eines Projekts für Schüler aus East Oakland, Kalifornien, deren Versetzung gefährdet ist. Das Projekt trägt den Namen „Hab den Mut, dir etwas vorzustellen“.

Am Ende der ersten beiden Jahre besuchten 13 von ursprünglich 15 Schülern noch immer die Schule und konnten dort große Erfolge verbuchen.

> **Es ist seltsam, wenn man im Leben immer nur das Beste akzeptiert, bekommt man es auch oft.**
>
> **Somerset Maugham**

Wie Marilyn besitzen viele der Weltklasseathleten aus allen möglichen Disziplinen die Fähigkeit, sich in den richtigen Geisteszustand zu versetzen. Sie stellen sich vor, dass sie Rekorde brechen, als erste durchs Ziel gehen, dass man ihnen Goldmedaillen umhängt, und sie hören im Geiste die Rufe der begeisterten Menge.

Und diese Fähigkeit beschränkt sich mit Sicherheit nicht auf die Superstars im Sport. Alle Menschen, die in ihrem Leben etwas Großes geleistet haben – Wissenschaftler, Geschäftsleute, Politiker und Pädagogen – haben schon vorher eine klare Vorstellung vom Endergebnis ihrer Bemühungen. Sie engagieren sich mit aller Kraft, um dieses Ziel zu erreichen, und ihre Einstellung ist absolut positiv. Darüber hinaus wissen sie genau, was sie wollen.

Was bedeutet das für Sie? Was hat das Ganze mit dem Lernen zu tun? Sie müssen sich zuerst einmal fragen, ob Sie überhaupt lernen wollen. Sind Sie bereit, neues Wissen aufzunehmen? Haben Sie sich einmal Gedanken darüber gemacht, was es bedeutet, wenn Sie etwas völlig Neues lernen und schließlich beherrschen? Haben Sie wirklich den Wunsch, eine solche Aufgabe anzugehen? Wollen Sie Höchstleistungen vollbringen? Wollen Sie eine akademische Goldmedaille gewinnen?

Wenn Sie eine negative Einstellung haben, werden Sie sich allem Neuen, das man Ihnen beibringen will, verschließen. Wenn Sie Lernen nur als eine lästige Pflicht betrachten, ist ihr Misserfolg vorprogrammiert.

Es ist ganz natürlich, dass man zunächst Zweifel und Ängste hat und unsicher ist, wenn man ein unerforschtes Terrain betreten soll, aber man kann eine solche Einstellung überwinden – man muss es nur wirklich wollen.

Manchmal bedarf es nur einer kleinen Veränderung, um eine umfassende Einstellungsänderung auszulösen. So wie man das Wort »unmöglich« nur durch das Hinzufügen eines kleinen Buchstabens in »und möglich!« verwandeln kann.

Ein kleiner Buchstabe verwandelt so etwas Negatives in etwas Positives:

– +

Auf die gleiche Weise können Sie Ihre Gefühle und Ihre Einstellung dem Lernen gegenüber ändern. Sie können – und sollten – Ihre Lernprozesse selbst kontrollieren und die Verantwortung für Ihre Weiterbildung übernehmen. Hören Sie mit passivem Konsumieren auf! Um lernen zu können, brauchen Sie nicht nur die Fähigkeit, sondern auch den nötigen Willen.

Bevor Sie damit beginnen, müssen Sie genau wissen, wie viel Ihnen letzten Endes der Erfolg bedeutet. Und jetzt ist es an der Zeit, den Sender „WB-FM" einzuschalten.

Schalten Sie auf WB-FM

Die vier Buchstaben bedeuten „Was bringt's – für mich"

Die Frage hat nichts mit Egoismus zu tun, sondern ist ein wichtiger erster Schritt. Wenn man keinen positiven Grund erkennen kann, warum man etwas in Angriff nehmen sollte, ist man auch nicht besonders motiviert. Wir wollen die Frage einmal auf dieses Buch beziehen. Warum sollten Sie die nächste Seite überhaupt noch lesen? Was würde Ihnen das bringen? Was hätten Sie davon?

Hier ist Ihr „WB-FM":

- Sie werden lernen, wie man lernt – eine Fähigkeit, die Sie Ihr Leben lang begleiten wird. Denken Sie daran: *Was* Sie lernen, kann eines Tages überholt sein, *wie* Sie lernen, bleibt Ihnen erhalten.
- Wenn Sie das Programm des aktivierenden Lernens durchgearbeitet haben, werden Sie bessere Noten bekommen, oder Sie werden Fertigkeiten erlernt haben, die Ihre Arbeitsleistung verbessern.
- Ganz allgemein ausgedrückt: Je mehr Sie lernen, desto mehr werden Sie verdienen. Je besser Ihre Ausbildung, desto höher Ihr Einkommen. Sie werden flexibler und produktiver sein, und in den Augen Ihres gegenwärtigen Arbeitgebers an Wert gewinnen – und dafür sollten Sie entsprechend belohnt werden.
- Sie werden in der Lage sein, Ihrer ganzen Familie zu helfen. Jemand, der weiß, wie man lernt, dem bewusst ist, dass jeder Mensch seinen ganz persönlichen Lernstil hat, und der versteht, dass das, was bei ihm selbst gut funktioniert, nicht unbedingt für seinen Partner oder seine Kinder zutrifft, kann erheblich zur Verbesserung der häuslichen Atmosphäre beitragen.

- Es ist der Beginn eines völlig neuen Lebens. Lernen ist ein kumulativer Prozess. Und dieses Buch ist der erste Treibstoff für Ihr Gehirn.

In *The Age of Unreason* schreibt Charles Handy: „Diejenigen, die am besten und am meisten lernen und denen es am leichtesten fällt, sich zu ändern,

- sind bereit, die Verantwortung für sich und ihre Zukunft zu übernehmen;
- haben eine genaue Vorstellung von ihrer Zukunft;
- wollen sicher sein, dass sie ihr Ziel auch erreichen; und
- glauben, dass sie das auch können."

Sie haben sicher ganz persönliche Gründe, warum Sie unser Lernprogramm durcharbeiten wollen. Bringen Sie sie jetzt gleich einmal zu Papier. Viele Menschen neigen dazu, diese Übung einfach zu überspringen. Tun Sie das bitte nicht, denn das wäre ein Fehler. Sie bleiben auf der richtigen Spur, wenn Sie über die Fragen nachdenken und sie dann beantworten.

Wenn man etwas lernen will, muss man sich Gedanken über die Informationen machen, die einem angeboten werden, und sich fragen: „Klingt das vernünftig? Ist das sinnvoll?", denn nur so kann man sicher sein, dass man den Überblick behält. Füllen Sie deshalb erst die folgende Liste aus, bevor Sie weiterlesen.

Ich möchte meine Lernfähigkeit verbessern, weil ich:

____

____

____

____

____

Sie sind dem Lernen gegenüber positiv eingestellt und gut motiviert. Sie wissen, *warum* Sie lernen wollen. Ihnen ist klar, welche Vorteile damit verbunden sind, wenn Sie Ihre Ziele erreichen. Wie geht es jetzt weiter?

Methode 1 – Ressourcen schaffen

> **Das zu werden, was wir werden können, ist unser Lebensziel.**
>
> **ROBERT LOUIS STEVENSON**

Wichtig ist, dass man völlig entspannt ist. Atmen Sie ein paar Mal tief durch, füllen Sie Ihre Lungen mit Luft, atmen Sie dann intensiv aus,und pressen Sie dabei den Magen nach vorn. Sorgen Sie dafür, dass Ihre Nacken- und Kiefermuskulatur gelockert ist. Hören Sie Entspannungsmusik (zum Beispiel klassische Musik). Ihr Gehirn muss in der „richtigen Stimmung" sein.

Sie haben bereits im zweiten Kapitel gelesen, dass das Gehirn nicht sehr gut funktioniert, wenn es unter Stress steht. Anspannung oder Angst können sogar zu einem totalen Ausfall führen.

Wenn Sie sich entspannt haben, sollten Sie sich ein paar Minuten lang vorstellen, wie es sein wird, wenn sie das aktivierende Lernen gelernt und Ihre persönlichen Ziele erreicht haben.

- Sie **sehen** sich selbst, wie Sie voller Selbstvertrauen zukünftige Lernaufgaben angehen.
- Sie **spüren** dabei, wie stolz Sie sind, weil Sie wissen, dass Sie die Aufgaben lösen können.
- Sie **hören** die Komplimente, die man Ihnen wegen Ihrer neuen Fähigkeiten macht.

Am Besten lernt man, wenn das Umfeld angenehm ist und man sich wohl fühlt. Es ist nicht gerade sinnvoll, etwas Neues zu lernen, während man sich gerade durch einen Autobahnstau quält oder in einer überfüllten U-Bahn steht. Man kann sich natürlich auch in eine Art „mentalen Kokon" zurückziehen und sich auf diese Weise von der Umgebung abkapseln. Am Besten ist es jedoch, wenn Sie sich zu Hause eine ruhige Ecke suchen. Machen Sie die Beine lang und entspannen Sie sich. Ziehen Sie die Schuhe aus, legen Sie die Füße hoch und lassen Sie sich von einer angenehmen Musik berieseln. (Rockmusik ist vielleicht gut, wenn man im Haus arbeitet oder den Wagen wäscht – sie eignet sich jedoch in keinem Fall zum Lernen.)

Weitere Empfehlungen: An den Wänden sollten Ihre Lieblingsbilder hängen, auf dem Tisch oder auf dem Boden sollten Pflanzen stehen. Sorgen Sie für frische Luft (oder gehen Sie hin und wieder in den Pausen nach draußen). Arbeiten Sie möglichst bei natürlichem Licht (in der Nähe eines Fensters). Orientieren Sie sich dann an dem Sieben-Schritte-Plan.

Schritt 1 Denken Sie an einen Augenblick in Ihrem Leben, in dem Sie erfolgreich waren und etwas Außergewöhnliches geleistet haben. Etwas, auf das Sie stolz sind.

Jeder Mensch hat in seinem Leben schon einmal Erfolg gehabt. Vielleicht bei einem Sportereignis? Oder haben Sie in der Schule einmal eine ganz besonders gute Note bekommen, die besser war, als Sie es erwartet hatten? Oder erinnern Sie sich an einen ganz bestimmten Augenblick in einer geschäftlichen Besprechung, als Sie ganz genau wussten, dass Sie das Geschäft jetzt in der Tasche hatten? Vielleicht war es ja auch ein freudiges Familienereignis oder etwas, was mit Ihrem Hobby oder einer bestimmten Freizeitbeschäftigung zusammenhing. Mit anderen Worten, ein Highlight.

Schritt 2 Intensivieren Sie diese Erinnerung. Versuchen Sie das erhebende Gefühl noch einmal zu erleben. Was haben Sie damals gesehen? Was haben Sie gehört? Was haben Sie empfunden? Benützen Sie alle Sinne, um Ihren Triumph von damals noch einmal lebendig werden zu lassen.

Lassen Sie sich Zeit. Achten Sie darauf, dass Sie sich nicht aus der Distanz sehen. Wichtig ist, dass Sie die Vorstellung des Erfolgs noch einmal mit eigenen Augen sehen – dass Sie dasselbe überschwengliche Gefühl haben, tüchtig zu sein und etwas geleistet zu haben.

Sie haben jetzt gelernt, sich an einen Augenblick in Ihrem Leben zu erinnern, in dem Sie sich stark gefühlt haben. Ab sofort können Sie dieses Gefühl, wann immer Sie wollen, wieder heraufbeschwören.

Schritt 3 Wenn Sie sich diesen Augenblick und das damit verbundene Gefühl ins Gedächtnis zurückgerufen haben, sollten Sie sich ein Wort ausdenken, das Sie immer wieder an dieses ursprüngliche Ereignis erinnert. Dieses „Stichwort“ löst dann automatisch das mit der Erinnerung verbundene Gefühl aus.

Schritt 4 Setzen Sie sich jetzt aufrecht hin, und nehmen Sie die Schultern zurück. Schauen Sie nach oben, und atmen Sie einmal tief durch. Das ist wichtig, denn in besonderen Augenblicken atmet man automatisch tiefer durch.

Schritt 5 Ballen Sie die Faust – eine normale Reaktion, wenn man sich stark fühlt.

Schritt 6 Intensivieren Sie jetzt die Erinnerung an das ursprüngliche Erlebnis. Schließen Sie die Augen, damit Sie durch nichts abgelenkt werden. Genießen Sie das Gefühl der Kraft.

Schritt 7 Öffnen Sie die Faust wieder, und machen Sie die Augen auf.

Je öfter Sie diese sieben Schritte in den nächsten Tagen wiederholen, desto stärker wird die Reiz-Reaktionsverbindung. Das hat zur Folge, dass Sie diesen Bewusstseinszustand später jederzeit auslösen können. Sie brauchen dann nur noch die Faust zu ballen und das „Stichwort“ auszusprechen. Das Ganze unterstützt nicht nur den Lernprozess, sondern lässt sich auf alle Lebenslagen anwenden.

So können Sie die gleiche Technik auch benützen, um beispielsweise negative Gefühle zu überwinden. Es handelt sich bei dieser Methode um die inzwischen recht bekannte Neurolinguistische Programmierung (NLP).

Es genügt, wenn Sie an das negative Ereignis denken, durch das Sie verunsichert oder in Verlegenheit gebracht worden sind. Versuchen Sie dann, das gleiche unangenehme Gefühl wieder heraufzubeschwören, das Sie dabei empfunden haben, wie nervös und wie verletzt Sie waren. Spielen Sie das Ganze im Geiste noch einmal durch – so dass Sie sich so unwohl fühlen wie damals.

Stellen Sie sich dann eine Blaskapelle vor, die urplötzlich durch das Bild marschiert, das Sie sich gerade ausgemalt haben. Die Musiker spielen den Marsch „76 Posaunen“, die Becken zischen, die Trommeln dröhnen. Nach und nach wird dieses lautstarke Bild Ihre negativen Gefühle übertönen. Das geht schließlich so weit, dass Sie in Zukunft immer, wenn Sie sich an das negative Erlebnis erinnern, auch die Blaskapelle hören werden. Dadurch wird aus dem negativen Ereignis etwas Positives. Sie können sich ähnlich fröhliche Szenarien ausdenken, um das Negative auszuschalten – damit Sie keine Aversionen gegen Blaskapellen entwickeln.

Methode 2 – Die Liste meiner Erfolge

Also, worin waren Sie besonders erfolgreich? Wann waren Sie besonders stolz auf sich? Die Anerkennung der eigenen Leistungen ist eine wesentliche Voraussetzung für die Entwicklung des Selbstbewusstseins. Sie haben damals Erfolg gehabt – also werden Sie auch in Zukunft erfolgreich sein.

Es wäre gut, wenn Sie an dieser Stelle einmal die Leistungen auflisten würden, die Ihnen in Ihrem Leben die größte Zufriedenheit verschafft haben – und zwar in allen Lebensbereichen: Familie, Gesellschaft, Schule, Beruf, Sport.

Hier einige Beispiele:

- Sie sind Vater oder Mutter geworden und haben gelernt, tolerant zu sein.
- Sie haben die Führerscheinprüfung bestanden.
- Sie haben in Mathe statt der üblichen Drei eine Eins bekommen.
- Sie haben einen wichtigen Geschäftstermin einhalten können.
- Sie haben ein Tor geschossen.

Liste meiner Lernerfolge

____

____

____

____

____

Methode 3 – Positive Bestätigungen

Sie können Ihre Erfolgsaussichten verbessern, indem Sie positive Dinge über sich selbst denken und aussprechen. Auf diese Weise bringen Sie sich selbst in den Genuss positiver Bestätigungen oder Affirmationen.

Beschreiben Sie sich selbst als die Person, die Sie gern werden möchten. Zum Beispiel:

„Ich bin ein selbstbewusster Lerner." „Ich bin ein guter Manager." „Ich bin durchaus in der Lage, den Kunden XYZ optimal zu betreuen."

Sprechen Sie diese Bestätigungen immer wieder (laut) aus. Und benützen Sie dabei stets die Gegenwartsform.

Sagen Sie nicht: „Ich wünschte, ich könnte…" und schon gar nicht: „Ich hoffe, ich werde…" Sie müssen sich einfach sagen, dass Sie *jetzt schon* fähig sind und darauf vertrauen, dass Sie das, was Sie sich wünschen, auch bekommen werden. Achten Sie darauf, dass das Ganze nicht zu kompliziert oder zu lang ist. Kurze, knappe Affirmationen bleiben eher im Gedächtnis haften – und lassen sich aus diesem Grund auch leichter umsetzen.

> **Eine Bestätigung ist eine starke positive Aussage darüber, dass etwas bereits eingetroffen ist.**
>
> **SHAKTI GAWAIN, VERFASSERIN VON *STELL DIR VOR***

Den meisten Menschen fällt so etwas schwer. Sie glauben, nur ein Verrückter würde mit sich selbst sprechen. Stimmt das? Auf der anderen Seite wissen die gleichen Leuten oft sehr wohl, dass negative Bemerkungen eine große Wirkung auf die Gedanken und das Verhalten anderer Menschen haben. Man muss einem Menschen nur oft genug sagen, er sei dumm oder verantwortungslos, dann wird er sich sehr bald auch entsprechend verhalten. Wenn aber die negative Programmierung so gut funktioniert, warum sollte man sich dann nicht auch positiv „programmieren" können?

Sie sollten stets das Positive betonen und das Negative eliminieren.

Häufige Wiederholungen haben zur Folge, dass sich die Bestätigung in Ihr Unterbewusstsein einprägt. Versuchen Sie, die Affirmation möglichst oft und in regelmäßigen Abständen auszusprechen – zum Beispiel morgens als Erstes zehnmal, dann zehnmal in der Mittagspause, zehnmal direkt vor dem Abendessen und zehnmal, bevor Sie ins Bett gehen.

Wenn Sie auf dem Weg zu Ihrem Ziel auf Schwierigkeiten stoßen, sollten Sie die Bestätigung wiederholen. Und wenn Ihnen das ganze Konzept etwas vertrauter geworden ist, können Sie die Bestätigungen auch laut aussprechen. Stellen Sie sich einmal vor, was das für ein Gefühl sein wird, wenn sich herausstellt, dass das, was Sie da sagen, der Wahrheit entspricht.

KLARE ZIELE SETZEN

Wenn man ein Ziel nicht vor Augen hat, kann man es auch nicht erreichen. Lernen ist, wie wenn man zu einer Reise aufbricht. Sie müssen wissen, wohin Sie reisen wollen. Und Sie müssen wissen, wie Sie dort hinkommen können.

Was erwarten Sie wirklich vom Leben? Um zu bekommen, was Sie wollen, müssen Sie:

- sich genau vorstellen können, was Sie erreichen wollen.
- fest davon überzeugt sein, dass Sie Ihre Vision verwirklichen können.

Man hat festgestellt, dass alle so genannten Leistungsträger eines gemein haben: Die Fähigkeit, eine Aufgabe im Geist durchzuspielen, ist bei diesen Menschen überdurchschnittlich gut entwickelt. Schon zu Anfang eines Projekts sind sie in der Lage, das Ziel vorwegzunehmen.

Bei einer Untersuchung, an der zwei Basketballmannschaften teilnahmen, war diejenige Mannschaft überlegen, die nicht nur trainiert, sondern auch im Geist Freiwürfe geübt hatte. Und was nicht weiter überraschen dürfte: Beide Mannschaften waren natürlich besser als eine dritte, die gar nicht trainiert hatte.

An solchen Phantasievorstellungen können alle Sinne beteiligt sein. Man kann sich etwas visuell vorstellen, Klänge hören, Gefühle erleben und sogar im Geist riechen oder schmecken. Ist man in der Lage, seine Sinne in dieser Weise ganz bewusst einzusetzen, verfügt man über ein sehr effektives Lernwerkzeug.

Es kann sein, dass das Ganze beim ersten Mal so etwas wie einen kleinen Kulturschock auslöst. Aber Sie haben sich doch sicher schon einmal etwas vorgestellt, was Sie sich gewünscht haben. Und es gibt höchstwahrscheinlich auch etwas, um das Sie sich Sorgen machen. Das heißt, dass es auch Ihnen nicht schwerfallen dürfte, sich etwas im Kopf auszumalen. Denn wer sich grämt, stellt sich vor, dass etwas Ungewolltes geschieht. Wer sich sorgt, kann sich auch etwas vorstellen. Und wenn Sie diese Fähigkeit in positiver Weise einsetzen, wird sie Ihnen beim Lernen helfen.

Solche Vorstellungen funktionieren, weil der Geist nicht in der Lage ist, zwischen einem tatsächlichen Ereignis und einem „bloß vorgestellten“ zu unterscheiden, denn in beiden Fällen werden im Gehirn dieselben elektrochemischen neuralen Bahnen aktiviert.

Wir wollen Ihnen das einmal anhand eines praktischen Beispiels verdeutlichen:

Stellen Sie sich vor, Sie wären zu Hause in Ihrer Küche. Sie nehmen eine frische Zitrone aus der Obstschale, die sich in Ihrer Hand kühl anfühlt. Die gelbe Schale ist gewachst. An beiden Enden hat die Zitrone kleine grünliche, konische Spitzen. Sie betrachten sie und spüren, dass sie fest und für ihre Größe ziemlich schwer ist.

Sie halten sie an die Nase. Sie hat diesen typischen Geruch einer Zitrusfrucht, nicht wahr? Sie nehmen ein scharfes Messer und schneiden

> **Phantasie ist wichtiger als Wissen.**
>
> **ALBERT EINSTEIN**

die Zitrone in zwei Hälften. Die weiße innere Haut stellt einen Gegensatz zu den Tropfen des zitronenfarbenen Saftes dar, der langsam austritt. Der Duft wird stärker.

Jetzt beißen Sie herzhaft in die Zitrone und lassen den Saft in Ihrem Mund hin und her fließen. Er schmeckt sehr sauer.

Halten Sie einen Augenblick inne. Ist Ihnen das Wasser im Mund zusammengelaufen? Haben Sie Ihre Lippen verzogen? Sind Sie vielleicht sogar ein wenig zusammengezuckt? Wenn das der Fall ist, haben Sie das Erlebnis einer Synästhesie gehabt. Sie haben sich die Berührung, den Anblick, den Geruch und den Geschmack einer Zitrone vorstellen können. Ihre Vorstellungskraft hat Ihnen dabei geholfen.

Aus dieser Beobachtung lassen sich interessante Folgerungen ableiten, denn in Wirklichkeit ist natürlich gar nichts passiert – alles hat sich nur in Ihrer Phantasie abgespielt. Trotzdem hat Ihr Geist direkt mit den Speicheldrüsen kommuniziert und ihnen den Auftrag gegeben, den sauren Geschmack wegzuspülen. Und Sie haben womöglich sogar das Gesicht verzogen.

Die Worte, die Sie gelesen haben, waren nicht Realität. Aber sie haben eine Realität geschaffen. *Und das Unterbewusstsein ist nicht in der Lage, zwischen Realem und nur Vorgestelltem zu unterscheiden.*

Trotzdem steuert es Ihre Aktionen auf eine direkt messbare Weise.

Der Wille zum Erfolg

Wir sprechen über Menschen, deren Willenskraft sie zum Erfolg führt. Wenn man verschiedene Leute fragt, was sie sich unter Willenskraft vorstellen, hört man Formulierungen wie „eiserner Wille", „man muss die Zähne zusammenbeißen und dranbleiben". Interessanterweise haben alle diese Definitionen etwas mit Kampf zu tun. Und der Betroffene kämpft dabei offensichtlich nur gegen sich selbst. Hört sich das gesund an?

Wir ziehen es vor, Willenskraft anders zu definieren:

WILLENSKRAFT = EINE KLARE VORSTELLUNG +
DER GLAUBE AN DIE EIGENE FÄHIGKEIT

> **Entweder wir finden einen Weg, oder wir machen uns einen.**
>
> **Hannibal**

Die klare Vorstellung ist wichtig, denn wenn Sie sich nicht zu etwas Bestimmtem bekennen, können Sie auf alles Mögliche hereinfallen. Sie müssen den Erfolg in Gedanken vorwegnehmen. Napoleon spielte alle seine Schlachten im Geist durch. Von ihm stammt der Ausspruch: „Phantasie ist stärker als Willenskraft."

Was Entschlossenheit bedeutet, wurde von Benjamin Bloom, einem Pädagogikprofessor der University of Chicago, anschaulich demonstriert. 120 prominente Künstler, Sportler und Wissenschaftler nahmen an der Untersuchung teil, die fünf Jahre lang dauerte.

Was alle diese Leistungsträger verband, war nicht etwa eine angeborene Begabung, sondern ein außergewöhnlicher Antrieb und die Entschlossenheit, die Ziele zu erreichen, die sie sich gesetzt hatten.

Dr. Bloom schreibt: „Wir haben damit gerechnet, dass wir Geschichten über außergewöhnliche Begabungen hören würden. Aber das war überhaupt nicht der Fall. Die Mütter gaben häufig an, dass ihr anderes Kind begabter sei." Die Erfolgreichen unterschieden sich von den anderen dadurch, dass sie eine Vision hatten.

Mut zum Planen und Träumen

Marilyn King versucht in ihrem Projekt „Das Träumen wagen", die jungen Leute zu inspirieren, indem sie ihnen erläutert, was ihrer Meinung nach die drei wichtigsten Eigenschaften aller erfolgreichen Menschen sind.

- Sie werden von einer Sache motiviert, die ihnen viel bedeutet, etwas, dass sie unter allen Umständen tun oder werden wollen. King nennt das „Leidenschaft" oder „Passion".
- Sie haben ihr Ziel klar vor Augen und können sich genau vorstellen, auf welche Weise sie dieses Ziel erreichen: „Vision".
- Sie sind bereit, einem bestimmten Plan zu folgen und jeden Tag etwas zu tun, das sie der Erfüllung ihres Traums einen Schritt näher bringt: „Aktion".

PASSION + VISION + AKTION = ERFOLG

Zuerst müssen die Schüler der ehemaligen Medaillengewinnerin die Leidenschaft in sich erkennen, um dann in ihrem Kopf eine Vision entstehen zu lassen. Dann klebt man ein Photo oder eine Zeichnung dieser Vision genau in die Mitte eines Bogens und zeichnet Linien, die strahlenförmig von dieser Mitte ausgehen und auf denen die notwendigen Eigenschaften oder Fähigkeiten eingetragen und mit Noten von eins bis zehn versehen werden. Um die wichtigste Eigenschaft wird ein Kreis gezeichnet. Auf dieser „Erfolgskarte" stehen außerdem die einzelnen Handlungsschritte und die Namen der Ratgeber. Außerdem enthält die Karte Informationen darüber, welche Hindernisse aus dem Weg geräumt werden müssen und auf welche Weise das zu bewerkstelligen ist, und sie listet die zur Verfügung stehenden Hilfsmittel sowie Leistungen, Belohnungen und Erfolgsmeldungen auf. King schlägt vor, dass man eine solche Erfolgsmeldung zehn Tage lang jeden Morgen und Abend zehnmal vor dem Spiegel vorliest.

Viele ihrer Schüler zeigten sowohl in der Schule als auch in punkto Verhalten erhebliche Verbesserungen, was den Bürgermeister und die örtlichen Immobilienmakler dazu veranlasst hat, das Programm zu unterstützen. King ist Trainings-Mentorin für gefährdete Kinder und baut ihr Programm aus, um noch mehr Schüler aufnehmen zu können.

Die persönliche Vision

Die Tatsache, dass Sie dieses Buch lesen, beweist, dass Sie an einem Lernprogramm interessiert sind und entweder selbst weiterkommen möchten und/oder anderen dabei helfen wollen. Sie wissen, wie wichtig es ist, etwas zu lernen, und was es umgekehrt bedeutet, ein Ignorant zu sein.

Unbedingt erforderlich ist jedoch, dass Sie genau wissen, was Sie erreichen wollen. Nur zu sagen, Sie möchten „weiterkommen", ist nicht genug. Viel wichtiger ist, dass Sie einen Lebensplan haben, in dem Ihre Ausbildung und Ihre beruflichen Ziele klar definiert sind.

Gus Tuberville, Leiter des William Penn College, sagt: „Lernen kann nur dann zum Erfolg führen, wenn die Schüler motiviert sind. Und um sie zu motivieren, muss man zuerst einmal ihr Interesse wecken. Interessiert sind sie aber nur, wenn sie aktiv an Projekten arbeiten, die ihnen etwas bedeuten und eine Beziehung zu dem haben, was sie in ihrem Leben erreichen wollen."

Was ist Ihnen wichtig, was sind Ihre Lebensziele? Was möchten Sie in den Beziehungen zu den Menschen erreichen, die Ihnen am meisten bedeuten – zu Ihrem Ehepartner, Ihren Eltern, Kindern, Verwandten, Freunden, Geschäftspartnern? Welchen Wert legen Sie auf Ihre Gesundheit? Was müssen Sie tun, um gesund zu bleiben? Müssen Sie Ihre Essgewohnheiten ändern oder mehr Sport treiben?

Was möchten Sie auf sich nehmen, um ein ausgeglichener Mensch zu werden? Welche Hobbys oder welche Sportarten würden Sie gern betreiben? Würden Sie gern reisen? Schreiben? Malen? Drachen fliegen? Ein Musikinstrument lernen? Worauf wären Sie besonders stolz? Lassen Sie sich dabei von Ihrem Gefühl leiten und nicht davon beeinflussen, was Sie eigentlich tun sollten.

Als Erstes müssen Sie eine klare Vorstellung haben. Dazu müssen Sie ganz genau festlegen, was Sie werden wollen. Sie brauchen eine Vision, die Sie ganz deutlich erkennen können. Sie müssen sich vorstellen können, dass Sie Ihr Ziel erreichen. Hüten Sie sich vor Wörtern wie *wünschen* oder *versuchen*.

Wenn jemand vorgibt: „Ich wünschte, ich könnte…“ meint er in Wirklichkeit: „Ich würde ja gern …aber leider ist das mit zu viel Stress und Anstrengung verbunden.“ Und sagt man: „Ich werde es versuchen…“, meint man in Wirklichkeit: „Ich kann dir jetzt schon sagen, dass das schief gehen wird.“

Die Wörter *wünschen* und *versuchen* sind nicht überzeugend, sagen Sie **„Ich werde …“**

Wenn Sie Ihre Vision haben, müssen Sie die einzelnen Schritte planen, die Sie an Ihr langfristiges Ziel bringen. Schreiben Sie alles auf. Das ist ganz einfach, hat aber eine große Wirkung. Allein schon die Tatsache, dass Sie es aufschreiben und dann quasi schwarz auf weiß besitzen, lässt Ihr Ziel „real“ werden. Wenn Sie eine Sache erst einmal zu Papier gebracht haben, ist sie konkret. Und mit diesem Schritt erklären Sie unmissverständlich, was Sie vorhaben.

Wenn es sich um ein wirklich wichtiges Ziel handelt, können Sie es auch auf einen Aufkleber schreiben und ihn an eine Stelle heften, wo Sie ihn jederzeit sehen können.

Sie wollen jetzt einen Plan entwerfen, in dem jeder einzelne Schritt genau festgelegt ist. Was brauchen Sie dazu?

- Geld? Wie viel? Wie können Sie sich das beschaffen?
- Zeit? Wo können Sie Zeit abzweigen, obwohl Ihr Terminkalender schon jetzt ziemlich voll ist?
- Wissen? Wo können Sie sich das aneignen?
- Bestimmte Fertigkeiten? Wo können Sie die bekommen?
- Unterstützung? Wer in Ihrer Familie, von Ihren Freunden, Kollegen und Vorgesetzten kann und will Ihnen helfen?

Eine to-do-Liste machen

Erfolgreiche Leute machen sich immer eine Liste, auf der steht, was sie noch erledigen müssen, und bringen sie jeden Monat, jede Woche, manchmal sogar jeden Tag auf den neuesten Stand. Die Liste ist einfach und nach Prioritäten geordnet.

Man erreicht auf diese Weise zweierlei: Man konzentriert sich auf das, was getan werden muss, um die eigenen Pläne verwirklichen zu können und ein bestimmtes Ziel zu erreichen. Und man hat ein gutes Gefühl, wenn man wieder einen Posten auf der Liste abhaken kann. Das Erleben des Vorankommens ist ein wichtiger Teil der Motivation.

Sie sollten immer eine solche Liste bei sich haben und den einzelnen Punkten Prioritäten (A, B und C) zuordnen.

A = Dinge, die unbedingt erledigt werden müssen.
B = Dinge, die Sie erledigen sollten.
C = Dinge, die Sie gern tun.

Passen Sie auf: Lassen Sie sich nicht in Versuchung führen, die Cs zuerst zu erledigen, weil sie Ihnen leichter fallen. Und vergessen Sie nicht, dass auch das Vergnügen auf Ihrer A Liste nicht zu kurz kommen darf. Selbst Einstein nahm sich hin und wieder Zeit, um zu segeln oder Geige zu spielen.

Machen Sie sich jetzt gleich eine solche Liste, und fangen Sie an, Ihren Aktionsplan auszuarbeiten.

> **Niemand kann einem garantieren, dass man ein Ziel in einer bestimmten Zeit erreicht, aber man wird garantiert nie ein Ziel erreichen, das man sich nie gesetzt hat.**
>
> DAVID MCNALLY IN *EVEN EAGLES NEED A PUSH*

> **Zeit ist das einzige Kapital der Leute, deren einziges Vermögen ihre Intelligenz ist.**
>
> **HONORÉ DE BALZAC**

Die Zeit einteilen

Wenn jemand im Gefängnis sitzt, spricht man von „Zeit absitzen", und das hat einen guten Grund. Nimmt man einem Menschen das Recht, über seine Zeit zu verfügen, sperrt man ihn ein.

Man spricht auch davon, dass jemand seine Zeit „opfert", und wir sagen, Zeit ist kostbarer als Geld. Wie erfüllt Ihr Leben ist, hängt davon ab, wie Sie Ihre Zeit nutzen. Zeit kann man nicht kaufen. Sie kostet nichts. Zeit ist das, was wir mit den reichsten, klügsten und mächtigsten Menschen der Welt gemein haben. Für jeden von uns hat der Tag 1 440 Minuten und – abgesehen von den Leuten, die im Gefängnis sitzen – können wir frei entscheiden, was wir mit unserer Zeit anfangen wollen.

Sie ist eine unserer wertvollsten Kapitale. Auch wenn wir Zeit nicht schaffen (oder gar kaufen) können, können wir sie vergeuden oder verlieren. Sie ist ein Schatz, den man nicht erneuern kann. Zeit ist Geld. Geben Sie sie klug aus? Zahlen Sie auch ein oder heben Sie immer nur ab?

Ganz gleich, ob Sie schon im Berufsleben stehen oder noch die Schulbank drücken, sollten Sie sich einmal die Frage stellen: Wie viel bin ich eigentlich wert? Wie wertvoll ist meine Zeit? Wie hoch ist mein Stundenlohn? Die Zeit, die Sie damit verbringen, etwas Neues zu lernen, ist mehr wert als ihr normales Gehalt. Machen Sie also das Beste daraus.

Die Zeit kontrollieren

Übernehmen Sie die Kontrolle. Teilen Sie Ihre Zeit sinnvoll ein. Die Zeit, die Sie für diese Planung aufwenden müssen, wird Ihnen mit Sicherheit Dividenden bringen. Wenn man seine Zeit kontrolliert, hat man erkannt, dass es sich dabei um ein begrenztes Mittel handelt, mit dem man weise umgehen muss. Wenn jemand im Hinblick auf seine Finanzlage sagt: „Ich würde ja gerne nach Hawaii fliegen, aber ich kann es mir nicht leisten", finden wir das ganz normal. Aber wir sollten uns genauso verhalten, wenn es um die Zeit geht, die wir brauchen, um unsere Ziele zu erreichen: Wir müssen „nein" sagen können, wenn es sich um Dinge handelt, die nichts mit unseren Zielen zu tun haben.

Fragen Sie sich vorab immer: Ist es wichtig oder nur dringend? Das hört sich zunächst wie eine dumme Frage an, denken Sie aber einmal darüber nach. Sie sollten lernen, zwischen beidem zu unterscheiden. Hier ein paar Beispiele:

Wichtig, aber nicht dringend

- Sich überlegen, ob man den Menschen, die man liebt, nicht einmal in der Woche eine besondere Freude machen könnte.
- Sich dreimal die Woche 30 Minuten lang sportlich betätigen.
- Sich entscheiden, was man im Leben erreichen möchte.

Dringend, aber nicht wichtig

- Ans Telefon gehen, obwohl es womöglich doch nur wieder ein lästiger Vertreter ist.
- Unerwartete Besucher, die plötzlich vor der Tür stehen.
- Ein Arbeitskollege, der Sie bei der Arbeit unterbricht, um Ihnen zu erzählen, wie das Fußballspiel gestern Abend gelaufen ist.

Sind Sie in der Lage, zwischen den wirklich wichtigen und den dringlichsten, aber eher unwichtigen Dingen zu unterscheiden? *Sie allein* bestimmen, was wichtig ist und was nicht. *Andere Menschen* entscheiden, was dringend ist. Es gibt natürlich auch Fälle, wo etwas sowohl wichtig als auch dringend ist – zum Beispiel bei einem Unfall.

In der Regel lassen sich die wichtigen Dinge im Leben scheinbar am leichtesten aufschieben. Nur zu oft lassen wir unsere Pläne durch die unmittelbaren Bedürfnisse anderer Menschen durchkreuzen. Auf der einen Seite fällt es uns schwer, das Klingeln des Telefons oder eine Unterbrechung bei der Arbeit zu ignorieren, auf der anderen Seite nehmen wir uns zwar vor, regelmäßig Sport zu treiben, verschieben das Ganze aber immer wieder. Und wenn wir uns hinsetzen wollen, um eine Liste unserer Lebensziele zu machen, kommt immer wieder etwas dazwischen.

Wenn wir unsere Zeit kontrollieren wollen, statt umgekehrt, müssen wir:

- entscheiden, was unsere Ziele sind.
- einen Aktionsplan aufstellen, um sie zu erreichen.
- regelmäßig eine Liste der Prioritäten machen.

> **Wenn du das Leben liebst, vergeude keine Zeit, denn sie ist der Stoff, aus dem das Leben gemacht ist.**
>
> **Benjamin Franklin**

Wenn Sie sich daran halten, wird Ihr Leben einen Sinn bekommen, und Sie werden nie die Orientierung verlieren. Ihre Ziele sind natürlich nicht immer die Gleichen. Sie werden sie im Laufe der Zeit verändern und modifizieren, aber auch diese Veränderungen unterliegen dann ganz allein Ihrer Kontrolle.

Hier noch drei Anmerkungen, wie Sie das Beste aus Ihrer Zeit machen können.

- **Nützen Sie „Leerzeiten".** Es kommt immer wieder vor, dass wir vom Terminplan eines anderen Menschen abhängen – ob wir nun auf den Bus oder Zug warten oder im Wartezimmer des Zahnarztes sitzen. Nutzen Sie diese Zeit! Nur 15 Minuten pro Tag ergeben im Jahr über 90 Stunden. Sie könnten in jeder dieser „Leerzeiten" zum Beispiel zehn Wörter einer Fremdsprache lernen – das wären 3000 Wörter pro Jahr! (Ein Tipp: schreiben Sie die Wörter auf Kärtchen, damit Sie sie immer zur Hand haben.)
- **Setzen Sie sich selbst Termine.** Ist Ihnen schon einmal aufgefallen, dass sich fast jeder beschwert, wenn man ihm einen Termin setzt – sich dann aber doch daran hält? Wenn man eine Aufgabe in einer festgesetzten Zeit geschafft hat, ist man stolz und hat Grund zu feiern. Deshalb ist es wichtig, sich selbst unter Termindruck zu setzen, denn nur so kann man verhindern, dass die eigenen Projekte immer wieder aufgeschoben werden. Ihre eigenen Termine sind wichtiger als die, die Ihnen andere Menschen auferlegen. Wenn Sie Ihre eigenen Termine einhalten, werden Sie stets Ihre Ziele erreichen.
- **Sprechen Sie mit anderen Menschen über Ihre Ziele.** Sie steigern dadurch automatisch Ihre eigene Motivation, denn Sie haben sich dann „öffentlich" zu Ihrem Engagement bekannt und können sich aus diesem Grund keinen Rückzieher leisten. Die Wahrscheinlichkeit, dass Sie Ihr Ziel erreichen, wird dadurch erhöht.

Schreiben Sie auf, was Sie lernen wollen, bis zu welchem Datum Sie damit fertig sein wollen, und wer Ihr Mentor sein soll. Der Mentor hat die Aufgabe, Sie zu unterstützen, Ihnen mit Rat und Tat zur Seite zu stehen und Sie zu motivieren. Er hat also eine ganz wichtige Funktion.

Sich „Pluspunkte" geben

Wenn Sie ein Projekt oder eine bestimmte Aufgabe erfolgreich zu Ende gebracht haben, wissen Sie besser als jeder andere, dass Sie es richtig gemacht haben. Und Sie werden auch kleinere Fortschritte würdigen können, die anderen möglicherweise unwichtig erscheinen.

Ein guter Chef lobt seine Mitarbeiter, wenn sie gute Arbeit geleistet haben. Warum sollten Sie sich dann nicht auch selbst beglückwünschen – vor allem für die scheinbar trivialen Leistungen, die von den anderen nicht einmal wahrgenommen werden? Klopfen Sie sich auf die Schulter, so wie Sie es bei einem anderen Menschen tun würden.

Registrieren Sie jeden noch so kleinen Erfolg – und vergessen Sie nie, sich zu loben. Es genügt, wenn Sie sich sagen: „John, das hast du gut gemacht!"

Den inneren Schweinehund überwinden

Verzagtheit blockiert die Handlungsfähigkeit, weil sich der damit verbundene Gemütszustand durch ein niedriges Erregungspotenzial auszeichnet. Ein gutes Gegenmittel ist zum Beispiel Musikmachen, ein Spiel oder Laufen.

Die Zehnsekunden-Stresskontrolle: Wenn der Stress zuschlägt, beißen Sie in der Regel die Zähne zusammen und spannen Ihren ganzen Körper an. Versuchen Sie es einmal mit folgender Entspannungsübung, sie wird Ihnen garantiert Erleichterung verschaffen: Lassen Sie Ihren Unterkiefer ganz locker nach unten hängen, entspannen Sie die Schultern, und atmen Sie aus dem Bauch heraus. Probieren Sie es jetzt gleich einmal aus – es wirkt sofort.

Bewusstseinszustand – ein letztes Wort

Wir haben Ihnen verschiedene praktische und bewährte Methoden gezeigt, die Sie in die Lage versetzen, dem Lernen gegenüber eine selbstbewusste, aber entspannte Haltung einzunehmen.

In diesem Bewusstseinszustand verwandeln sich Ihre Einstellungen und Gefühle in eine Quelle der Kraft, aus der Sie schöpfen können, und diese Kraft tritt an die Stelle der Besorgnis, die in den Köpfen so vieler Menschen vorherrscht.

Sie verfügen jetzt über eine Methode, die es Ihnen ermöglicht, sich in einer positiven Weise auf das Lernen vorzubereiten. Theoretischer Hintergrund ist der unerschütterliche Glaube an die Möglichkeit einer Veränderung.

Wir können uns unser Schicksal nicht aussuchen – aber wir können uns *jederzeit* entscheiden, wie wir auf das, was uns widerfährt, reagieren. Wir sind in der Lage, unseren Geist und unser Schicksal zu steuern. Marilyn Ferguson, Autorin des Buches *The Aquarian Conspiracy*, hat es treffend formuliert: „Ihre Vergangenheit ist nicht Ihr Potenzial."

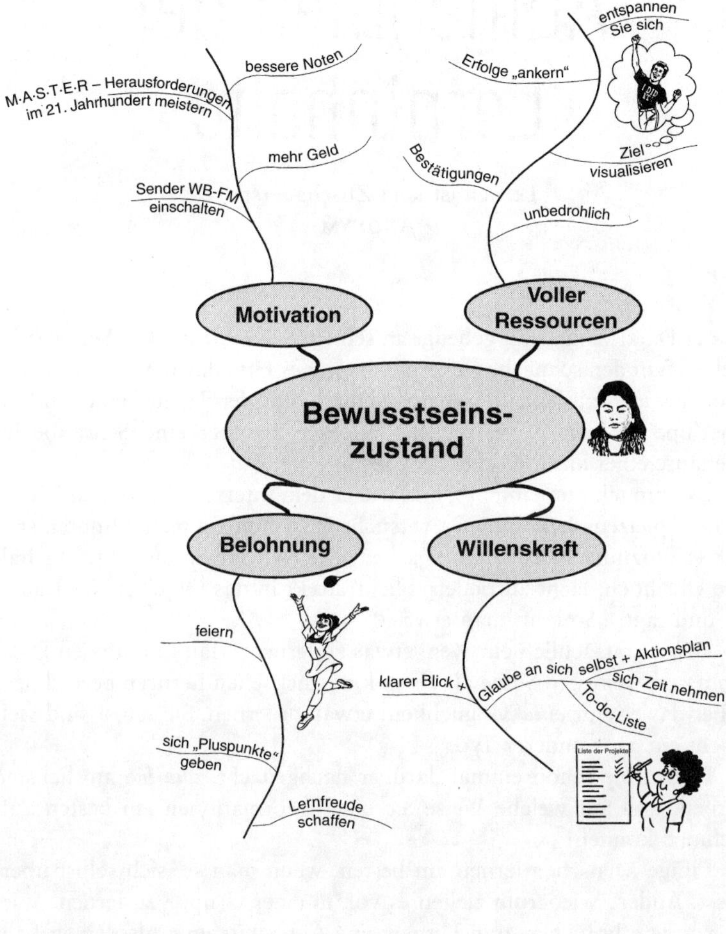
Bewusstseins-
zustand
Motivation
bessere Noten
M·A·S·T·E·R – Herausforderungen im 21. Jahrhundert meistern
mehr Geld
Sender WB-FM einschalten
Voller Ressourcen
entspannen Sie sich
Erfolge „ankern“
Ziel visualisieren
Bestätigungen
unbedrohlich
Belohnung
feiern
sich „Pluspunkte“ geben
Lernfreude schaffen
Willenskraft
klarer Blick + Glaube an sich selbst + Aktionsplan
sich Zeit nehmen
To-do-Liste
Liste der Projekte

6

Aufnehmen der Lerninhalte

Lernen ist kein Zuschauersport.
ANONYM

Der Dalai Lama sitzt gebeugt an seinem Schreibtisch. Die Sonne spiegelt sich in den schneebedeckten Gipfeln des Himalaya. Mit einer Hand hält das im Exil lebende religiöse Oberhaupt der Tibeter eine Uhrmacherlupe an sein Auge, mit der anderen zieht er eine Schraube im Gehäuse einer altmodischen Uhr fest.

„So bin ich nun einmal“, erklärte er dem Interviewer. „Wenn ich ein neues Spielzeug bekomme … versuche ich schon ein paar Minuten später, es aufzumachen … um zu sehen, wie es drinnen aussieht.“ Er hält die Uhr hoch, lacht zufrieden, blickt direkt in das Objektiv der Kamera und sagt: „So lernt man etwas.“

Das ist tatsächlich ein Weg, etwas zu lernen. Man könnte den Dalai Lama im weitesten Sinne als einen kinästhetischen Lerntyp bezeichnen. Aber das ist nur *eine* Möglichkeit, etwas zu lernen. Sie selbst sind vielleicht ein ganz anderer Typ.

Haben Sie schon einmal darüber nachgedacht, *wie* Sie am liebsten lernen, und auf welche Weise Sie neue Informationen am besten aufnehmen können?

Einige Menschen lernen am besten, wenn man sie sich selbst überlässt. Andere wiederum ziehen es vor, in einer Gruppe zu lernen. Wieder andere brauchen zum Lernen eine Autoritätsfigur, also einen Lehrer, den Vater oder die Mutter.

Manche Schüler hören gern Musik im Hintergrund, andere brauchen dagegen absolute Stille. Die einen legen besonderen Wert auf einen ordentlichen Arbeitsplatz, wo alles an seinem Platz ist, die anderen ziehen ein „geordnetes Chaos“ vor, bei dem der Schreibtisch mit Papieren übersät ist.

Manche sitzen gern in einem bequemen Lehnstuhl, andere laufen beim Denken am liebsten ständig hin und her.

Erfolgreiches Lernen kann in vielen verschiedenen Arten ablaufen – Voraussetzung ist jedoch, dass der Lernende aktiv ist und sich nicht nur passiv etwas anhört oder durchliest. Sie sollten immer wieder Fragen stellen und darauf achten, dass Sie die Fakten in einer Weise aufnehmen, die Ihren sensorischen Präferenzen entspricht.

Das ist sehr wichtig, denn nur so können Sie sicher sein, dass Sie alles behalten und sich auch später an das Gelernte erinnern.

Wir werden weiter unten auf die individuellen Lernweisen eingehen, möchten Sie jedoch schon im vorab mit einigen bewährten Strategien vertraut machen.

Versuchen Sie zuerst, das große Bild zu erfassen

Man sollte sich immer zuerst ein Bild von dem Gesamtprojekt machen, denn sonst ist es so, als müsse man ein Puzzle zusammensetzen, ohne zu wissen, wie das Bild am Ende aussehen wird.

Nehmen wir als Beispiel das Lesen dieses Buches. Blättern Sie es erst einmal durch. Lesen Sie die Kapitelüberschriften, die Untertitel und schauen Sie sich die Abbildungen an. Wenn Sie eine Stelle besonders interessiert, sollten Sie sie einmal kurz überfliegen. Tun Sie so, als würden Sie eine Zeitung lesen. Das ist die beste Art, den Lernprozess zu beginnen. Sie bekommen auf diese Weise einen guten Überblick und werden sehr bald erkennen, um was es beim „Aktivierenden Lernen“ eigentlich geht.

Den Grundgedanken erfassen

Jedes Thema hat einen Grundgedanken. Wenn Sie den verstanden haben, bekommt alles andere einen Sinn, und Sie können Ihr Wissen über das Thema vertiefen.

So hat zum Beispiel das Studium der Geschichte den Sinn, die immer wiederkehrenden Muster menschlichen Verhaltens zu erkennen, so dass man gewisse Voraussagen für die Zukunft machen kann. Geschichte hat nur indirekt etwas mit Zahlen zu tun. Erst wenn Sie den Grundgedanken verstanden haben, wird das Thema interessant. Bloße Ereignisse und trockene Jahreszahlen in sich hineinzupauken, ohne die Zusammenhänge zu verstehen, verwirrt nur und ist langweilig.

Sie finden den Grundgedanken für aktivierendes Lernen in einem Kasten auf Seite 31. Haben Sie erkannt, dass es sich dabei um das zentrale Konzept handelt, um das sich alles andere rankt?

Skizzieren, was man schon weiß

Stürzen Sie sich nicht blindlings auf das Lernen. Machen Sie sich vorab ein paar Notizen.

Schreiben Sie zunächst einmal auf, was Sie bereits wissen. Es kommt sicher selten vor, dass jemand etwas lernen möchte, ohne das Geringste über das Thema zu wissen. Dieses Grundwissen stärkt nicht nur das Selbstbewusstsein, sondern macht es dem Lernenden auch leichter, seine Wissenslücken zu erkennen. Er wird dann besonders aufmerksam auf die Informationen achten, mit denen er diese Lücken füllen kann.

Notieren Sie sich die Themen, über die Sie mehr wissen wollen. Formulieren Sie in Gedanken Fragen wie zum Beispiel: „Was muss ich noch darüber wissen?" Wenn Sie dann die Antworten suchen, hat der Lernprozess bereits begonnen.

Schritt für Schritt

Wenn man ein 200 Seiten starkes Lehrbuch vor sich liegen hat, kann einem das schon den Mut nehmen. Viele geben schon auf, bevor sie überhaupt angefangen haben, denn der Stoff ist ihnen einfach zu umfangreich.

> **Durch Aktion sorgen Sie selbst für Ihre Bildung.**
>
> DAVID B. ELLIS IN *BECOMING A MASTER STUDENT*

Um das zu vermeiden, sollten Sie Ihr Pensum in kleine „Häppchen" einteilen. Wenn Sie sich immer nur einen begrenzten Abschnitt vornehmen, werden Sie ständig kleine Erfolge erleben – und sich nicht übernehmen. Und das Ganze wird sich darüber hinaus positiv auf Ihr Selbstvertrauen und Ihre Motivation auswirken.

Wenn Sie beispielsweise eine Fremdsprache lernen wollen, können Sie sich ohne weiteres täglich zehn neue Wörter einprägen. Das ist zwar nicht viel, aber im Laufe eines Jahres würden Sie auf diese Weise 3 650 Wörter lernen – genug, um sich in der fremden Sprache einigermaßen gut ausdrücken zu können.

Fragen, fragen, fragen

Haben Sie keine Angst, Fragen zu stellen. Die Antworten auf Ihre eigenen Fragen prägen sich besonders gut ein – denn sie beziehen sich auf Probleme, die Sie persönlich aufgeworfen haben. Durch das Suchen nach Antworten bleiben Sie an dem jeweiligen Thema interessiert.

Ein Journalist lernt als Erstes, dass eine Geschichte erst dann vollständig ist, wenn folgende Fragen beantwortet worden sind: Wer? Was? Wann? Wo? Warum? Wie?

Wenn man diese Regel auf den Lernprozess anwendet, müssten Sie also fragen:

Wer hat die Informationen gegeben? (Stammen sie aus einer zuverlässigen Quelle?) Wer hat einen Nutzen davon?
Was ist die Bedeutung von…? Was kann ich mit diesen Daten anfangen? Welche Konsequenzen hat das Ganze?
Wann wurde diese Entdeckung gemacht? Wann kann man sie anwenden? Wann könnte sie mir von Nutzen sein?
Wo hat die Forschungsarbeit stattgefunden? Wo wird man die Ergebnisse anwenden?
Warum war diese Arbeit notwendig? Warum sind die Rückschlüsse richtig?
Wie kann ich die Informationen nutzen? Wie wirkt es sich auf das aus, was ich bereits tue?

Solange Sie immer wieder Fragen stellen, bleiben Sie am Ball.

Fragen sind außerdem der Schlüssel zur Entwicklung Ihrer eigenen Persönlichkeit. Wenn Sie jemanden treffen, der etwas ganz besonders gut macht, sollten Sie ihn fragen, wie er das macht. Was ist das Geheimnis seines Erfolgs? Könnten Sie auch so etwas tun? Versuchen Sie dann, Ihre Entdeckungen in die Praxis umzusetzen: In der bildenden Kunst gab es immer bestimmte „Schulen" – junge Maler sahen oft den alten Meistern zu, stellten Fragen und imitierten dann deren Techniken. Das ist eine sehr effektive Methode, etwas zu lernen.

Wir wollen jetzt einmal untersuchen, wie Ihr persönlicher Lernstil aussieht.

Der VAK-Ansatz

Wie reagieren Sie, wenn Ihnen etwas erklärt wird. Sagen Sie:

- „Ich kann mir ein *Bild* davon machen" • „Das *sieht* gut aus."

ODER

- „Das *hört* sich gut an" • „Ich habe *gehört,* was du gesagt hast" • „Das ist *Musik* in meinen Ohren."

ODER

- „Dabei habe ich ein gutes *Gefühl*" • „Das trifft den Nagel auf den Kopf" • „Ich schaffe das".

Haben Sie Ihren Lerntyp erkannt? In den Vereinigten Staaten haben die Professoren Ken und Rita Dunn von der St. John's University in Jamaica, New York, und Experten der Neurolinguistischen Programmierung (NLP) wie Richard Bandler, John Grinder und Michael Grinder drei verschiedene Kommunikations- und Lernstile ermittelt:

- **Visuell.** Lernen durch Sehen, also durch Bilder, Diagramme, Demonstrationen oder Videos.
- **Akustisch.** Lernen durch Hören: Tonbänder, Vorträge, Diskussionen, Debatten, verbale Instruktionen.
- **Körperlich-kinästhetisch.** Lernen durch körperliche Aktivitäten und direkte Beteiligung, „mit den Händen", durch Bewegungen, Berührungen und direktes Erleben.

Bis zu einem gewissen Grad nutzen alle Menschen jeden der drei Lerntypen – die meisten ziehen jedoch einen bestimmten Stil vor: In den

USA, in Hong Kong und Japan hat man über 5000 Schüler der Klassen 5 bis 12 untersucht und ist zu folgenden Ergebnissen gelangt:

Visuell: 29 Prozent
Akustisch: 34 Prozent
Kinästhetisch: 37 Prozent

> **Zwingt mich nicht zu gehen, wenn ich fliegen möchte.**
>
> **GALINA DOLYA, ENGLISCHE AUSBILDERIN**

Im Erwachsenenalter dominiert dann allerdings der visuelle Lernstil, das hat Lynn O'Brien, Leiter der *Specific Diagnostic Studies of Rockville*, Maryland, festgestellt.

Wenn man bedenkt, dass sich 70 Prozent unserer Sinnesrezeptoren in den Augen befinden, dürfte das nicht weiter überraschen. In der Netzhaut befinden sich 120 Millionen Stäbchen und sieben Millionen Zapfen, die durch Lichtstrahlen stimuliert werden, wobei jedes einzelne Stäbchen und jeder einzelne Zapfen für ein kleines Segment des Gesichtsfelds zuständig ist.

Durch den praktischen Einsatz von visuellen Lernhilfen ließ sich der Erfolg beim Lernen von Vokabeln um bis zu 200 Prozent steigern, das ergab eine Untersuchung, die an der University of Wisconsin durchgeführt wurde.

Wenn man alle Aspekte des persönlichen Lernstils – und was genauso wichtig ist, des Lernstils anderer Menschen – kennt und versteht, kann man seine Leistung und die Erlebnisfähigkeit in allen Lebensbereichen verbessern.

Sie werden Informationen schneller und leichter aufnehmen können und außerdem erkennen und verstehen, wie andere Menschen das machen. Dadurch wird Ihre Kommunikation automatisch besser, und Sie werden leichter Kontakt zu anderen bekommen. Sie befinden sich dann mit Leuten auf derselben Wellenlänge, die Sie vorher nicht verstehen konnten und die Sie ebenfalls nicht verstanden haben.

Um dieses Ziel zu erreichen, müssen Sie fleißig üben, Ausdauer haben und sich Zeit nehmen. Sie müssen auf Dinge achten, die Sie vorher übersehen haben, Dinge hören, die Sie vorher nicht gehört haben, und Dinge spüren, die Sie vorher nicht gespürt haben. Und Sie müssen Fragen stellen, die Sie vorher nicht stellen konnten. Sie müssen in der Lage sein, Ihre eigene Botschaft so zu formulieren, dass der andere, mit dem Sie kommunzieren möchten, sie gut verstehen kann.

Und wie sehen die Prozentzahlen aus? Michael Grinder, Autor des Buches *NLP für Lehrer* und Experte für Neurolinguistische Programmierung, hat festgestellt, dass 22 von 30 Schülern einer Gruppe über genügend visuelle, akustische und kinästhetische Fähigkeiten verfügen, dass sie, unabhängig davon, wie der Stoff präsentiert wird, in der Lage sind zu lernen.

Zwei oder drei Schüler hatten ungeachtet der Darbietungsform Lernschwierigkeiten, die aber nichts mit der Schule zu tun hatten. Die restlichen Schüler – etwa 20 Prozent – waren so stark auf eine bestimmte Darbietungsweise fixiert, dass es ihnen extrem schwer fiel, auf eine andere Weise zu lernen.

Grinder nennt diese Schüler VOs, AOs und KOs („visual only", „auditory only", „kinesthetic only", „nur visuell", „nur akustisch", „nur kinästhetisch"). Er weist außerdem darauf hin, dass die Anfangsbuchstaben der letzten Gruppe *KO* nicht nur zufällig „Knock out" bedeuten. „Diese Kinder werden in unserem gegenwärtigen Schulsystem buchstäblich KO geschlagen. In allen Untersuchungen, bei denen es um „versetzungsgefährdete" Kinder ging, bildeten die Kinästhetiker mit 26 Prozent den größten Anteil an Schulversagern."

Sind Sie ein visueller, akustischer oder kinästhetischer Typ?

Visuell	**Akustisch**	**Kinästhetisch**
• Liest gern, sieht gern fern, geht oft ins Kino, löst Kreuzworträtsel. Liest lieber selbst, als dass er/sie sich vorlesen lässt. Achtet auf den Gesichtsausdruck der Menschen, die mit ihm/ihr reden oder ihm/ihr etwas vorlesen.	• Hört gern Radio und Musik, geht gern ins Theater, nimmt gern an Diskussionen teil (akustisch orientierte Kinder mögen es, wenn man ihnen Geschichten in dramatischem Ton und mit viel Ausdruck vorliest).	• Liebt alles, was mit Aktivität zu tun hat: Gruppenveranstaltungen, Sport, Tanzen und Wandern.
• Kann sich gut an das Aussehen von Leuten erinnern – vergisst nie ein Ge-	• Hat ein gutes Namens- und Faktengedächtnis. Redet gern und verfügt	• Kann sich am besten an Ereignisse erinnern, an Dinge, die passiert sind.

Visuell	Akustisch	Kinästhetisch
sicht. Behält bestimmte Wörter, weil er/sie sich an die Wortgestalt erinnern kann. Hat wenig Schwierigkeiten mit der Rechtschreibung, kann sich aber die Reihenfolge des Alphabets nicht so gut merken, es sei denn, er/sie sagt es von Anfang an auf.	über einen großen Wortschatz.	
• Wenn er/sie sich einen Weg erklären lässt oder ihn selbst beschreibt, nimmt er/sie am liebsten eine Karte zur Hand.	• Gibt verbale Anweisungen – „Biegen Sie dort links ab und dann zwei Straßen weiter rechts“. Lässt sich selbst einen Weg auch so erklären.	• Erklärt einen Weg, indem er/sie selbst vorangeht – „Es ist leichter, wenn Sie einfach hinter mir herfahren“.
• Kleidungsstil: Elegant. Das äußere Erscheinungsbild ist wichtig. Achtet darauf, dass die Farben zusammenpassen.	• Kleidungsstil: Das Etikett ist wichtig! Weiß, wer der Designer ist, und kann erklären, warum er/sie bestimmte Sachen trägt.	• Kleidungsstil: Es geht vor allem um die Bequemlichkeit, das Material ist dabei wichtiger als der Stil.
• Gefühle lassen sich an seiner/ihrer Mimik ablesen.	• Drückt seine/ihre Gefühle verbal und durch Veränderung des Tonfalls aus.	• Drückt Gefühle durch Körpersprache aus – Muskeltonus/Bewegung.

Visuell	**Akustisch**	**Kinästhetisch**
• Benützt Wörter und Ausdrücke wie: *schau mal, sieh mal, Bild, Gesichtspunkt, Blickrichtung, Erleuchtung, Perspektive, enthüllen,* es *erscheint mir, Tunnelblick, scharf, Fokus, hell, farbig, Vogelperspektive, kurzsichtig, betonen, unter der Nase, Fassade.*	• Verwendet Wörter und Ausdrücke wie: *klingt gut, da klingelt es bei mir, ich höre genau, was du sagst, das ist Musik in meinen Ohren, sag mal, hör zu, verborgene Botschaft, laut und klar, unnützes Gerede, Vernunft, sprich dich ruhig aus, halt den Mund, Redensart, achte darauf, um die Wahrheit zu sagen, bringt kein Wort heraus, unerhört.*	• Verwendet Wörter wie: *Ich habe dabei ein gutes Gefühl, in den Griff kriegen, die Karten auf den Tisch legen, unter der Hand, begreifen, umhertasten, Fäden ziehen, herunterkochen, Hand in Hand, einen Moment noch bitte, messerscharf, die Nase darüber rümpfen, kopfüber.*
• Schöpferische Tätigkeiten: Schreiben, Zeichnen, Malen, Entwerfen, Kritzeln.	• Schöpferische Tätigkeiten: Singen, Geschichten und Witze erzählen, Musizieren, Diskutieren, Philosophieren.	• Schöpferische Tätigkeiten: Kunsthandwerk, Basteln, Gärtnern, Tanzen, Sport.
• Plant Projekte im Voraus, verschafft sich erst einen Überblick. Stellt Listen zusammen. Achtet auf Details.	• Bereitet Projekte vor, indem er/sie zuerst darüber redet, über Probleme diskutiert und vorab verbal eine Lösung findet.	• Bereitet Projekte Schritt für Schritt vor. Krempelt gern die Ärmel hoch und packt selbst mit an.

Visuell	Akustisch	Kinästhetisch
Spricht schnell – kann im Unterricht jedoch auch still sein.	Hat ein durchschnittliches Sprechtempo. Redet gern – auch während des Unterrichts.	Spricht langsamer.
Stellt Blickkontakt mit anderen Menschen her und setzt Mimik als Kommunikationsmittel ein.	Nimmt Kontakt mit anderen auf durch Dialoge und offene Diskussionen.	Nimmt Beziehungen zu anderen über Körperkontakt auf, geht nahe an sie heran, berührt sie.
Wenn er/sie nichts zu tun hat, kritzelt er/sie vor sich hin oder hat einen abwesenden Blick.	In der Ruheperiode summt er/sie oder führt Selbstgespräche.	Nestelt in der Ruheperiode ständig an etwas herum, kann nicht still sitzen.
In geschäftlichen Dingen schätzt er/sie den direkten Kontakt.	Geschäfte wickelt er/sie am liebsten am Telefon ab.	Macht Geschäfte am liebsten, wenn er/sie gleichzeitig etwas tun kann, z.Bsp. beim Spazierengehen oder beim Golf spielen.
Hat ein gutes visuelles Gedächtnis – kann sich daran erinnern, wo er/sie Tage zuvor etwas hingelegt hat.	Hat ein gutes Gedächtnis und kann sich gut an das gesprochene Wort und an bestimmte Ideen erinnern.	Kann sich besser an etwas erinnern, wenn er dreidimensionale Lernhilfen wie z.Bsp. Flashcards benützt.
Reagiert besser, wenn man ihm/ihr etwas zeigt, als	Reagiert besser, wenn er/sie Informationen hört, anstatt sie zu lesen.	Lernt am besten, wenn er/sie die Dinge auch selbst

Visuell	**Akustisch**	**Kinästhetisch**
wenn man ihm/ihr etwas erklärt.		„handhaben" kann (Beispiel: der Dalai Lama mit seiner Uhr).

Man kann den unterschiedlichen Lernstil eines Menschen am besten an seinen Formulierungen erkennen. Vergleichen Sie einmal die folgenden Beispiele:

Visuell	**Akustisch**	**Kinästhetisch**
Bis später. Es sieht so aus, als ob... Wir sehen das Ganze aus verschiedenen Perspektiven. Ich möchte, dass du dir das einmal anschaust. Ich zweifle daran. Das macht mir einen ziemlich verschwommenen Eindruck.	Wir reden später darüber. Ich sage mir... Er spricht mit zwei Zungen. Das kann man laut sagen. Diese Information stimmt Wort für Wort. Das sagt mir nichts.	Wir bleiben in Kontakt. Das ist so mein Gefühl. Ich weiß nicht, wie ich das anpacken soll. Ich möchte, dass du das begreifst. Das sind knochenharte Tatsachen. Ich bin nicht sicher, ob ich dir noch folgen kann.

Es wäre sehr ungewöhnlich, wenn Sie sich nur in einer Spalte wiederfänden, denn jeder von uns verfügt über bestimmte Elemente all dieser Kommunikations- und Lernstile. Wahrscheinlich ist Ihnen aber klar geworden, welchen Stil Sie *bevorzugen*.

Wenn Sie die Methode anwenden, die Ihrer sensorischen Vorliebe entspricht, können Sie besser lernen.

Unterschiedliche Aufgaben erfordern natürlich auch unterschiedliche Lernmethoden. Das heißt, dass Sie flexibel sein müssen. In der Regel haben wir keinen Einfluss darauf, auf welche Weise uns Informationen angeboten werden. Wenn man jedoch über ein ganzes Arsenal an Methoden verfügt, kann man die Quelle der Informa-

> **Wer weiß, wie man lernt, weiß genug.**
>
> **Henry Adams**

tionen (ein Buch, ein Videofilm, eine Vorlesung oder ein Tonband) so verwandeln, dass sie dem persönlichen Lernstil entspricht – und das kommt natürlich dem Lernprozess zugute.

Hier finden Sie die wichtigsten Methoden. Probieren Sie alle aus und wählen Sie die, die sich für Sie am besten eignen. Versuchen Sie, verschiedene Techniken miteinander zu kombinieren, denn wie wir inzwischen wissen, werden visuelle (V), akustische (A) und kinästhetische (K) Erinnerungen in getrennten Teilen des Gehirns gespeichert. Eine Lernmethode, die möglichst viele Sinne anspricht, dürfte daher am effektivsten sein.

VISUELLE STRATEGIEN

GEDANKEN-MAPS

Mit Hilfe solcher Gedanken-Maps lassen sich wichtige Daten in dynamischer Weise aufnehmen. Ihr Format erlaubt es, die Informationen in der gleichen Weise darzustellen, wie sie in unserem Gehirn ablaufen – also gleichzeitig in vielen verschiedenen Richtungen.

Robert Ornstein und andere Wissenschaftler haben festgestellt, dass der Denkprozess aus einer komplexen Kombination von Worten, Bildern, szenischen Abläufen, Farben, ja sogar Geräuschen und Musik besteht. Die Art und Weise, wie der Inhalt einer Lektion auf einer solchen „Lernkarte" dargestellt ist, entspricht in etwa dem natürlichen Denkvorgang.

Man muss sich vorstellen, dass das Gehirn ein riesiger Wald ist, der aus zehntausenden von Bäumen mit hunderttausenden von großen Ästen und Milliarden von kleinen Zweigen besteht. Gedanken-Maps sind ähnlich aufgebaut: die Informationen sind – natürlich in bedeutend kleinerem Maßstab – auf Linien angeordnet, die vom zentralen Thema abzweigen und sowohl die Funktionsweisen der linken als auch die der rechten Hirnhälfte berücksichtigen.

Wenn man solche Maps als Lernhilfe benützt, kann man sich das Gelernte besser merken. Das Format kommt sowohl dem visuellen als auch dem ganzheitlichen Lerntyp entgegen, während Farben das „emotionale“ Gehirn stärker ansprechen. Hinzu kommt, dass die Informationen ganz persönlich an Sie gerichtet sind – Sie sind nur für Sie gedacht.

Höhlenmalereien und die Hieroglyphen der alten Ägypter beweisen, dass solche Darstellungen und Skizzen schon so alt wie die Menschheit sind. Und wenn man Kinder sich selbst überlässt, bringen sie ihre Einfälle in Form von Kritzeleien zu Papier.

Nancy Margulies, Autorin der Bücher *Mapping Inner Space* und *Yes, You Can Draw,* schreibt: „Bevor wir etwas in eine sprachliche Form bringen, stellen wir es uns bildlich vor und verbinden diese Bilder mit bestimmten Begriffen. Leider werden diese kreativen Kanäle oft blockiert, weil wir den Kindern beibringen, nur Wörter aufzuschreiben, und diese auch noch in einer einzigen Farbe auf liniertem Papier.“

Tatsächlich ist die Konvention, Informationen in linearer Form und in einer Farbe (meist schwarz, blau oder grau) auf liniertes Papier zu schreiben, bei den meisten Menschen tief verwurzelt. Kein Wunder, dass es ihnen mit der Zeit langweilig wird.

Tony Buzan, der die Methode der „Mind-Maps“ entwickelt hat, nennt sie „Mind Mapping“, also geistiges Kartographieren. Er beklagt: „Was tut das Gehirn, wenn es sich langweilt? Es schaltet ab und geht schlafen. Fünfundneunzig Prozent der Menschen, die schreiben und lesen können, machen sich ihre Notizen auf eine so langweilige Art, dass sie sich schließlich nicht mehr konzentrieren können und in einen Zustand verfallen, der an Bewusstlosigkeit grenzt.

Schauen wir uns doch einmal in den Bibliotheken der Schulen, Universitäten, Gemeinden und Städte um. Was tun 50 Prozent der Leute dort? Sie schlafen! Die Orte, an denen wir eigentlich lernen sollten, haben sich in gigantische öffentliche Schlafsäle verwandelt!“

Wenn man sein Gehirn wieder dahin bringen möchte, dass es die einzelnen Gedanken aus einer zentralen Bildvorstellung bezieht, muss man Geduld haben und so lange üben, bis das Ganze automatisch abläuft.

Sie werden feststellen, dass Ihnen ein solches Gedanken-Map die Möglichkeit bietet, eine große Informationsmenge auf einem einzigen Blatt Papier unterzubringen, wobei auch die Beziehungen, in denen die einzelnen Konzepte und Ideen zueinander stehen, dargestellt werden. Dadurch wird es Ihnen leichter fallen, das Thema ganzheitlich zu sehen, und das wiederum fördert die Flexibilität Ihres Denkens. Auf einer Karte können Sie den gesamten Aufbau eines Themas auf einen Blick erkennen. Bei einer linearen Darstellung wäre das unmöglich. Sie erkennen nicht nur die einzelnen Themenkreise, sondern auch die **Beziehungen, die zwischen ihnen bestehen.** Im Gegensatz zu den Gedanken-Maps sind lineare Notizen wegen der Komplexität unserer Gedanken nicht geeignet.

GEDANKEN-MAPS SCHAFFEN

Das Thema auf Seitenmitte setzen

Setzen Sie zuerst das Thema in die Mitte der Seite. Dadurch werden Sie gleich zu Anfang gezwungen, den Grundgedanken Ihres Themas zu formulieren – das ist der Ausgangspunkt für jeden effektiven Lernprozess.

Gestalten Sie dieses Grundthema relativ klein, damit genügend Platz für die Unterpunkte bleibt, die Sie dann mit der Grundidee in der Mitte durch Linien, die wie Speichen eines Rades aussehen, verbinden können.

Schlüsselworte nutzen

Wichtig ist, dass die Gedanken-Maps nur die wesentlichen Fakten enthalten, durch die Sie sich die ganze Lektion wieder ins Gedächtnis rufen können (wir sprechen deshalb auch hin und wieder von „Gedächtniskarten" oder „Lernkarten"). Das bedeutet, dass Sie bestimmte Schlüsselverben und Nomina verwenden müssen. Alle anderen Informationen sind nur „Füllstoff", den Ihr Gehirn mit Hilfe der „Lernkarte" reproduzieren wird.

Von innen nach außen arbeiten

Beginnen Sie mit dem zentralen Thema, und arbeiten Sie sich dann nach außen in alle Richtungen vor. Begrenzen Sie die Zahl der Hauptäste auf fünf bis sieben.

Symbole, Farben, Wörter, Bilder und andere Zeichen einsetzen

Je mehr Darstellungsmöglichkeiten Sie verwenden, desto besser wird sich Ihnen das Gedanken-Map einprägen. Sie können zusätzlich noch die Größe der Wörter auf der Karte variieren. Schreiben Sie wichtige Wörter oder Sätze in Großbuchstaben und fett. Verwenden Sie jedoch möglichst wenig Worte. Benützen Sie Symbole, die leicht zu erkennen sind – Kreuze, Häkchen, Ausrufezeichen, Fragezeichen, Strichmännchen, Herzen oder Dreiecke.

Gestalten Sie das Ganze wie in der Werbung

Lassen Sie zwischen den Informationen genügend Platz, so dass sich Wörter und Bilder deutlich voneinander abheben. Das Ganze sollte möglichst auffällig sein, denn dann prägt es sich leichter ein. Wichtige Wörter müssen dem Betrachter buchstäblich ins Auge springen.

Wir treiben es bunt!

Betonen Sie bestimmte Schlüsselbegriffe oder Themen, indem Sie sie durch die gleiche Farbe miteinander verbinden. Malen Sie die Karte so bunt aus, wie Sie wollen.

Übung macht den Meister

Erwarten Sie nicht, dass es gleich beim ersten Mal klappt. Es ist sogar besser, wenn Sie Ihre Gedanken-Maps noch einmal neu zeichnen müssen, denn wenn Sie sie ein paar Mal gezeichnet haben, prägen sich die Einzelheiten besser in Ihr Gedächtnis ein.

Etwas ganz Persönliches

Sie brauchen kein Grafiker zu sein, um eine solche „Lernkarte“ anfertigen zu können. Wichtig ist, dass Sie Ihren eigenen Stil finden. Verwenden Sie auf alle Fälle möglichst viele bildliche Darstellungen. Tony Buzan betont immer wieder, wie wichtig solche Bilder sind.

Freiräume für fehlende Informationen
in der Mitte anfangen
Abzweigen
zusätzliche Gedanken ergänzen
nur Schlüsselworte
Gedanken-Maps schaffen
Farben verwenden
Symbole
Bilder
Fettdruck
GROSSBUCHSTABEN
Zwischenräume lassen
ins Reine zeichnen
Ideen verbinden, die in einer Beziehung zueinander stehen
Gut für das Langzeitgedächtnis

Aber, um es noch einmal zu sagen, niemand erwartet von Ihnen, dass Sie ein Künstler sind. Viel wichtiger ist, dass Sie Ihren persönlichen Stil finden und Karten zeichnen, mit denen Sie etwas anfangen können und die Ihnen helfen, die neuen Informationen in Ihr Langzeitgedächtnis aufzunehmen. Versuchen Sie, bei jedem neuen Gedanken-Map ein wenig kreativer zu sein.

Aus „Lernkarten" werden „Gedächtniskarten"

Wir verwenden den Begriff *Lernkarte*, wenn wir uns auf die Funktion der Karte als Hilfsmittel für die Aufnahme der Lerninhalte beziehen. Bei der *Gedächtniskarte* geht es hingegen um die Anfertigung und Verwendung einer solchen Karte als Mittel der Überprüfung oder Zusammenfassung des Gelernten.

Warum „Lernkarten" sinnvoll sind

Sie sparen Zeit, weil Sie nur Stichworte notieren und später lesen müssen. Sie ersparen sich das mühselige Durcharbeiten von unnötigem oder nebensächlichem Stoff. Darüber hinaus lässt sich die Verbindung zwischen den verschiedenen Punkten klarer darstellen. Außerdem erleichtert die Anschaulichkeit der Karten Ihrem Gehirn Aufnahme und Speicherung der Informationen. Aus diesem Grund bringen wir auch am Ende eines jeden Kapitels eine zusammenfassende „Gedächtniskarte".

Markierstifte benutzen

Ein Markierstift kann sehr hilfreich sein, vorausgesetzt, das Buch gehört Ihnen. Wenn Sie sich das Material einen Tag, einen Monat oder sogar ein Jahr später wieder anschauen, finden Sie sofort die **neuen** Informationen, die Sie auf diese Weise markiert haben.

Beachten Sie, dass wir das Wort *neu* besonders hervorgehoben haben. Viele Leute markieren alle wichtigen Punkte eines Abschnitts. Das klingt zwar logisch, ist es aber nicht. Beim Lernen geht es um die Aufnahme **neuer** Informationen oder **neuer** Sichtweisen bezüglich alter Informationen.

Wenn Sie also auch Dinge markieren, die Sie bereits wissen, werden Sie später, wenn Sie das Ganze schnell einmal überfliegen wollen, nur mehr Arbeit haben. Und, wie Sie gerade gelernt haben, ist ein rascher Überblick wichtig, um wirklich alles im Gedächtnis speichern zu können.

Ergebnis? Sie können sich in nur 15 Minuten einen Überblick über den Inhalt eines ganzen Buches verschaffen.

Zur Ruhe kommen und visualisieren

Die meisten Menschen müssen sich erst einmal hinsetzen und in aller Ruhe über das nachdenken, was sie gerade gesehen, gelesen oder gehört haben. Lassen Sie alles noch einmal Revue passieren, und machen Sie daraus ein „Kino im Kopf". Das Ganze erinnert an ein Replay bei der Übertragung eines Fußballspiels. Und es hilft Ihnen, die Informationen in Ihrem visuellen Gedächtnis zu speichern.

Ein Beispiel: Durch eine spezielle Vorbereitung konnten Flugbegleiter der TWA ihre Durchfallrate bei einem Sicherheitstest von 30 auf 0 Prozent senken.

- Sie gingen durch das ganze Flugzeug und prägten sich die wichtigsten Sicherheitseinrichtungen ein.
- Dann identifizierten sie auf entsprechenden Diagrammen die Stellen, an die sie sich erinnern konnten.
- Anschließend überprüften sie sie anhand des Masterdiagramms.
- Zu guter Letzt setzten sie sich hin, schlossen die Augen und gingen im Geiste noch einmal Schritt für Schritt die urspüngliche Sicherheitsinspektion durch. Zum Schluss trugen sie die Punkte noch einmal in das Diagramm ein.

Wie können Sie sich selbst beim nächsten Mal mit solchen bildlichen Vorstellungen helfen, wenn Sie etwas lernen wollen?

Einfach aufmalen

Die einfachste Methode besteht oft darin, dass man eine Zeichnung, einen Plan, eine graphische Darstellung oder ein Diagramm anfertigt.

AKUSTISCHE STRATEGIEN

Mit Dramatik in der Stimme lesen

Dramatische Dinge bleiben uns in Erinnerung. Ein pastellfarbenes Kleid mit einem Blumenmuster mag zwar sehr hübsch sein, wir werden es jedoch wahrscheinlich schon bald vergessen haben. An eine einzelne feuerrote Blume auf einem schwarzen Kleid würde man sich dagegen bedeutend länger erinnern.

Visuelle Bilder prägen sich genauso im Gedächtnis ein wie akustische. Wenn Sie also an eine Stelle kommen, die besonders wichtig und schwer verständlich ist, versuchen Sie einmal, sie in dramatischem Ton vorzulesen. Sie können dabei einen ausländischen Akzent imitieren oder nur auch flüstern. (Oft flüstern wir, wenn wir etwas besonders Wichtiges sagen.)

Eine solche akustische Betonung trägt entscheidend dazu bei, dass Sie das Lernmaterial im Gedächtnis behalten.

Zusammenfassungen aussprechen

Erinnern Sie sich noch an die Statistiken, die wir zitiert haben? Wir behalten etwa zweimal so viel, wenn wir das Gelernte laut aussprechen, als wenn wir es nur lesen.

Unterbrechen Sie also regelmäßig den Lesevorgang, und lesen Sie die Zusammenfassung laut vor. Der Klang Ihrer eigenen Stimme ist ein zusätzlicher Faktor, der die Merkfähigkeit verstärkt. Leute, die hauptsächlich akustisch lernen, sollten unbedingt einen Kassettenrekorder benützen. Nehmen Sie Ihre zusammenfassenden Bemerkungen auf, und spielen Sie sie im Auto ab.

Dr. Win Wenger, vom *Project Renaissance* in Gaithersburg, Maryland, machte die Beobachtung, dass detaillierte Artikulation eine große Lernhilfe ist. Allein der Umstand, dass jemand etwas beschreibt, das für ihn neu ist, schärft Wahrnehmung und Erinnerungsvermögen. Je größer die Zahl der Einzelheiten ist, die Sie entdecken, desto größer ist auch die Zahl der Assoziationen, die Sie bilden, und desto leichter wird es Ihnen fallen, sich an sie zu erinnern.

> **Wenn ich es sagen könnte, brauchte ich es nicht durch Tanz auszudrücken.**
>
> ISADORA DUNCAN

Wenger empfiehlt, etwas Neues erst einmal durchzulesen, dann die Augen zu schließen und das, was man gelernt hat, laut zu beschreiben. Die positive Wirkung beruht darauf, dass man das Ganze gelesen, es sich (mit geschlossenen Augen) vorgestellt und dann laut beschrieben hat. Man hat den Text also automatisch in einer Weise gelernt und gespeichert, an der mehrere Sinne beteiligt waren. Einfach, aber sehr wirkungsvoll.

KINÄSTHETISCHE STRATEGIEN

Beim Lesen oder Zuhören auf- und abgehen

In der Schule hat man uns immer gesagt, wir sollten still sitzen. Damals wusste man noch nicht, dass Menschen, die kinästhetisch veranlagt sind, das auch in irgendeiner Form zum Ausdruck bringen **müssen**.

Versuchen Sie, auf und ab zu gehen. Stehen Sie mindestens alle 20 bis 30 Minuten einmal auf, und bewegen Sie sich. Kritzeln Sie, unterstreichen Sie bestimmte Stellen mit einem farbigem Stift, machen Sie sich Notizen, zeichnen Sie Gedanken-Maps. Wenn das Thema dafür geeignet ist, können Sie auch ein Diagramm anfertigen oder vielleicht sogar ein einfaches Modell bauen.

Probieren Sie aus, wie stark **Sie** sich körperlich betätigen müssen, um Informationen möglichst gut aufnehmen zu können. Es kann zum Beispiel durchaus sein, dass ein Kniebrett für Sie günstiger ist als ein Schreibtisch.

Notizen auf Haftzetteln oder Karteikarten

In einem Schreibwarengeschäft bekommen Sie kleine Blocks mit gelben, oben auf der Rückseite gummierten Zetteln.

> **Wenn du all das, was du gerade gesagt hast, tanzen könntest, könnte ich es verstehen.**
>
> NIKOS KAZANTZAKIS IN *ALEXIS SORBAS*

Das Miniformat der Zettel zwingt Sie, sich bei Ihren Notizen kurz zu fassen, so dass Ihnen beim Hinschauen die Stichworte gleich ins Auge springen. Wenn Sie sie anschließend in logischer Reihenfolge auf einen Briefbogen kleben, können Sie Ihre Gedanken sozusagen in konkreter Form sortieren.

Stichwortkarten eignen sich genauso gut. Sie können Sie als Gedächtnisstütze an die Wand heften.

Schreiben

Wenn man schreibt oder sich Notizen macht, verwandelt man die akustische Informationsaufnahme (zum Beispiel eine Vorlesung) in eine greifbare.

Lernen in Gruppen

Die vielleicht beste Lernmethode ist das „Kooperative Lernen“ – also das Lernen mit einem anderen Menschen oder in einer Arbeitsgruppe. Im 16. Kapitel, „Aktivierendes Lehren“, und im 19. Kapitel, „Kollektives Lernen“, werden wir dieses Thema ausführlich behandeln.

Abhaken

Wenn Sie sich durch ein Textbuch oder eine umfangreiche Betriebsanleitung durcharbeiten müssen, sollten Sie am Ende eines jeden Abschnitts ein Häkchen machen, um zu zeigen, dass Sie ihn wirklich begriffen haben. Sie geben Ihrem Gehirn auf diese Weise das Kommando, diese Informationen abzuspeichern. Gleichzeitig wissen Sie dann immer ganz genau, an welchem Punkt Sie nicht mehr weitergekommen sind – unmittelbar hinter dem letzten Häkchen.

Wieder-Lesen

Eine schwierige Passage sollte man sich immer noch einmal durchlesen. Manchmal empfiehlt es sich sogar, den betreffenden Abschnitt laut zu lesen. Statt sich von einem ganzen Kapitel verwirren zu lassen, sollten Sie sich darauf konzentrieren, immer nur kleine „Häppchen" zu lesen, die Sie gut „verdauen" können.

Selbst Leute, die in ihrem Leben schon die kompliziertesten Dinge gelernt haben, fangen mit den einfachen Grundbegriffen an und arbeiten sich dann weiter durch.

DIE VAK-ANGRIFFSSTRATEGIE

Am besten ist es, die verschiedenen Lernmethoden zu kombinieren. Multisensorisches Lernen kann sehr einfach sein:

- Wenn Sie die Informationen gelesen und visuell wahrgenommen haben........ haben Sie sie **gesehen.**
- Wenn Sie Fragen gestellt und die Antworten auf Band aufgenommen haben......... haben Sie den Stoff **gehört.**
- Wenn Sie die wichtigsten Punkte auf Karten geschrieben und sie in eine logische Reihenfolge gebracht haben........ haben Sie etwas **Konkretes** mit Ihren Händen getan.

Rechtschreibung

Menschen, die keine Schwierigkeiten mit der Rechtschreibung haben, stellen sich ein Wort zuerst vor (V) und haben dann „ein Gefühl dafür" (K), ob es richtig geschrieben ist. Leute, deren Orthographie nicht so gut ist, gehen anders vor. Sie orientieren sich am Klang (A), und das ist nicht nur im Englischen eine sehr schlechte Methode.

Statt die Schüler zu zwingen, sich in mühevoller Arbeit die Schreibweise von tausenden von Wörtern einzuprägen, wäre es sinnvoller, ihnen die Sequenz V und K beizubringen. Denn dieses Prinzip lässt sich auf viele verschiedene Situationen anwenden.

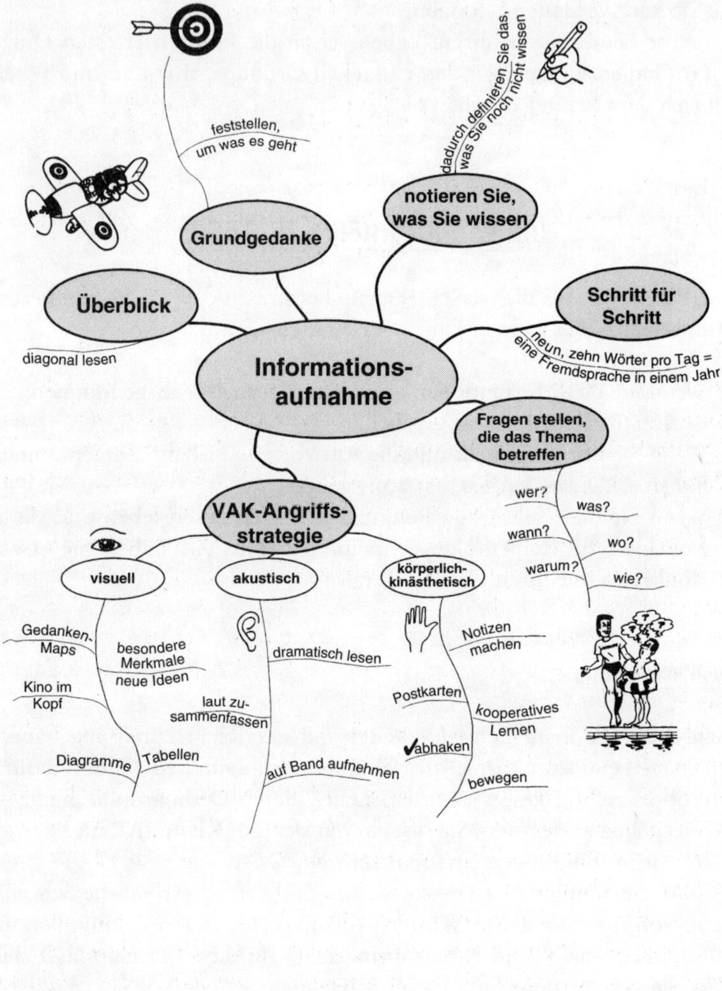

Informations-
aufnahme
Grundgedanke
feststellen,
um was es geht
notieren Sie,
was Sie wissen
dadurch definieren Sie das,
was Sie noch nicht wissen
Überblick
diagonal lesen
Schritt für
Schritt
neun, zehn Wörter pro Tag =
eine Fremdsprache in einem Jahr
Fragen stellen,
die das Thema
betreffen
wer?
was?
wann?
wo?
warum?
wie?
VAK-Angriffs-
strategie
visuell
Gedanken-
Maps
besondere
Merkmale
neue Ideen
Kino im
Kopf
Diagramme
Tabellen
akustisch
dramatisch lesen
laut zu-
sammenfassen
auf Band aufnehmen
körperlich-
kinästhetisch
Notizen
machen
Postkarten
kooperatives
Lernen
abhaken
bewegen

7

Suche nach Sinn und Bedeutung

Eine Person, die eine Katze am Schwanz festhält, weiß bedeutend mehr über Katzen, als jemand, der nur etwas über sie gelesen hat.
MARK TWAIN

J. Edgar Hoover, Chef des FBI, war einer der meist gefürchteten Männer Amerikas. In seiner langen Amtszeit regierte er die Behörde mit eiserner Hand. Niemand kam an ihm vorbei. Wenn man bei diesem Mann in Ungnade gefallen war, musste man damit rechnen, dass man ins „Exil", etwa in den Mittleren Westen, „verbannt" wurde.

Hoover war ein Pedant. Seine Korrespondenz musste immer makellos sein. Einmal wurde er fuchsteufelswild, nur weil eine Aktennotiz, die man ihm geschickt hatte, schlampig abgefasst war. Es ging dabei um die potenzielle Gefahr terroristischer Gruppen in den amerikanischen Großstädten. Die Nachricht war schlecht getippt, und die Zeilenabstände und der Rand stimmten nicht.

Er schrieb daraufhin quer über die Seite *Watch the borders („Achten Sie auf die Ränder"* – könnte aber auch bedeuten: *„Bewachen Sie die Grenzen")* und schickte die Notiz an den Übeltäter zurück. Hoovers Befehl wurde natürlich sofort ausgeführt. Innerhalb von zwei Wochen mobilisierte man hunderte von Agenten des FBI, um die Grenzen nach Mexiko und Kanada zu kontrollieren.

Und die Moral von der Geschichte? Es kann sehr teuer werden, wenn man ein Thema wortwörtlich nimmt, ohne sich zu fragen oder zu untersuchen, was wirklich damit gemeint ist. Sie sollten die Unglücksraben in Hoovers Behörde nicht nachahmen, sondern jede Information zuerst einmal überprüfen, um sicher zu sein, dass Sie sie auch richtig verstanden haben.

Dabei sollten Sie die Methoden anwenden, die aufgrund Ihrer ganz persönlichen Kombination von Intelligenzfaktoren am besten geeignet sind. Nur so können Sie Ihr gesamtes geistiges Potenzial nutzen, das heißt, Ihr ganzes Gehirn einsetzen.

Erinnern Sie sich noch an die acht Arten der Intelligenz, die wir im zweiten Kapitel („Wunderwerk Gehirn") besprochen haben? Diese Intelligenzfaktoren repräsentieren das achtköpfige „Team", das Ihnen helfen wird, alles zu verstehen, zu untersuchen und zu lernen.

WIR HABEN MULTIPLE INTELLIGENZEN UND LASSEN SIE FÜR UNS ARBEITEN

Das Konzept der multiplen Intelligenzen (MI) heißt konkret angewandt: Wenn wir unsere Intelligenzen in ihrer ganzen Vielfalt entwickeln und einsetzen, werden unsere Lernprozesse ausgeglichen ab-

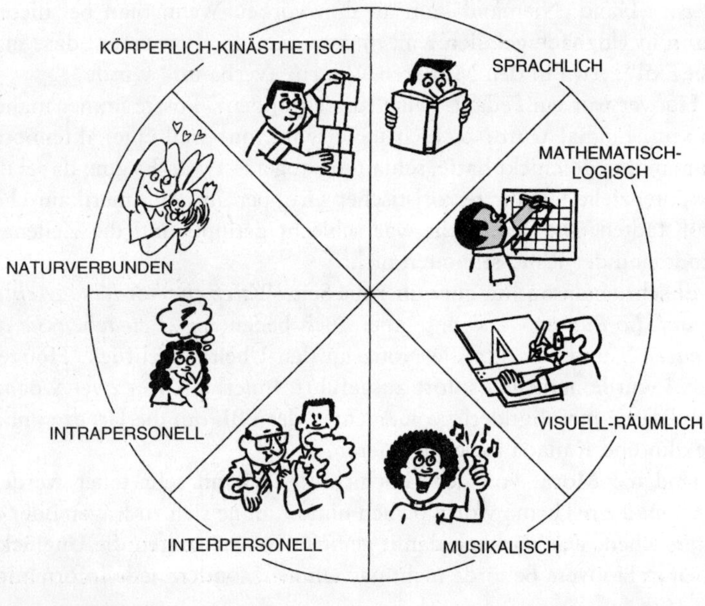

laufen. Das Lernen orientiert sich dann nicht nur an Ihren gegenwärtigen Stärken, sondern trägt auch zur Weiterentwicklung Ihrer Persönlickeit bei.

Sobald Sie Ihre gesamte Intelligenz einsetzen, werden Sie auch auf eine neue Art denken, die Ihre Kreativität fördert.

Lehrer und Ausbilder sprechen bei ihrer Arbeit vorwiegend die sprachlichen und mathematisch-logischen Intelligenzfaktoren an. Wenn Ihr Gehirn am besten mit Wörtern und Figuren zurechtkommt, werden Sie in einem solchen formalen Unterricht vermutlich gut lernen können.

Wenn Sie einen Lernstil bevorzugen, bei dem ein Thema Schritt für Schritt auf logische Weise vermittelt wird, sind Sie wahrscheinlich mit den meisten Lehrbüchern und Vorlesungen zufrieden.

Gehören Sie jedoch zu den Menschen, denen diese Methoden nicht sonderlich liegen, ist der konventionelle Unterricht nicht so gut für Sie geeignet. Howard Gardner nennt das die „Pädagogische Theorie der Einzelchance". Wird der Stoff dagegen so dargeboten, dass alle acht Intelligenzfaktoren angesprochen werden, hat der Lernende laut Gardner eine „multiple Chance", alles zu verstehen.

Sie müssen selbst herausfinden, wie Sie am liebsten lernen und welche Intelligenzfaktoren Sie bevorzugen – und zwar unabhängig davon, ob der Lehrer oder Ausbilder auf Ihre speziellen Bedürfnisse eingeht. Nur so bekommt der Lernprozess Tiefe und bleibt nicht im Oberflächlichen stecken.

„Die Praxis der ‚Einzelchance' hat in der Pädagogik dazu geführt, dass viele Menschen zu dem Schluss gekommen sind, dass sie keine besondere Begabung für das Lernen besitzen", bedauert Gardner.

Je mehr Intelligenzarten man einsetzt, desto effizienter und abgerundeter ist der Lernprozess.

Man kann zwar von den Lehrern nicht verlangen, dass sie sich Gedanken über den individuellen Lernstil eines jeden einzelnen Schülers machen, sie sollten jedoch dafür sorgen, dass im Unterricht eine möglichst große Zahl an Intelligenzfaktoren angesprochen wird.

Mit den konventionellen Lehrmethoden wird es immer schwieriger, das Interesse eines Kindes, das mit Videospielen und MTV aufgewachsen ist, zu wecken und es bei der Stange zu halten.

LINDA A. TSANTIS IN *CREATING THE FUTURE*

Auf diese Weise würden sie die ganze Klasse erreichen – nicht nur die vorwiegend sprachlich und mathematisch-logisch orientierten Schüler. Da jeder Einzelne dann auf mehrere Möglichkeiten zurückgreifen könnte, um den Stoff zu verstehen, könnte der Lehrer die jeweiligen Themen auch bedeutend gründlicher behandeln.

DAS MI-QUIZ

Welche Intelligenzarten bevorzugen Sie? Wo liegen Ihre Stärken?

Wenn Sie die folgenden Fragen beantwortet haben, werden Sie sagen können, wo Ihre Stärken und Schwächen liegen. Das wiederum versetzt Sie in die Lage, das Beste aus Ihren bereits vorhandenen Fähigkeiten zu machen und – wenn Sie wollen – ein paar andere weiterzuentwickeln.

Wir müssen an dieser Stelle noch einmal darauf hinweisen, dass die meisten von uns über eine Kombination von Intelligenzfaktoren verfügen und dass es wenig sinnvoll ist, jemanden einfach als „logisch-mathematischen" oder „körperlich-kinästhetischen" Typen zu bezeichnen. Die folgende Checkliste wird Ihnen helfen zu erkennen, welche Arten von Intelligenz Ihnen am meisten liegen.

Markieren Sie jede Aussage, die auf Sie zutrifft, und addieren Sie die angekreuzten Antworten.

Sprachlich

1. Sie lieben Wortspiele, Limericks, Zungenbrecher, Gedichte, Geschichten und Reime.
2. Sie lesen alles – Bücher, Magazine, Zeitungen, sogar die Etiketten auf Konsumgütern.
3. Es fällt Ihnen nicht schwer, sich mündlich oder schriftlich auszudrücken, Sie sind in dieser Beziehung selbstbewusst, können gut diskutieren, Geschichten erzählen oder schreiben.
4. Sie würzen Ihre Gespräche oft mit Verweisen auf etwas, das Sie gelesen oder gehört haben.
5. Sie lösen gern Kreuzworträtsel, spielen gern „Scrabble" oder knacken andere Worträtsel. Ihre Rechtschreibung ist gut.

6. Ihr Vokabular ist so groß, dass Sie oft gebeten werden, ein Wort zu erklären, das Sie gerade gebraucht haben.
7. In der Schule waren Sprachen, Literatur, Geschichte und Sozialkunde Ihre Lieblingsfächer.
8. Sie können sich in Diskussionen oder Streitgesprächen gut behaupten, geben anderen Orientierungshilfen und erklären ihnen hin und wieder etwas.
9. Sie denken gern laut nach, reden über Probleme, bieten Lösungen an und stellen Fragen.
10. Informationen, die Sie im Radio, vom Tonband oder in einer Vorlesung hören, können Sie gut aufnehmen. Die Worte prägen sich Ihnen schnell ein.

Gesamtpunktzahl: 7

Logisch-Mathematisch

1. Sie beschäftigen sich gern mit Zahlen und können gut Kopfrechnen.
2. Sie interessieren sich für die Fortschritte in den Naturwissenschaften und machen gern Experimente, um festzustellen, wie etwas funktioniert.
3. Sie verlieren nie den Überblick über Ihr Konto oder das Haushaltsbudget.
4. Wenn Sie in Urlaub fahren oder eine Geschäftsreise machen, planen Sie alles sorgfältig.
5. Sie lieben Denksportaufgaben oder andere Rätsel und Spiele, bei denen logisches Denken gefragt ist, zum Beispiel Dame oder Schach.
6. Sie erkennen in der Regel sehr schnell, ob das, was andere Leute tun oder sagen, einen logischen Fehler enthält.
7. In der Schule gehörten Mathematik und Naturwissenschaften zu Ihren Lieblingsfächern.
8. Sie finden in der Regel gute Beispiele, um Ihre Auffassung zu stützen.
9. Beim Problemlösen gehen Sie Schritt für Schritt vor. Sie versuchen immer, Strukturen und Beziehungen zwischen Dingen und Zahlen zu erkennen.
10. Sie haben das Bedürfnis, Dinge zu kategorisieren oder zu quantifizieren, um sie richtig einschätzen zu können.

Gesamtpunktzahl: 2

Visuell-Räumlich

1. Sie lieben die bildende Kunst und schauen sich gern Bilder und Skulpturen an. Sie haben einen guten Farbsinn.
2. Sie machen häufig Fotos oder filmen mit einer Videokamera.
3. Wenn Sie nachdenken oder sich Notizen machen, kritzeln oder malen Sie oft etwas auf das Papier. Sie können ziemlich gut zeichnen.
4. Es fällt Ihnen nicht schwer, Karten zu lesen und zu navigieren. Sie haben ein gutes Orientierungsvermögen.
5. Sie beschäftigen sich gern mit Puzzles oder ähnlichen Spielen.
6. Sie sind ziemlich geschickt, wenn es darum geht, etwas auseinander zu nehmen und wieder zusammenzusetzen. Mit Bausätzen kommen Sie gut zurecht.
7. Ihr Lieblingsfach in der Schule war Kunst, und Geometrie war Ihnen lieber als Algebra.
8. Sie verdeutlichen Ihre Argumente häufig durch Diagramme oder Zeichnungen. Und es fällt Ihnen nicht schwer, Tabellen zu interpretieren.
9. Sie können sich gut vorstellen, wie bestimmte Dinge aus einer anderen Perspektive aussehen.
10. Lesen macht Ihnen mehr Spaß, wenn das Buch viele Illustrationen enthält.

Gesamtpunktzahl: ________

Körperlich-Kinästhetisch

1. Sie treiben regelmäßig Sport oder Gymnastik.
2. Sie sind ein geschickter Heimwerker.
3. Sie können am besten denken, wenn Sie sich bewegen, gehen oder laufen.
4. Sie tanzen gern.
5. Auf dem Volksfest fahren Sie am liebsten mit den Karussells, die am meisten Aufregung versprechen.
6. Um etwas wirklich verstehen zu können, müssen Sie es im wahrsten Sinne des Wortes „begreifen“, also mit den Händen anfassen.
7. In der Schule waren Ihre Lieblingsfächer Sport, Turnen und Werken.
8. Sie gestikulieren mit den Händen oder verwenden andere Arten von Körpersprache, um sich auszudrücken.

9. Sie balgen sich gern mit Kindern.
10. Sie lernen am liebsten auf praktische Art, also mit den Händen. Für Betriebsanleitungen oder Gebrauchsanweisungen auf Video haben Sie nicht viel übrig.

Gesamtpunktzahl ________

Musikalisch

1. Sie spielen ein Musikinstrument.
2. Sie können singen und intonieren richtig.
3. Gewöhnlich brauchen Sie eine Melodie nur ein paar Mal zu hören, um sie sich einprägen zu können.
4. Sowohl zu Hause als auch im Auto hören Sie oft Musik und besuchen hin und wieder ein Konzert.
5. Wenn Sie Musik hören, klopfen Sie oft den Takt dazu. Sie haben ein gutes Rhythmusgefühl.
6. Sie können verschiedene Musikinstrumente am Klang erkennen.
7. Oft gehen Ihnen Werbejingles oder Erkennungsmelodien durch den Kopf.
8. Ein Leben ohne Musik ist für Sie unvorstellbar.
9. Sie summen oder pfeifen oft eine Melodie vor sich hin.
10. Wenn Sie bei der Arbeit keine Hintergrundmusik hören, fehlt Ihnen etwas.

Gesamtpunktzahl: ________

Interpersonal

1. Sie arbeiten am liebsten mit anderen Leuten zusammen, also in einer Gruppe oder in einem Komitee.
2. Sie sind stolz, wenn andere Menschen sich von Ihnen beraten lassen.
3. Die Leute kommen oft zu Ihnen, um sich einen Rat zu holen.
4. Sie treiben lieber Mannschaftssport – Basketball, Softball, Fußball, Handball – als Einzelsportarten wie Schwimmen oder Laufen.
5. Sie lieben Gesellschaftsspiele – Bridge, „Monopoly“ oder „Trivial Pursuit“.
6. Sie sind ein Partylöwe, kein Couchmuffel.
7. Sie haben mehrere gute Freunde, die Ihnen nahe stehen.

8. Sie können gut mit anderen Menschen kommunizieren und ihnen helfen, einen Streit zu schlichten.
9. Sie übernehmen gern die Führung und zeigen den anderen, wie etwas gemacht wird.
10. Sie reden lieber mit anderen Leuten über Probleme, statt zu versuchen, sie allein zu lösen.

Gesamtpunktzahl: 7

Intrapersonal

1. Sie führen ein Tagebuch, dem Sie Ihre geheimsten Gedanken anvertrauen.
2. Sie legen oft besinnliche Pausen ein und denken über Dinge nach, die Ihnen wichtig sind.
3. Sie haben sich bestimmte Ziele gesetzt – Sie wissen genau, was Sie wollen.
4. Sie denken selbstständig – Sie wissen, wer Sie sind und treffen Ihre Entscheidungen allein.
5. Sie haben ein Hobby oder bestimmte Interessen, die Sie mit niemandem teilen.
6. Sie gehen am liebsten allein angeln oder wandern. Sie sind sich selbst genug.
7. In den Ferien fühlen Sie sich in einer einsamen Berghütte bei weitem wohler als in einem Fünfsternehotel, in dem eine Menge Leute wohnen.
8. Sie beurteilen Ihre eigenen Stärken und Schwächen ziemlich realistisch.
9. Um mehr über sich zu erfahren, haben Sie an Selbsterfahrungsgruppen oder an psychologischen Beratungen teilgenommen.
10. Sie sind Ihr eigener Herr/ihre eigene Herrin – oder spielen zumindest ernsthaft mit dem Gedanken, sich selbstständig zu machen.

Gesamtpunktzahl: 5

Naturalistisch

1. Sie haben Haustiere oder hätten gerne welche.
2. Sie können viele verschiedene Bäume, Blumen und Pflanzen erkennen und benennen.

3. Sie interessieren sich für die einzelnen Körperfunktionen und kennen sich gut damit aus – Sie wissen zum Beispiel, wo sich die wichtigsten Organe befinden – und Sie bleiben in punkto Gesundheitsthemen auf dem Laufenden.
4. Wenn Sie wandern, erkennen Sie alle möglichen Spuren von Tieren und ihre Nester. Sie sind in der Lage, bestimmte Wetterphänomene zu deuten.
5. Sie können sich vorstellen, Bauer zu sein, oder vielleicht angeln Sie auch gern.
6. Sie sind ein passionierter Gärtner.
7. Sie interessieren sich für die wichtigen globalen Umweltprobleme und sind mehr oder weniger vertraut mit ihnen.
8. Sie sind ziemlich gut über die Entwicklungen in der Astronomie informiert, über den Ursprung des Universums und die Evolution.
9. Sie interessieren sich für gesellschaftliche Probleme, für Psychologie und für die Motivationen der Menschen.
10. Ihrer Meinung nach sind der sparsame Umgang mit unseren Ressourcen und vernüftiges Wachstum die beiden wichtigsten Probleme unserer Zeit.

Gesamtpunktzahl: 6

Wenn Sie die Gesamtpunktzahlen aller acht Intelligenzarten miteinander vergleichen, werden Sie erkennen, wo Ihre Stärken und Schwächen liegen. Je höher der Wert, desto stärker bevorzugen Sie diese besondere Art der Intelligenz.

ACHT WEGE, DEN LERNSTOFF ZU ERKUNDEN

Sprachliche Erkundung

Ihre Worte haben eine stärkere Wirkung als die anderer Menschen. Es liegt Ihnen offensichtlich mehr, selbst Situationen und Ereignisse zu beschreiben. Es ist schwer, eine Reihe von Wörtern zu lernen, die jemand anders geschrieben hat – zum Beispiel die Zeilen eines Theaterstücks oder eines Gedichts. Wenn man die Wörter wie ein Papagei „nachplap-

Eine Unze Erfahrung ist so viel wert wie eine Tonne Theorie.

Benjamin Franklin

pern“ kann, bedeutet das aber noch nicht, dass man sie auch verstanden hat.

Wenn Sie jedoch das, was Sie gehört oder gelesen haben, in Ihre eigene Sprache „übersetzen“, beweist das nicht nur, dass Sie es verstanden haben, sondern dass Sie es auch langfristig behalten können.

Versuchen Sie doch gleich einmal, mit Ihren eigenen Worten auszudrücken, was Sie bisher über das aktivierende Lernen gelernt haben. Hier ein paar Tipps, wie Sie sich das Ganze leichter machen können.

- Führen Sie ein „Brainstorming“ durch, bei dem Sie alle wichtigen Punkte noch einmal Revue passieren lassen. Sprechen Sie alles, was Ihnen dazu einfällt, auf Band. Oder notieren Sie sich die wichtigsten Punkte. Blättern Sie dann einfach das Buch durch, um Ihrem Gedächtnis auf die Sprünge zu helfen und neue Einfälle zu bekommen. Drücken Sie sie aber in Ihren eigenen Worten aus. Sie dürfen auf keinen Fall Wort für Wort abschreiben. Wenn Sie fertig sind, liegt vor Ihnen eine Liste der wichtigsten Punkte. Bringen Sie sie in eine sinnvolle Ordnung. Schreiben Sie sie zum Beispiel auf Leselernkarten.
- Schreiben Sie einen Zeitungsartikel. Tun Sie so, als hätten Sie den Auftrag, für Ihre Zeitung einen Bericht über das aktivierende Lernen zu schreiben. Lassen Sie sich zuerst eine Schlagzeile einfallen, zum Beispiel: „Geheimnis des Lernens entdeckt!“ Erfinden Sie dann eine flotte Einleitung: „Sie können das Genie in sich durch einen 6-Schritte-Masterplan befreien, der besagt ...“. Sie können aber auch einen Brief an eine(n) Freund(in) schreiben und ihm/ihr die Methode des aktivierenden Lernens erklären. Schreiben Sie ihm/ihr, dass es Ihre Ansicht über das Lernen völlig verändert hat und dass er/sie wahrscheinlich die gleiche Erfahrung machen würde.
- Fassen Sie das zusammen, was Sie in den drei Lernphasen, über die wir bereits gesprochen haben, entdeckt haben. Wenn Sie eine gute Zusammenfassung schreiben können, beweisen Sie, dass Sie in der Lage sind, sich auf das Wesentliche zu beschränken. Sie müssen also entscheiden, was wirklich wichtig ist. Auf diese Weise werden Sie gezwungen, gründlich nachzudenken, und das wiederum verbessert Ihre Merkfähigkeit.

Wie man den richtigen Bewusstseinszustand erreicht

____

____

____

____

Wie man Informationen aufnimmt

____

____

____

____

Wie man den Sinn herausarbeitet

____

____

____

____

Logisch-Mathematische Erkundung

Schreiben Sie die wichtigsten Punkte in einer logischen Reihenfolge auf, und nummerieren Sie sie. Allein das Auswählen dieser Hauptfaktoren bedeutet, dass Sie gründlich über das nachdenken müssen, was Sie lernen.

Analysieren Sie den Lernstoff. Übernehmen Sie nichts ungeprüft – gehen Sie in die Tiefe. Der folgende systematische Ansatz kann Ihnen dabei helfen, und die fünf Vokale A·E·I·O·U werden Ihnen als Gedächtnisstütze dienen.

A Von welchen Annahmen geht man aus? Wurde irgendetwas unkritisch angenommen? Fehlt etwas? Hat der Autor sich zu einem Pauschalurteil hinreißen lassen?

E Wie evident/einsichtig ist das Ganze? Gibt es Beweise? Handelt es sich um Tatsachen oder um Meinungen? Wenn es sich um eine Anschauung handelt, wie zuverlässig ist dann die Quelle? Wenn es eine Tatsache ist, trifft so etwas immer zu? Könnte man das Phänomen auch noch auf eine andere Art erklären? Und wenn es tatsächlich so ist, was folgt daraus?

I Fällt Ihnen dazu eine informative Illustration oder ein passendes Beispiel ein? Passt das Ganze in eine Kategorie, die Ihnen vertraut ist? Können Sie das, was Sie lesen oder hören aus Ihrer eigenen Erfahrung bestätigen?

O Welche Ordnung bringen Sie in Ihre Gedanken, was sind Ihre Schlüsse?

U Welche unverwechselbaren Punkte spielen dabei eine Rolle? Was ist wirklich wichtig, und was ist neu? Was muss man unbedingt wissen – und was ist bloßes Füllmaterial?

Durch solche Fragen werden Sie gezwungen, sich über das, was Sie lernen, Gedanken zu machen, und nicht gleich voreilige Schlüsse zu ziehen. Sie können die einzelnen Lernschritte auch in Form eines Diagramms darstellen.

Visuell-Räumliche Erkundung

Am Ende jedes Kapitels wird Ihnen eine Lernkarte präsentiert, die Ihnen als Gedächtnisstütze dienen soll.

Noch besser ist es, wenn Sie sich selbst eine solche Karte anfertigen, denn wenn Sie die einzelnen Informationen selbst einzeichnen, ist das Ganze persönlicher und hat für Sie eine auch ganz individuelle Bedeutung. Es ist dann Ihre Lernkarte, Sie „gehört" Ihnen.

Entwerfen Sie gleich jetzt eine solche Karte, und tragen Sie alles ein, was Sie bisher aus diesem Buch gelernt haben. Lassen Sie genügend Platz für die Informationen der nächsten Kapitel frei.

Sie können auch eine kurze Skizze machen und eintragen, was Sie jetzt gerade gelernt haben. Auch mathematische Aufgaben lassen sich leichter lösen, wenn man Sie in anschaulicher Weise darstellt.

Weitere visuelle Methoden sind bunte Plakate, Comiczeichnungen oder Videos. Verwenden Sie Symbole anstelle von Wörtern.

Vergessen Sie nie, wie wichtig es ist, dass man sich darunter etwas vorstellen kann.

Körperlich-Kinästhetische Erkundung

Manche Menschen können nicht gut lernen, wenn sie dabei still sitzen müssen. Bei ihnen muss auch der Körper am Lernprozess beteiligt sein.

Wenn solche Menschen das, was sie lernen, in Aktivität umsetzen können, prägt es sich ihnen besser ein. So kann man ihnen den Lernstoff zum Beispiel in Form von Rollenspielen darbieten. Besonders wichtig ist es dabei, die Rollen zu vertauschen, damit jeder die Welt auch einmal mit den Augen des anderen sehen kann.

Das ist kaum überraschend. Man geht im Allgemeinen davon aus, dass sich nur 20 Prozent dessen, was wir mitteilen, auf den Inhalt der Aussage, also auf die Worte beziehen. Bis zu 80 Prozent sind nichtverbal – also Tonfall und Körpersprache. Das heißt, es gibt viele Gedanken, die nur dann wirklich verstanden werden, wenn die Erklärung durch ein nichtverbales Element ergänzt wird. Wir wollen uns einmal zwei Beispiele anschauen:

Wir „wissen", dass der Mond die Gezeiten beeinflusst, weil seine Masse Anziehungskraft erzeugt. Wissen wir aber genau, wie das funktioniert? Oder, um es anders auszudrücken, wir haben zwar „die Fakten gefunden", aber verstehen wir sie auch? Machen Sie einmal folgenden Versuch:

Strecken Sie Ihren rechten Arm aus, und ziehen Sie den Ärmel Ihres Hemdes oder Ihrer Bluse etwa bis zum Ellbogen hoch. Der Ärmel rutscht an Ihrem Arm nach oben, nicht wahr? Das Gleiche geschieht, wenn der Mond über der Mitte des Ozeans steht. Seine Masse übt eine Anziehungskraft aus, die das Wasser in der Mitte nach oben zieht. Das hat zur Folge, dass das Wasser an den Stränden zurückgeht – es ist Ebbe. Wenn sich der Mond dann wieder entfernt, lässt die Anziehungskraft nach, die „Beule" mitten auf dem Meer verschwindet, und das Wasser kehrt mit der Flut zurück.

Was hat Sie stärker beeindruckt, die Worte oder die anschauliche Darstellung?

Peter Kline, ein brillanter Lerntrainer, führt in seinem Buch *Zehn Schritte zur Lernenden Organisation*, das er gemeinsam mit Bernard Saunders geschrieben hat, den Begriff der „kinästhetischen Modelldarstellung" ein, um die Beziehungen in einem großen Unternehmen anschaulich zu machen. Die Idee ist einfach, die Wirkung verblüffend.

Mit Hilfe dieser Methode kann man verdeutlichen, in welcher Beziehung die verschiedenen Abteilungen eines Unternehmens zueinander stehen. Ein Beispiel: Im Rahmen eines Seminars werden Sie aufgefordert, ein Rollenspiel zu veranstalten, bei dem der Auftrag eines Kunden bearbeitet wird. Jeweils eine Person stellt eine Abteilung (oder einen bestimmten Prozess) dar, die der Auftrag durchlaufen muss. Wenn die Teilnehmer dann im Spiel beschreiben, was im Einzelnen geschieht, wird nicht nur der ganze Prozess, sondern auch die verdeckten Beziehungen und das, was schief laufen kann, anschaulich dargestellt.

Wenn jemand seinem Kollegen etwas erklären möchte, versucht er, das Bild, das er sich selbst gemacht hat, in Worte zu kleiden – es handelt sich dabei also schon um eine Darstellung aus zweiter Hand. Er hofft anschließend, dass seine Worte für den anderen genau die gleiche Bedeutung haben wie für ihn, denn er möchte, dass der Arbeitskollege sich das gleiche Bild wie er macht. Da sich jedoch Worte nicht immer auf genau die gleiche Weise in Bilder umsetzen lassen, führt das zwangsläufig zu zahlreichen Missverständnissen.

Wenn es Ihnen gelingt, Ihre Gedanken bildlich auszudrücken, verringert sich die Wahrscheinlichkeit, dass Sie missverstanden werden. Noch besser wäre es, wenn Ihr Gegenüber den Gedanken auch **erleben** könnte – dann könnten Sie beide die gleiche Erfahrung einer ansonsten abstrakten Idee teilen. Das ist auch der Grund, warum Rollenspiele und kinästhetische Modelldarstellungen so wichtig sind.

Bei einem ähnlichen Prozess konnten wir feststellen, dass es besonders wichtig ist, eine Möglichkeit zu finden, einen bestimmten Prozess oder einen komplexen Beziehungszusammenhang konkret auszudrücken. Das fällt den meisten am Anfang schwer, aber die Bemühungen, eine Lösung zu finden, führen zu tiefen Einsichten und sorgen dafür, dass sich das Gelernte im Gedächtnis einprägt.

Konfuzius hat nicht umsonst gesagt:

„Ich höre, und ich vergesse. Ich sehe, und ich verstehe. Ich mache, und ich erinnere mich."

Rollenspiele können auch Einstellungen sichtbar werden lassen. Peter Kline gibt hierzu ein gutes Beispiel: Er forderte die Mitglieder eines Teams auf, stillschweigend eine bestimmte Sitzordnung einzunehmen, um so darzustellen, wie sie als Team arbeiteten.

Während die Leute ihr „Bild" von der Gruppe entwarfen, sollte jeder darüber nachdenken, was sich im Einzelnen abspielte und warum sich jeder für eine bestimmte Sitzordnung entschieden hatte. Bildeten Sie einen Kreis? Oder eine hierarchische Struktur? Schüttelten Sie sich die Hände? Zum Schluss wurde jeder Einzelne gebeten, seine Eindrücke auf einer Tafel niederzuschreiben.

Nach der Pause forderte man die Mitglieder derselben Gruppe auf darzustellen, wie das Team ihrer Meinung nach in Zukunft operieren sollte. Danach wurden sie wieder gebeten, ihre Gedanken und Gefühle auf der Tafel niederzuschreiben. Der Unterschied zwischen dem, was vorher war, und dem, was in Zukunft sein könnte, wurde so Teil einer gemeinsamen Lernerfahrung. Die Übung bewirkte, dass die Zahl der Verbesserungsvorschläge drastisch anstieg; das wäre nie geschehen, wenn man nur geredet hätte.

„Aktivitäten", so Peter Kline, „sprechen oft nicht nur eine lautere, sondern auch eine deutlichere Sprache." Obwohl wir am besten lernen, wenn wir etwas tun und beobachten, werden uns in den meisten Fällen dennoch abstrakte Begriffe beigebracht.

Mitunter kann das Rollenspiel sehr spezifisch sein – wenn man zum Beispiel beim Erlernen einer Fremdsprache versucht, Wörter anschaulich darzustellen. Rollenspiele eignen sich auch sehr gut für den Geschichtsunterricht. Stellen Sie sich vor, Sie wären selbst die Figur, mit deren Lebensgeschichte Sie sich gerade beschäftigen. Was würde sie sagen, tun, fühlen, sehen? Sprechen Sie über diese Figur in der ersten Person: „Ich bin Heinrich VIII... Ich hatte sechs Frauen."

Es gibt viele Möglichkeiten, wie man ein bestimmtes Thema verbildlichen kann. Sie könnten zum Beispiel alles auf einen großen Bogen schreiben und ihn in unregelmäßige Stücke schneiden. Wenn Sie dann die einzelnen Teile wie ein Puzzle wieder aneinander fügen, erkennen Sie, wie alles „zusammenpasst".

Sie könnten die wichtigsten Punkte auch auf Karteikarten schreiben und sie dann in eine logische Reihenfolge bringen. Tragen Sie sie mit sich, und werfen Sie von Zeit zu Zeit einen Blick darauf. Oder Sie befestigen die Karten an einer Pinwand, damit Sie sie ständig vor Augen haben.

Schreiben ist etwas ganz Konkretes. Es ist deshalb nicht weiter verwunderlich, dass wir besser lernen, wenn wir uns Notizen machen, denn wir fügen dem Sehen (Lesen) und dem Hören (innere Stimme) eine konkrete Dimension (das Schreiben) hinzu.

Interessant ist, dass man inzwischen auch die körperlich-kinästhetische Intelligenz zu ihrem Recht kommen lässt.

In England bietet das *Associated Examining Board (AEB)* so genannte A-levels (Prüfungen, die Voraussetzung für die Hochschulreife sind) in Leibeserziehung und Sport an.

George Turnbull vom AEB sagt dazu: „Wenn jemand gut in Mathematik ist, hat er das A-level in diesem Fach erreicht. Es ist nicht einzusehen, warum wir das gleiche Prinzip nicht auch in einer Sportart wie im Fußball anwenden sollten."

Kevin Wesson, der an dem Entwurf des Lehrplans für Fußball mitgearbeitet hat, fügt hinzu: „Ich bin sicher, dass das ein schwieriges Fach sein wird. In Physik geht es immer nur um Physik. Im Fußball werden hingegen praktische Fähigkeiten, die Theorie des Sports und die naturwissenschaftlichen Aspekte kombiniert. Das dürfte ziemlich anstrengend werden."

Es gibt natürlich auch Kritik aus den Reihen der konventionellen Pädagogen, für die das kein Zeichen von Intelligenz ist.

Musikalische Erkundung

Musik ist eine bedeutend bessere Lernhilfe als gemeinhin angenommen wird.

Überlegen Sie einmal, wie viel Musikstücke Sie kennen – obwohl Sie sie nie bewusst gelernt haben. Oft reichen schon ein paar Takte, um Ihnen den gesamten Text eines Liedes ins Gedächtnis zu rufen. Die Werbung im Radio und im Fernsehen bedient sich bestimmter „Ohrwürmer", die Ihnen einfach nicht mehr aus dem Kopf gehen.

> **„Weißt du", sagte der Dodo, „am besten erklärt man etwas, indem man es tut!"**
>
> **LEWIS CARROLL IN *ALICE IM WUNDERLAND***

Der melodische und rhythmische Aufbau eines Musikstücks

erleichtert uns das Erinnern. Musik stimuliert das emotionale Zentrum des Gehirns, und unsere Gefühle sind bekanntlich eng mit dem Langzeitgedächtnis verbunden. Deshalb können viele Leute bei leiser Hintergrundmusik – vor allem bei leiser klassischer Musik – besser lernen.

> **Alle menschlichen Interaktionen sind Gelegenheiten zu lernen oder zu lehren.**
>
> **M. SCOTT PECK, AUTOR DES BUCHES *THE ROAD LESS TRAVELLED***

Man muss nicht unbedingt besonders musikalisch sein, um aus der musikalischen Überprüfung einen Nutzen ziehen zu können. Wichtig ist nur, dass Sie es selbst machen, denn nur dann hat das Ganze auch eine ganz persönliche Bedeutung für Sie. Hier einige Möglichkeiten, wie man mit Hilfe von Musik lernen kann:

- Suchen Sie sich eine bestimmte Melodie aus, die Sie aus der Radio- oder Fernsehwerbung kennen. Nehmen Sie ein paar wichtige Informationen aus diesem Buch und versuchen Sie, die Worte an die Melodie anzupassen.
- Hören Sie sich ein paar „Rap"-Lieder an, und achten Sie einmal darauf, wie die Worte im Rhythmus der Musik gesungen werden. Versuchen Sie zuerst, ganz bestimmte Stellen des Buches in „Rap"-Form zu lesen. Wenn das gut klappt, erfinden Sie ein paar eigene, einfache Textzeilen. Kinder können so etwas meist besonders gut – lassen Sie sich von ihnen helfen.
- Denken Sie sich ein paar einfache Verse zum aktivierenden Lernen aus. Die rhythmischen Eigenschaften der einzelnen Wörter werden Ihnen das Lernen erleichtern.
- Schreiben Sie zu einem ganz bekannten Lied einen neuen Text.

Interessanterweise kommt dieser musikalische Ansatz vielen Leuten ein wenig seltsam vor. Dabei war es vor vielen Jahren, als es noch keine Zeitungen, kein Radio und kein Fernsehen gab, gang und gäbe, dass ein bestimmtes Gedankengut den nachfolgenden Generationen in Reimen und Liedern überliefert wurde. Noch heute geben Urvölker wie die Maoris in Neuseeland einen großen Teil ihrer Geschichte in Form von Liedern weiter.

An bestimmten Schulen hat man Tests durchgeführt, die bewiesen, dass sich die Noten der Schüler in ALLEN anderen Fächern um 20 Pro-

> **Viele Ideen gedeihen besser, wenn man sie in den Kopf eines anderen Menschen verpflanzt, als wenn sie in dem bleiben, wo sie ursprünglich entstanden sind.**
>
> **OLIVER WENDELL HOLMES, JR.**

zent verbesserten, als man den Stundenplan um eine Stunde Musik, Kunst und Theater erweitert hatte.

Interpersonale Erkundung

Wenn Sie versuchen, anderen zu erklären, was Sie gerade lernen, können Sie selbst prüfen, ob Sie wirklich alles verstanden haben. Außerdem kommen Sie in den Genuss der Erfahrungen, Einsichten und Meinungen, die die anderen haben. Besonders hilfreich ist es, wenn man Ihnen Fragen stellt oder Ihre Auffassung anzweifelt.

Sie sollten Freunde oder Kollegen bitten, sich mit Ihnen privat zu treffen – zum Beispiel zum Kaffee oder zum Mittagessen. Bei solchen Gelegenheiten können Sie ganz locker mit ihnen über das reden, was Sie gerade gelernt haben. „Ich fand das ziemlich interessant… was denken Sie darüber?“ Bitten Sie Ihre Gesprächspartner, Ihnen zu sagen, wenn sie anderer Meinung sind, das löst mit Sicherheit eine Diskussion aus.

In *Die sieben Wege zur Effektivität* schreibt Stephen R. Covey: „Ein wirklich tüchtiger Mensch ist so bescheiden, dass er die Grenzen seiner eigenen Wahrnehmung kennt und die ergiebigen Quellen zu schätzen weiß, die sich durch Interaktion mit den Herzen und Köpfen anderer Menschen öffnen. Ein solcher Mensch misst diesen Informationsquellen einen hohen Wert bei, denn sie mehren sein Wissen. Wenn wir uns jedoch nur auf unsere eigenen Erfahrungen verlassen, leiden wir ständig unter einem Mangel an Daten.“

All das wirft Licht auf ein wichtiges Element. Lernen muss nicht in einem formalen Umfeld stattfinden, also zum Beispiel in einem Klassenzimmer. Mitunter laufen beim Abendessen mit der Familie die wertvollsten Lernprozesse ab. Sie können den Mitgliedern Ihrer Familie keinen größeren Dienst erweisen, als wenn Sie regelmäßig mit ihnen darüber reden, womit sich jeder Einzelne beschäftigt und was die anderen aus diesen Erfahrungen lernen können.

Suchen Sie sich einen Studienkollegen. Für die interpersonale Erforschung ist eine solche Zweiersituation sehr günstig. Tun Sie sich mit einem Kollegen oder einem Schulfreund zusammen. Einigen Sie sich darüber, denselben Abschnitt oder dasselbe Kapitel jeder für sich zu lernen. Wenn Sie sich dann beim nächsten Mal treffen, sollte jeder dem anderen eine Zusammenfassung des Gelernten vortragen. Anschließend können Sie dann über die Punkte diskutieren, bei denen Sie unterschiedlicher Auffassung sind.

Schüler: Bittet Eure Eltern mitzumachen – sie werden den Stoff wahrscheinlich unter einem völlig anderen Blickwinkel sehen.

Eltern: Bitten Sie Ihre Kinder, Ihnen zu erklären, was sie von den Gedanken des „Aktivierenden Lernens“ halten. Wenn sie bisher auf konventionelle Weise unterrichtet worden sind, wird das für sie mit Sicherheit ein großes Erlebnis sein.

Intrapersonale Erkundung

Was haben Sie für ein Hobby? Ganz gleich, was es ist, niemand hat Sie zwingen müssen, das zu lernen, was man dazu braucht. Der Wunsch saß tief in Ihnen, Sie hatten ein starkes persönliches Interesse. Was sollen Sie aber machen, wenn Sie mit einem Thema konfrontiert werden, das Sie langweilig finden?

In einer Untersuchung wurde das Gedächtnis der Schüler für Bilder getestet. Die einen sahen sich die Kunstwerke nur an, den anderen gab man zusätzlich Informationen über die Werke und die Maler. Die Mitglieder der zweiten Gruppe konnten sich schließlich doppelt so gut an die Bilder erinnern, denn ihr Interesse an dem Thema war durch die Hintergrundinformationen geweckt worden. Sie hatten die Bilder nicht nur oberflächlich betrachtet, sondern sich auch gründlich mit ihnen beschäftigt und sich ihre eigenen Gedanken gemacht.

Denken Sie einmal über alle Aspekte des Fachs nach, mit dem Sie sich gerade beschäftigen. Was hat sich der Mensch gedacht, der das Ganze geschaffen oder entwickelt hat? Was macht die Arbeit so einzigartig? Welche neue Methode wurde angewandt? Auf welchem Weg ist der/die Urheber/in letzten Endes zu seinen/ihren Schlüssen gelangt?

Wenn Sie sich zum Beispiel mit einem geschichtlichen Ereignis beschäftigen, sollten Sie sich die Persönlichkeiten vorstellen, die für die politischen und gesellschaftlichen Veränderungen jener Periode verantwortlich waren. Setzen Sie sich damit auseinander, als wäre es ein Roman. Achten Sie auf Ehrgeiz, Machtkämpfe, Schwächen, Stärken, Liebe, Hass und Launen der Menschen, die daran beteiligt sind.

Lassen Sie sich auch von Ihrem emotionalen Gehirn leiten. Fragen Sie sich, auf welche Seite Sie sich geschlagen hätten. Bekennen Sie sich ruhig zu Ihren Vorlieben und Abneigungen. Wenn Sie sich die einzelnen Typen, die Schlagzeilen und die politischen Ränkespiele vorstellen, wird die Geschichte lebendig. Denken Sie nur daran, welche ungeheure Wirkung die historischen Romane von James Michener auf das Geschichtsverständnis vieler Menschen haben. Er ist ein ausgezeichneter Geschichtslehrer.

Es ist durchaus möglich, dass ein Schüler, dem man vorwirft, er würde tagträumen, die Unterrichtsstunde innerlich verarbeitet.

Sie können in jedem Fall besser lernen, wenn Sie das Thema interessant gestalten. Fragen Sie sich:

- Was habe ich davon?
- Wie kann ich diesen Gedanken verwerten?
- Welche Bedeutung hat das Ganze für mich persönlich?

Fragen Sie doch einfach Ihren Lehrer, Professor oder Ausbilder, was er selbst an dem Thema, das Sie gerade bei ihm lernen, so fesselnd findet. Schließlich hat er das Fach studiert und sich diesen Beruf ausgesucht. Er müßte Ihnen eigentlich sagen können, warum er sich so leidenschaftlich dafür interessiert.

Führen Sie ein Tagebuch, in das Sie Ihre persönlichen Reaktionen auf die neuen Informationen eintragen. Notieren Sie sich, in welcher Weise Sie Ihnen geholfen haben, Ihrem Ziel näher zu kommen. Wie könnte sich Ihre Zukunft dadurch verändern? Denken Sie darüber nach – und lernen Sie.

Howard Gardner beklagt, dass die intrapersonale Intelligenz im gegenwärtigen Schulsystem zu kurz kommt. Die Kinder werden daher in ihrer Entwicklung sich selbst überlassen. „Intrapersonale Bedürfnisse werden leider auf jedem Gebiet der Ausbildung vernachlässigt. Über ihre eigenen Erkenntnisse wissen die Menschen nur wenig. Da wir in einer so komplexen Welt leben, ist es sehr wichtig, dass wir uns selbst verstehen und uns unsere Fähigkeiten und Möglichkeiten bewusst machen“, ist Gardner überzeugt.

Zeichen eines Genies?

> **Ich will den Sinn so guter Lehr' bewahren. Als Wächter meiner Brust.**
>
> **WILLIAM SHAKESPEARE, HAMLET, 1. AKT, 3. SZENE**

Ist Ihnen schon einmal aufgefallen, dass sehr viele erfolgreiche Männer und Frauen Tagebücher geführt und sehr umfangreiche Briefe an ihre Familien und Freunde geschrieben haben?

Die Wissenschaftlerin Catherine Cox hat in den zwanziger Jahren die Lebensläufe von 300 Genies untersucht, darunter Sir Isaac Newton, Thomas Jefferson und Johann Sebastian Bach. Ein Merkmal der Koryphäen, das sich nicht nur bei Schriftstellern, sondern auch bei Generälen, Staatsmännern und Wissenschaftlern beobachten ließ, war die ausführliche Niederschrift von Gedanken und Gefühlen in Tagebüchern, Gedichten und Briefen an die Familien und Freunde. Sie begannen schon in der Jugend damit und blieben dieser Vorliebe ihr ganzes Leben lang treu.

So hat zum Beispiel Thomas Edison etwa drei Millionen Seiten an Skripten und Briefen hinterlassen. Und wir alle kennen die dicken Notizbücher Leonardo Da Vincis, gefüllt mit Entwürfen, Skizzen, Gedanken und Ideen.

Dr. Win Wenger stellt in diesem Zusammenhang eine interessante Frage: „Warum haben diese begabten Männer und Frauen überhaupt Tagebücher geführt? Wussten Sie etwa schon im Voraus, dass sie eines Tages berühmt werden würden, wollten Sie den zukünftigen Historikern Material hinterlassen? Waren ihre Aufzeichungen nur das unwichtige Nebenprodukt eines ausdrucksvollen Geistes – oder eines überheblichen Egos? Oder diente das Schreiben diesen Menschen, die nicht schon als Genies auf die Welt gekommen waren, nur dazu, ihren überragenden Intellekt zu aktivieren und zu fördern?"

Wenger bevorzugt die letzte These, und es lohnt sich wirklich, einmal darüber nachzudenken.

Naturverbundene Erkundung

Wir sind der Meinung, dass die naturalistische Intelligenz nicht dazu dient, ein bestimmtes Thema zu erforschen, sondern eher ein „ökologisches Ausloten" des gesellschaftlichen Wertes des Gelernten ist.

Zum Beispiel:

- Welche Bedeutung hat das, was Sie gerade lernen, für die Umwelt?
- Trägt es zum Erhalt der Ressourcen bei?
- Hindert oder fördert es die soziale Gerechtigkeit? Kann es in irgendeiner Weise helfen, die großen gesellschaftlichen Probleme unserer Zeit zu lösen?
- Können Sie dadurch andere Menschen und Ihr Verhalten besser verstehen?
- Werden andere Menschen oder Dinge dadurch geschädigt oder ausgebeutet?
- Veranlasst es Sie, im sozialen Bereich aktiv zu werden?

Für einen großen Teil des Lernens haben diese Fragen keine Bedeutung. Dort, wo Sie relevant sind, lohnt es sich jedoch, sich mit ihnen auseinander zu setzen.

Zusammenfassung

Wir erwarten nicht von Ihnen, dass Sie **jeden einzelnen** Ratschlag befolgen, den wir ihnen gegeben haben. Wir sind jedoch ziemlich sicher, dass Sie eine Kombination von den beschriebenen Faktoren finden werden, die Sie interessiert und Ihnen helfen wird, die verschiedenen Arten Ihrer Intelligenz weiterzuentwickeln. Das Ergebnis ist eine umfassende, ausgeglichene Lernerfahrung.

Denken Sie immer daran, es geht darum, Informationen lebendig werden zu lassen, weil sie sich dann besser einprägen. Sie werden dadurch in die Lage versetzt, Fakten zu *interpretieren*, und das verwandelt das oberflächliche Wissen in ein tieferes Verstehen. Sie können dann einen Zusammenhang zwischen dem, was Sie bereits wissen, und dem neu Gelernten herstellen. Sie werden Vergleiche anstellen, Schlüsse ziehen, Bedeutungen erkennen und all das zu Ihrem ganz persönlichen Nutzen einsetzen können. Das ist wahres Lernen.

Sechs Lehrer Hilf' ich nie vergaß,
sie lehrten, was ich heute kann.
Die Namen war'n Wer, Wo und Was,
Warum und Wie und Wann.

RUDYARD KIPLING IN
THE ELEPHANT'S CHILD

Suche nach Sinn und Bedeutung
sprachlich
logisch-mathematisch
musikalisch
interpersonell
intrapersonell
kinästhetisch
visuell-räumlich
naturalistisch
A Annahmen?
E Evidenz/Einsichtigkeit
I Illustration/Beispiel
O Ordnung/Schlüsse
U Unverwechselbarkeit
Diagramm
zusammenfassen
auflisten, nummerieren, Schlüsselpunkte sortieren
„Brainstorming" Schlüsselpunkte
in eigenen Worten
Reim
„Jingle"
„Rap"
Notizen vergleichen
darüber diskutieren
Lehrer spielen
kooperatives Lernen
persönliche Bedeutung?
Lern-protokoll
Menschen, die hinter dem Thema stehen
Rollenspiel
Modell, z.B. Mond/Gezeiten
Karten sortieren
schreiben
Tabellen, Diagramme
Gedanken-Map
Skizzen
Plakat
ökologische Erforschung
Auswirkungen auf andere?

8

Treibstoff fürs Gehirn

Die wahre Kunst des Sicherinnerns ist die Kunst der Aufmerksamkeit.
SAMUEL JOHNSON

Der russische Journalist Solomon Veniaminovich Sheresheveskii war bekannt für sein perfektes Gedächtnis.

Fragte man ihn, was an einem bestimmten Tag vor 15 Jahren passiert war, dachte er einen Augenblick lang nach und sagte dann: „Um welche Uhrzeit?“

25 Jahre lang wurde Sheresheveskii von dem bekannten russischen Psychologen Aleksandr Luria beobachtet, der seine Untersuchungsergebnisse in dem Buch *The Mind of a Mnemonist* veröffentlichte.

„S“, wie man ihn nannte, ließ alle möglichen Tests über sich ergehen und konnte lange Listen von sinnlosen Silben, die sich zum Verwechseln ähnelten, mit hundertprozentiger Genauigkeit reproduzieren.

Sogar nach etwa acht Jahren war er noch in der Lage, sich an diese Listen zu erinnern. Darüber hinaus wusste er noch alle möglichen Einzelheiten, zum Beispiel, was Luria an einem bestimmten Tag getragen hatte.

Derart ungewöhnliche Gedächtnisleistungen wurden im Laufe der Jahrhunderte in verschiedenen Kulturen immer wieder beobachtet.

Dass wir etwas vergessen, hängt hauptsächlich damit zusammen, dass wir am Anfang nicht wirklich aufpassen.

LYNN STERN, COAUTOR VON *IMPROVING YOUR MEMORY*

Der Türke Mehmed Ali Halici konnte über 6 500 Verse des Koran fehlerfrei rezitieren.

Der Japaner Hideaki Tomoyori prägte sich die ersten 10 000 Kommastellen der Zahl Pi ein. Sein Rekord wurde kürzlich von dem japanischen Wissenschaftler Mayumi Mori überboten, der es auf sage und schreibe 40 000 Dezimalstellen brachte.

Der neuseeländische Maorihäuptling Kaumatara konnte die gesamte tausendjährige Geschichte seines Stammes vortragen, was drei Tage dauerte.

Der blinde John Milton komponierte *Das verlorene Paradies* nur in der Phantasie – immer 40 Zeilen gleichzeitig. Arturo Toscanini konnte über 400 Partituren auswendig dirigieren. Und Julius Caesar hatte die Fähigkeit, seinen Sekretären gleichzeitig bis zu sieben verschiedene Briefe zu diktieren, ohne den Faden zu verlieren.

Der Computermagnat Bill Gates erinnert sich noch heute an hunderte von Zeilen der Quellencodes seiner ursprünglichen Programmiersprache „BASIC". Das Wirtschaftsgenie Warren Buffett kann sich noch heute an finanzielle Details bestimmter Firmen erinnern, die er vor Jahren einmal unter die Lupe nahm.

Derartige verblüffende Gedächtnisleistungen sind jedoch nur möglich, weil die Hochbegabten bestimmte *Strategien* anwenden.

„S" besaß zum Beispiel ein unglaubliches Vorstellungsvermögen und synästhetische Fähigkeiten – das heißt, er konnte Dinge, die er sich in einer Sinnesmodalität eingeprägt hatte, in einer anderen ausdrücken. Klänge als Farben zum Beispiel.

In diesem Kapitel werden Sie zahlreiche Strategien kennen lernen, mit deren Hilfe Sie bestimmte Dinge fest in Ihrem Langzeitgedächtnis verankern können. Wenn Sie die letzten drei Kapitel aufmerksam gelesen haben, werden Sie sich bereits an drei entscheidende Schritte erinnern, mit denen Sie Ihr Erinnerungsvermögen verbessern können.

1. **Schritt.** Wenn Sie den richtigen Bewusstseinszustand erreicht haben, sich entspannen und fest davon überzeugt sind, dass Sie etwas lernen werden, kann der Teil Ihres Gehirns, der für die Erinnerungen zuständig ist, besser funktionieren.
2. **Schritt.** Nehmen Sie etwas so auf, wie es Ihrer Persönlichkeit entspricht, dann können Sie sich neue Informationen schneller und besser einprägen.
3. **Schritt.** Versuchen Sie, die Bedeutung bestimmter Lerninhalte auf unterschiedlichen Wegen zu erforschen, denn dann werden Sie Ihnen im Gedächtnis haften bleiben. Wir können uns am besten an Dinge erinnern, die Sinn machen. Sinnlose Silben vergessen wir.

Wie schnell wir vergessen

Untersuchungen haben gezeigt, dass Sie 70 Prozent der Dinge, die Sie heute gelernt haben, schon morgen wieder vergessen haben werden, wenn Sie nicht schon beim Lernen ein besonderes Interesse hatten, sich den Stoff einzuprägen.

Stellen Sie sich Ihr Gedächtnis als eine Herde von Schafen vor, die auf eine große Wiese getrieben werden. Das Kurzzeitgedächtnis entspricht dem Gatter am Rand der Wiese. Wenn man die Schafe auf die große Wiese (Langzeitgedächtnis) treiben möchte, muss man das ganz bewusst tun, und der Vorgang ist mit einem gewissen Maß an Arbeit verbunden.

Denken Sie immer daran: So wie die Menschen verschiedene Arten der Intelligenz besitzen, unterscheiden sie sich auch im Hinblick auf die Fähigkeit, sich etwas zu merken. Manche Leute können sich entweder Gesichter oder Namen oder Telefonnummern gut einprägen, aber nicht alles drei. Aber alle Gedächtnisarten können verbessert werden, wenn man die richtigen Trainingsmethoden anwendet.

Wir wissen mehr, als wir denken

Im Laufe Ihres Lebens hat Ihr Gehirn bereits eine ungehcure Menge an Informationen gespeichert. Hier ein kleines Beispiel.

Stellen Sie sich vor, Sie gehen in Ihre Küche. Fangen Sie an der Wand zu Ihrer Linken an und notieren Sie im Geiste, was sich alles in dem Raum befindet. Die Schränke, die Bilder, die Küchengeräte, die Position des Kühlschranks, des Herds oder der Mikrowelle. Machen Sie in Ihrer Phantasie jeden einzelnen Schrank auf und versuchen Sie aufzuzählen, was sich darin befindet. Die Zahl der Einzelheiten, an die man sich erinnern kann, ist unglaublich. Und das ist nur die Küche. Sie könnten das Gleiche mit jedem Zimmer Ihrer Wohnung durchspielen.

So funktioniert das Gedächtnis

Hier ist eine Liste von Wörtern. Entspannen Sie sich erst einmal, und konzentrieren Sie sich dann darauf. Lesen Sie langsam ein Wort nach dem anderen. Wenn Sie fertig sind, befolgen Sie die Anweisungen, die darunter stehen.

Gras	Wahrheit	blau
Papier	Tisch	Schaf
Katze	Gabel	Bedeutung
Messer	Zulu	Feld
Liebe	Radio	Bleistift
Vogel	Weisheit	Fluss
Baum	Blume	Stift

AKTION

Decken Sie jetzt die Liste zu und schreiben Sie alle Wörter auf, an die Sie sich erinnern können. Die Reihenfolge spielt keine Rolle.

Gras	Wahrheit	blau
Papier	Tisch	Schaf
Katze	Gabel	Bedeutung
Messer	Zulu	Feld
Liebe	Radio	Bleistift
Vogel	Weisheit	Fluß
Baum	Blume	Stift

Jetzt, da Sie fertig sind (und es spielt keine Rolle, an wie viele oder wie wenige Wörter Sie sich noch erinnern konnten), wollen wir einmal sehen, welche Schlüsse wir daraus ziehen können. Vergleichen Sie die Wörter, die Sie aufgeschrieben haben, mit der kompletten, gedruckten Liste, und Sie werden vermutlich folgende Beobachtung machen:

Sie konnten sich wahrscheinlich vor allem an die ersten Wörter erinnern. Sie neigen dazu, sich den Anfang einer Lernsitzung einzuprägen. Sie konnten sich also womöglich *Gras* und vielleicht sogar *Papier* merken.

Sie konnten sich wahrscheinlich an die letzten Wörter erinnern. Sie behalten außerdem mehr von dem, was Sie am Ende einer Sitzung gelernt haben, Sie konnten sich also wahrscheinlich an *Stift* oder vielleicht auch an *Fluss* erinnern.

Wenn Sie diese beiden Feststellungen in einen Zusammenhang bringen, erhalten Sie die für die Erinnerung an eine Lernsitzung typische Struktur.

Zu Anfang machen Sie ein Gedanken-Map.

Dann zeichnen Sie sie aus dem Gedächtnis heraus noch einmal.

Zum Schluss vergleichen Sie beide miteinander. Sie werden sofort erkennen, was fehlt.

Und jetzt ein nützlicher Hinweis: Wenn Sie Ihr Erinnerungsvermögen auf einem hohen Niveau halten wollen, sollten Sie dafür sorgen, dass Ihre Lernsitzungen möglichst viele Anfänge und Enden haben.

Das erreichen Sie am besten, indem Sie immer wieder eine Pause einlegen. Den meisten Menschen fällt es schwer, sich länger als 20 Minuten zu konzentrieren. Wenn Sie also öfter eine kurze Pause machen, erhöhen Sie Ihre Merkfähigkeit.

Niveau des Erinnerungsvermögens

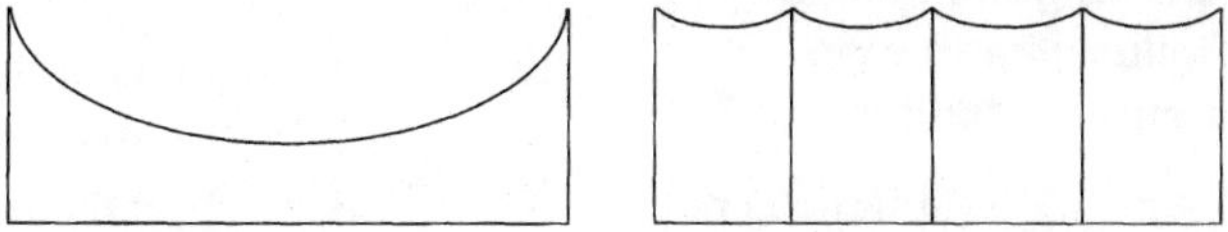

Eine lange Sitzung — Sitzung mit drei Pausen

Bizarres bleibt besser haften

Das Wort *Zulu* haben Sie wahrscheinlich auch behalten. Warum? Weil es sich vom Rest der Wörter unterscheidet und weil Sie sich vermutlich sofort einen leibhaftigen Zulu-Krieger mit Speer und Schild vorgestellt haben.

Wir behalten Dinge, die seltsam, bizarr, komisch oder unanständig sind. Wenn Sie sich also etwas besonders gut merken möchten, sollten Sie es mit etwas Komischem oder Ungewöhnlichem in Verbindung bringen. Das ist genau das, was die professionellen „Gedächtniskünstler" tun. Wir wollen Ihnen einmal zeigen, wie das geht.

Sie haben sich vielleicht auch an die Wörter *Radio* oder *Gabel* erinnert – beide haben von Ihrer Aufmerksamkeit auf das Wort *Zulu* profitiert. Sie standen direkt daneben oder waren mit ihm assoziiert.

Je strukturierter, desto merkwürdiger

Möglicherweise haben Sie ein paar Wörter automatisch in Gruppen aufgeschrieben – Gegenstände oder Lebewesen, die einer Kategorie angehören oder in Verbindung miteinander stehen. Bestimmte Wörter der Liste ließen sich in der Tat gut einordnen:

Tiere	–	Katze, Vogel, Schaf
Landschaft	–	Gras, Baum, Blume, Feld, Fluss
Büro	–	Bleistift, Füller, Papier, Tisch

Wenn Sie die Lerninhalte in Gruppen oder Kategorien zusammenfassen, prägen sie sich besser ein. Es funktioniert, weil Sie sich aktiv mit den Informationen beschäftigen und sie nicht nur passiv aufnehmen. Außerdem stellen Sie auf diese Weise sinnvolle Assoziationen her.

> **Ohne eine gedankliche Vorstellung kann man nicht einmal denken.**
>
> **ARISTOTELES**

„Handfestes" merkt sich leichter

Auf der Liste stand unter anderem *Liebe, Wahrheit, Weisheit* und *Bedeutung.* Solche Wörter prägen sich am schlechtesten ein, weil sie weder besonders spezifisch noch konkret sind. Sie bezeichnen keine Dinge, sondern Begriffe.

„Handfeste", reale Dinge behält man besser als abstrakte Ideen, weil man Sie sich besser vorstellen kann. Bilder prägen sich uns bedeutend besser ein als Wörter – Sie sollten also immer versuchen, sich ein Bild von dem zu machen, was Sie gerade lernen, und zwar entweder im wahrsten Sinne des Wortes oder in Ihrem Kopf.

Wie stark das visuelle Gedächtnis ist, zeigt schon der alte Spruch: „Ein Bild sagt mehr als tausend Worte." Eine Untersuchung, die an der Universität von Rochester in New York durchgeführt wurde, beweist, wie wahr das ist.

Man zeigte einer Gruppe von Probanden 2 500 Fotos – alle zehn Sekunden eines. Drei Tage später präsentierte man 250 Paare von Fotos, die man so ausgesucht hatte, dass sie sich sehr ähnlich waren. Eines der beiden Fotos hatten die Probanden schon beim ersten Durchgang gesehen, das andere war neu. Mit einer Trefferquote von über 90 Prozent konnten die Versuchspersonen sagen, welches Foto sie bereits angeschaut hatten und welches nicht.

Weil wir wissen, wie stark das visuelle Gedächtnis ist, haben wir so viele optische Hilfen in unser Programm eingebaut: Sie können sich den Lernstoff bildlich vorstellen, Diagramme, Tabellen, Skizzen oder Bildergeschichten entwerfen, Farben benützen, bestimmte Dinge markieren oder unterstreichen und persönliche „Lernkarten" herstellen.

> **Sie können sich an jede neue Information erinnern, wenn Sie mit etwas in Verbindung steht, das Sie bereits kennen oder an das Sie sich erinnern.**
>
> **HARRY LORAYNE UND JERRY LUCAS IN THE *MEMORY BOOK***

Wenn Sie selbst Diagramme zeichnen oder Tabellen machen, können Sie nach und nach erkennen, wie die Informationen eine bestimmte Struktur bekommen. Hier ein Beispiel: Nehmen wir einmal an, Sie beschäftigen sich gerade mit den Ländern des Fernen Ostens und haben, wie die meisten von uns, nur eine vage Vorstellung davon, wo sie im Einzelnen liegen.

Zeichnen Sie aus einem Atlas eine grobe Karte des Gebiets ab. Skizzieren Sie dann eine zweite Karte aus dem Gedächtnis und vergleichen Sie beide miteinander. Auf diese Weise können Sie die Informationen nach und nach „in Besitz nehmen".

Der Nutzen von Assoziationen

Stellen Sie sich vor, Ihr Gedächtnis wäre eine große Bibliothek, in der sich tausende von Büchern (das heißt Fakten) befinden. Wenn die Bücher alle durcheinander liegen oder ohne logischen Zusammenhang eingeordnet sind – zum Beispiel nach der Größe oder nach der Farbe des Umschlags – ist es praktisch unmöglich, ein bestimmtes Buch zu finden.

Wenn die Bücher dagegen in einer logischen Weise geordnet sind, (also nach Themen und Autoren) findet man die gesuchte Literatur sofort. Wenn Sie sich also etwas gut merken wollen, müssen Sie dauerhafte Verknüpfungen und Assoziationen herstellen.

Zwei Untersuchungen zeigen, wie wichtig solche Verbindungen für das Erinnerungsvermögen sind.

Bei der ersten Studie forderte man drei Schülergruppen auf, zehn neue Wörter zu lernen.

Die Mitglieder der ersten Gruppe lasen die Wörter nur. Die der zweiten ordneten sie bestimmten Kategorien zu. Die dritte Gruppe schließlich bildete Sätze, in denen diese Wörter vorkamen. Das Ergebnis? Die Schüler der dritten Gruppe behielten zweieinhalbmal so viele Wörter im Vergleich zu den ersten beiden Gruppen.

In einer zweiten Untersuchung sollten die Schüler Wortpaare lernen, bei denen die beiden Wörter nichts miteinander zu tun hatten, also zum Beispiel *Taube* und *Auto*. Die erste Gruppe las die Wörter leise. Gruppe 2 musste einen Satz, in dem die Wörter vorkamen, laut vorlesen. Die Schüler der Gruppe 3 bildeten selbst einen Satz und lasen ihn laut vor, und die Mitglieder der Gruppe 4 stellten sich ein Bild vor, das einen Zusammenhang zwischen den beiden Worten herstellte, zum Beispiel: „Beinahe wäre die Taube von einem viel zu schnell fahrenden Auto überfahren worden."

Von Gruppe 1 bis Gruppe 4 war jede besser als die vorige. Und die vierte Gruppe lernte dreimal so gut wie die erste. Hätten die Schüler der vierten Gruppe noch besser abschneiden können? Ja – wenn Sie das Bild, das sie sich gemacht hatten, *laut* beschrieben hätten, denn dann wäre es eine Geschichte mit interaktiven Bildern und Geräuschen gewesen. Multimediales Lernen!

Geschichten haften im Gedächtnis

Eine Geschichte ist stets eine gute Gedächtnisstütze, denn beim Erzählen werden die Wörter in einen bestimmten Zusammenhang gebracht, wodurch die bildliche Vorstellung erleichtert wird. Hier ein Beispiel:

Nehmen wir einmal an, Sie wollten sich die englischen Namen der sieben Zwerge aus Schneewittchen (Walt Disney Version) merken. Denken Sie sich zum Beispiel folgende Geschichte aus:

Morgens um sieben bin ich gewöhnlich noch sehr SLEEPY (müde), als ich aber heute Morgen aufwachte, war ich sofort hellwach und GRUMPY (sauer), weil ich wusste, dass ich zum DOC (Arzt) musste. Ich bin normalerweise ziemlich BASHFUL (schüchtern), wenn es um Arztbesuche geht, aber mein Freund sagte mir, ich solle doch nicht so DOPEY (dusslig) sein, und da ich wegen meiner Allergie sehr SNEEZY (verschnupft) war, musste ich gehen. Der Arzt verschrieb mir eine Medizin, die mir auch tatsächlich half, und da war ich wirklich sehr HAPPY (glücklich).

AKTION

Lesen Sie sich die Geschichte erst einmal durch, und lesen Sie sie dann laut vor.

Probieren Sie anschließend, ob Sie die Namen der sieben Zwerge aus dem Gedächtnis aufschreiben können. Sie können aber auch selbst eine Geschichte erfinden. Die hat dann eine noch bessere Wirkung, weil sie etwas Persönliches darstellt.

Da wir erkannt haben, dass Geschichten hilfreich sein können, wenn es darum geht, sich an Fakten zu erinnern, haben wir unsere Sprachkurse in Form von Hörspielen aufgebaut. Auch eine Fremdsprache lässt sich im Zusammenhang mit einer Gechichte bedeutend leichter lernen.

Assoziationen schaffen Sinn

Auch Dinge, die für uns eine besondere Bedeutung haben, prägen sich gut ein. Das trifft auch zu, wenn wir die neuen Fakten mit etwas verbinden oder assoziieren, was wir bereits wissen. Wenn wir zum Beispiel eine Fremdsprache lernen, ist es sinnvoll, mit den Worten zu beginnen, die unserer Muttersprache ähneln.

In unseren Sprachkursen für den Selbstunterricht gibt es ein so genanntes Namensspiel. Es beruht auf der Tatsache, dass sich das Englische aus dem Althochdeutschen und dem Lateinischen entwickelt hat. Vor 800 Jahren waren sich die alte deutsche und die alte englische Sprache in der Tat sehr ähnlich.

Mit der Zeit hat sich das natürlich genauso geändert wie die verschiedenen Dialekte im heutigen England und in Amerika. Man kann jedoch in etwa einer Stunde zahlreiche Ähnlichkeiten zwischen den beiden Sprachen entdecken. Das Erlernen der englischen Sprache wird dann eine spannende Angelegenheit, und die Tatsache, dass man bereits nach ein paar Stunden tausende von englischen Wörtern erkennen kann, schafft eine hohe Motivation.

Hier ein paar Beispiele:

- Wenn das deutsche Wort *Malz* im Englischen *malt* heißt, und das deutsche Wort *Zinder* (ausgeglühte Steinkohle) im Englischen *tinder* heißt, was lässt sich daraus schließen? Daß das deutsche *z* sich offenbar im Laufe der Jahrhunderte im Englischen in ein *t* verwandelt hat. Wenn das so ist, was bedeuten dann wohl die folgenden Wörter:

cat	**twig**	**to**	**tin**	**toll**	**salt**
(Katze)	(Zweig)	(zu)	(Zinn)	(Zoll)	(Salz)

- Wenn das deutsche Wort *Bein* im Englischen *bone* heißt, was lässt sich daraus schließen?
  Dass sich manchmal (aber nicht immer) das deutsche *ei* im Englischen in ein *o* verwandelt hat. Versuchen Sie einmal herauszufinden, wie es sich mit den folgenden Wörtern verhält:

stone	**one**	**oak**
(Stein)	(ein)	(Eiche)

Das sind also die Spielregeln. Wenn Sie sich die Wörter oben anschauen, was bedeutet dann Ihrer Meinung nach das englische Wort *two*?

- Wenn *to thank* auf deutsch *danken* heißt, was lässt sich dann erkennen?
  Dass dem englischen *th* manchmal das deutsche *d* entspricht. Welche Bedeutung könnten wohl folgende Wörter haben:

thorn	**thing**	**thick**
(Dorn)	(Ding)	(dick)

  Dieses „Prinzip" lässt sich sogar auf Wörter anwenden, die ganz anders aussehen. *Roof* bedeutet *Dach*. Aber auch hier kann man den Ursprung erkennen, wenn man bedenkt, dass Dächer früher mit Schindeln gedeckt wurden, englisch *thatched.*
- In vielen europäischen Sprachen sind *b* und *v* verwandt. *I have = ich habe.* Es dürfte Ihnen jetzt nicht mehr schwer fallen von *I give* auf *ich gebe* zu schließen.
  Wenn Sie die Regel auf das englische Wort to *starve (verhungern)* anwenden, werden Sie als guter Detektiv sehr bald erkennen, dass es dem deutschen Wort *sterben* entspricht. Verhungern ist eine besondere Form des Sterbens.

Das Namensspiel eignet sich aus mehreren Gründen ganz besonders als Einstiegshilfe beim Erlernen einer Fremdsprache:

- Alles bekommt sehr bald einen Sinn. Was zuerst wie ein riesiges Lernpensum aussah, nimmt rasch wieder realistische Proportionen an.
- Sie erkennen den Zusammenhang zwischen beiden Sprachen. Das kommt vor allem dem ganzheitlichen Lerntypus entgegen, eignet sich aber auch für den logischen Typ, der die Regeln kennen lernen möchte.
- Es schafft gleich zu Anfang eine optimistische Einstellung. Sie bekommen eine Starthilfe und erleben die Fremdsprache nicht mehr als so fremd und unzugänglich.
- Es macht außerdem so viel Spaß, dass Sie sich gern engagieren.

Kurz gesagt, es ist sinnvoll – und wenn etwas sinnvoll ist, kann man es sich auch besser merken.

AKTION

Wenn Sie etwas lernen müssen, sollten Sie sich vorher stets fragen, ob der Stoff in irgendeinem Zusammenhang mit etwas steht, das Ihnen bereits vertraut ist.

Der Weg zum Langzeitgedächtnis

Ihr Erinnerungsvermögen hängt von der Zeit ab, die Sie mit dem Lernen des Stoffs zugebracht haben.

Harry P. Bahrick, Psychologe an der Ohio Wesleyan University hat 1 000 Probanden mit High-School-Abschluss getestet, um herauszufinden, wie gut sie sich an Algebra erinnern konnten.

Einige hatten sich vor sage und schreibe 50 Jahren zum letzten Mal mit diesem Stoff befasst. Andere hatten die High School erst vor einigen Monaten verlassen. Erstaunlicherweise konnten sich aber nicht die Leute, die die Schulbank gerade erst gedrückt hatten, am besten erinnern, sondern diejenigen, die sich insgesamt *länger* mit diesem Fach beschäftigt hatten.

Bei einer Untersuchung von Leuten, die Spanisch gelernt hatten, kam Bahrick zu ähnlichen Ergebnissen. Die Probanden, die im Laufe von einigen Jahren mehrere Kurse belegt hatten, konnten sich auch noch Jahrzehnte später an mindestens 60 Prozent der Vokabeln erinnern. Diejenigen, die nur einen Kurs absolviert hatten, konnten sich schon nach drei Jahren kaum entsinnen.

Die Botschaft lautet daher: Wenn es Ihnen wirklich darum geht, etwas zu lernen, sollten Sie sich besser ein Jahr lang eine Lektion pro Woche als zwei Wochenstunden für sechs Monate vornehmen. Und statt sonntags sieben Stunden lang Klavier zu üben, sollten Sie sieben Tage lang in der Woche je eine Stunde üben.

Nur der eigene Weg ist richtig

Am besten schaffen Sie sich selbst Gedächtnisstützen. Sie brauchen nur irgendetwas in Ihrer Umgebung zu verändern oder einen Gegenstand an einem ungewöhnlichen Platz liegen zu lassen; das wird Sie erinnern. Binden Sie eine Schleife an den Griff des Kühlschranks, damit Sie nicht vergessen, Milch zu holen – noch besser wäre in diesem Fall eine Kuhglocke. Je ausgefallener die Merkhilfe ist, um so besser funktioniert sie auch.

Einmal darüber schlafen

Oft „vergessen“ wir etwas, weil wir die ursprüngliche Information gar nicht erst richtig zur Kenntnis genommen haben. Manchmal haben wir jedoch das Gefühl, als wäre eine bestimmte Information einfach aus unserem Gedächtnis gelöscht worden. Man hat früher angenommen, dass eine Erinnerung allmählich verblasst, so wie ein Vorhang, der dem Sonnenlicht ausgesetzt ist, mit der Zeit seine Farbe verliert.

Inzwischen wurde jedoch durch mehrere Untersuchungen nachgewiesen, dass man im Schlaf Dinge abspeichert, die man während des Tages gelernt hat – wir haben das bereits erwähnt.

In den siebziger Jahren konnte Vincent Bloch von der Université de Paris nachweisen, dass Ratten, die tagsüber gelernt hatten, ein Labyrinth zu durchqueren, nachts eine größere Zahl von REM-(Rapid Eye Movement-)Phasen durchliefen. Wenn dagegen bei Ratten und Menschen der Schlaf in den REM-Phasen gestört wurde, war die Erinnerung an die Ereignisse des Vortages lückenhaft.

Terrence Seynowski, Neurologe am Salk Institut, hat zwei der jüngsten Untersuchungen kommentiert, die in der Zeitschrift *Science* erschienen. Er schreibt: „Die Ergebnisse beider Untersuchungen sind ein Hinweis darauf, dass (im Schlaf) im Hinblick auf das Lernen und Erinnern etwas Entscheidendes geschieht.“

In Israel hat man im Weizmann Institut in Rehovot eine Studie mit Freiwilligen durchgeführt. Unter der Leitung von Avi Karni und Dov Sagi konnten die Wissenschaftler nachweisen, dass sich die Probanden während der REM-Phasen in den Fähigkeiten verbessern konnten, die durch häufige Wiederholungen gelernt wurden.

Die Leute waren abends, vor dem Zubettgehen, trainiert worden und wurden in der Nacht jedes Mal, wenn ihre Hirnstromwellen REM-Phasen anzeigten, durch eine Glocke geweckt – ungefähr sechzigmal pro Nacht. Eine Kontrollgruppe wurde auf die gleiche Weise im Schlaf gestört, jedoch nicht in den REM-Phasen, sondern im langwelligen (SW = slow-wave) Schlaf. Die Ergebnisse waren verblüffend eindeutig.

Die Versuchspersonen, die in den REM-Phasen aufgeschreckt worden waren, hatten überhaupt keine Informationen behalten können.

> **Ich habe zahllose Menschen kennen gelernt, die regelrechte Lernspeicher waren, aber nie einen einzigen Gedanken gehabt haben.**
>
> **WILSON MIZNER**

Die anderen zeigten im Hinblick auf das, was sie am Vorabend gelernt hatten, eine deutliche Verbesserung.

Was genau in den REM-Phasen geschieht, wodurch die Informationen im Gehirn eingebettet werden, ist noch nicht hinreichend erforscht. Man hat jedoch feststellen können, dass bei schlafenden Tieren der Neurotransmitter Acetylcholin aus subkortikalen Neuronen in den zerebralen Cortex strömt.

Wichtig ist bei den Arbeiten von Karni und Sagi, dass sie die Annahme einer Verfestigung der Erinnerungen in den REM-Phasen auch auf Erinnerungen an einfache, sich ständig wiederholende Aufgaben ausdehnen konnten. Jüngste Untersuchungen befassen sich mit der Erinnerung an einmalige Ereignisse.

Bei einer weiteren Studie, die von Mathew Wilson und Bruce McNaughton von der University of Arizona in Tucson geleitet wurde, klinkte man sich in das Gehirn von schlafenden Ratten ein und entdeckte Neuronenaktivitäten, durch die möglicherweise die räumliche Erinnerung der Tiere verstärkt wurde.

Man beobachtete, dass die gleichen Neuronenverbände, die aktiviert wurden, wenn die Ratten lernten, auch im Schlaf angeheizt wurden – wenn auch in schnellerem Tempo. Man geht inzwischen davon aus, dass solche Neuronensalven ganze Stunden im Bruchteil von nur einer Sekunde ablaufen lassen können.

Die Ergebnisse dieser beiden Forschungsarbeiten bestärken die lange gehegte Annahme, dass Prozesse, die im Schlaf ablaufen – vor allem in den REM-Phasen –, bei der Verstärkung des Erinnerungsvermögens eine Rolle spielen könnten.

Der Wissenschaftler Chris Evans vermutet, dass wir schlafen, um zu träumen, und träumen, um neue Erfahrungen in das bereits existierende Netzwerk unseres Gedächtnisses einzuordnen und zu integrieren.

Wenn man seine Lernfähigkeit verbessern möchte, sollte man sich an folgende Reihenfolge halten:

1. Lernen.
2. Den Stoff kurz vor dem Schlafengehen noch einmal überfliegen.

3. Schlafen.
4. Den am Vortag gelernten Stoff noch einmal kurz anschauen.

Die Forscher Jenkins und Dallenbach haben dieses Lernmuster überprüft. Sie testeten zwei Schülergruppen, die beide die gleiche Zeit zur Verfügung hatten, um eine bestimmte Anzahl von Wörtern zu lernen.

Die erste Gruppe wurde bereits am Ende des Tages, an dem der Test stattgefunden hatte, erneut geprüft. Die Schüler dieser Gruppe konnten sich nur noch an neun Prozent der Wörter erinnern. Die Mitglieder der zweiten Gruppe, die erst nach einer achtstündigen Schlafperiode gefragt wurden, hatten dagegen eine Erfolgsrate von 56 Prozent!

Vergessenes wieder ausgraben

Wenn wir etwas vergessen haben, versuchen wir, uns zu erinnern, und konzentrieren uns dabei ausschließlich auf das, was wir vergessen haben. Wir versuchen, uns etwas ganz Bestimmtes wieder ins Gedächtnis zurückzurufen, als wäre es der einzige Fisch im Ozean.

Das ist jedoch unlogisch. Wir können nicht erwarten, dass der Gedanke, der uns abhanden gekommen ist (der einzige Fisch), plötzlich an unseren Angelhaken springt und anbeißt. Wir müssen uns beim Angeln die Kraft der Assoziationen zunutze machen.

Überlegen Sie einmal, was vor und nach dem vergessenen Ereignis, dem Namen, der Tatsache oder dem Artikel geschehen ist. Was haben Sie gerade getan, gedacht, gefühlt, gesagt? Wer war bei Ihnen? Wie sah die Umgebung aus?

Wenn Sie also gewissermaßen mit einem Schleppnetz arbeiten, werden Sie schließlich auch den „Fisch" fangen, hinter dem Sie her waren. Ein ganz bestimmter Gedankengang wird Ihnen helfen, die Antwort zu finden, denn sie war natürlich die ganze Zeit in Ihrem Kopf – Sie mussten nur eine Möglichkeit finden, an sie heranzukommen.

Manchmal hilft es auch, wenn man langsam die Buchstaben des Alphabets durchgeht, um auf diese Weise eine weitere Assoziation zu bekommen. Möglicherweise löst dann der Anfangsbuchstabe des vergessenen Namens die Erinnerung aus.

DAS KANN ZU DENKEN GEBEN

Je mehr Sie etwas sehen, hören, sagen und tun können, desto leichter lernen Sie es. Wir erinnern uns durchschnittlich an:

20 % des Gelesenen,

30 % des Gehörten,

40 % des Gesehenen,

50 % des Gesagten,

60 % des Getanen,

90 % des Gelesenen, Gehörten, Gesehenen, Gesagten und Getanen.

Sie müssen sich also einmal überlegen, wie Sie Sehen, Hören, Sagen und Tun beim Lernen miteinander kombinieren können. Wenn Sie das Problem gelöst haben, sind Sie auf dem besten Weg, ein Supergedächtnis zu entwickeln.

DAS GEDÄCHTNIS FIT MACHEN

Es gibt viele Möglichkeiten, wie Sie sicherstellen können, dass Sie sich an etwas Bestimmtes erinnern können. Mit Hilfe von einigen Tricks können Sie komplexe und einfache Informationen behalten. Sie selbst müssen entscheiden, welche Möglichkeit für Sie die geeignete ist. Dieses Prinzip gilt für das gesamte Programm des „Aktivierenden Lernens“.

Den Entschluss fassen: „Ich werde mich erinnern“

Sie können sich an alles erinnern, an das Sie sich erinnern wollen. Die wichtigen Wörter sind *ich will*. Sie müssen ganz bewusst die Entscheidung treffen, sich an etwas Bestimmtes erinnern *zu wollen*.

Unfallzeugen sind deshalb so unzuverlässig, weil sie nicht geplant hatten, die Szene im Gedächtnis zu behalten. Wenn Sie etwas lernen wollen, müssen Sie sich bewusst dafür entscheiden. Wenn Sie sich an etwas erinnern wollen, ist es genauso: Sie müssen die Entscheidung treffen, ob Sie sich erinnern wollen oder nicht. Manche Experten behaupten, man müsse sich mindestens acht Sekunden lang auf etwas konzentrieren, um es in das Langzeitgedächtnis aufnehmen zu können.

Pause machen – und zwar oft

Ist es Ihnen auch schon so ergangen, dass Sie im Unterricht, bei einer Vorlesung oder bei einem Trainingsseminar gemerkt haben, wie Ihre Konzentration allmählich nachließ und Ihre Gedanken auf Wanderschaft gingen? Möglicherweise fühlten Sie sich auch körperlich unwohl, weil Sie so lange still sitzen mussten. Sie wissen vermutlich aus eigener Erfahrung, dass lange Sitzungen für den Lernprozess nicht besonders förderlich sind.

Sie müssen mindestens alle 30 Minuten eine Pause machen. Sie braucht nur zwei oder fünf Minuten lang zu sein – aber Sie sollten in dieser Zeit wirklich abschalten und sich ausruhen. Trinken Sie in jeder Pause Wasser. Unser Körper besteht zu 70 Prozent aus Wasser, und ein Glas Wasser steigert die Konzentrationsfähigkeit.

Überdenken – davor und danach

Wir fordern Sie in diesem Buch immer wieder auf, über das, was Sie gerade gelernt haben, nachzudenken und es in Ihren eigenen Worten wiederzugeben. Solche Überprüfungen und Wiederholungen sind notwendige Vorstufen für die Einprägung des Gelernten in das Langzeitgedächtnis.

> **Manchmal glauben wir, wir hätten etwas vergessen, dabei haben wir es in Wirklichkeit gar nicht erst gelernt.**
>
> **Aus *Improve Your Memory Skills***

Aus dem gleichen Grund werden die wichtigsten Punkte in diesem Buch immer wieder auf eine andere Weise erwähnt.

Bestimmte Dinge sollten Sie sich nach einer Stunde, nach einem Tag, einer Woche, einem

Monat und nach sechs Monaten noch einmal kurz durchlesen. Sie brauchen sich dabei nur Ihre eigenen Notizen anzuschauen oder können sich auf die Abschnitte beschränken, die Sie markiert haben. Solche Wiederholungen verbessern die Erinnerung an den Stoff um fast 400 Prozent.

> **Unser Gedächtnis ist das Tagebuch, das jeder von uns mit sich herumträgt.**
>
> **Oscar Wilde**

Erinnerungen schaffen

Wir haben gelernt, dass wir für das, was wir sehen, hören, sagen und tun unterschiedliche Gedächtnisspeicher haben. Multisensorische oder Sinn-volle Erfahrungen verbreitern und vertiefen also unser Erinnerungspotential. Sorgen Sie dafür, dass der Lernstoff mit visuellen, akustischen und kinästhetischen Erlebnissen verbunden ist.

- Machen Sie sich Notizen oder stellen Sie eine „Lernkarte“ her, wenn Ihnen der Stoff mündlich vorgetragen wird. Sie hören zu (akustisch), machen sich Notizen oder Skizzen (kinästhetisch) und können sehen, was Sie auf diese Weise produziert haben (visuell).
- Rufen Sie sich die einzelnen Schritte eines Lernprozesses ins Gedächtnis zurück. Sie schauen zu, wie jemand etwas vorführt (visuell), sprechen die Einzelpunkte laut aus (akustisch) und „gehen alles noch einmal durch“ oder vollziehen die einzelnen Schritte selbst nach (kinästhetisch), bevor Sie sie dann anwenden.
- Sorgen Sie für ein Zusammenwirken der einzelnen visuellen Bilder. Die visuelle Erinnerung ist in der Regel die stärkste – vor allem, wenn Sie in der Lage sind, sich „überlebensgroße“ Bildvorstellungen zu machen und sie in einen bestimmten Zusammenhang zu bringen. Stellen Sie sich ein Pferd nicht im Ruhezustand, sondern galoppierend vor. Fügen Sie Farbe und Helligkeit hinzu. Malen Sie sich etwas Komisches oder Bizarres aus. Wenn Sie zum Beispiel Ihren Wagen auf den Parkplatz 4F abgestellt haben, sollten Sie an vier Frösche denken.

A – Kü – Fi

Eine der gebräuchlichsten und nützlichsten Gedächtnisstützen lässt sich salopp mit A-Kü-Fi = Abkürzungsfimmel umschreiben. Das wissenschaftliche Wort hierfür ist Akronym und meint ein Wort, das aus den Anfangsbuchstaben mehrerer Wörter, eines Ausdrucks oder eines Satzes besteht. So bedeutet zum Beispiel SCUBA (ein Wort, das wir vom Tauchen kennen) „Self-Contained Underwater Breathing Apparatus".

Sie können sich die vier Stimmlagen eines Gesangsquartetts leicht merken, wenn Sie sich das Wort STAB merken. S = Sopran, T = Tenor, A = Alt und B = Bass. Kindern gibt man den Rat, sich das Wort HOMES als Gedächtnisstütze für die großen amerikanischen Seen zu merken: Huron-Ontario-Michigan-Erie-Superior. Die US-Regierung scheint eine besondere Schwäche für Akronyme zu haben: NASA, FBI, CIA, HUD und so weiter.

Wir haben Jayne Nicholls Akronym – M·A·S·T·E·R – für den 6-Schritte-Plan des Lernens benützt. Wie Sie bereits wissen, bedeutet es mental – aufnehmen – Sinnsuche – Treibstoff – einsetzen – Reflexion.

Man kann auch seltsame Sätze bilden, zum Beispiel: „Keen Aunt Agatha Can Cut All Felicity's Nails": Sie können sich mit diesem Satz verschiedene Chemikalien einprägen: K = Kalium, Au = Gold, Ag = Silber, Ca = Calcium, Cu = Kupfer, Al = Aluminium, Fe = Eisen, Na = Natrium.

Wenn jemand Gitarrespielen lernen will, hilft er sich mit dem Spruch „Eine alte dumme Gans hat Eier". Damit kann er sich die Saiten E A D G H E von unten nach oben merken.

Gedächtnisstützen

Als wir die Methode mit diesen banalen Namen in der Schule ausprobiert haben, wurde sie von den Schülern einstimmig als beste Gedächtnisstütze bezeichnet. Sie besteht aus folgenden Schritten:

1. Machen Sie sich Notizen in Form eines Gedanken-Maps – oder stellen Sie einfach eine kurze Übersicht zusammen.
2. Prägen Sie sich das Ganze etwa eine oder zwei Minuten lang sorgfältig ein.
3. Legen Sie die Notizen dann weg, und schreiben Sie sie aus dem Gedächtnis noch einmal auf.

4. Vergleichen Sie jetzt die beiden Gedanken-Maps oder Notizen miteinander (also das Original und die, die Sie gerade gemacht haben). Wenn Sie etwas vergessen haben, wird es Ihnen jetzt sofort auffallen.
5. Machen Sie anschließend ein drittes Gedanken-Map oder eine Zusammenstellung Ihrer Notizen, und vergleichen Sie sie noch einmal mit dem Original.

Wenn das Original und die letzten Notizen identisch sind, haben Sie sich den Stoff gut eingeprägt, man könnte dann fast schon von einer photographischen Erinnerung sprechen. Und da ein Gedanken-Map bereits die Zusammenfassung einer großen Informationsmenge darstellt, konnten Sie sich auf diese Weise womöglich ein ganzes Buch oder Lernprogramm einprägen, ohne sich besonders anzustrengen. Die SCHLÜSSELwörter rufen Ihnen eine Menge anderer Einzelheiten ins Gedächtnis zurück.

Noch besser ist es, wenn man die Kraft dieser Gedächtnisstützen mit einem Akronym verbindet. Nehmen Sie sämtliche Gedanken-Maps eines ganzen Kurses, also beispielsweise die zwölf Karten eines Jahres. Geben Sie jeder einen Titel, und prägen Sie sich diese Namen mit Hilfe eines Akronyms ein. Sie können sich auf diese Weise jede einzelne Gedanken-Map ins Gedächtnis zurückrufen und den Jahreskurs in einer einzigen Stunde Revue passieren lassen.

Flash Cards

Flash cards sind nichts anderes als Pappkärtchen, z.B. Karteikarten. Für einige Gebiete sind sie ideal, etwa für Formeln oder Fremdwörter. Nützen Sie die Zeit – zum Beispiel im Flugzeug oder in der Eisenbahn –, und prüfen Sie sich selbst.

Ganzheitliches Lernen

Wie können Sie einen sehr umfangreichen Stoff am besten auswendig lernen – zum Beispiel ein vollständiges Gedicht oder eine Rolle in einem Theaterstück? Lernen Sie nicht Zeile für Zeile, sondern als Ganzes.

1. Lesen Sie das Gedicht oder das Stück zuerst einmal aufmerksam von Anfang bis Ende durch. Achten Sie darauf, dass Sie alles verstehen.

Wiederholen Sie die besonders schwierigen Passagen, damit Sie sicher sein können, dass Sie sie begriffen haben. Was Sie nicht wirklich verstanden haben, können Sie sich auch nicht gut merken.

2. Lesen Sie das Ganze dann noch einmal ziemlich schnell durch. Und dann noch einmal.
3. Lesen Sie es jetzt laut vor, und hören Sie sich dabei selbst zu.
4. Lesen Sie es noch einmal laut vor, und stellen Sie sich dabei möglichst viele Bilder vor. Ihre Vorstellungen sollten möglichst plastisch sein.
5. Lesen Sie den Text anschließend noch einmal laut vor, und fügen Sie jetzt – so weit es passt – Bewegungen und Aktionen hinzu.
6. Wiederholen Sie die Schritte 1 bis 5.

Das sind zugegebenermaßen viele Wiederholungen. Aber es ist erwiesen, dass der Weg vom Ganzen zum Einzelnen 50 Prozent schneller ist als der vom Einzelnen zum Ganzen. Das hängt damit zusammen, dass bei der ersten Methode schon am Anfang die großen Zusammenhänge klar werden und sie multisensorisch ist.

Wortspiele mit Zahlen

Man kann Wörter benutzen, um Zahlen zu repräsentieren. Ein Beispiel:

1616 ist das Todesjahr von Shakespeare.

In der Regel kann man bei solchen Jahreszahlen die 1000 weglassen, da man ohnehin weiß, dass das Ereignis danach stattfand. Sie müssen sich also drei komische oder beziehungsvolle Wörter suchen, die die Zahlen 6 – 1 – 6 darstellen. Also ein Wort mit sechs Buchstaben, eines mit einem Buchstaben und dann noch eines mit sechs Buchstaben

Zum Beispiel:

Writer a Genius (Schriftsteller ein Genie)
6 1 6

Sie können sich mit dieser Methode auch ihre Pass- oder Versicherungskartennummer merken. Einer von uns hatte die Passnummer 311216. Da Humor, vor allem leicht anrüchige Witze, stets gute Merkhilfen sind, vergaß er die Zahl nie, denn er hatte sich einen Satz ausgedacht, der aus

Wörtern mit drei, eins, eins, zwei, eins und sechs Buchstaben besteht. Er lautet: „sex-o-I-am-a-maniac!“ (in etwa: ich bin ein Sexbesessener).

MITTEN AUS DEM LEBEN

Roger Dawson entwickelte einen Kurs in Verhandlungsführung („The Secrets of Power Negotiating“), der inzwischen zu einem Bestseller geworden ist. Als wir aufgefordert wurden, diesen Kurs mit Hilfe des „Aktivierenden Lernens“ aufzuarbeiten, wandten wir viele der hier besprochenen Methoden an.

Akronym

Das Wort VERHANDeLN kann uns als Gedächtnisstütze für die Techniken dienen, die entscheidend zum Gelingen einer Verhandlung beitragen. (Das zweite „e“ ist absichtlich klein geschrieben; denn es kommt ja bereits früher im Wort einmal vor.)

V steht für *Vorangehen.* Sie bestimmen die Richtung und weisen den Weg für die Verhandlung, die Sie führen.

E bedeutet *Erstaunen* oder gar *Erschrecken.* Beim ersten Angebot zucken Sie sichtlich zusammen, Ihre ganze Körpersprache verrät: Dies ist kein akzeptabler Vorschlag.

R heißt hier *Rolle einnehmen.* Zum geschickten Verhandeln gehört, gelegentlich kurzfristig in eine Rolle zu schlüpfen, auch wenn diese Rolle nicht Ihr wirkliches Wesen spiegelt (z. B. die Rollen eines widerwilligen Verkäufers oder Käufers). Ebenso kann es nützlich sein, ein Thema anzuschneiden, dass Ihnen egal ist, aber dem Gespräch dient. Oder Sie stellen sich dumm, obwohl Sie Ihren Verhandlungspartner schon lange kommen sehen. All dies sind Rollen.

H steht für *Hohn;* denn Sie werden Ihren Gesprächspartner wissen lassen, dass das erste Angebot der *blanke Hohn* ist. Genauso unerhört ist Ihr eigenes erstes Angebot aber auch; denn dadurch erarbeiten Sie sich Verhandlungsspielraum.

A erinnert Sie an *Abwechseln.* Verhandlungen werden am Besten Zug um Zug geführt. Geben und Nehmen müssen sich abwechseln. Wenn man also von Ihnen ein Zugeständnis verlangt, fordern Sie automatisch sofort eine Gegenleistung.

N bedeutet *nonverbal* und erinnert Sie daran, Ihre ganze Wahrnehmung auf die Körpersprache Ihres Gegenübers zu richten, damit Sie verräterische Merkmale und versteckte Andeutungen nutzen können.

D heißt *durchsprechen.* Sie geben sich bei jedem Argument Ihres Partners interessiert und geben ihm das Gefühl, verstanden zu werden: „Ja, ich kann mich in Ihre Lage versetzen, ich verstehe, was Sie damit sagen wollen, aber …“ Sie können auch die „Fühle, fühlte, festgestellt“-Strategie einsetzen: „Ich weiß, wie Sie sich fühlen, andere haben dieses Gefühl auch schon erlebt, aber Sie stellten schließlich fest, dass …“

(*E* stand bereits für … Erinnern Sie sich? Richtig: für *Erstaunen* oder gar *Erschrecken.*)

L heißt *Loseisen.* Sie können die Verhandlung so weit bringen, dass Sie bei Ihrem Gegenüber noch das eine oder andere Extra loseisen, sobald Einigkeit in den Kernpunkten besteht. Nachdem Sie per Handschlag ein Jahresgehalt von 100 000 Mark ausgehandelt und sich über Provisionen und Dienstwagen geeinigt haben, ist es an der Zeit zu sagen: „Ach ja, ich nehme an, dass ich dann automatisch Mitglied des Golfclubs bin, oder?“

N, der letzte Buchstabe, steht schließlich für *Netter Ausklang.* Das bedeutet, dass Sie Ihr Gegenüber mit der Erinnerung an ein angenehmes Gespräch zurücklassen und dafür sorgen, dass er sich wohl fühlt. Jetzt können Sie etwas anbieten, dass keinen großen Wert hat, aber die Stimmung hebt. „Abgemacht, Herr Müller, ich verspreche Ihnen, dass ich Sie beim nächsten Mal vorab informiere, wenn ich einen neuen Kunden aufsuche.“

Das sind die wichtigsten Elemente einer Verhandlung und das Akronym VERHANDeLN wird Ihnen helfen, sich die einzelnen Techniken zu merken.

Eine Geschichte basteln

Noch besser können Sie sich etwas merken, wenn Sie eine Geschichte daraus machen. Stellen Sie sich vor, das ganze wäre ein Comic.

In diesem Fall sehen Sie einen Fährtensucher im Dschungel, der mit dem Buschmesser den Weg weist und den Entdeckern *voran geht.* Als sich der Blick auf ein Tal eröffnet, macht sich *Erstaunen* breit, vermischt mit *Erschrecken,* denn dort unten leben Kannibalen. Der Fährtensucher schlägt vor, in die Rolle eines gefürchteten Götzen zu schlüpfen, um die Kannibalen zu vertreiben. Das gelang und der Häuptling sollte noch lange erzählen, wie der „gefürchtete Götze" dem Stamm seinen *Hohn* zeigte. Während dieses Schauspiels wechselten sich die Übrigen ab, um mit dem Fernglas das ganze Gebiet im Blick zu behalten. Dabei gaben sie sich *nonverbal Zeichen,* sobald ihnen etwas auffiel. Nach dieser Aufregung wurde das ganze Abenteuer am nächtlichen Lagerfeuer intensiv *durchgesprochen.* Besonders die Szene, in der der Fährtensucher die verborgenen Vorrats-Schätze des Häuptlings *loseiste,* hatte auf alle großen Eindruck gemacht. Die leckeren Früchte aus dem Schatz des Kannibalen-Häuptlings sorgten für einen *netten Ausklang* des Tages und alle legten sich schließlich zufrieden schlafen.

Die passende Musik dazu

Rhythmus und Musik sind gute Gedächtnisstützen. Denken Sie zum Beispiel an die alten Lieder, deren Text Ihnen sofort einfällt, wenn Sie die Melodie hören. Auch diese Verhandlungsstrategie ließe sich in Form eines Seemannsliedes noch besser einprägen.

Nehmen Sie zum Beispiel „What Shall We Do with the Drunken Sailor?", und ändern Sie den Text: „What Shall We Do When Negotiating?" („Was sollen wir tun, wenn wir eine Verhandlung führen?") Das klingt vielleicht albern, aber genau das ist der Grund, warum Sie es sich besser merken werden.

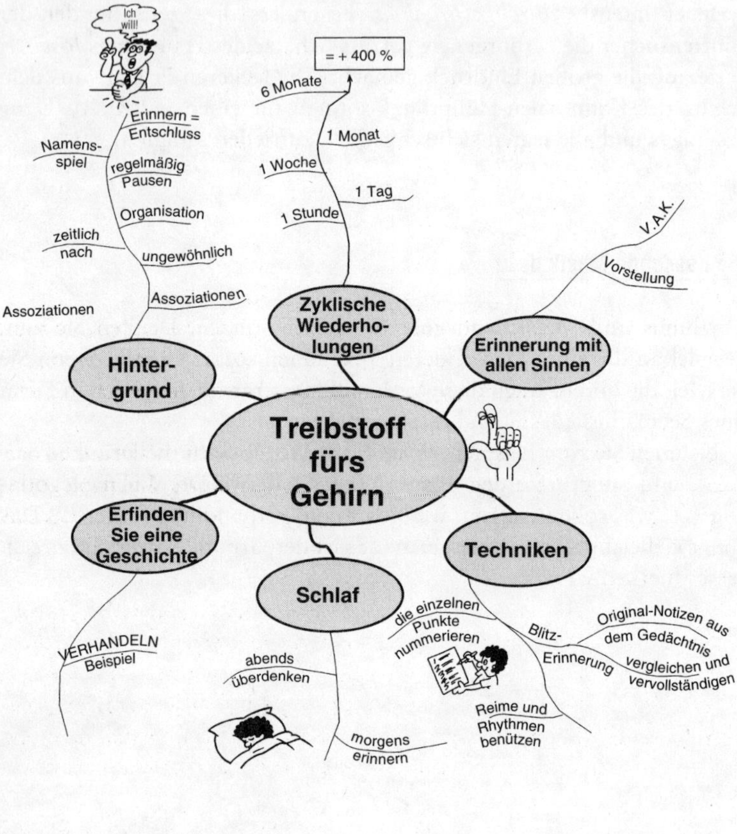
Treibstoff fürs Gehirn
Hintergrund
Assoziationen
Assoziationen
ungewöhnlich
zeitlich nach
Organisation
regelmäßig Pausen
Namensspiel
Erinnern = Entschluss
Ich will!
Zyklische Wiederholungen
1 Stunde
1 Tag
1 Woche
1 Monat
6 Monate
= + 400 %
Erinnerung mit allen Sinnen
Vorstellung
V.A.K.
Techniken
die einzelnen Punkte nummerieren
Blitz-Erinnerung
Original-Notizen aus dem Gedächtnis
vergleichen und vervollständigen
Reime und Rhythmen benützen
Schlaf
abends überdenken
morgens erinnern
Erfinden Sie eine Geschichte
VERHANDELN Beispiel

9

Einsatz des Gelernten

Nicht ich, sondern die Stadt lehrt.
SOKRATES

Das kleine Mädchen hatte Schwierigkeiten in der Schule.

Das Lernen war ihm schon immer schwer gefallen. Es hatte erst mit fünf Jahren richtig sprechen können. Später wurde bei ihm eine Lese- und Rechtschreibschwäche festgestellt. Die Lehrer waren der Verzweiflung nahe.

Glücklicherweise hatte Mary – so wollen wir das Mädchen einmal nennen – einen Vater, der sich rührend um sie kümmerte und dafür sorgte, dass sie trotz allem erfolgreich die Schule abschließen konnte. Jeden Abend ließ er sich von ihr erzählen, was sie an diesem Tag in der Schule gelernt hatte.

Er ermutigte sie, das Ganze aufzuschreiben oder zu malen. Und er sagte ihr jeden Tag, sie solle sich doch einmal überlegen, was denn wohl das Wichtigste gewesen sei, was sie an diesem Tag gelernt hatte – und warum.

Mary ging also jeden Abend alles noch einmal durch, was Sie tagsüber gelernt hatte und stellte ein tägliches Protokoll zusammen. Am Ende einer jeden Woche konnte sie genau erkennen, welche Fortschritte sie gemacht hatte.

Sich verdeutlichen, was man gelernt hat – das ist ein wichtiger Teil des Lernprozesses. Inzwischen hat die junge Dame an der philosophischen Fakultät einer angesehenen amerikanischen Universität promoviert.

Wenn man zeigt, was man weiß und was man gelernt hat, wird man feststellen, dass man die ersten vier Phasen des M·A·S·T·E·R-Plans für *Aktivierendes Lernen* erfolgreich angewendet hat:

1. Mentale Vorbereitung – man ist entspannt, selbstsicher und bereit zu lernen.
2. Aufnahme der Lerninhalte auf die für Sie geeignete Weise.
3. Suche nach Sinn und persönlicher Bedeutung.
4. Speed Learning, Auslösen der Erinnerung, wann immer Sie sie brauchen.

Jetzt müssen Sie sich selbst beweisen, dass Sie den Stoff, den Sie bereits gelernt haben, vollständig begriffen haben und in die Praxis umsetzen können. Sie müssen „beweisen, dass Sie etwas gelernt haben". Mit anderen Worten ist jetzt die Zeit gekommen, das, was Sie gelernt haben, auszuprobieren und anzuwenden.

Sich selbst testen

Haben Sie das Gelernte wirklich „begriffen"? Haben Sie die neuen Informationen und Fertigkeiten auch fest in Ihrem Gedächtnis verankert? Überprüfen Sie einmal sorgfältig, was Sie wissen. Versuchen Sie dahinter zu kommen, wo die Grenzen Ihres Wissens liegen. Sie sollten sich automatisch immer wieder kritisch beleuchten. Seien Sie sich selbst gegenüber ehrlich, und benützen Sie auch bei der Kontrolle die Lernhilfen, die Ihnen persönlich am meisten liegen.

- Rekonstruieren Sie eine „Lernkarte".
- Prüfen Sie sich selbst mit „Stichwortkarten".
- Produzieren Sie einen „geistigen Film" über das, was Sie gelernt haben.
- Zeichnen Sie ein zweites „Arbeitsdiagramm".
- Stellen Sie eine Liste her, in der Sie die einzelnen Punkte in eine logische Reihenfolge bringen.
- Sagen Sie das Gelernte laut auf.

Wenn Ihnen solche Selbstüberprüfungen zur zweiten Natur geworden sind, werden Ihnen Ihre Fehler nicht mehr so viel ausmachen, denn Sie werden erkennen, dass sie eine Funktion haben. Sie werden keine Angst mehr haben, „etwas falsch zu machen".

Fehler geben Ihnen nützliche Rückmeldungen, sie sind Trittstufen und keine Stolpersteine. Sie zeigen Ihnen genau, wo Sie noch unsicher sind, wo Sie noch mehr Zeit investieren müssen oder mit welchen Gebieten Sie sich noch intensiver beschäftigen sollten. Solange Sie bereit sind, aus Ihren Fehlern zu lernen, sind Sie auf dem richtigen Weg.

Ein solcher Test zeigt Ihnen, wo Sie stehen, was für jeden, der allein lernt, sehr wichtig ist. Außerdem stellt er einen natürlichen Teil des Lernprozesses dar und ist etwas ganz anderes als die von jedem Schüler oder Studenten so gefürchteten Prüfungen.

Mit der ständigen Zunahme der Tests in der Schule ist auch die Prüfungsangst gewachsen. Im Laufe der letzten 40 Jahre war fast jede Reform des Schulwesens von einer Erweiterung der vorhandenen Prüfungen oder der Einführung neuer Prüfungsformen begleitet – die Zunahme beträgt *pro Jahr* 10 bis 20 Prozent.

Haney und Madaus, die Autoren der akademischen Arbeit *Searching for Alternatives to Standardized Tests: Whys, Whats, and Withers*, schreiben: „Lernen und Lehren werden verfälscht, wenn der größte Teil des Unterrichts aus Prüfungsvorbereitungen besteht."

Sie sollten sich deshalb weniger darauf konzentrieren, wie viele, sondern *welche Art* von Fehlern Sie machen. Vergessen Sie nicht: „Irrtümer sind nur Zwischenstationen auf dem Weg zum Erfolg."

Üben und Anwenden

Übung macht den Meister, das ist eine alte Weisheit. Wenn man einem Experten zuschaut, glaubt man, es sei alles ganz leicht. Das ist aber nur deshalb so, weil er so lange und geduldig geübt hat, bis ihm das Gelernte zur zweiten Natur geworden ist.

Das beste Beispiel sind Hochleistungssportler. Kaum einer stellt sich vor, dass diese Leute mit großem Engagement Stunden um Stunden trainieren. Wir sehen immer nur den Wettkampf, bei dem es um die Medaillen geht.

So mancher „Lehrling" stürzt sich am liebsten kopfüber auf eine Sache und versucht, das, was er gelernt hat, sofort anzuwenden. Andere üben dagegen zuerst allein oder mit einem Freund.

Wenn Sie zu der letzten Kategorie gehören, sollten Sie das Gelernte zuerst einmal im Geist durchspielen oder trainieren. Setzen Sie Ihre Phantasie ein. Machen Sie sich ein plastisches Bild von Ihrer Person, und stellen Sie sich vor, Sie befänden sich in einer realen Lebenssituation und würden eine gute Leistung bringen.

> **Wer keine Fehler macht, macht in der Regel gar nichts.**
>
> **Bischof William Connor Magee**

Probieren Sie auch Rollenspiele aus – entweder allein oder mit Ihrem Partner, mit einem Freund oder Kollegen. Am besten lässt sich so etwas üben, wenn auch andere Leute an der Aufgabe beteiligt sind, mit der Sie sich gerade beschäftigen. Sie können sich auch selbst zuhören und das Gesagte überprüfen; so etwas schafft Selbstvertrauen.

Denken Sie einmal über die beiden Möglichkeiten nach, einen Gedanken mitzuteilen:

Aussage:

„Macht korrumpiert, und absolute Macht korrumpiert total."

ODER

Rollenspiel

Eine Klasse wurde in zwei Gruppen geteilt. Die Schüler sollten sich vorstellen, das Klassenzimmer sei ein Gefängnis. Die erste Gruppe übernahm die Rolle der Gefängniswärter, die zweite die der Häftlinge.

Nach einigen Stunden musste das Experiment abgebrochen werden, denn viele der „Sträflinge" standen unter großem seelischen Druck, weil sie von den „Wärtern" brutal behandelt worden waren.

Wie kann man die Wirkung absoluter Macht also besser demonstrieren; durch eine verbale Aussage oder durch ein solches Rollenspiel?

Rollenspiele können Ihnen darüber hinaus zeigen, dass andere Menschen womöglich anders lernen, und warum „zwei Köpfe im allgemeinen intelligenter sind als einer".

Wir sind uns selbst die besten Richter

„Formales" Lernen hat zur Folge, dass wir uns daran gewöhnen, von anderen Menschen beurteilt zu werden – Noten zu bekommen. Es ist jedoch bedeutend angenehmer, wenn wir die Qualität unserer Arbeit selbst beurteilen. Aus diesem Grund ist es wichtig, dass wir uns selbst

> **Nicht das Üben macht perfekt. Perfektes Üben macht perfekt.**
>
> **VINCE LOMBARDI**

klar machen, was wir gelernt haben. Wir selbst stellen die Normen auf, an denen wir unsere Leistungen messen.

Als Student sollten Sie sich angewöhnen, Ihre Arbeit immer zuerst selbst zu überprüfen, bevor Sie sie abgeben. Hand aufs Herz: Welche Note würden Sie sich selbst geben? Hätten Sie es besser machen können? Und wenn die Arbeit dann zurückgegeben wird und Sie nicht die Note bekommen haben, mit der Sie gerechnet haben, sollten Sie Ihren Lehrer oder Ausbilder fragen, was Sie hätten besser machen können.

Warum sollten Sie nicht auch einmal in einem Film mitspielen? Machen Sie ein Video von sich und präsentieren auf diese Weise das, was Sie gelernt haben – zum Beispiel in Form eines Rollenspiels. Sie werden Ihre Leistungen dann bedeutend kritischer betrachten können, denn auf dem Bildschirm können Sie sich so sehen, wie die anderen Sie auch sehen.

Nutzen

Ob Sie wirklich erfolgreich waren, werden Sie merken, wenn Sie das Gelernte außerhalb der Lernsituation anwenden. Das ist ein wichtiger Schritt: Sie müssen sich selbst beweisen, dass Sie es können. Erst wenn Sie das, was Sie gelernt haben, in verschiedenen Situationen angewendet, weiterentwickelt und womöglich verbessert haben, beherrschen Sie die Materie.

Wenn Sie beispielsweise einen Computerkurs machen, ist das eine Sache. Etwas ganz anderes ist es dagegen, diese Fähigkeit an Ihrem Arbeitsplatz einzusetzen, wenn Sie unter Druck stehen und sich beweisen müssen. Dort ist dann niemand mehr da, der Ihnen helfen könnte. (Können Sie sich noch erinnern, was das für ein Gefühl war, als Sie nach der Fahrprüfung zum ersten Mal allein unterwegs waren?)

Ähnlich wie bei Mary und Ihrem Vater ist es natürlich besonders gut, wenn man einem anderen Menschen erklärt, was man gelernt hat. Der Vorteil dieser Methode, bei der man zuerst Schüler und dann „Lehrer“ ist, besteht darin, dass man gezwungen wird, seine Gedanken zu ordnen und einem anderen das Gelernte auf eine verständlich Weise mitzuteilen.

> **Der Lernende, der sich selbst kontrolliert und motiviert, ist auch in der Lage, seine Fähigkeiten und Strategien zu planen, zu ordnen und zu bewerten.**
>
> **BARBARA L. MCCOMBS, UNIVERSITY OF DENVER**

Dies ließ sich mit Hilfe eines Tests eindeutig nachweisen. Einer Gruppe von Schülern gab man gedrucktes Lernmaterial und sagte ihnen vorher, dass sie zum Schluss eine Zusammenfassung des Stoffs laut vortragen sollten. Der zweiten Gruppe wurde einfach nur der schriftliche Text ohne weitere Erläuterungen vorgelegt.

Danach wurden die beiden Gruppen in drei Untergruppen aufgeteilt. Ein Drittel der Schüler jeder Gruppe trug mündlich eine Zusammenfassung vor, ein weiteres Drittel hörte sich die Vorträge an, während das andere Drittel überhaupt nicht in den Genuss der Vorträge der einen oder anderen Gruppe kam. Die besten Ergebnisse wurden von den Schülern erzielt, die entweder tatsächlich eine mündliche Zusammenfassung vortragen mussten, *oder aber damit gerechnet hatten.*

Sie sollten versuchen, das gerade Gelernte innerhalb der nächsten 24 Stunden anzuwenden, denn dadurch vergrößert sich die Wahrscheinlichkeit, dass die Informationen in Ihrem Langzeitgedächtnis gespeichert werden.

Sie sollten sich beim Lernen ein Beispiel an erfolgreichen Menschen nehmen. Schauen Sie zu, wie diese den gleichen Stoff lernen, und achten Sie genau darauf, wie sie dabei vorgehen. Lassen Sie sich von ihnen erklären, wie sie eine solche Lernaufgabe angehen.

Laut Untersuchungen wird man beim Lernen bedeutend flexibler und kann seine Fähigkeiten in den unterschiedlichsten Situationen einsetzen, wenn man verschiedene Lernstrategien von anderen Menschen übernimmt.

Es ist wichtig, dass man dahinter kommt, warum andere Menschen erfolgreich sind, um deren Taktiken übernehmen zu können.

Unterstützung einholen

Lernen Sie mit Ihrer Familie

Versuchen Sie, Ihre Familie einzubeziehen. Wenn Sie Ihre Angehörigen zum Beispiel bitten, Ihnen zuzuhören, damit Sie Ihnen erklären können, was Sie gerade gelernt haben, können alle davon profitieren. Außerdem wird den anderen dabei klar werden, wie wichtig es für Sie ist, neue Fähigkeiten zu erlernen und sich weiterzuentwickeln, und sie werden dann mehr Verständnis dafür haben, dass Sie so viel Zeit mit dem Lernen verbringen müssen.

Lernpartner

Suchen Sie sich einen Partner, mit dem Sie zusammenarbeiten können – jemand, der das Gleiche lernen und anwenden möchte wie Sie. Sie können sich gegenseitig helfen und sich abfragen, damit Sie wissen, ob Sie Fortschritte gemacht haben. Sie bekommen auf diese Weise ein direktes Feedback und wissen immer genau, ob Sie wirklich etwas gelernt haben, und so können Sie das Thema auch einmal aus einer anderer Perspektive betrachten.

Lernpartner können sich nicht nur gegenseitig abfragen, sondern auch ihre unterschiedlichen Lernstile vergleichen – und das ist sehr effektiv. Am besten ist es – auch das ließ sich durch Untersuchungen nachweisen –, wenn Sie sich abwechseln. Mal trägt der eine vor, und der andere hört zu, und umgekehrt.

Kooperatives Lernen ist informelle Teamarbeit – und die Fähigkeit dazu wird in allen modernen Unternehmen sehr geschätzt.

Lernzirkel

Lernzirkel sind Gruppen, die zwanglos zusammenkommen, um ihre Erfahrungen und Ergebnisse auszutauschen und Fragen zu stellen. Eine sehr wirkungsvolle Einrichtung – vor allem am Arbeitsplatz.

Mentoren

Suchen Sie sich einen Mentor – jemanden, der auf dem betreffenden Gebiet besonders beschlagen ist, der Ihnen Mut macht, Sie unterstützt und Ihnen als Informationsquelle dienen kann.

Ihr Mentor sollte eine Person sein, in deren Gesellschaft Sie sich wohl fühlen, die Ihnen positives Feedback und konstruktive Kritik gibt und die Sie auf neue Ideen bringen kann. Sie können sogar etwas aus den Fehlern lernen, die Ihr Mentor in seinem Berufsleben gemacht hat. Versuchen Sie ihn so weit zu bringen, dass er offen darüber redet.

Die guten und schlechten Erfahrungen, die er selbst gemacht hat, können Ihnen einen schnellen Weg zum Erfolg ebnen. Sie müssen ihn allerdings danach fragen.

Der Fortschritt der gesamten Menschheit beruht darauf, dass wir alle aus unseren Fehlern und Erfolgen lernen. Deshalb sind Internet und Datenautobahnen so wichtig. Sie liefern Ihnen auf Knopfdruck die Erfahrungen und das Wissen der ganzen Welt.

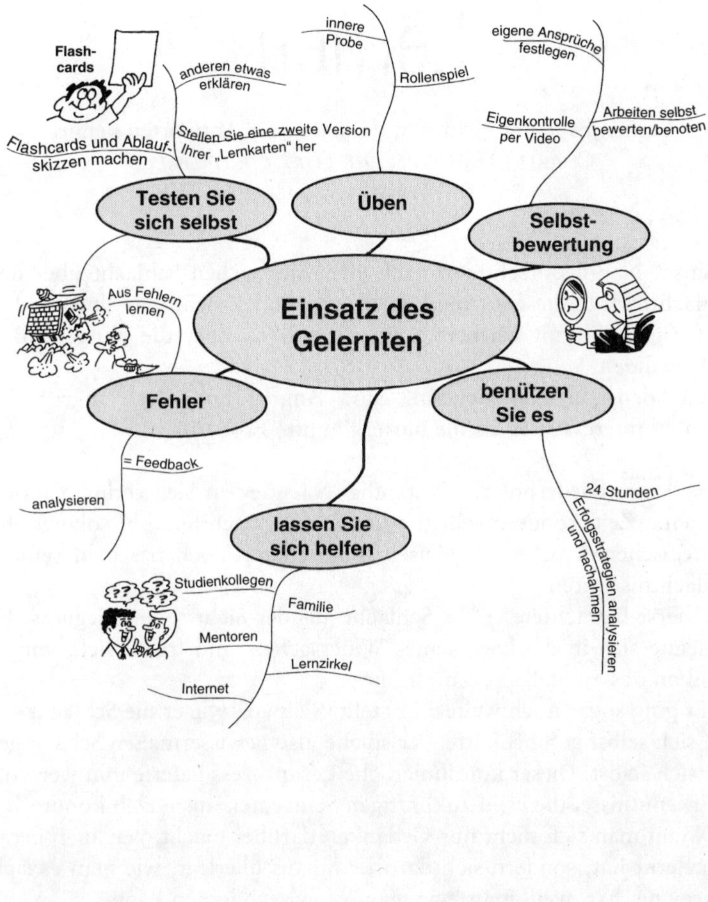

Einsatz des Gelernten
Testen Sie sich selbst
Flash-cards
anderen etwas erklären
Stellen Sie eine zweite Version Ihrer „Lernkarten“ her
Flashcards und Ablauf-skizzen machen
Üben
innere Probe
Rollenspiel
Selbst-bewertung
eigene Ansprüche festlegen
Eigenkontrolle per Video
Arbeiten selbst bewerten/benoten
Fehler
Aus Fehlern lernen
= Feedback
analysieren
benützen Sie es
24 Stunden
Erfolgsstrategien analysieren und nachahmen
lassen Sie sich helfen
Studienkollegen
Familie
Mentoren
Lernzirkel
Internet

10

Reflexion über das Lernen

Lernen bedeutet nicht nur, dass man die Antworten kennt.
CHARLES HANDY IN *DIE FORTSCHRITTSFALLE*

Kaiser Napoleon schreitet nach einer siegreichen Schlacht über das Schlachtfeld. In diesem triumphalen Augenblick sieht man ihn als kleine Gestalt, die mit wachem, kritischem Blick über die blutgetränkte Erde wandelt.

Für den „kleinen General" sind Angriff und Gegenangriff der Schlacht interessanter als die harterkämpfte Eroberung.

Diese Szene wiederholte sich ständig. Nach jedem Sieg verlor Napoleon keine Zeit, sondern schritt sofort das Schlachtfeld ab, solange die strategischen Aspekte der Auseinandersetzung noch frisch in seinem Gedächtnis waren.

Zuerst betrachtete er die Schlacht aus der Sicht seines Gegners. Er versetzte sich in die Lage seines Widersachers und fragte sich, wie er wohl an dessen Stelle gekämpft hätte.

Er ging sogar noch weiter: Er stellte sich vor, wie er die Schlacht gegen sich selbst geführt hätte – er spielte also gewissermaßen Schach gegen sich selbst. Dieser kontinuierliche Lernprozess lieferte ihm wertvolle Erkenntnisse, die er in zukünftigen Schlachten ausnützen konnte.

Wenn man sich nicht nur Gedanken darüber macht, was man gerade gelernt hat, sondern sich darüber hinaus überlegt, **wie** man es sich angeeignet hat, weiß man, wie man erfolgreich lernen kann.

Wenn Sie es sich zur Gewohnheit machen, automatisch immer alles noch einmal zu überdenken und sich zu überlegen, wie Sie lernen und wie Sie denken (oder wie Sie alles andere machen), bekommen Sie Ihr Leben besser in den Griff und besitzen die für Ihre weiteren Fortschritte notwendigen Informationen.

Ständige Selbstkontrolle, Selbsteinschätzung und Introspektion sind die wichtigsten Kennzeichen eines Menschen, der sich selbst motiviert. Bevor man aktiv werden kann, muss man seine Stärken und Schwächen genau kennen. Ein Misserfolg, aus dem Sie ein wichtiges Prinzip ableiten können, das Ihnen in Zukunft helfen kann, ist mehr wert als ein einzelner Zufallserfolg, aus dem Sie nichts für Ihr weiteres Leben lernen können.

Introspektion bedeutet nicht nur, dass man „mit sich selbst spricht" (angeblich ein Zeichen früher Senilität). Man nennt es auch „metakognitives" Verhalten. Es bedeutet, dass wir genau wissen, was wir wissen, und was wir nicht wissen. Dass wir uns Gedanken darüber machen, wie wir denken. Dass wir uns bewusst machen, welche Schritte und Strategien wir beim Lernen oder Problemlösen anwenden und wie wir sie ständig verbessern können.

Die wenigsten Menschen nehmen sich die Zeit, einmal darüber nachzudenken, wie sie ihre Methoden optimieren könnten. Sie sind offenbar nicht in der Lage, sich selbst zu analysieren. Selbst wenn es dabei um wichtige Gedanken geht, nimmt eine solche Selbsteinschätzung meist nicht viel Zeit in Anspruch – aber es lohnt sich immer. Man kann einen Prozess nur verbessern, nachdem man ihn sich bewusst gemacht hat.

David Perkins von der pädagogischen Fakultät der Harvard Graduate School of Education fordert eine stärkere Berücksichtigung der – wie er es nennt – „reflektiven" Intelligenz.

Er glaubt, dass sie die „größte Hoffung für eine umfassende Verbesserung des intelligenten Verhaltens der Menschen darstellt".

Er konstatiert: „In der konservativen Pädagogik gibt es kaum eine Methode, die zum Nachdenken anregt und die Anwendung bestimmter Denkstrategien in direkter Weise fördert. Die Schüler, die sich so etwas wie ‚reflektive Intelligenz' aneignen, entwickeln ihre Programme und Strategien aus eigener Kraft.

Manche lernen so etwas auch zu Hause, denn es gibt Eltern, die ihren Kindern mit gutem Beispiel vorangehen. Sie diskutieren am Mittagstisch miteinander und integrieren auch ihre Kinder. Sie lassen sie selbstständige Entscheidungen treffen und erklären ihnen, wie sinnvoll es ist, bei der Erledigung der Hausaufgaben systematisch vorzugehen.

Grundsätzlich ist weder die Schule noch die Arbeitswelt ein Vorbild, wenn es darum geht, die Strategien zu entwickeln, die ein Kennzeichen ‚reflektiver Intelligenz' sind."

Nicht nur der Erwachsene sollte aber über seine Lernerfahrung nachdenken. Auch für Schüler aller Altergruppen – nicht nur für Eltern und Lehrer – ist es wichtig, das eigene intellektuelle Profil zu verstehen.

In einigen „Multiplen-Intelligenz"-Klassen werden Schüler, die erst vier Jahre alt sind, aufgefordert zu sagen, was sie am liebsten tun und wobei sie ihrer Meinung nach am besten abschneiden. Auch wir empfehlen jedem Lehrer, regelmäßig Aktivitäten anzubieten, die die Kinder zum Nachdenken bringen.

Ältere Schüler können Tagebuch führen, Tabellen zusammenstellen oder mit den anderen Schulkameraden über ihre eigenen Stärken und Schwächen diskutieren. Solche Reflexionen fördern die Entwicklung der intrapersonalen Intelligenz und aktivieren die starken Seiten eines Schülers, mit denen er zukünftige Probleme lösen kann.

Als Erwachsener, der aus eigenem Antrieb lernt, müssen Sie sich drei einfache, aber wichtige Fragen stellen:

- Was hat gut geklappt?
- Was hätte besser sein können?
- Wie kann ich es beim nächsten Mal besser machen?

Wenn Sie sich auf eine Aufgabe stürzen, ohne sich zuerst einmal Gedanken darüber zu machen, welchen Zweck Sie dabei verfolgen, verschwenden Sie womöglich nur Ihre Zeit. Und wenn Sie hinterher nicht noch einmal über das Gelernte nachdenken, ist es mit Sicherheit so.

Derek Rowntree in *Learn How To Study*

Wenn Sie sich diese Fragen stellen, haben Sie das Wesen der Selbsteinschätzung begriffen.

Weil man jedoch über diesen wichtigen Prozess der Reflexion selten etwas erfährt, haben wir dieses Buch geschrieben.

Für uns sind analytische und kreative Lern- und Denkprozesse keine mysteriösen Aktivitäten, die nur einige Menschen beherrschen. Die Strategien, die zum Erfolg geführt haben, können von jedem festgehalten, niedergeschrieben, gelernt und befolgt werden. Jeder kann sie lernen. Wir hoffen, die

Lücke, die die schulische Ausbildung in dieser Beziehung aufweist, füllen zu können.

PEP – PERSÖNLICHER-ENTWICKLUNGS-PLAN

Wenn Sie Ihre eigenen Leistungen in ihrem zeitlichen Ablauf schriftlich festhalten, verfügen Sie jederzeit über eine objektive und ehrliche Bewertung Ihrer gegenwärtigen Fähigkeiten: Sie wissen genau, wo Sie Fortschritte gemacht haben und wo Sie etwas besser machen könnten.

Registrieren Sie alle „Höhen" und „Tiefen". Wenn man etwas Neues ausprobieren will, muss man auch mit Schwierigkeiten rechnen. Sie gehören zum Leben, und Sie sollten sie als hilfreiches Feedback betrachten und nicht als destruktive oder negative Ereignisse. Wenn Sie das erkannt haben, können Sie jeden Stolperstein in ein Sprungbrett verwandeln.

Das Registrieren der persönlichen Fortschritte wird Ihnen bei der Selbstbeurteilung helfen. Sie können sich dann für Ihre Leistung belohnen. Und vergessen Sie auch nie, sich auf die Schulter zu klopfen und zu feiern, denn das macht das Lernen angenehmer.

Sie müssen herausfinden, welche Lernstrategie Ihnen bei den ersten fünf Schritten am meisten geholfen hat und so Ihren persönlichen Lernstil finden, denn dann können Sie es beim nächsten Mal besser machen.

Machen Sie es sich nach dem Lernen bequem, und genießen Sie das Gefühl, etwas geleistet zu haben. Nehmen Sie zur Kenntnis, wie Ihr Körper sich nach einer erfolgreichen Lernsitzung fühlt. Versuchen Sie, dieses Gefühl in Ihrem Gedächtnis zu speichern, damit Sie es jederzeit wieder abrufen können.

Ein kluger Kopf ist immer bereit, sich selbst und sein Verhalten in Frage zu stellen. Er überprüft sein Leben regelmäßig.

Hier sind einige Fragen, die Ihnen beim Nachdenken über das Lernen als Orientierungshilfe dienen können:

1. War ich erfolgreich? Wenn ja, was hat entscheidend dazu beigetragen?

2. Hatte ich mich gut genug vorbereitet?
3. Habe ich alles herausgefunden, was ich wissen wollte? Wenn nicht, was hat mich daran gehindert?
4. Welche Lernstrategien waren besonders erfolgreich? Welche nicht?
5. Lässt mein Erfolg ein bestimmtes **Muster** erkennen, das heißt, kann ich in bestimmten Situationen einfacher lernen als in anderen? Welche Dinge kann ich besser lernen, welche weniger gut? Welche Schlüsse lassen sich daraus ziehen?
6. Was kann ich beim nächsten Mal besser machen?
7. Wenn ich das anwende, was ich heute gelernt habe, muss ich mit folgenden Schwierigkeiten rechnen: ______________________________

____

Ich werde sie jedoch auf folgende Art überwinden:

____

8. Welche persönliche „Belohnung“ wäre angemessen, um einen Erfolg zu feiern?
9. Wer könnte mir beim nächsten Mal helfen?

Das von uns entwickelte 6-Schritte-Modell des Lernens kann natürlich *für jede Art von Lernen* als Vorlage dienen. Unserer Meinung nach muss jeder Mensch, der auch im 21. Jahrhundert noch gut zurechtkommen will, lernen, wie man lernt.

Es ist erstaunlich – im Grunde sogar unerhört –, dass die meisten Schulen partout nur auf das *Was* des Lernens Wert legen und das *Wie* völlig vernachlässigen. Wenn Sie an die erstaunlichen Ergebnisse denken, die eine Analyse des Lernprozesses im Beruf, in der Schule, ja selbst zu Hause hat, muss Ihnen das unverständlich erscheinen.

> **Wir lernen, indem wir denken, und die Qualität des Gelernten hängt von der Qualität unserer Gedanken ab.**
>
> **Ronald R. Schmeck, Psychologische Fakultät der University Southern Illinois**

Der aus sechs Schritten bestehende M·A·S·T·E·R-Plan half uns, eine Reihe von Heimstudienkursen zu entwerfen. Wir werfen im nächsten Kapitel einen Blick darauf, wie der M·A·S·T·E·R-Plan beim Fremdsprachentraining genutzt wird, um Ihnen zu zeigen, wie das genau geht.

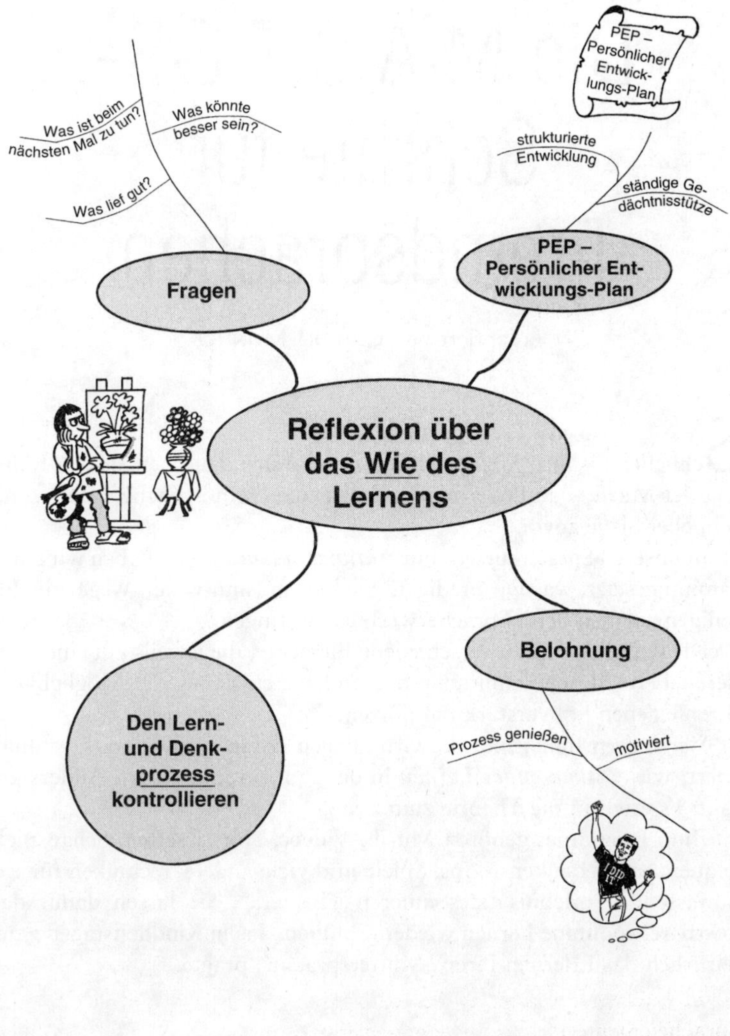
Reflexion über das Wie des Lernens
Fragen
Was ist beim nächsten Mal zu tun?
Was könnte besser sein?
Was lief gut?
PEP – Persönlicher Entwicklungs-Plan
PEP – Persönlicher Entwick-lungs-Plan
strukturierte Entwicklung
ständige Gedächtnisstütze
Belohnung
Prozess genießen
motiviert
I DID IT!
Den Lern- und Denkprozess kontrollieren

11

Die M·A·S·T·E·R-Schritte für Fremdsprachen

adaptiert von CLAUDIA MONNET

Schließen Sie Ihre Augen, entspannen Sie sich, lauschen Sie den Klängen der Musik – und erlernen Sie dabei eine Fremdsprache leichter und schneller als je zuvor.

In unseren Sprachkursen[1] mit *Aktivierendem Lernen* haben wir sorgsam umgesetzt, was wir predigen! Sie bieten „sinn-volle" Wege, alle Intelligenzformen beim Spracherwerb einzubringen.

Die Kurse enthalten verschiedene Elemente, die jeweils auf einen anderen Lernstil zugeschnitten sind, und bieten damit die Möglichkeit, Ihren eigenen Stil verstärkt zu nutzen.

Wir liefern Ihnen hier die Grundlagen dafür, weil es konkret illustriert, wie *Aktivierendes Lernen* in der Praxis funktioniert. Anders gesagt: Es erweckt die Theorie zum Leben.

Zum Programm gehören Musik, Videos, Hörkassetten, Schauspiel-Sequenzen, Gedanken-Maps, Spiele und viele andere Techniken für ein umfassendes Erlebnis „des inneren Theaters". Sie lassen damit das kostbare, spontane Lernen wieder erblühen, das in Kindheitstagen ganz natürlich das Erlernen Ihrer „Muttersprache" prägte.

---

[1] Sprachkurse für Deutschsprachler sind in der Entwicklung.

Sie schauen dabei, um ein Beispiel zu wählen, nicht einfach ein Video an. Sie beobachten vielmehr die Handlung und spielen den Tutor mit dem ganzen Körper nach; Sie selbst spielen eine Rolle und wiederholen die Worte. Auf Audiokassetten „erlauschen" Sie die neue Sprache in Sequenzen unterhaltsamer Hörspiele. Die Schlüsselpunkte der Geschichte fesseln Sie ebenso wie die Charaktere, und natürlich wollen Sie unbedingt herausfinden, wie es dann weitergeht. Dadurch entsteht dauerhafte Motivation.

Einige Passagen werden dramatisch deklamiert, während im Hintergrund klassische Musik spielt; andere sind auf den Rhythmus von Barockmusik abgestimmt und bewirken einen entspannten, aufnahmebereiten Zustand, der die rechte Hirnhälfte vollständig einbezieht.

Obwohl ursprünglich für das Selbststudium von Geschäftsleuten entwickelt, werden diese Kurse in Schulen [im englisch-sprachigen Ausland] mittlerweile häufig verwendet. Typisch ist die britische High-School-Lehrerin Val Duffy-Cross aus den West Midlands. Sie führte *Aktivierendes Lernen* mit Hilfe unserer Kurse an Ihrer Schule ein.

„Viele Lehrkräfte waren anfangs skeptisch, aber einige sind überrascht, gar erschrocken, über die Fortschritte unserer Schüler. Nie gab es eine vergleichbare Zuversicht," sagt Frau Duffy-Cross.

Nach einer nur sechswöchigen Probezeit mit *Aktivierendem Lernen* waren die (13- bis 14-jährigen) „Pilot-Schüler" wirklich schon sehr sicher – im Sprechen *und* Hören: Sie schrieben ein deutsches Stück in drei Aufzügen und spielten es einer verblüfften Schar älterer Schüler vor. Dreiundzwanzig der sechsundzwanzig Kinder wollten Deutsch auch im Folgejahr als Zusatzfach belegen.

In den Prüfungen bestanden die Schüler des Aktivierenden Sprachkurses mit 80 Prozent und mehr korrekten Antworten. Nur knapp über 10 Prozent der Schüler aus „traditionellen" Klassen erreichten vergleichbare Ergebnisse. Achtunddreißig Prozent der *Aktivierenden Lerner* antworteten sogar zu über 90 Prozent korrekt, gegenüber gerade 3,6 Prozent der „traditionell Lernenden". Das sind zehnmal so viele Spitzennoten.

So urteilen die Schüler selbst: „Spannend." „Macht Spaß." „Locker." Nicht unbedingt die Prädikate, mit denen 14-jährige normalerweise Lernerfahrungen umschreiben.

Aber wie steht es mit den Eltern? Obwohl ursprünglich von einer gemeinschaftlichen Eltern-Lehrer-Initiative lanciert, erfüllte der unorthodoxe Ansatz viele Eltern mit Sorge. „Aber die Kinder haben ihren Eltern schlussendlich die Idee verkauft," sagt Frau Duffy-Cross, „und nun wollen die Eltern wissen, warum ihre Kinder diese fördernden Lerntechniken nicht im übrigen Unterricht einsetzen."

Am Ende dieses Kapitels berichten wir über weitere Ergebnisse. Vorab gehen wir nun auf einige Wege ein, um Fremdsprachen wenigstens drei Mal so schnell zu lernen – einige stellten fest, dass sogar eine zehnfache Beschleunigung möglich ist.

Der Schlüsselgedanke

Denken Sie daran: Zu jedem Thema gehört ein Schlüsselgedanke. Wenn Sie den verstehen, ergibt sich alles andere.

Der Schlüsselgedanke in Aktivierenden Sprachlernkursen ist, dass Sie ein „mentales Modell" von der Sprachstruktur brauchen, um sie zu lernen und dass Sie zahlreiche natürliche Situationen erleben müssen, damit Sie das Vokabular aufnehmen.

So haben Sie Ihre Muttersprache erlernt. Kinder sind von Sprache umgeben und belegen sie mit Sinn. Deshalb werden Krabbelkinder häufig sagen „ich hab' es zerbrecht" statt „ich hab' es zerbrochen". Weil sie *unbewusst erarbeitet* haben, dass Schilderungen von Vergangenem am Ende ein *-t* bekommen. Niemand hat ihnen erklärt, dass „regelmäßige Verben im Deutschen im Perfekt auf *-t* enden". *Sie erarbeiten sich die Struktur (Grammatik) und das Vokabular selbst.*

Diese Art von herausfordernden Situationen haben wir in unseren Aktivierenden Lernkursen für Fremdsprachen reproduziert.

> **Die meisten Forschungsergebnisse für die Wirksamkeit von Aktivierendem Lernen als Methode finden sich im Fremdsprachenunterricht. Hier lässt sich die Gewissheit am schnellsten gewinnen, wie schnell Menschen lernen und dabei ihre Persönlichkeit als Ganzes entfalten können.**
>
> **Luiz Machado de Andrade, Professor für Sprachwissenschaften, Staatliche Universität von Rio de Janeiro**

Das Namen-Spiel

Die Idee zum Namen Spiel ist Ihnen aus Kapitel 8 „Treibstoff für's Gehirn" bekannt. Es lässt Sie entdecken (mit ein bisschen Hilfe), auf wie vielfältige Weise beispielsweise Deutsch und Englisch sich ähneln. Aber auch Deutsch und Französisch haben gemeinsame (meist lateinische) Wurzeln. Diese Gemeinsamkeiten zu entdecken motiviert ungemein – weil Sie sehen, Sie werden mit einem Schlag tausende französischer Worte erfassen können – anhand von wenigen einfachen Grundregeln.

Auch wenn Sie z.B. nicht ein Wort Französisch sprechen: Sie sind höchstwahrscheinlich in der Lage, die folgenden einfachen Sätze zu übersetzen.

Le professeur est intelligent. = Der Professor ist intelligent
La carte est fabuleuse. = Die Karte ist fabelhaft.

Diese so kurzen Sätze stecken voller nützlicher Assoziationen und Schlüssel, die Sie befähigen können, die Struktur der französischen Sprache zu erfassen. Sie sehen, dass *der/die/das* je nach Geschlecht *le* oder *la* heißt (im Französischen gibt es übrigens nur masculinum und femininum). Und dass viele französische Worte fast dieselben sind wie ihre deutschen Entsprechungen, mit einem „C" anstelle eines „K" oder ein paar anderen Buchstaben. Das gilt auch für:

effet = Effekt	clair = klar
communication = Kommunikation	crédit = Kredit
complet = komplett	saler = salzen
non identique = nicht identisch	classique = klassisch

Wenn Sie schrittweise viele solcher Beispiele durcharbeiten, lernen Sie nicht nur sehr schnell eine Menge Vokabeln, Sie machen sich auch ein geistiges Bild davon, wie das Französische aufgebaut ist.

Beispielsweise erfahren Sie, dass *dire* (sagen) verwandt ist mit *Diktat*. In der historischen Entwicklung der französischen Sprache sind viele Buchstaben der Ursprungsworte „unter den Tisch gefallen", „weggefallen"; Wurzel von *dire* ist das Lateinische *„dicere"*. – Da dies aber häufig gilt, können Sie anfangen zu kombinieren: *lire* (lesen) sieht ganz ähnlich aus wie *dire*. Wenn Sie jetzt kombinieren: Da sind bestimmt auch Buchstaben „getilgt" worden, dann liegen Sie richtig. Die lateinische Wurzel ist *legere*. Viel interessanter ist aber die nächste Schlussfolgerung: Wenn *je dis* „ich sage“ heißt, müsste „ich lese“ folgerichtig *je lis* heißen … Richtig!

Auf diese Weise fangen Sie an, die französische Grammatik (Struktur) aufzubauen, und zwar nicht, indem Sie lange Wortlisten (zum Gähnen!) auswendig pauken, sondern indem Sie zum Fährtensucher werden – oft auf einem unterbewussten Niveau.

Nur zum Spaß, noch ein Nachschlag:

Wort	**Bedeutung**	**Assoziationen**
wenn Sie wissen:	Tiefe	*profund* = tief
dann macht Sinn: grand*eur*	Größe	*Grand* im Skatspiel *Grandhotel* *grand* = „groß“
und auch: haut*eur*	Höhe	*Hausse* an der Börse *Haute Couture* *Hautevolée* *haut* = hoch
wenn Sie wissen: quali*té*	Quali*tät*	
dann macht Sinn: socié*té*	Gesellschaft	Sozietät sozial Sozius
und auch: universi*té*	Universität	Universum universal
wenn Sie wissen: tig*re*	Tig*er*	
dann macht Sinn: salamand*re*	Salamand*er*	
wenn Sie dann noch wissen: *c*irque	Zirkus	
dann spielen Sie doppelt: *c*èd*re* *sc*ept*re*	Zed*er* Zept*er*	

Richtig spannend sind die Assoziationsmöglichkeiten – nicht zuletzt daher, weil Sie dadurch auch die deutsche Sprache genauer ergründen. Wie viele Skatspieler haben beim „Grand" an „*groß*artiges Blatt" gedacht? Wie viele hatten Mühe, sich die Worte „Hausse" und „Baisse" für Börsenbewegungen zu merken und sie auseinander zu halten?

Noch direktere Verbindungen bestehen zwischen:

fleur (Blume)	und	Flora (und Fauna)
dent (Zahn)	und	Dental (-Labor)
ajuster (anpassen)	und	justieren
cadre (Rahmen)	und	Kader
expérience (Erfahrung)	und	Experiment
homme (Mann, Mensch)	und	human
femme (Frau)	und	feminin
enfant (Kind)	und	infantil
aller (gehen)	und	Allee
porte (Tür)	und	Portal
courir (rennen)	und	Kurier, Kursus
bon (gut)	und	Bonus
prime (Prämie)	und	prima
temps (Zeit)	und	Tempo
place (Platz)	und	platzieren
étagère (Regal)	und	Etage

Wenn Ihnen das schon Spaß macht, hier kommt noch was Besseres: Was würden Sie hinter dem französischen Wort *vasisdas* vermuten. Sieht es nicht aus wie ein verballhorntes „Was ist das"? Treffer! *Vasisdas* sind kleine Dachfenster, die erlauben, ungesehen zu überprüfen, was auf der Straße los ist …

Sehen, hören, handeln

Wie haben Sie Ihre eigene Sprache erlernt?

In Ihren ersten Jahren haben Sie Ihre Eltern beobachtet und dem zugehört, was sie sagten. Dann machten Sie Ihre Handlungen nach, gehorchten „Anweisungen" und verstanden und wiederholten nach und nach Worte und Sätze. Das ist wahrhaft „praktisches" Lernen. Die

Sprache wird physisch in ihrem Körper verankert und wird selbstverständlich.

Wir erstellen so genannte Physische Lernvideos, um dieselben Ziele zu erreichen. Sie sehen sich an, wie eine Schauspielerin Anweisungen gibt, und zwar in der Sprache, die sie lernen wollen – „Stehen Sie auf", „Setzen Sie sich" – „Gehen Sie" – „Klopfen Sie an die Tür" usw.

Sie beobachten und folgen, indem Sie die Handlungen tatsächlich ausführen. Die Anweisungen werden auch eingeblendet und bieten so einen weiteren visuellen „Schlüssel". Schließlich wiederholen Sie die Sequenz laut und folgen, wenn Sie mögen, zusätzlichen Anweisungen im Handbuch. Fremdsprachlicher und deutscher Text stehen genau nebeneinander. Dann machen Sie alles noch einmal von vorn.

Sie erreichen damit eine perfekte Einführung in Ihre neue Sprache, die visuelle, auditive und körperlich-kinästhetische Reize koppelt. Sie *sehen* den Stoff, *hören* den Stoff, *spielen* den Stoff und *sprechen* den Stoff. Das greift die Art und Weise auf, wie Sie als Kind lernten. Und es ist die zweitbeste Möglichkeit nach der, in Paris oder Montreal ausgesetzt zu werden. Das ist erlebnisorientiertes, gehirngerechtes Lernen.

Das „Namen-Spiel" und das „Physische Lern-Video" sind dennoch lediglich die Aufwärmphase für das Herzstück Aktivierender Lernkurse – die Hörspiele.

Auch hier war unser Bestreben, den Prozess zu kopieren, der Ihnen erlaubte, Ihre Muttersprache als Kind so leicht zu lernen. Deshalb haben wir eine Geschichte erfunden, die wir in zwölf Akten präsentieren, in Form von zwölf Hörspielen auf Kassette – aber der Text ist auch im Begleitbuch abgedruckt.

Die Geschichte baut sich auf, während Sie solche Alltagsszenen hören, die Ihnen auf Reisen begegnen. Es entwickelt sich eine eigenständige Motivation, zu sehen, wie es weitergeht, weil Sie selbst in die Geschichte verwickelt sind. Ohne es überhaupt zu bemerken, nehmen Sie die mehr als dreitausend verwendeten Worte auf und unbewusst auch die grammatikalischen Strukturen – genauso wie als Kind.

Wie bei den Kursen für den Schulunterricht, beginnt auch das Programm zum Selbststudium mit einer Entspannungsübung. Wir lernen natürlich am besten in einer stressfreien Umgebung, und Sie kommen in einen Zustand entspannter, zielgerichteter Aufmerksamkeit – die ideale Voraussetzung für das Lernen.

Visualisieren

Sie werden eingeladen, sich mit der Geschichte vertraut zu machen. Das vorhergehende Lesen des Aktes in Ihrer Muttersprache gibt Ihnen einen Überblick über den gesamten Lernstoff. Blitzschnell eignen Sie sich die Geschichte vom deutschen Studenten an, der ein Paket nach Lyon liefert, einer Wirtschaftsmetropole im Südosten Frankreichs.

Sie sehen sich selbst dort mit dem Studenten, Sie sehen und hören Ansichten und Geräusche der Stadt. Sie schmecken und riechen Speisen und Getränke. Je lebhafter Sie sich die Szenen vorstellen, desto einfacher und freudiger werden Sie lernen.

Lesen

Der Text wird auf besondere Weise präsentiert. Selten haben Sätze mehr als sieben Wörter, was sie „merk-würdiger" macht. Das nennt man „Chunking" und basiert auf Untersuchungen der Harvard Universität: Wir erinnern uns am besten an Wörter, Zahlen oder Informationseinheiten, wenn diese in kurzen Reihen von ungefähr sieben Elementen zusammengefasst sind. Der deutsche Text steht links, und wird zuerst gelesen. Damit wissen Sie stets, was der französische bedeutet. Und sogar, wenn Sie das Französische lesen, ist das Deutsche in Ihrem peripheren Blickfeld platziert. Also findet auch unterbewusstes Lernen statt.

Sie nehmen die Grammatik beiläufig auf. Das ist eine weitaus natürlichere Abfolge als der Versuch, zunächst einmal grammatikalische Regeln zu lernen. Wenngleich wir später die Sprachregeln erläutern, benutzen wir wenig komplizierte Ausdrücke wie *Dativ* oder *Gerundium*. Sie wirken hinderlich und haben nichts von dem Weg, auf dem Sie Ihre Muttersprache erlernten.

Wenn Sie dann schließlich dem Hörspiel zuhören und dabei den Text lesen, haben Sie visuelle und auditive Reize verknüpft.

Ein Beispiel:

AKT 1	ACTE 1
SZENE 1	SCENE 1
Peter betrachtet das Haus.	**Peter regarde la maison.**
Es ist groß und sehr schön.	**Elle est grande et très belle.**

Er geht langsam	**Il va lentement**
bis zur Tür.	**à la porte.**
Er klingelt und wartet.	**Il sonne et attend.**
Eine alte Dame öffnet die Tür.	**Und dame âgée ouvre la porte.**

Zu der Anwendung der „Hörspiele“ muss eine bedeutende Aussage getroffen werden. Sie lernen sofort in ganzen Sätzen. Ganz bewusst gibt es keinen langsamen, analytischen Aufbau von einzelnen Wörtern. Wer einfach anfängt und nach und nach auf längere Sätze zuarbeitet, unterstellt, dass der Stoff immer schwieriger wird. In Aktivierenden Lernkursen findet die „Formel“ kurzer, lebensnaher Sätze durchgängig Anwendung. Unsere „Unterstellung“ ist mithin, dass es nie schwieriger wird. Meistern Sie die erste Lektion (oder Akt 1), und Sie sind auf Erfolg programmiert – und das ist wahr. Sehen Sie selbst, dass die Szene 12 in Akt 1 nicht viel schwieriger erscheint als Szene 1.

AKT 1	**ACTE 1**
SZENE 12	SCENE 12
Es war genau	**Il était précisement**
zwei Minuten vor sechs,	**six heures moins deux**
als Peter das Taxi verließ.	**quand Peter quittait le taxi.**
An der Eingangstür	**Sur la porte d'entrée**
war ein Schild mit dem Namen	**était une plaque avec le nom**
der Person, die Peter suchte:	**de la personne que Peter cherchait.**
Edouard Aubry, Anwalt,	**Edouard Aubry, avocat,**
dritter Stock.	**troisième étage.**
Der Aufzug war außer Betrieb, und	**L'ascenseur était hors service et**
Peter ging die Treppe hoch.	**Peter montait l'escalier.**
Er klopfte an die Tür,	**Il frappait à la porte**
und eine Sekretärin	**et une secrétaire**
empfing ihn.	**le recevait.**

Positive „Unterstellungen“ sind beim *Aktivierenden Lernen* sehr wichtig. Alles ist darauf ausgerichtet, Erfolg nahe zu legen und Bedrohliches zu mildern. Deshalb bekommen Schüler in Klassen z.B. typische Namen aus der Zielsprache. Die Schülerin Karin Winter wird die Schauspielerin Sophie Marceau. Das ermutigt nicht nur zum Rollenspiel; denn Karin Winter macht natürlich ungern Fehler – sie bedrohen ihr Ego. Als Sophie Marceau hingegen ist das unwichtig. Diese anscheinend simple Maßnahme bewirkt, dass die Schüler leichter mitspielen und mit der neuen Sprache experimentieren – ohne Versagensangst.

Aber wir schweifen ab. Zurück zu den Sprachkursen.

Geistiges Kino

Akustische Effekte im Hörspiel machen es Ihnen leicht, sich geistige Bilder zu machen. Die Assoziation hilft Ihnen, die Worte zu erinnern. Die Kassetten können zum Üben auch im Auto abgespielt werden.

Sie können diese Idee selbst anwenden. Nehmen Sie die Sprache, die Sie lernen, auf Band auf, lassen Sie eine Pause, damit Sie Zeit haben, sich Ihr geistiges Bild zu machen, dann sprechen Sie die Übersetzung auf.

Gedanken-Maps

Der gesprochene Dialog wird in geistige Bilder umgewandelt – die stärkste Erinnerungsform überhaupt. Durch das Anbieten von ungewöhnlichen, manchmal humorvollen Bildern, visualisieren Sie die Worte vor Ihrem geistigen Auge. Das wiederholte Hören mit dem Gedanken-Map vor Augen bindet die Fähigkeiten Ihrer rechten Hirnhälfte ein, und dort wird das gesprochene Wort hauptsächlich verarbeitet.

Aktives Konzert

Sie lesen den Text, während Sie die Kassette nochmals hören – aber dieses Mal erklingen die Worte zu klassischer Hintergrundmusik. Das gesprochene Wort läuft harmonisch mit, fast als wäre die Stimme ein weiteres Instrument des Orchesters.

> **Meine philologischen Studien haben mich überzeugt: Eine begabte Person erlernt Englisch (mit Ausnahme vom Buchstabieren und Aussprechen) in dreißig Stunden, Französisch in dreißig Tagen und Deutsch in dreißig Jahren.**
>
> **MARK TWAIN**

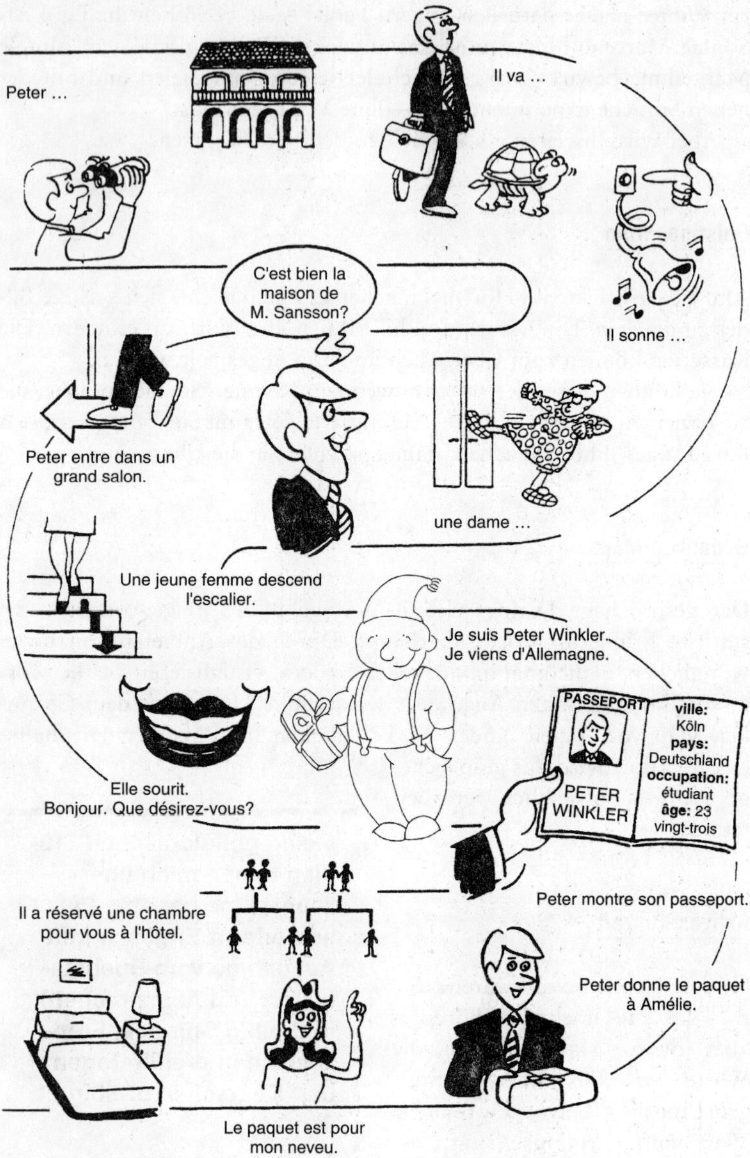
Peter …
Il va …
C'est bien la maison de M. Sansson?
Il sonne …
Peter entre dans un grand salon.
une dame …
Une jeune femme descend l'escalier.
Je suis Peter Winkler. Je viens d'Allemagne.
PASSEPORT
PETER WINKLER
ville: Köln
pays: Deutschland
occupation: étudiant
âge: 23 vingt-trois
Elle sourit. Bonjour. Que désirez-vous?
Peter montre son passeport.
Il a réservé une chambre pour vous à l'hôtel.
Peter donne le paquet à Amélie.
Le paquet est pour mon neveu.

Oft sind die Wörter übertrieben oder in Zeitlupe gesprochen. Die Wirkung ist absichtlich dramatisch und theatralisch, weil wir Wörter erinnern, die so gesprochen werden. Und wieder arbeiten beide Hirnhälften synchron, ebenso wie die emotionale Schaltstelle. Die Musik hat daher viele Funktionen. Sie hilft Ihnen, zielgerichtet und aufmerksam zu bleiben, sie gibt Ihrem neuen Vokabular eine emotionale Dimension, und sie verbindet die unterschiedlichen Fähigkeiten der linken und rechten Hirnhälfte.

Passives Konzert

Am Ende Ihrer ersten Unterrichtsstunde hören Sie den Text nochmals zu einer anderen Hintergrundmusik. Für diesen Zweck verwenden wir Barockmusik mit ungefähr sechzig regelmäßigen Schlägen pro Minute. Vorgelesen wird mit normalem Tempo. Wie wir in Kapitel 12 erläutern, steigert diese Art von Musik die Aktivität der meditativen Gehirnwellen. Dieser Geisteszustand ist hilfreich, um die neue Sprache ganz ruhig aufzunehmen.

Hörspiel und „Physisches Lernvideo“ sind die „Input“-Phasen des Spracherwerbs mit *Aktivierendem Lernen*. Sie werden eine beachtliche Wortmenge aufgenommen haben, und Sie werden die Wörter wieder erkennen, aber zu diesem Zeitpunkt nur einen Teil davon nutzen können. Das, was wir „passiven“ Wortschatz nennen, in aktiven, „brauch-baren“ Wortschatz umwandeln, sind die Ziele, die Sie mit den nachfolgenden Aktivierungen erreichen.

Die Aktivierung

Wir empfehlen Farbmarkierungen, um verschiedene Verben und Zeitformen hervorzuheben, Worte zu unterstreichen oder zu markieren. Das gibt Ihnen einen farbenfrohen und eingängigen grammatikalischen Leitfaden. Dadurch werden Wiederholungen schnell wirksam. Ergänzen Sie Wörter oder Sätze in den Gedanken-Maps oder ergänzen Sie eigene Zeichnungen, so schaffen Sie etwas Persönliches und machen sich das Material „zu eigen“.

Sie hören sich den Text im Flüsterton in Ihrer eigenen Sprache an, Zeile für Zeile. Dann lesen Sie ihn laut auf französisch. Jedes Mal haben Sie zum Vergleich das korrekte Beispiel auf dem Tonträger. Dies ist eine ideale „Ich hab's drauf"-Übung, die sich z.B. im Auto üben lässt.

Zwei Dialogabschnitte ermutigen Sie, das erworbene passive Vokabular in aktiven Wortschatz umzuwandeln, den Sie nutzen können. Wir laden Sie ein, die verschiedenen Dialogrollen leibhaftig zu spielen. Das kann Ihnen einfach enormen Spaß bereiten. Seien Sie so theatralisch und exzentrisch wie Sie mögen. Gestikulieren Sie. Wandern Sie herum. So werden Sie Ihrem physischen Lernteil gerecht.

Spiele, Spiele und nochmals Spiele. Ganze Reihen von Spielen und Aktivierungen sind darauf zugeschnitten, jeden gedanklichen Verarbeitungsstil anzuregen. Manche sind Spiele zum „Hand anlegen", einige sind analytische Aktivierungen, andere sprechen visuell Lernende an, wieder andere auditive und noch andere körperlich-kinästhetische Lerner.

Kurz gesagt: *Aktivierendes Lernen* erweckt Ihren kindlichen (nicht kindischen!) Lernzustand wieder, durch den Sie richtig in den Lernprozess eintauchen. Sie freuen sich aufs Lernen. Es macht Spaß. Und es bleibt haften.

Lernen, Sprachen zu lernen

Es gibt einen Grund für unseren Versuch, die Struktur unserer Sprachlernkurse transparent zu machen. Sprachschüler sollten nicht einfach Französisch lernen. Sie sollten lernen, wie man Sprachen an sich optimal lernt.

Wenn Bildungseinrichtungen Ihre Schüler ausdrücklich auffordern würden, sich Gedanken über die Sprachlerntechniken zu machen, die für einen selbst am besten wirken, wie viel einfacher wäre es dann, mehrere Sprachen zu lernen. So gesehen ist es unwichtig, welche Fremdsprache Sie tatsächlich zuerst lernen – vorausgesetzt, Sie erlernen die Meta-Fertigkeiten zum Lernen von Fremdsprachen.

Siegeszeichen „Jott-We-De"

„Janz weit draußen", nämlich in Australien, berichtete das Fernsehen unlängst von zwei High Schools in Sydney, beide Vorreiter beim Einsatz von Aktivierenden Lernkursen. Nach nur acht Unterrichtswochen verständigten sich die Schüler selbstsicher auf Französisch und beherrschten die Sprache in weniger als sechs Monaten fließend.

Von Beverley Clark, Sprachlehrerin an der Balmain High School, stammt die Aussage, Ihre Französischanfänger in der elften Klasse hätten das Pensum von drei Jahren in drei Monaten absolviert.

„Ihre Routiniertheit verblüfft mich. Es ist der schönste Lohn, zu hören, wie sie sich flüssig auf Französisch unterhalten. Wirklich fördernd ist die Entspannung und die Musikeinspielung zu jedem Unterrichtsbeginn", sagt sie.

Die Schule dehnt nun das System des *Aktivierenden Lernens* auf andere Altersgruppen aus.

An der Mädchenschule Beverly Hills High ist die Lehrerin Beverley Buckley gleichermaßen beeindruckt und begeistert: „Nach nur acht Wochen konnten die Schülerinnen ein Theaterstück auf Französisch spielen. Das ist unglaublich. Ich denke, viele Schulen werden unserem Beispiel folgen, wenn Sie von den Ergebnissen des Forschungsprogramms hören."

Der Kommentar des Journalisten, der diesen Schülererfolg begleitete, lautete: „Ihre Haltung zu Französisch und zur Schule sind vollkommen umgekrempelt worden."

Ebenfalls in Australien, nämlich an der Sandgrate District High School in Queensland, wurden die Prinzipien von *Aktivierendem Lernen* auf breiterer Basis umgesetzt, nach dem Erfolg einer Versuchsphase im Fremdsprachenbereich.

Wie die Lehrerin Elizabeth Burridge es ausdrückt: „Die Schüler lernen, ihr eigenes Lernen besser zu steuern, und wenn sie besser steuern können, werden sie insgesamt besser."

Höher hinaus, dort unten in Australien

Auf einem höheren Ausbildungsniveau, nämlich an der Fakultät für Erziehungswissenschaften der University of New South Wales, leitete der Dozent Graham Peterson einen zwölfeinhalb-tägigen Aktivierenden Lernkurs „Deutsch Intensiv" durch. Teilnehmende waren zehn Lehrer und Wirtschaftstrainer ohne Vorkenntnisse der deutschen Sprache.

Peterson sagt: „Nach vier Tagen konnten die Lernenden schreiben und kurze Dialoge spielen, ohne Blick auf ihre Notizen. Nach acht Tagen konnten sie einen Freund auf Deutsch vorstellen und drei Minuten über ihren Beruf und ihre Hobbies reden. Nach zwölf Tagen spielten sie sehr selbstsicher Theaterstückchen von fünfzehn bis zwanzig Minuten Länge." Sie hatten Graham Peterson zufolge in nur zwölf Tagen fast das Niveau erreicht, um zum offiziellen Sprachstudium an der Universität zugelassen werden zu können – ohne irgendwelche Vorkenntnisse.

Deutsch zu lernen war aber gar nicht der Hauptzweck der Veranstaltung. Das Hauptziel war, die Teilnehmenden davon zu überzeugen, *Aktivierendes Lernen* in ihren Veranstaltungen zu nutzen, weil sie die Zweckmäßigkeit auch für sehr anspruchsvolle Aufgaben am eigenen Leib erfahren hatten. Das einstimmige Votum der Kursteilnehmer: 5 von 5 erreichbaren Punkten.

Wie Graham Peterson sagt: „Das Programm hat viele Parallelen in Ländern auf dem ganzen Globus. Von Vorschulen zur Erwachsenenbildung, von Schulen an sozialen Brennpunkten zum multinationalen Firmentraining rüttelt *Aktivierendes Lernen* an unseren Paradigmen."

Dieselbe Sprache sprechen

Die schrumpfende Welt von heute und die wirtschaftliche Globalisierung macht es für Geschäftsleute wichtiger denn je, „dieselbe Sprache zu sprechen". Der amerikanische Senator Paul Simon, Autor von „The tongue-tied American" („Der sprachlose Amerikaner", Anm. d. Übers.) bringt es auf den Punkt: „Sie können in jeder Sprache einkaufen; aber verkaufen müssen Sie in der Sprache Ihrer Kunden."

Viele Unternehmen entdecken, dass die Aktivierenden Sprachkurse Ihnen den Wettbewerbsvorteil geben, den sie brauchen. Der optimale Weg, eine richtige Lernkultur in Firmen zu installieren, ist das Vereinen der Vorteile des Selbststudiums (zu Hause) mit dem interaktiven Austausch im „Team-Sprachen-Training".

Alle Lernenden nutzen die Kurse zum Selbststudium als Hauptquelle für den Spracherwerb, aber die Aktivierung dieser Fremdsprache findet in Gruppen oder Teams statt.

Die „Team-Komponente" ist eine wöchentlich neunzig-minütige Veranstaltung, die in Firmenräumen stattfindet und von einem Sprachtrainer geleitet wird. Jede wöchentliche Sitzung stellt sicher, dass die Teilnehmer Vokabular und Sprachelemente der vorangegangenen Woche anwenden. Wir liefern dem Trainer ein umfassendes Paket mit farbigen Flash Cards, Postern und einem Instrumentenkasten aufbauender Aktivierungen.

Zu wissen, dass sie in der Folgewoche mit den anderen zusammenkommen, sichert, dass alle ihre Hausaufgaben machen.

Trevor Burdett war Teilnehmer eines solchen Kurses bei Crosfield Electronics (GB). Er sagt: „Ob es funktioniert? Ich kann nur ganz klar ‚ja' sagen. Das Geheimnis ist, dass es wahnsinnig Spaß macht. Der Riesenvorteil der wöchentlichen Sitzung ist der Motivationsschub für kontinuierliches Lernen. Sie haben die Chance, wirklich sofort in der neuen Sprache zu kommunizieren, und genau das wollen die meisten Geschäftsleute. Unsere zehnköpfige Gruppe absolvierte den gesamten Kurs innerhalb von zwölf Wochen, und wir fühlen uns alle in der deutschen Sprache wohl. Jeder von uns hat festgestellt, dass unser Verhalten sich enorm verändert hat, wenn wir mit Menschen im Ausland verhandeln."

Vielleicht zeigte sich der bedeutendste Erfolg in Westminster (England). Eine Klasse wünschte Italienisch-Unterricht, aber der Lehrer war zeitlich eingeschränkt. Die Schule stattete daher alle Schüler mit einem Kurs zum Selbststudium aus und gab ihnen lediglich eine wöchentliche Unterrichtsstunde. Nach nur 24 Wochen Unterricht bestanden alle das GCSE, eine britische Prüfung, die normalerweise am Abschluss von drei Jahren Unterricht steht. Dreiundsechzig Prozent erzielten sogar Bestnoten. Warum? Die Schüler haben ihr Lernen aktiv gesteuert und ihre Lernpräferenzen genutzt.

Fremdsprachen lernen als Denktechnik

Untersuchungen belegen, dass Kinder, die Fremdsprachen erlernen, meistens komplexere Problemlösungskompetenzen haben – und empfänglicher für kulturelle Vielfalt sind.

Wirklich erfolgreiche Fremdsprachenkurse lehren nicht nur die Sprache – sie *nutzen* die Zielsprache als Lerninstrument. Daher ist es durchaus lohnend zu überlegen, den gesamten Geschichts- oder Kunstunterricht z.B. auf Französisch abzuhalten.

Wir haben den Aktivierenden Sprachlernkursen deshalb ganz besondere Aufmerksamkeit geschenkt, weil wir wissen, dass diese Fächer und Mathematik die beiden Hauptproblemquellen für durchschnittliche Schüler sind.

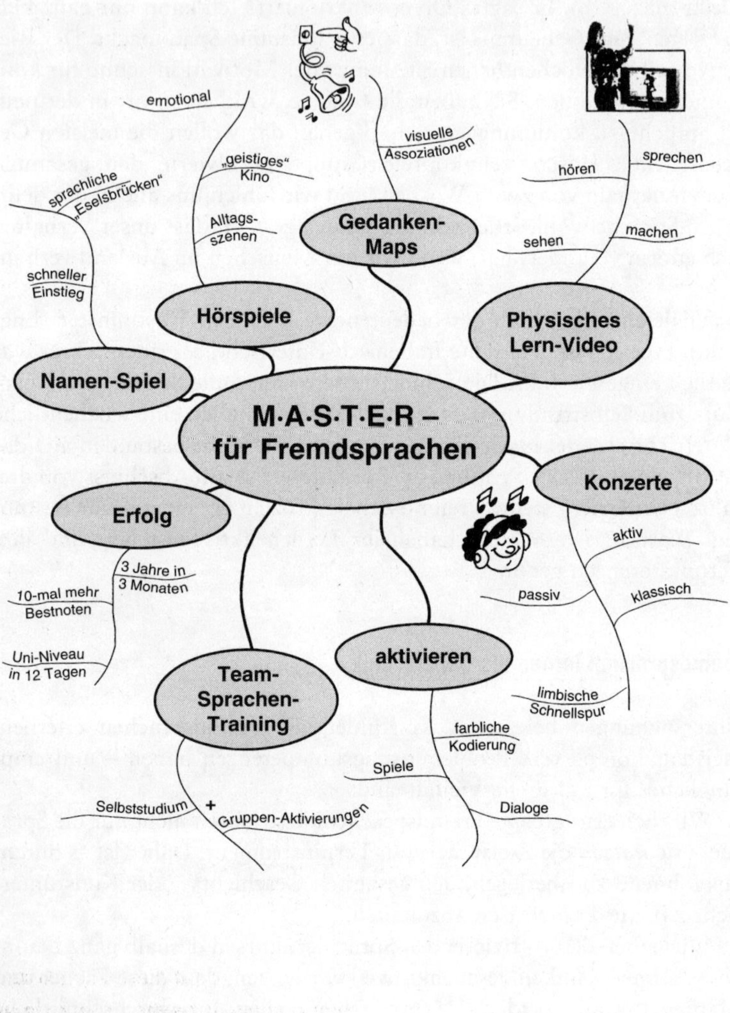
M·A·S·T·E·R – für Fremdsprachen
Gedanken-Maps
visuelle Assoziationen
Hörspiele
emotional
„geistiges“ Kino
Alltags-szenen
Namen-Spiel
sprachliche „Eselsbrücken“
schneller Einstieg
Physisches Lern-Video
hören
sprechen
sehen
machen
Konzerte
aktiv
passiv
klassisch
limbische Schnellspur
aktivieren
farbliche Kodierung
Spiele
Dialoge
Team-Sprachen-Training
Selbststudium
+
Gruppen-Aktivierungen
Erfolg
3 Jahre in 3 Monaten
10-mal mehr Bestnoten
Uni-Niveau in 12 Tagen

12

Der Zauber der Musik

Die Musik ist die Vermittlerin zwischen dem Leben der Sinne und dem Leben des Geistes.
BEETHOVEN

Albert Einstein brütet über einer komplizierten Formel und findet einfach keine Lösung.

Der seit seinem sechsten Lebensjahr passionierte Geiger nimmt daraufhin sein Instrument, taucht in eine ganz andere Welt ein und lässt sich von Beethoven- und Mozartsonaten beflügeln.

Plötzlich steht er auf und sagt: „Ich hab's“, die Lösung des physikalischen Problems ist ihm ganz plötzlich eingefallen.

„Von einer Sekunde auf die andere hatte er die Lösung gefunden“, berichtete seine Schwester später und fügte hinzu: „Offenbar versetzte die Musik ihn in einen friedvollen Geisteszustand, der ihm das Nachdenken leichter machte.“

Sein ältester Sohn erinnerte sich: „Immer wenn er das Gefühl hatte, nicht mehr weiterzukommen, oder sich in einer schwierigen Situation befand, nahm er Zuflucht zur Musik. Damit löste er gewöhnlich alle seine Probleme.“

Als man Einstein selbst auf seine Liebe zur Musik und seine bahnbrechenden Entdeckungen auf dem Gebiet der Physik ansprach, sagte er: „Beide stammen aus der gleichen Quelle und ergänzen sich gegenseitig…“

Musik war also im Leben eines der größten Genies dieses Jahrhunderts ein außerordentlich wichtiger Katalysator.

Musik ist die Kunst, in Klängen zu denken.

JULES COMBARIE

Vom Erhabenen zum Lächerlichen?

Charlie Brown ... Lucy ... Snoopy. Das ist ein ziemlich gewagter Übergang von den wissenschaftlichen Höhenflügen eines Einstein zu den bekanntesten Comicfiguren der Welt – den *Peanuts*.

Aber es besteht trotzdem ein interessanter Zusammenhang, denn auch Charles Schulz ließ sich durch Musik zu seinen drolligen, aus dem Leben gegriffenen Geschichten inspirieren.

Er erzählt: „Während Konzerten sind mir zahllose Einfälle gekommen. Und ich glaube, dass jeder von uns das hypnotisierende Gefühl kennt, das uns überfällt, wenn unsere Gedanken abschweifen, während wir dem Dirigenten zusehen. Ehe wir uns versehen, ist die Symphonie dann halb vorüber, und wir haben nichts davon gehört.

Man wird wütend, schließlich hat man drei Monate darauf gewartet, Brahms' zweites Klavierkonzert zu hören, um dann plötzlich feststellen zu müssen, dass man an etwas ganz anderes gedacht hat. Man ärgert sich dann: *Was für eine Zeitverschwendung*.

Während man jedoch sinniert, schweifen die Gedanken umher, und man wird plötzlich von der Musik inspiriert – von den Gefühlen, dic sie auslöst – und dann hat man die besten Einfälle."

Schon die alten Griechen...

Jahrhunderte, bevor der große Physiker Einstein und der Karikaturist Schulz die kreative Inspiration der Musik entdeckten, bezeichnete Plato sie als „eines der mächtigsten Instrumente der Erziehung".

Seiner Meinung nach sollten Kinder zuallererst in Musik unterrichtet werden. Sie sollten lernen, auf die anmutigen Rhythmen und Harmonien zu achten, weil dadurch ihr gesamtes Bewusstsein geordnet würde.

Im Mittelalter nutzten Mönche die Klänge von Musik, um sich lange Passagen der Heiligen Schrift einzuprägen. Dr. Georgi Lozanov beschreibt in seinem Werk auf eindrucksvolle Weise, wie die Musik die Aktivität des Gehirns fördert.

> **Wo uns die Worte fehlen, beginnt die Musik.**
>
> **Heinrich Heine**

Lozanov stellte fest, dass ruhige und rhythmische Barockmusik einen großen Einfluss darauf hat,

Informationen aufzunehmen und zu behalten. In der Zeit zwischen 1600 und 1750 haben Komponisten wie Händel, Vivaldi, Corelli, Telemann und Bach Musik komponiert, die die Seele von den irdischen Sorgen befreien sollte. Besonders Bach war von diesem Konzept angetan.

Das regelmäßige Tempo der Barockmusik von etwa 60 Schlägen pro Minute entspricht der Wellenlänge der Hirnstromaktivität in den Phasen der „entspannten Aufmerksamkeit" – also dem Muster der Alpha-Wellen. Und dieser Zustand, so behauptet Lozanov, ist für den Lernprozess besonders geeignet.

Die Vertreter des *Aktivierenden Lernens*, die sich auf Musik spezialisiert haben, sind der gleichen Meinung. Dr. Ivan Barzakov, ein Student Lozanovs, der 1976 eine ganze Nacht geschwommen ist, um in den Westen zu fliehen, ist der Auffassung, dass die Barockmusik eine so intensive Wirkung hat, weil sie durchstrukturiert, stabil und friedvoll ist. „Das Gedächtnis liebt Stabilität und das Gefühl, 'das wird dir für immer bleiben' ", erklärt er.

Der Amerikaner Don Campbell, Coautor von *Rhythms of Learning*, schreibt: „Barockmusik verlangsamt unseren Lebensrhythmus. Man kann besser zuhören, weil die Musik mit den Körperbewegungen übereinstimmt, sie treibt uns nicht an. Es kommt zu einer Harmonisierung der Einheit von Körper, Seele, Herz und Geist.

Musik ist die höchste Stufe menschlicher Kultur und menschlichen Ausdrucks. Sie vermittelt uns das Gefühl der Verbindung mit etwas Größerem. Musik basiert auf einer rhythmischen und klanglichen Struktur, die unsere linke Hirnhälfte anspricht, während die rechte Hälfte sich auf die Klangfarben konzentriert."

Die Rolle der Musik beim Aktivierenden Lernen

In unseren Heimkursen zum Erlernen einer Fremdsprache bedienen wir uns einer Serie von zwölf Hörspielen mit Dialogen und Tönen, um die Merkfähigkeit zu stimulieren.

Haben die Schüler dann die Vokabeln und Satzstrukturen aufgenommen, wiederholen wir den Text und unterlegen ihn mit klassischer Musik – häufig von Mozart. Der Text wird im Einklang mit den unterschiedlichen Passagen und Tempi der Musik auf dramatische Weise gesprochen. Wir nennen dies „Aktives Konzert".

Dadurch prägt sich das Ganze so gut ein, dass sich die Schüler später sofort an die neuen Vokabeln erinnern können, so wie man sich auch den Text eines Liedes leichter merken kann. Wenn die einzelnen Wörter mit der Musik synchron laufen, bedarf es kaum einer bewussten Anstrengung, um sie zu lernen; vermutlich deshalb, weil dann beide Hirnhälften nahtlos zusammenarbeiten (links = Worte, rechts = Musik). Wir wissen außerdem, dass Musik eine intensive Wirkung auf die emotionalen Zentren des limbischen Systems hat, das gleichzeitig die Brücke zum Langzeitgedächtnis darstellt (siehe zweites Kapitel).

Diese Darbietungsform macht die Fremdsprache „emotional erinnerungsfähig“, und das Gelernte kann so leicht in das Langzeitgedächtnis integriert werden. Unsere Schüler haben uns bestätigt, dass die Methode sehr gut funktioniert.

In der letzten Version des Hörspiels fordern wir die Sprachschüler auf, es sich bequem zu machen, sich zu entspannen und sich noch eine Version des gleichen Stücks anzuhören. Wir nennen diesen Teil das „Passive Konzert“; der Text wird leise gesprochen und in der Regel mit einem Barockmusikstück unterlegt. Jedes Konzert endet mit einem hellen Akkord, der Freude ausdrücken soll.

Es geht uns in diesem Fall um etwas anderes. Wir benützen den Zustand der „entspannten Aufmerksamkeit“, von dem Lozanov spricht, um – wie es einer unserer Schüler formuliert hat – „die Sprache in mein Unbewusstsein strömen zu lassen“. Auch wenn wir noch nicht wissen, warum das so ist: Das „Passive Konzert“ hat eine sehr positive Wirkung. Unsere Schüler sind am nächsten Tag immer wieder überrascht, wie viel sie behalten haben – ohne sich bewusst bemüht zu haben.

Überprüfung der Hypothese

Musik ist nicht nur erhebend, sie hat auch noch andere Wirkungen. Wissenschaftler haben inzwischen festgestellt, dass Plato und Einstein (und in jüngster Zeit Lozanov) Recht hatten – die richtige Musik hat tatsächlich einen großen erzieherischen Wert. Neuere Untersuchungen zeigen, dass Musik das Gehirn tatsächlich für die höhere Formen des Lernens trainiert.

Die Wissenschaftler Gordon Shaw und Frances H. Rauscher von der University of California in Irvine teilten bei einem Test 33 Kinder im Alter von drei bis vier Jahren in zwei Gruppen auf.

> **Musik lässt sich nicht in Worte fassen, nicht weil sie zu ungenau ist, sondern weil sie präziser ist als alle Worte.**
>
> **MENDELSSOHN**

Einer Gruppe wurde im Laufe von acht Monaten ein vielfältiger Musikunterricht erteilt, die andere Gruppe bekam keinen Musikunterricht.

Die Mitglieder beider Gruppen mussten schließlich am Ende der Studie ein Puzzle so schnell wie möglich zusammensetzen. Die Leistungen der Musikschüler lagen 80 Prozent über denen der anderen Kinder. Die Kleinkinder mussten sich also zuerst im Kopf ein Bild vorstellen und es dann in Form eines Puzzles wieder zusammensetzen – eine Fähigkeit, die später bei komplexen mathematischen und technischen Aufgaben gefordert wird.

Bei Aufgaben, bei denen die Vorstellungskraft keine Rolle spielte – man legte den Kindern Gegenstände oder Zeichnungen vor, die sie reproduzieren sollten –, bestand zwischen den beiden Gruppen jedoch kein Unterschied.

Wir wissen noch nicht genau, worauf das zurückzuführen ist, vermuten jedoch, dass die kortikalen Neuronen der Kinder, denen man klassische Musik vorgespielt hatte, durch die Musik trainiert worden waren; was zur Folge hatte, dass auch die Schaltkreise der logisch-mathematischen Intelligenz aktiviert wurden.

Die Erklärung des amerikanischen Forscherteams lautet, dass „Musik die inhärenten Hirnstrommuster erregt und ihren Einsatz bei komplexen Denkaufgaben fördert“.

Der Mozartfaktor

Erhöht das Hören von klassischer Musik tatsächlich die Kraft des Gehirns? Einer Untersuchung zufolge, die kürzlich am Zentrum für Neurobiologie des Lernens und des Gedächtnisses an der University of California durchgeführt wurde, lautet die Antwort: ja.

Rauscher und seine Mitarbeiter legten einer Gruppe von 36 Studenten der unteren Semester Teile eines standardisierten Intelligenztests vor, bei dem die räumliche Vorstellung geprüft wurde. Vor dem ersten Test wurde ihnen zehn Minuten lang ein Stück aus Mozarts Sonate für zwei Klaviere in D-dur, KV 448 und vor dem zweiten Entspannungsmusik vorgespielt. Vor dem dritten Test herrschte nur Stille. Die Ergebnisse, die in Standard IQ-Werte umgerechnet wurden, betrugen 119, 111 und 110. Das Anhören der Mozartsonate erhöhte demnach den IQ der Studenten um ganze neun Punkte. Dieser Vorteil verschwand zwar nach etwa 15 Minuten wieder, ließ sich aber durch eine zusätzliche Reaktivierung wiederholen. Hier sind ganz offensichtlich noch weitere Untersuchungen nötig.

Die Tatsache, dass Musik Neuronenschaltkreise neu verbindet, wurde auch mit der Methode des *magnetic resonance imaging* (etwa „magnetische Resonanzvorstellung") entdeckt.

Wissenschaftler der Universität Konstanz berichteten 1995 über die Untersuchung der Gehirne von neun Streichern. Sie stellten fest, dass das Maß an somatosensorischer Beteiligung des Cortex beim Daumen und kleinen Finger der linken Hand – die für den Fingersatz wichtigsten Finger – signifikant höher war als bei Nichtmusikern.

Interessant ist in diesem Zusammenhang, dass die Zahl der Stunden, die ein Musiker pro Tag übte, keinen Einfluss auf den Cortex hatte. Je früher sie allerdings angefangen hatten zu spielen, desto größer war die Beteiligung des Cortex, der für die beiden genannten Finger zuständig ist.

Leider kommt in amerikanischen Schulen, so die National Commission on Music Education, im Durchschnitt jeweils nur ein Musiklehrer auf 500 Kinder. Und bei leeren Kassen fällt gewöhnlich zuerst der Musikunterricht dem Rotstift zum Opfer.

Unsere Kultur legt offenbar immer weniger Wert auf die Fächer Musik, Zeichnen und Sport. Dabei verbinden sich damit drei Grundfähigkeiten, die für die Verbesserung der Lebensqualität – und des Lernens im Allgemeinen – überaus wichtig sind. Bei dem augenblicklich herrschenden pädagogischen Klima werden sie für überflüssig gehalten.

Selbst, wenn man Kindern Musik *beibringt*, wird gewöhnlich viel zu viel Wert darauf gelegt, *wie* sie spielen, als darauf, *was* sie dabei erleben. Eltern können ihren Kinder helfen, damit sie in ihrem späteren Leben Musik genießen können. Dazu bedarf es folgender Aktivitäten:

Legen Sie Musik auf, die die Phantasie anregt. Animieren Sie Ihr Kind, sich zu entspannen und sich bei der Musik etwas vorzustellen. Beethovens Pastorale eignet sich für den Anfang besonders gut, denn viele Menschen stellen sich dabei die Vögel, die Landschaft und das Wasser im Kopf vor – und es war tatsächlich Beethovens Absicht, das Bild eines Bachs, der durch die Landschaft fließt, entstehen zu lassen.

Regen Sie Ihr Kind mit folgenden Fragen dazu an, Musik zu interpretieren und sich nicht nur einfach berieseln zu lassen.

> **Die Musik ist die einzige Sprache, in der man keine gemeinen oder sarkastischen Dinge sagen kann.**
>
> **JOHN ERSKINE**

- Was hast du beim Zuhören **empfunden**?
- Was hast du dir dabei **vorgestellt**? Szenen, die Natur, Leute, Formen, Farben?
- Könntest du zu dieser Musik tanzen oder dich im Rhythmus bewegen?
- Welche Instrumente wurden gespielt?
- Kannst du irgendeine Melodie oder ein Thema, das du gehört hast, summen oder singen?
- Was wollte der Komponist wohl damit sagen?
- Wann würdest du diese Musik am liebsten spielen? Passt sie zu bestimmten Situationen besser als zu anderen?
- Kannst du Formen, Muster oder vielleicht sogar Bilder zeichnen, die dieser Musik entsprechen?

Musik (in Form von Liedern oder Kinderversen) eignet sich auch besonders gut, um Kinder mit einer Fremdsprache vertraut zu machen.

Angesichts der gegenwärtigen Diskussion über die Notwendigkeit einer Verbesserung des pädagogischen Standards wollen wir nicht den Fehler machen, uns ausschließlich auf Englisch und Mathematik zu konzentrieren. Das sind zwar wichtige Fächer, aber eine solche eindimensionale Lösung wird der Rolle der Künste bei der Entwicklung *aller* Fähigkeiten *einschließlich* der Sprachen und der Mathematik nicht gerecht. Die Zukunft verlangt von uns Allround-Fähigkeiten.

Und die Nacht wird voller Musik sein.
Und die Sorgen, die uns am Tag geplagt haben,
werden ihre Zelte abbrechen wie die Araber,
und sich genau so leise davonstehlen.

HENRY WADSWORTH LONGFELLOW

Musikempfehlungen

Zur Entspannung

Händel	Konzert für Harfe und Laute, op. 4 Nr. 6
	Konzert für Harfe in F-dur Larghetto, op. 4 Nr. 5
	Concerto Grosso in C-dur („Alexanders Fest")

Barockmusik und Notizen

Albinoni	Konzert für Oboe in d-Moll, op. 9
J. S. Bach	Suite Nr. 3 („Melodie auf einer G-Saite")
J. S. Bach	Konzert in f-Moll, zweiter Satz
Händel	Konzert für Harfe und Laute in B-dur
Pachelbel	Kanon in D-dur
Vivaldi	Konzert für Piccolo in C-dur
Vivaldi	„Die vier Jahreszeiten", „Frühling", Largo

Lernkonzert

J. S. Bach	Konzert für zwei Violinen in d-Moll
Beethoven	Klavierkonzert Nr. 5 in Es-dur
Mozart	Klarinettenkonzert in A-dur
Mozart	Konzert Nr. 21 in C-dur, KV. 467
Pachelbel	„Kanon" aus Kanon und Gigue
Vivaldi	Flötenkonzert Nr. 3 in D-dur

Phantasiereisen

Beethoven	Symphonie Nr. 6 („Pastorale")
Grieg	Peer Gynt Suite
	Vorspiel, 4. Akt, „Morgen"
Mahler	Symphonie Nr. 5
Schubert	Oktett in F-dur, D. 803

Diese Vorschläge sind auf einem Audioband von *Aktivierende Lernsysteme* zusammengestellt worden.

Weitere Vorschläge von Georgi Lozanov wurden dem „Language Teacher's Suggestopedic Manual" (unter Mitarbeit von Evalina Gateva) und der „Suggestology and Outlines of Suggestopedy" entnommen:

„Aktive Konzerte“

Beethoven	Konzert für Klavier und Orchester Nr. 5 in B-dur
Beethoven	Konzert für Klavier und Orchester Nr. 5, op. 73 in Es-dur („Kaiserkonzert“)
Beethoven	Konzert für Violine und Orchester in D-dur, op. 61
Brahms	Violinkonzert op. 77 in D-dur
Haydn	Symphonie Nr. 67 in F-dur; Symphonie Nr. 69 in H-dur
Haydn	Symphonie Nr. 101 in C-dur („L’Horloge“) und Symphonie Nr. 54 in G-dur
Haydn	Violinkonzert Nr. 1 in C-dur Violinkonzert Nr. 2 in G-dur
Mozart	Symphonie in D-dur („Haffner“) und Symphonie in D-dur („Prager“)
Mozart	Konzert für Violine und Orchester; Concerto Nr. 7 in D-dur
Mozart	Violinkonzert Nr. 5 in A-dur; Symphonie Nr. 29 in A-dur; Symphonie Nr. 40 in g-Moll
Tschaikowsky	Konzert Nr. 1 in b-Moll für Klavier und Orchester

„Passive Konzerte“

J. S. Bach	Phantasie in G-dur; Phantasie in c-Moll und Trio in d-Moll; kanonische Variationen und Toccata
J. S. Bach	Präludium in G-dur („Dogmatische Choräle“)
Corelli	Concerti Grossi, op. 4, Nr. 10, 11, 12
Corelli	Concerti Grossi, op. 6, Nr. 2, 8, 5, 9
Händel	Orgelkonzert op. 7, Nr. 6 in B-dur
Händel	„Wassermusik“
Vivaldi	Fünf Konzerte für Flöte und Kammerorchester

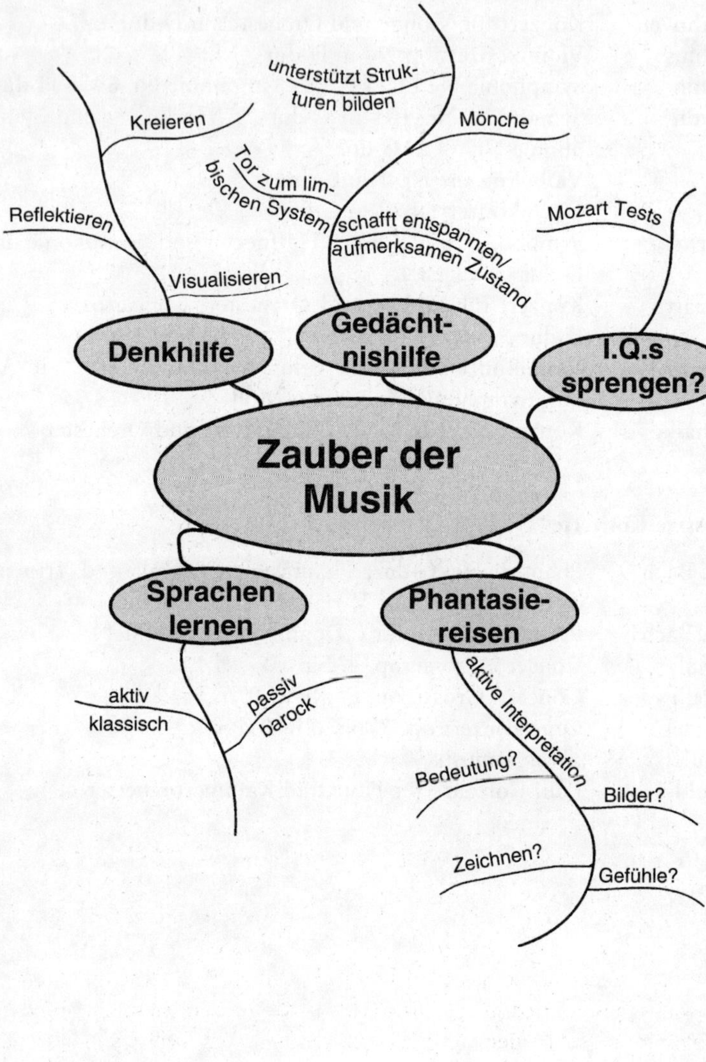
Zauber der Musik
Denkhilfe
Kreieren
Reflektieren
Visualisieren
Gedächtnishilfe
unterstützt Strukturen bilden
Mönche
Tor zum limbischen System
schafft entspannten/aufmerksamen Zustand
I.Q.s sprengen?
Mozart Tests
Sprachen lernen
aktiv
klassisch
passiv
barock
Phantasiereisen
aktive Interpretation
Bedeutung?
Bilder?
Zeichnen?
Gefühle?

13

Analytisches Denken

Weißt du, das klingt wirklich sehr vernünftig, wenn man nicht darüber nachdenkt.
DAGWOOD, IN EINEM *BLONDIE-COMIC-STRIP*

Mit den beiden Bilder lässt sich etwas Entscheidendes beweisen. Das linke stammt von jemandem, der, wie die meisten von uns, nie zeichnen gelernt hat, das rechte Bild hat die gleiche Frau nach weniger als dreistündigem Üben gemalt.

Das will heißen: Jeder kann gut zeichnen, wenn er sich an ein paar einfache Regeln hält. Genauso ist es mit dem Denken. Die Vorschriften engen uns nicht ein, sondern geben uns einfache Strukturen an die Hand, die uns als Orientierungshilfe dienen können.

Wir brauchen Regeln, denn die Denkvorgänge im Kopf laufen für den Menschen lautlos und unsichtbar ab. Wenn man sie nicht sichtbar machen könnte, würden wir nie dahinter kommen, wie ein erfahrener Denker denkt, und wir könnten ihn dann auch nicht imitieren.

Wir haben für das Denken eine ähnliche Struktur entwickelt wie für das Lernen, und diese Denkstrukturen sind unserer Meinung nach außerordentlich wichtig. In der Schule sind alle Fächer fein säuberlich voneinander getrennt, und wir lernen dort, wie man die Probleme eines jeden einzelnen Fachs am besten löst. Man sagt uns jedoch nicht, wie man solche spezialisierten Abläufe auf andere Gebiete übertragen kann. Im praktischen Leben erwartet man jedoch von uns, dass wir Probleme auf kreative Weise lösen und vernünftige Entscheidungen treffen.

Wir reden ganz allgemein über „Denken" und vergessen dabei oft, dass es zwei ganz verschiedene Arten des Denkens gibt: das kreative und das analytische Denken.

Kreatives Denken: Man hat Ideen und denkt über neue Produkte nach. Man sieht neue Strukturen und Ausdrucksmöglichkeiten oder erkennt Beziehungen zwischen Dingen, die einem vorher nicht aufgefallen sind. Man kombiniert bekannte Ideen miteinander und findet eine völlig neue, bessere Lösung.

Analytisches Denken: Man analysiert eine Situation, ein Problem, ein Thema oder eine Entscheidung und geht dabei logisch und Schritt für Schritt vor. Man prüft Aussagen, Beweise oder Vorschläge und vergleicht sie mit objektiven Normen. Man blickt hinter die Fassade und versucht, die Ursache einer Situation zu erkennen. Man fällt Urteile und Entscheidungen auf einer logischen Grundlage und erkennt jede subjektive Verzerrung.

Beide Arten des Denkens bilden keine Gegensätze, sondern überlappen sich ständig. So müssen Sie zum Beispiel kreativ sein, wenn Sie Probleme lösen sollen, und Sie müssen analytisch denken können, wenn Sie vor die Entscheidung gestellt werden, welche von mehreren kreativen Möglichkeiten die beste ist.

Beide Denkweisen müssen Ihnen vertraut sein, Sie sollten gewissermaßen ein kreativer Analytiker sein. Den Kindern, Erwachsenen, Unternehmen und Staaten, die kreativ-analytisch denken können, gehört die Zukunft. Denken und Lernen sind unsere neuen, natürlichen Ressourcen, die künftigen Quellen des Wohlstands.

Sie müssen schneller lernen und besser denken als Ihre Konkurrenten, und Sie müssen obendrein auch noch kreativer sein. Die Unternehmen müssen dafür sorgen, dass sich jeder einzelne Mitarbeiter am „Qualitätsdenken" orientiert, denn nur so können sie die gesamte Intelligenz ihrer Belegschaft mobilisieren.

> **Sie sind das, was Sie denken, und nicht das, was Sie denken, was Sie sind.**
>
> **ANONYM**

Ob Leonardo da Vinci, Albert Einstein, Isaac Newton oder Charles Darwin, alle großen Köpfe der Geschichte waren kreativ-analytische Denker.

Und wer ist heutzutage erfolgreich? Kreativ-analytische Denker wie Bill Gates, Richard Branson oder Stephen Hawking.

Kreativ-analytisches Denken muss man nicht nur ständig üben, sondern man muss auch sehr diszipliniert sein und sich streng an bestimmte Regeln halten. Aber es wird aus diesen Gründen auch besonders gut bezahlt.

Aber trösten Sie sich, die Regeln sind gar nicht so kompliziert. Wichtig ist nur, dass man sie befolgt. In diesem Kapitel werden wir Sie zunächst mit den analytischen Lernstrategien vertraut machen, kreatives Denken werden wir im 13. Kapitel behandeln.

Analysieren ist wie gute Detektivarbeit

Die Vorstellung, lernen zu müssen, wie man klar denkt, reißt die meisten Menschen nicht gerade zu Begeisterungsstürmen hin. Zum Teil hängt das damit zusammen, dass alles, was im weitesten Sinne als „intellektuell" betrachtet wird, leider keinen besonders guten Ruf hat. Den meisten fallen dabei Wörter wie *alter Hut, Langweiler, Streber, weltfremd* und *trocken* ein. Und 33 Prozent der Schüler geben an, man sei nicht gerade sehr beliebt, wenn man gute Noten bekommt.

Aber den Menschen, die so denken, ergeht es schlecht, denn Ihre Jobs sind die Ersten, die verschwinden. Und es erweist sich ungünstig für uns alle, denn die meisten Probleme, mit denen wir uns herumschlagen müssen, werden durch negatives Denken verursacht. Wir können sie nur lösen, wenn wir ihre Ursachen kreativ-analytisch untersuchen und die gesamte Problematik verstehen. Und wir müssen uns auch damit abfinden, dass wir Lösungen umsetzen müssen, die zunächst einmal Opfer verlangen.

Man kann etwas gut definieren, wenn man darstellt, was es nicht ist. Ein Mensch, der nicht in der Lage ist, kreativ-analytisch zu denken, ist:

phantasielos	unlogisch	inkonsequent	oberflächlich
kleinkariert	unklar	voller Vorurteile	manipulierbar
vage	voreingenommen	engstirnig	langweilig
ungenau	trivial	unfair	

Das sind nicht gerade sehr erstrebenswerte Eigenschaften, oder?

Auf das Wort *emotional* haben wir bewusst verzichtet, denn wie wir bereits wissen, haben alle Gedanken auch einen emotionalen Anteil. Analytisches Denken ist in der Tat mit der gleichen emotionalen Befriedigung verbunden wie erstklassige Detektivarbeit.

„Qualitätsdenken" besteht darin, dass man die richtigen Fragen stellt – und nie vergisst, sie jedes Mal wieder neu zu stellen.

Wenn Sie eine Entscheidung treffen, ein Problem lösen oder eine Situation beurteilen, denken Sie analytisch. Wir wollen uns die einzelnen Punkte einmal nacheinander anschauen und dabei bestimmte „Eselsbrücken" als Gedächtnisstützen benützen.

Wenn wir Probleme angehen oder uns entscheiden müssen, können wir uns mit dem Akronym A FAN DANCE (ein Fächertanz) helfen.

Entscheidungen fällen

„A FAN" wird benützt, wenn es um Entscheidungen geht. Die einzelnen Buchstaben stehen für:

Assumptions?	(Annahmen?)
For?	(Für?)
Against?	(Aber? Gegenargumente!)
Now what?	(Na, und nun?)

Auf diese Weise werden Sie an folgende Schritte erinnert:

> **Die meisten Leute würden lieber sterben als denken; und das tun sie in der Tat auch.**
>
> **BERTRAND RUSSEL**

- Machen Sie erst einmal eine Pause, und denken Sie nach. Auf diese Weise vermeiden Sie es, in die Falle zu gehen, impulsiv den ersten Gedanken oder die erstbeste Lösung zu akzeptieren. Reuven Feuerstein, der bekannte israelische Denkspezialist, gibt einen scheinbar simplen Rat: „Machen wir doch erst einmal eine Pause und denken eine Minute lang nach. Steckt vielleicht noch mehr dahinter?"

- Bevor Sie anfangen, müssen Sie Ihre Ziele klar definieren.
- Denken Sie auch an die möglichen Folgen Ihres Handelns.

Annahmen

Welche Entscheidung will ich treffen? Von welchen Annahmen gehe ich aus? Was nehme ich dabei als gegeben an?

Brauche ich zusätzliche Informationen? Welche Fakten sind mir bekannt? Was beinhaltet das?

Es ist durchaus möglich (und kommt häufig vor), dass man eine Argumentation aufbaut, die völlig logisch erscheint, obwohl schon die Grundannahme falsch ist. Daraus folgt, dass auch das Ergebnis falsch sein kann. Man kann auf der Leiter des Erfolgs nur dann nach oben klettern, wenn sie auch an der richtigen Wand steht.

Beispiel: Ein Mann steht neben einem Toten und hält einen noch rauchenden Revolver in der Hand. Er schuldete dem Toten eine Menge Geld und hatte ein Verhältnis mit seiner Frau. Es erscheint durchaus vernünftig, den Mann zu verhaften.

Tatsächlich hatte er aber dem Toten den Revolver eine Sekunde zu spät aus der Hand gerissen, um einen Selbstmord zu verhindern. Eine falsche Annahme führte zu einem falschen Schluss.

Beispiel: Wenn Sie davon ausgehen, dass zu viel Blut krank macht, ist es nur logisch, Blutegel anzusetzen.

Eine besondere Gefahr stellen auch so genannte Zirkelschlüsse dar. Freud zufolge ist die Sexualität das Grundmotiv jedes Menschen. Wenn ein Patient aber behauptete, seine Motive seien nicht von sexueller Natur, erklärte er ihm, dass er das Opfer seiner verdrängten Sexualität sei. Mit einer solchen Logik hat man immer Recht.

F = For (Für) und A = Against (Aber)

Die beiden Buchstaben sollen Sie daran erinnern, dass Sie jedes Thema immer von zwei Seiten betrachten müssen; erst aus Ihrer eigenen Sicht und dann aus der entgegengesetzten Position.

F = For (Für): Welche Beweise habe ich für meine Auffassung? Sind sie hieb- und stichfest? Handelt es sich dabei um Tatsachen oder um

Meinungen? Wie bin ich zu dieser Anschauung gekommen? Warum glaube ich das? Wie sicher bin ich, dass es auch wirklich so ist?

A = Against (Aber): Welche Einwände könnte man gegen meine Ansicht haben? Kann man das Ganze auch anders sehen? Ist meine ursprüngliche Annahme möglicherweise falsch? Wie würde die Gegenseite argumentieren?

N = Now what? (Na, und nun?): Das soll Sie daran erinnern, dass eine sorgfältigere Überprüfung Ihrer Argumentation Sie womöglich eine klügere Entscheidung treffen lässt. In der Regel ist das der Fall.

Edward de Bono hat uns ein klassisches Beispiel für eine strukturierte Analyse geliefert. Die Schüler einer Klasse von Teenagern wurden gefragt, ob sie es für eine gute Idee hielten, wenn man ihnen für ihre Arbeit in der Schule Geld bezahlen würde. 29 von 30 Schülern waren von der Idee begeistert. Dann schlug de Bono ihnen vor, eine Denkhilfe zu benützen, die er PMI nennt (plus/minus/interessant). Die jungen Leute wurden dadurch erst einmal gezwungen, über das Problem nachzudenken (das heißt, die Impulsivität wurde ausgeschaltet) und sich auch die Kehrseite der Medaille anzuschauen.

Anschließend hielten 28 von 30 Schülern das Ganze für eine schlechte Idee. Die Suche nach Gegenargumenten brachte verschiedene negative Aspekte ans Licht, so zum Beispiel notwendige Kürzungen im Etat der Schule, um die Zahlungen finanzieren zu können.

Auch Sie werden feststellen, dass A FAN eine wertvolle Hilfe ist, wenn man etwas mit kühlem Kopf beurteilen will.

Problemlösungen

Nur wenige Menschen denken häufiger als zwei- bis dreimal pro Jahr. Ich habe mir einen internationalen Ruf verschafft, indem ich ein- bis zweimal pro Woche denke.

George Bernhard Shaw

Das Akronym DANKE steht für:

- **D** efinition
- **A** lternativen
- **N** utzen optimieren
- **K** onsequenzen Ihrer Wahl berücksichtigen
- **E** rgebnisorientiert handeln

D wie Definition

„Wenn man ein Problem gut analysiert hat, ist es schon halb gelöst.“ Es ist ganz entscheidend, dass man ein Problem vorab genau definiert. Es kann nämlich sein, dass es nicht das ist, was es ursprünglich zu sein schien.

Es hat zum Beispiel keinen Sinn, eine kreative Lösung zu finden, wenn die Aufgabe nicht richtig gestellt ist. Der beste Bohrturm nützt nichts, wenn man an der falschen Stelle nach Öl sucht. Die meisten Probleme lassen sich gut definieren, wenn man sich die folgenden Fragen stellt:

- Was ist unser Ziel? Was wollen wir erreichen?
- Was verstehen wir unter __________? Geben Sie ein Beispiel. Könnte man das auch anders formulieren?
- Gibt es noch etwas, das wir wissen müssten?
- Worin besteht das Problem genau? Ist es tatsächlich das, was es zu sein scheint, wenn man es von außen betrachtet?

Warum? Warum? Warum? Warum? Warum?

Ein gutes Beispiel, warum es so wichtig ist, ein Problem zu definieren, stammt von Doug Jones. Er beschreibt es in seinem Buch *High Performance Teamwork*. Er erläutert darin außerdem die große Wirkung einer weiteren Denkhilfe, die er die „Fünf Warums“ nennt.

In einer amerikanischen Gießerei, in der Teile aus Eisen und Stahl gegossen wurden, hatte man Probleme mit der hohen Ausschussrate. Man fragte die Arbeiter nach dem Grund. Sie erklärten, die Leitschienen seien ausgeleiert und deshalb würden die Formen nicht mehr genau passen. Das führte zur Bildung von rauhen Kanten – mit anderen Worten zu Schrott.

Man investierte 100 000 Dollar für neue Leitschienen, ohne dass sich etwas besserte. Also fragte man die Arbeiter erneut.

Warum 1: Warum produzieren wir Schrott? Antwort: „Weil das Metall nicht heiß genug ist.“ (Man fragte dann außerdem: „Warum habt ihr das nicht gleich gesagt?“ und bekam zur Antwort: „Weil ihr uns nicht gefragt habt.“ Eine gute Lektion.)

Warum 2: Warum ist das Metall nicht heiß genug? Antwort: „Weil die Glühstäbe ausgebrannt sind.“

Warum 3: Warum sind die Glühstäbe ausgebrannt? Antwort: „Weil sie mit Metall bekleckert sind."

Warum 4: Warum sind sie mit Metall bekleckert? Antwort: „Weil das Reinigungsteam Metall darauf verschüttet hat."

Warum 5: (an das Reinigungsteam) „Warum schüttet ihr Metall auf die Glühstäbe?" Antwort: „Wir haben es gar nicht gemerkt – und wir wussten auch nicht, dass das so schlimm ist. Außerdem konkurrieren wir mit der ersten Schicht, wer es schafft, die meisten Hochöfen zu reinigen. Dafür gibt es einen Bonus."

Der einfache, aber gar nicht so häufig angewandte Trick besteht darin, immer wieder „Warum" zu fragen, bis man hinter die wahre Ursache gekommen ist (und dazu braucht man oft fünf „Warums").

Im vorliegenden Fall hatte eine Gruppe von Leuten, die eigentlich gar nichts mit der Produktion zu tun hatte, eine große Wirkung auf die Qualität der Produkte und die Gewinne des Unternehmens.

Die Lösung bestand darin, den Reinigungs- und Produktionsteams gemeinsam klarzumachen, wie sich die Arbeit des einen Teams auf die des anderen auswirkte. Und man ging dazu über, die Qualität der Reinigungsarbeit und nicht das Tempo zu honorieren. Im Endeffekt ließ sich somit der Verbrauch an Glühstäben von 20 auf einen pro Woche reduzieren. Da ein Glühstab 100 Dollar kostet, sparte die Firma allein dadurch im Jahr 100 000 Dollar. Außerdem konnte der Ausschuss von zehn auf zwei Prozent gesenkt werden, und man sparte so weitere 500 000 Dollar jährlich.

Das ist ein klassisches Beispiel, denn es zeigt:

- Was ganzheitliches Denken bewirken kann: Man darf ein Problem nicht isoliert betrachten, sondern muss es als Teil des Ganzen sehen. Man muss herausfinden, warum ein Problem entsteht und ob es einen Zusammenhang mit anderen Schwierigkeiten gibt.
- Was Fragen bewirken können. Fragen sind wie Suchscheinwerfer, sie dienen der Wahrheitsfindung – und sind aus dem gleichen Grund die Basis des „Qualitätsdenkens".

Eine genaue Bestimmung des Zieles ist genauso wichtig wie die Definition des Problems.

Zieht man einen Kreis um ein Ziel, lässt es sich leichter treffen, und das Gleiche trifft bei einem klar definierten Ziel zu.

Die meisten Ziele lassen sich durch folgende Fragen genau festlegen:

- Was ist der Grund, dass etwas nicht geschieht?
- Welche Bedingungen werden gegeben sein, wenn das Problem gelöst ist, das heißt, woher weiß ich, wann ich mein Ziel erreicht habe?
- Lassen sich diese Bedingungen quantitativ erfassen, das heißt, können wir genaue Kriterien für den Erfolg festlegen?

Die Bedeutung der Genauigkeit kann gar nicht oft genug betont werden. Geschäftsleute lernen immer wieder, dass sich jeder Aktionsplan an den so genannten SMART-Kriterien orientieren muss. Das heißt, er muss Spezifisch, Messbar, Attainable (Erreichbar) und Relevant sein, und es muss einen Timetable (Zeitplan) geben.

A wie Alternativen

Wie viele verschiedene Möglichkeiten stehen mir zur Verfügung, um das Problem zu lösen beziehungsweise mein Ziel zu erreichen?

Das Geheimrezept heißt, nicht nach einem, sondern nach mehreren Wegen zu suchen, um ans Ziel zu kommen.

Der Nobelpreisträger Linus Pauling sagte dazu: „Man hat am ehesten eine gute Idee, wenn man viele Ideen hat."

An dieser Stelle treffen sich analytisches und kreatives Denken, denn man muss kreativ sein, um mögliche Alternativen zu finden (siehe 14. Kapitel).

N wie Nutzen optimieren

Es fördert die Kreativität, wenn man nicht versucht, seine eigenen Ideen im gleichen Augenblick zu beurteilen, in dem man sie hat. Erst wenn sie eine bestimmte Anzahl von alternativen Lösungen gefunden haben, sollten Sie anfangen, die Spreu vom Weizen zu trennen. An dieser Stelle müssen Sie sich unbedingt wieder auf die klare Definition beziehen, die Sie zu Anfang formuliert haben – sie hilft Ihnen, die Möglichkeiten auszusondern, die den Kriterien, die Sie anfänglich aufgestellt haben, nicht entsprechen.

> **Alle Ressourcen, die wir brauchen, befinden sich in unserem Kopf.**
>
> THEODORE ROOSEVELT

Sie sollten sich fragen: „Welche Lösung passt am besten zu meinen ursprünglichen Kriterien?“

K wie Konsequenzen berücksichtigen

(Treffen Sie Ihre Wahl, und denken Sie dabei an die Folgen.)

Wenn wir unsere Alternativen eingegrenzt haben, müssen wir uns für die ideale Möglichkeit entscheiden. Sie müssen prüfen, welche Lösung den Kriterien entspricht, die Sie selbst aufgestellt haben. Sie können alle Möglichkeiten der A FAN-Denkhilfe ausschöpfen, das heißt, feststellen, was dafür und was dagegen spricht.

Danach prüfen Sie, welche Konsequenzen die Aktion, die Sie vorschlagen, haben wird, indem Sie fragen:

Wie wird sich das Ganze auswirken? Kann es unerwünschte Folgen haben?

Wenn meine Schlussfolgerung richtig ist – was muss dann sonst noch zutreffen?

E wie ergebnisorientiert handeln

Das soll Sie daran erinnern, dass der Zweck jedes Denkvorgangs Aktion ist. Professor Arnold von der Stanford University formuliert das so: „Der kreative Prozess endet nicht mit einer Idee, sondern er beginnt damit.“ Denken ohne Handeln ist Tagträumen.

Ein kreativ und analytisch denkender Mensch zeichnet sich deshalb auch dadurch aus, dass er nicht nachgibt, sondern seine Gedanken in die Tat umsetzt. Das traf auch auf Alexander Graham Bell zu, den Erfinder des Telefons (dessen Kritiker behauptet hatten, man brauche kein Telefon, denn schließlich habe sonst ja auch niemand eines). Dem Erfinder des ersten Xerox Photokopierer (dem man vier Jahre lang jede finanzielle Unterstützung vorenthalten hatte) erging es ähnlich. Und Kolumbus brauchte 14 Jahre, um den spanischen Hof so weit zu bringen, dass er seine Reise finanzierte – und er landete an einem völlig anderen Ort!

In seinem Buch *Der Mut zur Kreativität* schreibt Rollo May: „Echtes Engagement bedeutet nicht, dass man frei von Zweifeln ist, sondern dass man sich trotz der Zweifel engagiert.“

Damit soll zum Ausdruck gebracht werden, dass gutes analytisches Denken nicht nur etwas mit Regeln zu tun hat (obwohl sie hilfreich sind), sondern auch von der Einstellung des Menschen abhängt.

Will man in dieser Beziehung etwas über sich selbst erfahren, muss man folgende Aspekte beleuchten:

1. **Durchhaltevermögen.** Dieses Kapitel hat uns viel Zeit gekostet, denn wir mussten über 9 000 Seiten zum Thema Denktheorien lesen. Unser Ziel war es, alles in einer praktischen Checkliste zusammenzustellen, die sich gut einprägt und auf die man jederzeit zurückgreifen kann.
2. **Bekennen Sie sich zu Ihren Zweifeln.** Wir können die Welt nur mit unseren Augen sehen. Unsere Sicht der Welt ist subjektiv und wird zusätzlich noch durch unser begrenztes Wissen eingeengt. Das bedeutet, dass es nur weniges gibt, das wirklich gesichert ist. Die Wissenschaft kann zwar ein paar Dinge beweisen, aber es handelt sich in den meisten Fällen darum, dass man beweist, dass etwas nicht zutrifft. Erst wenn wir uns eingestehen, dass unsere Erkenntnisfähigkeit Grenzen hat, können wir gerecht und fair sein.
3. **Setzen Sie sich für die Vernunft ein.** Da nur wenige Menschen wirklich klar denken können, basieren die Urteile der meisten auf Überzeugungen, die emotional gefärbt sind, also auf dem bekannten „Gefühl im Bauch“. Ironischerweise ist das gerade bei den großen Problemen der Fall.

Man muss Mut haben, um dem Druck der Vorurteile oder der unlogischen Argumente standhalten zu können, und zu einer Auffassung zu gelangen, die sich logisch begründen lässt.

Und es gehört Mut dazu, die gleichen Ansprüche auch an sich selbst zu stellen. Vor allem, wenn man weiß, dass das emotionale Zentrum des Gehirns – „das Gehirn des Gehirns“, wie der brasilianische Forscher Luiz Machado es nennt – sich nicht um Logik kümmert, sondern eine schnelle Entscheidung und emotionale Reaktion vorzieht.

Zu einer Qualitätsanalyse gehört darüber hinaus die Entwicklung bestimmter Normen einer „intellektuellen Strenge“. Bei jeder umfassenden Analyse eines Themas sollte man folgende acht Fragen stellen, und zwar möglichst in der gleichen Reihenfolge.

> **Für Menschen, die nicht denken, wäre es das beste, wenn sie wenigstens von Zeit zu Zeit ihre Vorurteile neu sortieren würden.**
>
> LUTHER BURBANK

1. Was ist das Ziel meines Denkens?

Dazu gehören folgende Fragen:

- Was will ich erreichen?
- Was bezwecke ich damit?
- Welches Problem soll gelöst werden?
- Wie lautet die präzise Frage, auf die wir eine Antwort suchen?

2. Was steckt dahinter?

Wir haben schon früher darauf hingewiesen, dass Sie beim Lernen zuerst den Grundgedanken formulieren sollten. Wenn Sie erst einmal das Wesen eines Themas begriffen haben, lässt sich alles andere leicht so einordnen, dass es einen Sinn ergibt. Das Gleiche gilt auch für das analytische Denken. Und auch an dieser Stelle müssen wir betonen, dass wirkliches Lernen eine Durchdringung des Stoffs erfordert.

So sollte man zum Beispiel alle Kraft und alle Ressourcen einsetzen, um Kinder von der Geburt bis zum 13. Lebensjahr so zu erziehen, dass aus ihnen selbstständige, klar denkende Menschen werden, die in der Lage sind, sich beim Lernen selbst zu motivieren. Das ist unserer Auffassung nach der Schlüssel zum Fortschritt im Erziehungswesen.

Die meisten fruchtlosen Diskussionen entstehen, weil die Parteien sich nicht über das Grundkonzept einigen können und Lösungen für zwei völlig verschiedene Probleme suchen. Das ist auch der Grund, warum Sie jede Diskussion mit einer klaren Definition beginnen sollten.

3. Von welchen Annahmen geht man aus?

- Was betrachten wir als gegeben?
- Was ist ausgelassen worden?
- Was lässt sich daraus schließen?
- Brauchen wir noch weitere Informationen?

4. Aus welchem Blickwinkel betrachten wir das Ganze?

Das Urteil eines Menschen hängt stets von seinen Erfahrungen und von deren Bewertung ab, also von seinen Überzeugungen. Jede Beurteilung ist in gewissem Maße tendenziös.

> **Sehr viele Menschen glauben, sie würden denken, dabei sortieren Sie im Grunde nur ihre Vorurteile neu.**
>
> **WILLIAM JAMES**

Aus diesem Grund bewertet der Chef einer Firma die Möglichkeiten einer Verbesserung der Produkte oder Dienstleistungen anders als ein Arbeiter am Fließband, denn beide sehen das Ganze aus völlig unterschiedlichen Perspektiven.

Unsere Überzeugungen und Erfahrungen verführen uns dazu, übereilte Entscheidungen zu treffen. Wir sind immer schnell bei der Hand, wenn es darum geht, andere Menschen oder Situationen zu beurteilen. Später hindert uns dann unsere vorgefasste Meinung daran, der Sache auf den Grund zu gehen und unser Urteil zu revidieren.

Mit anderen Worten, wir fällen vorschnelle Urteile, was – wie das Wort schon sagt – zur Bildung von Vorurteilen führt. Statistisch gesehen hat zum Beispiel vor Gericht ein großer Angeklagter eine bessere Chance freigesprochen zu werden als ein kleiner. Übergewichtige Leute verdienen für die gleiche Arbeit weniger als die, deren Gewicht „normal" ist. Die häufigste Form des Vorurteils bezieht sich jedoch auf Rassen und Religionszugehörigkeit. Das ist zwar absolut unlogisch, hat aber etwas mit dem Leben in Gruppen und mit dem genetisch festgelegten Trieb zu tun, „uns" – die Insider – vor den „anderen" – den Außenseitern – zu schützen.

Vorurteile entstehen in den primitiven, instinktiven Teilen unseres Gehirns. Deshalb ist es auch so schwer, damit umzugehen, obwohl es dringend nötig wäre, etwas dagegen zu unternehmen. Aus dem gleichen Grund dürfte es auch kaum überraschen, dass Fußballfans oft so gewalttätig sind.

Wenn wir mehr über die Funktionsweise unseres Gehirns wissen, können wir womöglich eines Tages etwas daran ändern.

Jeder Denkvorgang geht also von einer bestimmten Meinung aus, das muss man wissen, wenn man versucht, analytisch zu denken. Wie sollen wir die Meinung eines anderen Menschen ändern, wenn wir nicht wissen, von welchen Voraussetzungen er ausgeht – mit anderen Worten, „wo er herkommt".

Jeder von uns hat in seinem Kopf eine „Landkarte der Realität", die sich auf alle möglichen Themen bezieht und für die Art und Weise verantwortlich ist, wie wir das, was wir sehen, interpretieren. Und das ist bei jedem Menschen anders.

Aber eine Karte von Frankreich ist nicht Frankreich, sondern nur eine Darstellung dieses Landes. Sie ist nicht real, sondern nur eine Version der Realität. Abgesehen davon, ist jede Karte nur so gut wie der Mensch, der sie angefertigt hat.

Früher waren die Karten sehr ungenau. Da die Kartographen beispielsweise um Australien nur herumsegelten, waren die ersten Karten dieses Kontinents nicht nur wenig genau, sondern zeigten ausschließlich die Küsten. Eine Darstellung des Landesinneren fehlte. Die Landkarten waren im wahrsten Sinne des Wortes oberflächlich. Als das Land dann nach und nach weiter erforscht wurde, wurden auch die Karten dieses Kontinents exakter.

Heute, im Zeitalter der Satellitenphotographie, sind sie natürlich sehr genau. Trotzdem kann auch eine solche Karte nicht Australien in seiner Gesamtheit erfassen. Ihr fehlen die Sehenswürdigkeiten, die Geräusche, die Gerüche, der Geschmack, die Hitze, der Humor, die Menschen.

Eine Landkarte stellt nur eine bestimmte Perspektive dar. Sie kann ziemlich genau sein, kann aber nie die Realität einfangen. Man kann nicht im Kopf eines anderen Menschen „leben".

Wir können allerdings dafür sorgen, dass unsere eigene Karte der Realität nicht so oberflächlich ist. Wenn wir eine andere Meinung hören, müssen wir uns fragen: „Was ist wohl der Grund für diese Ansicht? Ich kann sie nicht einfach ignorieren, sondern muss versuchen, sie zu verstehen."

Indem man sich bemüht, die Meinung eines anderen Menschen zu verstehen, schafft man sich auch größere Klarheit über seine eigene. Man beharrt dann nicht mehr einfach auf seinem Standpunkt: „So und nicht anders ist es", sondern räumt ein: „So sehe ich das." Damit gibt man zu, dass es auch anders sein könnte.

Da jeder Autor die Dinge aus seiner eigenen Sicht betrachtet, sollten Sie sich immer fragen:

- Wer hat das geschrieben? Was will der Autor damit bezwecken?
- Stammen die Informationen aus einer zuverlässigen Quelle?
- Wurde hier eine bestimmte Ansicht so verallgemeinert, dass sie eine Tatsache vortäuscht?

Die grüne Umweltbewegung hat ihre Kraft vermutlich eher aus den NASA-Fotos unseres wunderschönen blauen Planeten bezogen, der still, verletzlich und einsam im Weltraum schwebt, als aus den Statistiken, die beweisen, wie schnell unsere Ressourcen zu Ende gehen.

Plötzlich konnten wir mit eigenen Augen sehen, dass wir alle eine menschliche Rasse sind, die auf ihrem gemeinsamen Heimatplaneten „gefangen" ist.

Das war eine neue Perspektive.

- Wie repräsentativ sind die Beispiele? Haben sie alle die gleiche Tendenz? Wie subjektiv sind sie? (Dass sie subjektiv sind, wissen Sie.)
- Wie könnte man das Ganze sonst noch erklären?
- Was wurde ausgespart?

In gewisser Weise will Ihnen jeder etwas verkaufen. So schreibt zum Beispiel ein Historiker aus der geschichtlichen Perspektive heraus. Da er in den meisten Fällen nicht selbst dabei war, ist seine Auffassung bereits eine Kombination der Meinungen anderer Menschen, von denen jeder seine eigenen Vorurteile hatte.

Mitunter wird die Geschichte aber auch bewusst verdreht. So werden zum Beispiel in den Geschichtsbüchern der ehemaligen UdSSR die Massenhinrichtungen der stalinistischen Epoche mit keinem Wort erwähnt. Oft sind solche Verfälschungen sehr subtil, so zum Beispiel, wenn wir andere Länder als „isoliert" bezeichnen. Was wir wirklich damit sagen wollen ist, dass sie von uns und unserer „richtigen" Denkweise isoliert sind. Dabei gibt es im Grunde in den meisten Kulturen wichtige Dinge, von denen wir etwas lernen könnten.

Die Existenz expliziter und impliziter Vorurteile führt uns zur nächsten Frage.

Wenn man gute Fragen stellt, zwingt man die Schüler eher, gründlicher nachzudenken, als wenn man eine gute Antwort gibt.

ROBERT FISHER IN *TEACHING CHILDREN TO LEARN*

5. Handelt es ich um eine Tatsache oder um eine Meinung?

Gegen Ansichten ist nichts einzuwenden – ohne sie könnten wir nicht leben. Da sie jedoch einen großen Einfluss auf unsere Handlungsweisen haben, müssen wir sie überprüfen. Das ist gar nicht so leicht, denn Meinungen werden selten klar ausgesprochen. Sie ruhen in unserem Unterbewusstsein, sind häufig mit intensiven Gefühlen verbunden und in einem Bereich zwischen dem limbischen System, dem Sitz der Gefühle, und dem für das Denken und die Logik zuständigen Neocortex angesiedelt.

Wenn Sie ihre eigenen Meinungen oder die eines anderen Menschen unter die Lupe nehmen wollen, sollten Sie sich folgende Fragen stellen:

- Gibt es Beweise dafür? Ist das glaubhaft? Reichen die Anhaltspunkte aus?
- Wie bin ich zu diesem Schluss gekommen?
- Woher weißt du das?
- Kann ich zu dieser Aussage stehen und sie verteidigen?
- Sind wir sicher, oder vermuten wir nur, dass das die Wahrheit ist?
- Hast du diese Meinung schon einmal überprüft?
- Wie bin ich zu dieser Auffassung gekommen?

Wenn Sie bereit sind, sich selbst und anderen diese Fragen zu stellen, sind Sie in intellektueller Hinsicht ehrlich – Sie legen in konsequenter Weise einen Wahrheitsmaßstab an.

Die letzte Frage ist besonders wichtig, denn sie beweist, dass Sie Gedanken und Gefühle auseinander halten können. Auch wenn Sie womöglich keinen Einfluss auf das haben, was Ihnen widerfährt, können Sie wählen, wie Sie darauf reagieren. Das ist das Wesen der Willensfreiheit.

Sie können Ihren Job verlieren – es liegt jedoch an Ihnen, wie Sie damit umgehen. Kontrolle bedeutet nicht unbedingt, dass man die Ereignisse beeinflussen kann, sondern dass man sich entscheiden kann, wie man auf sie reagiert.

Gefühl und Verstand sind keine Gegensätze, beide ergänzen sich. Der Verstand versetzt uns in die Lage, unsere Gefühle zu beobachten und einzuschätzen, denn was hätte es für einen Sinn, eine Überzeugung zu haben, die einer kritischen Überprüfung nicht standhält?

Die Kinder sollten in der Schule vor allem lernen, wie sich Meinungen bilden und wie wichtig die Bereitschaft ist, sie in Frage zu stellen. Unzählige Menschen sind von totalitären Führern getötet worden, die ihre Überzeugungen manipuliert haben.

6. Ist das Gesagte klar?
Mit den folgenden Fragen kann man „verworrenes“ Denken entlarven:

- Was willst du damit sagen?
- Mal sehen, ob ich das richtig verstanden habe – du meinst also…
- Nennen Sie mir ein Beispiel oder eine Analogie.
- Wie sähe das Gegenteil aus? (Damit soll der andere gezwungen werden, seine Gedanken klar auszudrücken.)
- Woran können wir erkennen, ob wir erfolgreich waren?

7. Ist meine Analyse gründlich genug?
Die Methode der „Fünf Warums“ ist ein Beispiel für gründliches Denken. Die Geschichte von J. Edgar Hoover in dem Kapitel „Sinnsuche“ ist ein Beispiel für oberflächliches Denken.

Folgende Fragen sollten in diesem Zusammenhang gestellt werden:

- Handelt es sich um eine gerechtfertigte Verallgemeinerung?
- Vereinfachen wir die Problematik zu stark?
- Geben wir dem Kind nur einen Namen und nehmen alles als gegeben hin?
- Erkennen wir die Zusammenhänge?
- Habe ich die wahren Gründe gefunden?

8. Welche Konsequenzen ergeben sich daraus?
Hier sollte man folgende Fragen stellen:

- Wenn das stimmt, was ergibt sich daraus?
- Welche Konsequenzen hat das Ganze?
- Wie soll ich das verstehen?

Eine Checkliste ist immer eine gute Gedächtnisstütze:

A – Annahme/Ausgangsidee
B – Bewiesen oder vermutet?
C – Charakter der Idee? Wem dient der Gedanke?
D – Detailliert/Durchdacht?
E – Eindeutigkeit?
F – Folge/Konsequenzen?
G – Gesamtbild
I – Ideale Zielerreichung

Sie haben sicher gemerkt, dass wir das **H** ausgelassen haben. Eselsbrücken sind eben nicht immer ganz ordentlich.

Richard Paul vom Institute for Critical Thinking, der das hervorragende Trainingsprogramme für Lehrer zum Thema Denken veröffentlichte, hat einmal gesagt, dass Denken eine unabdingbare Voraussetzung für **jede Art** des Lernens ist. Das ist auch der Grund, warum wir bei der Organisation der Lernmethoden den Zusammenhang mit den Methoden des Denkens nicht aus dem Auge verlieren dürfen. Paul schreibt zum Beispiel: Um historisch denken zu können, müsse man:

- Sinn und Zweck von Geschichte verstehen können
- Geschichtliche Fragen stellen und beantworten
- Informationen über geschichtliche Ereignisse sammeln
- Geschichte interpretieren
- Historische Annahmen überprüfen
- Über historische Konzepte nachdenken
- Die Folgen geschichtlicher Ereignisse betrachten
- Die Auffassung des Historikers nachvollziehen können

Das ist ein bisschen mehr, als nur ein paar Geschichtszahlen zu pauken, nicht wahr?

Aber Richard Paul stellt noch weitere Forderungen. Wenn unsere Lebensqualität weitgehend von der Qualität unseres Denkens abhängt, muss es eine der vordringlichsten Aufgaben der Schule sein, den Schülern **in den einzelnen Fächern** diszipliniertes Denken beizubringen.

All das setzt voraus, dass **alle** Lehrer die Struktur des analytischen Denkens verstanden haben und sie diese in allen Fächern berücksichtigen. Unserer Meinung nach ist das ein lebenswichtiger neuer Ansatz, der vor allem in der Lehrerausbildung seinen Niederschlag finden sollte.

Wir begrüßen das wachsende Interesse an der Philosophie, wie es sich in Matthew Lippmans ausgezeichnetem Kurs *Philosophie für Kinder* zeigt. Jostein Gaarders Buch *Sophies Welt* ist überraschend, aber verdient ein Bestseller geworden. Es geht darin um die Geschichte der wichtigsten philosophischen Denkweisen aus der Sicht eines sechzehnjährigen Mädchens.

Dass man klares Denken nicht automatisch lernt, beweisen die vielen simplen Denkmodelle, die wir uns als kleine Kinder zusammengebastelt haben und die bis ins Erwachsenenalter fortbestehen. Gegen diese Eindrücke, die „aus dem Bauch“ kommen, können weder die Erfahrungen, die wir in vielen Jahren gesammelt haben, noch unsere Ausbildung etwas ausrichten.

Hier ein Beispiel aus einer Fernsehdokumentation, die in einem Garten aufgenommen worden war, in dem sich Studenten direkt nach ihrer Abschlussfeier versammelt hatten.

Der Interviewer zeigte auf einen riesigen Baum und fragte die Studenten: „Wieso ist dieser Baum so groß geworden? Wo kommt seine Masse her?"

Die Naturwissenschaftler – alle hatten ihre Examina an einer der angesehensten amerikanischen Universitäten abgelegt – waren genauso überfragt wie vermutlich jeder von uns. Die meisten von ihnen waren der Meinung, die Masse stamme „von Nährstoffen aus der Erde". „Warum ist dann da unten kein großes Loch?", konterte der Interviewer. Ratlose Gesichter.

Die richtige Antwort lautet, dass der größte Teil der Masse des Baums aus Stickstoff besteht, den er sich aus der Luft nimmt. Aber diese Antwort – die die Studenten irgendwann tatsächlich einmal gelernt hatten – widerstrebt der Intuition so sehr, dass das Gelernte von der kindlichen Vorstellung, dass nichts einfach aus der leeren Luft kommen kann, zugedeckt worden war.

Wenn man rational denken will, muss man ständig auf der Hut sein.

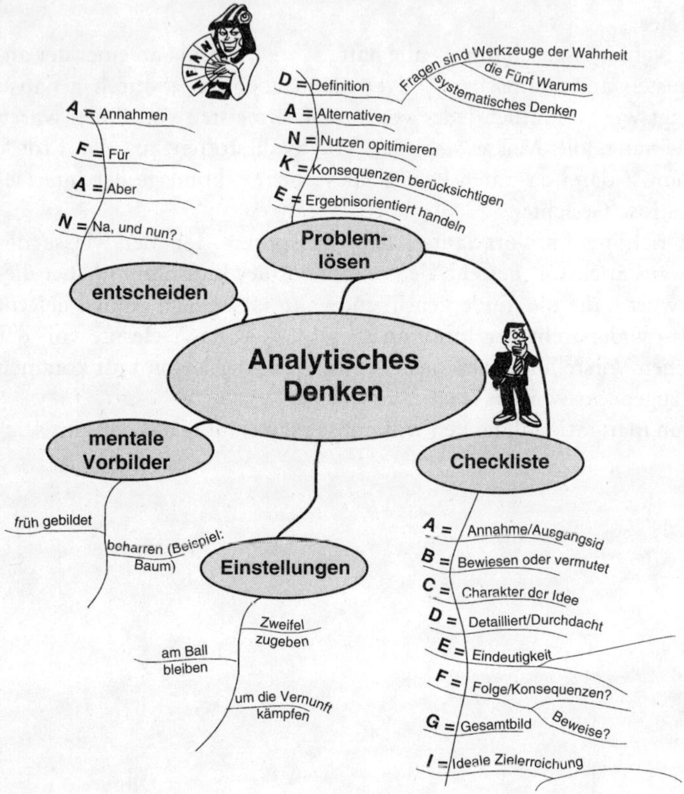
Analytisches Denken
entscheiden
A = Annahmen
F = Für
A = Aber
N = Na, und nun?
AFAN
Problem-lösen
D = Definition
Fragen sind Werkzeuge der Wahrheit
die Fünf Warums
systematisches Denken
A = Alternativen
N = Nutzen opitimieren
K = Konsequenzen berücksichtigen
E = Ergebnisorientiert handeln
Checkliste
A = Annahme/Ausgangsid
B = Bewiesen oder vermutet
C = Charakter der Idee
D = Detailliert/Durchdacht
E = Eindeutigkeit
F = Folge/Konsequenzen?
Beweise?
G = Gesamtbild
I = Ideale Zielerreichung
mentale Vorbilder
früh gebildet
beharren (Beispiel: Baum)
Einstellungen
Zweifel zugeben
am Ball bleiben
um die Vernunft kämpfen

14

Kreatives Denken

Törichte Beständigkeit ist der Kobold eines kleinen Geistes.
RALPH WALDO EMERSON

Kann man Kreativität planen? Aber sicher! Kreativität bedeutet nicht, dass man herumsitzt und auf den Musenkuss wartet. Es gehört stets auch harte Vorbereitungsarbeit dazu.

Beethoven entwarf und verwarf seine Kompositionen immer wieder. Das, was letzten Endes ein Meisterwerk wurde, war zu Anfang oft nicht mehr als ein ziemlich einfallsloser Entwurf.

Wenn man das Picasso Museum in Barcelona besucht, fällt einem als Erstes auf, wie viele Jahre der große Maler damit zugebracht hat, die Kunst des konventionellen Malens zu perfektionieren. Bevor er sich einem neuen Stil zuwenden konnte, brauchte er diese technischen Fähigkeiten als Grundlage. Und selbst dann machte er zuerst immer eine Skizze, bevor er das Meisterwerk vollendete.

Bei einer Untersuchung von Schriftstellern kam man zu dem Ergebnis, dass der eigentliche schöpferische Vorgang des Schreibens nur 20 Prozent ihrer Zeit beanspruchte, während sie jeweils 40 Prozent für die Recherchen und die Überarbeitungen aufwenden mussten.

Das erinnert uns an Edison, der den berühmten und witzigen Spruch aufbrachte: „Genie heißt zu 99 Prozent Transpiration (Schweiß) und zu einem Prozent Inspiration." Motivation hilft natürlich. Als Händel einmal gefragt wurde, wie er so ein großartiges Werk wie den „Messias" in nur 22 Tagen schreiben konnte, erwiderte er, er habe das Geld gebraucht.

Der Schlüssel zur Kreativität besteht darin, dass man sich zunächst ein detailliertes Hintergrundwissen verschafft – denn alle neuen Ideen sind im Grunde nur eine Kombination bereits existierender Ideen. Eine kreative Person weiß immer eine Menge über ihr Fach. Jede plötzliche

Eingebung setzt umfassendes Wissen voraus. Louis Pasteur hat einmal gesagt: „Das Glück ist dem Kopf hold, der sich gut vorbereitet hat."

Isaac Newton, einer der kreativsten Wissenschaftler aller Zeiten, brachte die Bedeutung des Hintergrundwissens so auf den Punkt: „Wenn ich weiter blicke als andere, dann nur, weil ich auf den Schultern von Riesen stehe."

Die erste Regel des kreativen Denkens lautet: Machen Sie Ihre Hausaufgaben. Aber Fakten allein reichen nicht aus. Seit es Computer und das Internet gibt, besteht kein Mangel an Informationsmaterial zu jeder Materie. Der Preis für Kreativität geht nicht an die Menschen, die sich einfach nur Fakten aneignen, sondern an die, die diese Daten in neue Zusammenhänge bringen.

Wenn man das Leben erfolgreicher, kreativer Leute betrachtet, kann man Gemeinsamkeiten im Hinblick auf ihre Arbeitsmoral und -methoden entdecken.

Kreative Grundeinstellung

Wenn Sie sich intensiv mit einem bestimmten Thema beschäftigen wollen, müssen Sie es zunächst einmal aus einem neuen Blickwinkel betrachten.

Picasso hat einmal verlauten lassen: „Jeder Schöpfungsakt ist zuerst ein Akt der Zerstörung." Damit meinte er, dass man aus der konventionellen Betrachtungsweise ausbrechen muss.

Ein Kunstwerk vermittelt eine neue Perspektive oder fängt einen neuen gesellschaftlichen Trend ein.

Giottos Freskenzyklus (1305 oder 1306), der sich in der Arena Kapelle in Padua befindet, stellt das Leben der Jungfrau Maria und des Jesukindes dar. Er ist ein besonderes Kunstwerk, weil hier zum ersten Mal versucht wurde, einen dreidimensionalen Effekt zu erzielen. Und Albrecht Dürers Bild *Junger Hase* (1502) ist ebenfalls ein Kunstwerk, weil auf diesem Bild der Maler erstmalig versucht hat, ein Objekt bis ins kleinste Detail darzustellen. (Eine Farbfotografie würde man heutzutage allerdings nicht mehr als Kunstwerk betrachten.)

An diesen Beispielen erkennt man, dass ein schöpferischer Mensch auch Courage haben muss. Es ist stets mit einem Risiko verbunden, wenn man die herkömmliche Denkweise über Bord wirft. Die Frucht hängt mitunter am äußersten Ende des Zweiges – man muss mutig sein, um dahinzuklettern und sie zu pflücken. Man riskiert Misserfolg und mit Sicherheit Kritik.

Robert Louis Stevenson (der sich ganz bewusst durch seine Träume zu seinen Romanen inspirieren ließ) forderte: „Gebt mir einen jungen Mann, der den Mut hat, sich zum Narren zu machen." Rollo May führt in *Der Mut zur Kreativität* ein sehr gutes Beispiel an: „Eine Schildkröte kommt nur voran, wenn sie den Hals hervorstreckt."

Da wir uns die meiste Zeit auf unseren „Autopiloten" verlassen, fällt es uns schwer, uns von konventionellen Betrachtungsweisen freizumachen. Das Leben wäre einfach zu kompliziert, wenn wir jeden Tag aufs Neue lernen müssten, wie man sich rasiert, anzieht, Frühstück macht oder seine Arbeit erledigt. Unser Gehirn behandelt so etwas als „Routine" und ordnet alle möglichen Tätigkeiten in diese Kategorie ein. Ein derartiges „Etikettendenken" hat jedoch zur Folge, dass unsere Denkvorgänge schwerfällig werden oder sich nur im Rahmen der Konventionen bewegen.

Aus dem gleichen Grund sind kleine Kinder auch kreativer als Erwachsene. Ihr Gehirn entdeckt immer wieder neue Strukturen im Verhalten der Menschen, und ihre Kategorisierungen sind noch nicht so gefestigt, dass dadurch ihr Denken eingeengt wird. Leider wird diese Kreativität in der Schule, in der immer nur die eine richtige Antwort zählt, beschnitten. In *Keine Götter mehr* schreibt Neil Postman: „Kinder kommen als Fragezeichen in die Schule und verlassen sie als Punkt."

Der Ingenieur William Gordon hat uns gezeigt, wie man starres „Etikettendenken" verhindern kann. Er hatte den Auftrag, eine neue Methode zu finden, um Büchsen zu öffnen.

Als er seinen Mitarbeitern das Problem erklärte, achtete er ganz bewusst darauf, keine Vorurteile zu erzeugen. Er vermied das Wort „Dosenöffner", denn das hätte in den Köpfen der Leute ein festgefahrenes Bild entstehen lassen, durch das ihre Kreativität schon von Anfang an in ihrem Fluss behindert worden wäre.

Die Folge war, dass man über andere Möglichkeiten diskutierte, wie man an das Innere von Dingen gelangt. Man suchte Analogien, und irgendjemand hatte den Geistesblitz, dass sich eine Banane leicht schälen lässt, weil man die Schale wie einen Reißverschluß nach unten ziehen kann. So wurde der „Ring pull" (Ringverschluss) geboren, den wir von Bierbüchsen kennen.

Robert Sternberg von der University of Yale hat die Kreativität gründlich erforscht. Er geht von drei Stadien aus.

Das dynamische Prinzip der Phantasie ist Spiel, das auch dem Kind zu eigen ist, und ... sich offenbar mit dem Prinzip ernsthafter Arbeit nicht verträgt. Ohne dieses Spiel mit der Phantasie ist jedoch noch keine kreative Arbeit entstanden.

CARL GUSTAV JUNG

Einsicht: Man definiert das Problem möglichst gründlich und trennt die relevanten Daten von den irrelevanten. Dann muss man wie ein Detektiv entscheiden, welche Hinweise wichtig sind und welche nicht.

Kombination: Man muss alte Ideen so miteinander kombinieren, dass etwas Neues entsteht. Bei der Entwicklung seiner Evolutionstheorie hat Charles Darwin ausschließlich Informationen verwendet, die schon seit Jahren bekannt waren. Seine Begabung bestand darin, dass er in der Lage war, daraus ein völlig neues Konzept entstehen zu lassen – indem er die alten Ideen auf eine neue Weise kombiniert hat.

Vergleichen Sie das Alte mit dem Neuen: Was neue Ideen wert sind, können Sie erst erkennen, wenn Sie sie mit den alten vergleichen; und das kostet Zeit und erfordert Geduld. Schöpferische Menschen müssen also auch Ausdauer haben.

All das sollte Ihnen Mut machen, denn es beweist, dass sich in jeder Form der Kreativität ein Muster erkennen lässt – eine Struktur. Jeder kann ideenreich sein, man muss sich nur an einen bestimmten Plan halten, um schöpferisch denken zu können. Methodische Kreativität!

Neue Kombinationen alter Ideen

Kreativ sein heißt, alte Elemente auf eine neue Art zu kombinieren. Ein Kino ist eine genauso kreative Idee wie ein Walkman.

Jedes deutsche Buch besteht aus Wörtern, die sich aus nur 26 Buchstaben zusammensetzen. Alles auf der Welt setzt sich aus Atomen zusammen, von denen es nur etwa hundert verschiedene Typen gibt. Nur die Kombinationen sind immer wieder anders. Der Mensch besteht aus den chemischen Elementen, die auf unserem Planeten vorkommen: Kohlenstoff, Sauerstoff, Wasserstoff, Natrium, Calcium, Kalium, Phosphor, Kupfer, Zink und so weiter. Das gesamte Material würde etwa 60 Mark kosten – man kann also in diesem Fall mit Fug und Recht sagen, dass das Ganze mehr ist als die Summe seiner Teile.

Der Astronom Carl Sagan weist darauf hin, dass unser Planet aus den Trümmern einer stellaren Explosion besteht, die vor langer Zeit stattgefunden hat. Wir sind also im Grunde alle aus „Sternenstaub" gemacht.

Zu Beginn dieses Kapitels haben wir Ihnen versprochen, dass Sie Ihre Kreativität planen können. Schauen wir uns jetzt einmal die Werkzeuge für die „methodische Kreativität" an. Wir können dazu das Akronym IKARUS als Eselsbrücke verwenden.

I – Sammeln Sie viele Informationen
K – Denken Sie kreuz und quer in alle Richtungen
A – Alternativen – Lassen Sie sich alle möglichen Ideen einfallen
R – Suchen Sie die besten, revolutionären Kombinationen dieser Ideen
U – Übernehmen Sie die ultimative, umwerfendste Kombination
S – Setzen Sie die Idee um

Schauen wir uns einmal die einzelnen Elemente genauer an.

I wie Informationen sammeln

Es kommt selten vor, dass einem Amateur ein entscheidender Durchbruch gelingt. Man muss von der Materie wirklich Ahnung haben. Recherchieren Sie, und versuchen Sie, alle Fakten zusammenzutragen.

K wie kreuz und quer denken

Um starre Denkmuster zu durchbrechen, muss man jedes Problem von allen Seiten betrachten. Wir nennen das ‚kreuz und quer', in alle Richtungen denken:

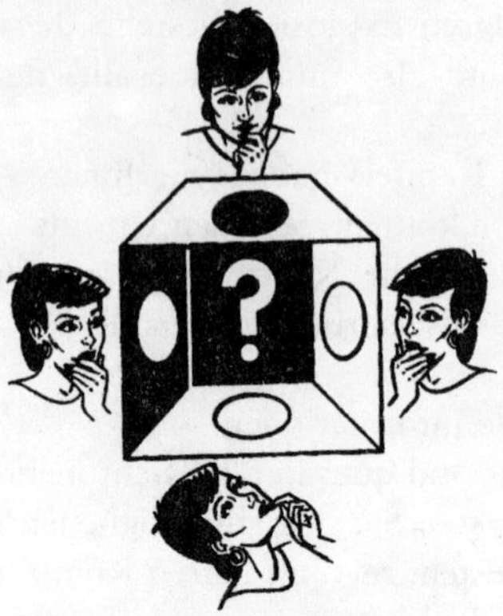

Von vorn nach hinten denken

Das ist die normale Methode, die wir im Zusammenhang mit dem analytischen Denken gründlich beleuchtet haben. Man beginnt mit dem Problem und bewegt sich Schritt für Schritt auf die Lösung zu. Wir wollen Ihnen die einzelnen Schritte noch einmal ins Gedächtnis zurückrufen:

D – Ausgangspunkt Ihres Denkens muss die **D**efinition Ihres Problems sein
A – Suchen Sie alle möglichen **A**lternativen
N – Wählen Sie die Alternative mit dem optimalen **N**utzen
K – Bedenken Sie alle möglichen **K**onsequenzen
E – Handeln Sie **e**rgebnisorientiert

Von hinten nach vorn denken

Beginnen Sie mit der Lösung, und arbeiten Sie sich dann bis zum Anfang vor, um zu sehen, wie es zu der Lösung gekommen ist.

Alexander der Große und der gordische Knoten sind ein gutes Beispiel. In der Stadt Gordium gab es einen unglaublich kompliziert verschlungenen Knoten. Der Sage nach würde der, dem es gelang, diesen Knoten zu lösen, den jetzigen Mittleren Osten erobern. Niemand war dazu in der Lage. Dann kam Alexander und schlug den Knoten mit seinem Schwert in der Mitte durch. Er fing also mit der Lösung an – mit dem gelösten Knoten.

Ein weiteres Beispiel: Ein amerikanischer Architekt sollte an einem großen Platz einen neuen Gebäudekomplex errichten. Als anschließend auf dem Platz Rasen gesät werden sollte, fragte ihn der Landschaftsgärtner, wo er die Pfade anlegen sollte.

Der Architekt wies ihn an, er solle einfach den ganzen Platz einsäen und dann erst einmal ein Jahr warten. Im Laufe des Jahres gingen die Leute dann über den Platz und markierten auf diese Weise die Wege, die am häufigsten benützt wurden. Und diese wurden dann letzten Endes auch gepflastert.

Bei dieser Methode sollte man sich folgende Fragen stellen:

Was steht meiner Lösung im Weg? Wie kann man das Hindernis auf die einfachste Weise eliminieren?

Das Wort *einfach* ist wichtig. Wissenschaftler suchen immer die eleganteste, das heißt, die einfachste Lösung. Ein gutes Beispiel stammt aus dem Gebiet der Ungezieferbekämpfung. Man wollte die Tsetsefliegen (die Überträgerin der Schlafkrankheit) töten. Wenn man in diesem Fall „von vorn nach hinten" gedacht hätte, hätte man versucht, sie zu vertilgen. „Von hinten nach vorn" gedacht, fragt man sich jedoch statt dessen: „Wenn wir einmal davon ausgehen, dass sie gar nicht existieren, was könnte dann geschehen sein?"

Eine der Antworten lautete: „Sie sind gar nicht erst geboren worden". Man müsste also Insekten mit einem veränderten Gen verbreiten, das zur Sterilität führt, dann würden sie allmählich aussterben.

Auch bei pädagogischen Reformen muss man „von hinten nach vorn" denken. Gegenwärtig würde man zum Beispiel die meisten Kurse so definieren: „Ein vierjähriger Kurs in Französisch, der zu einer spezifischen Qualifikation führt." Man setzt dabei als selbstverständlich voraus, dass die Zeit, die die Schüler im Klassenzimmer sitzen, den Lernerfolg bestimmt.

„Von hinten nach vorn" gedacht, würde man vom geplanten Ergebnis ausgehen, also beispielsweise von der Fähigkeit, mühelos ein Gespräch zu führen. Da die Methode zu dieser Zeit noch nicht festgelegt ist, könnte man zu einer völlig anderen Antwort kommen.

Die Lösung könnte beispielsweise folgendermaßen aussehen:

1. Man zählt alle Französischstunden zusammen, die im Laufe von vier Jahren vorgesehen sind – also etwa 300 Stunden.
2. In den ersten 80 Stunden beschäftigt sich der Schüler allein (zum Beispiel mit einer CD-ROM), damit er die Grundlagen auf seine Art und in seinem Tempo lernen kann. Das würde die Hälfte aller Schulstunden pro Monat in Anspruch nehmen.
3. Dann sollten die Schüler 160 Stunden lang konzentriert mit der französischen Sprache konfrontiert werden. Dazu wären etwa 22 Studientage erforderlich – also noch ein Monat einschließlich der Hausaufgaben.
4. Der Rest der Zeit (etwa 60 Stunden) sollte dazu benützt werden, das fließende Sprechen zu üben.

Das Ergebnis steht im Einklang mit dem, was wir heute über das Erlernen von Fremdsprachen wissen. Man erreicht das fließende Sprechen nur durch konzentriertes und kontinuierliches Beschäftigen mit der fremden Sprache und nicht dadurch, dass man den Lernprozess in kleine „Häppchen" aufteilt, denn dadurch lernt der Schüler nicht, in der fremdem Sprache zu denken.

Von unten nach oben denken

Hierbei müssen Sie das Problem gewissermaßen auf den Kopf stellen. Ein Kind sieht die Welt anders, wenn es sich bückt und durch seine Beine blickt.

Anstatt sich zu fragen, warum sich Menschen mit Pocken infizierten, versuchte Edward Jenner herauszufinden, warum Melkerinnen sie nicht bekamen. Ergebnis: Die Mädchen hatten sich irgendwann einmal mit den weniger schlimmen Kuhpocken angesteckt und waren aus diesem Grund gegen die gefährlicheren Pocken immun.

So wurde der Gedanke geboren, dass man Menschen mit abgeschwächten Erregern bestimmter Krankheiten impfen und ihr Immunsystem auf diese Weise aktivieren kann.

Ein eher amüsantes Beispiel wird von dem Denkspezialisten Edward de Bono berichtet. Für ein Tennisturnier nach dem k.o.-System gibt es 120 Meldungen. Wie viele Spiele müssen ausgetragen werden, um den Gewinner zu ermitteln, wenn man auch die Spieler berücksichtigt, die die nächste Runde erreichen, ohne spielen zu müssen?

Man kann die Aufgabe logisch lösen, aber das kostet Zeit. Wenn man das Ganze jedoch auf den Kopf stellt, findet man die Lösung im Bruchteil einer Sekunde. Anstatt sich auf den Gewinner zu konzentrieren, muss man sich fragen, wie viele Verlierer es gibt. Bei 120 Spielern gibt es zwangsläufig 119 Verlierer. Und jeder Verlierer spielt einmal, einschließlich der freien Spiele. Also sind 119 Partien nötig.

Auch Henry Ford dachte so, als er das Fließband erfand, durch das die Arbeit zum Arbeiter und nicht der Arbeiter zur Arbeit gebracht wurde. Heute bringen wir das Büro zu den Menschen und nicht umgekehrt.

Man sollte sich immer die Frage stellen: „Können wir das auch ganz anders ausdrücken?"

Statt: „Wie können wir unsere Leute besser ausbilden?", sollten Sie fragen: „Wie können sie das lernen, was sie wissen müssen?" Auf diese Weise verlagern Sie das Problem von der Firmenleitung auf die Menschen, die selbst für ihr Lernen verantwortlich sind – das ist gewissermaßen die Grundlage einer lernenden Organisation.

Statt zu überlegen, wie man Krankheiten besser heilen kann, sollte man sich Gedanken darüber machen, wie man den Leuten helfen kann, gesund zu bleiben. Auf diese Weise kann man dahinter kommen, warum manche Leute bis ins hohe Alter gesund sind. Und daraus ergeben sich wiederum wichtige Konsequenzen im Hinblick auf Ernährung und Stress.

Humor kann ein guter Katalysator für Kreativität sein, das zeigt uns die Geschichte von den beiden miteinander konkurrierenden Schuhverkäufern, die von ihren Firmen in ein Entwicklungsland geschickt worden waren. Einer der beiden rief seine Firma an und sagte: „Nichts zu machen, hier trägt niemand Schuhe." Der andere telefonierte ebenfalls und sagte: „Phantastische Möglichkeiten – hier trägt niemand Schuhe."

Leute, die von „unten nach oben" denken können, wittern sofort neue Chancen, konventionell denkende Menschen sehen nur die Probleme.

Von oben nach unten denken

Dadurch, dass wir „von oben nach unten" denken, rufen wir uns ins Gedächtnis zurück, wie wichtig es ist, den Überblick zu behalten. Das gilt vor allem in Lebenslagen, in denen wir Probleme zu lösen haben,

> **Genie bedeutet, dass man etwas sieht, was jeder schon gesehen hat, und dabei an etwas denkt, an das noch keiner gedacht hat.**
>
> **ALBERT SZENT-GYÖRGI, ENTDECKER DES VITAMIN C**

bei denen es sich um Menschen dreht. Und noch wichtiger, wenn es um Sie selbst geht.

Man muss sich dabei vorstellen, dass man eine Situation von einer hohen Warte aus betrachtet und sich selbst als Teilnehmer beobachtet. Man wird dann sofort objektiver und ist eher bereit, die Meinung anderer Menschen zu respektieren.

Schach ist ein gutes Beispiel für diese Art des Denkens – Schachspielen kann man nur, wenn man sich in seinen Gegner hineinversetzen und so seine möglichen Züge vorhersehen kann.

„Von oben nach unten“ denken ist ein wesentliches Element jeder Verhandlung. Wenn Sie keinen Überblick über die Gesamtsituation haben, können Sie ein Geschäft nur aus ihrer Perspektive heraus betrachten und haben keine Chance, eine Lösung zu finden, die für beide Parteien von Vorteil ist.

Im Fernen Osten gibt es die Redensart: „Wir können nur die Dinge kontrollieren, die wir aus der Distanz betrachten.“ Es ist ein Teil der Gabe, loslassen zu können. Ärger, Eifersucht und Kummer führen in unserem Inneren ein Eigenleben. Diese Gefühle verzehren uns, entziehen uns die Lebensenergie und beeinträchtigen unsere Konzentrationsfähigkeit.

Um mit solchen destruktiven Emotionen fertig werden zu können, müssen wir uns immer wieder sagen: „Ich bin zwar im Augenblick verärgert, aber der Zorn hat keine Macht über mich“, oder „Nur weil ich bei dieser speziellen Aufgabe gescheitert bin, bin ich noch lange kein Versager.“

Wenn Sie nicht in der Lage sind, das Ganze aus einer gewissen Distanz zu betrachten, werden Sie weder sich selbst noch andere Menschen verstehen können.

Distanz bedeutet jedoch nicht, dass Sie kalt und gefühllos sein sollen. Es handelt sich dabei nur um einen vorübergehenden Anpassungsprozess, der es Ihnen möglich macht, einen klareren Überblick zu gewinnen. Danach können Sie sich wieder um ihre Gefühle kümmern. Ein Maler tritt auch einen Schritt zurück, um sein Werk besser beurteilen zu können. Besonders wichtig ist das „Von oben nach unten“ Denken, wenn Sie fest davon überzeugt sind, Recht zu haben.

In solchen Augenblicken sollten Sie sich fragen:

- Wie würde ein neutraler Beobachter das sehen?
- In welchem Zusammenhang steht dieses spezifische Problem mit dem übergreifenden Thema?
- Ist es nur ein Symptom eines größeren Problems?

Das Denken „von oben nach unten" hat für die Kreativität die gleiche Bedeutung wie das systematische Denken für die Analyse. Sie verhindern auf diese Weise, dass Sie sich in Einzelheiten verlieren und den Gesamtzusammenhang nicht mehr erkennen können.

Für die Schule bedeutet das, dass man Projektarbeiten durchführen muss – damit die Schüler das, was sie von ihrem Lehrer, einem Spezialisten, gelernt haben, auch im Alltag anwenden können.

Und jetzt zurück zu unserem Akronym IKARUS:

A wie „Alternativen"

„Die beste Art, gute Ideen zu haben, ist, eine Menge Ideen zu haben." Das ist nur zu wahr.

Unser Bildungssystem hat uns so geprägt, dass wir immer die eine richtige Antwort suchen. In der „freien Wildbahn" gibt es jedoch in der Regel mehrere richtige Antworten. Wenn man sich mit einer Lösung zufrieden gibt, übersieht man oft, dass es noch eine bessere gibt.

Man sollte sich immer fragen: „Wie viele Lösungsmöglichkeiten gibt es für dieses Problem? Versuchen wir einmal, mindestens zehn zu finden."

In *The Art of Creative Thinking* erklärt Robert Olsen, warum Quantität so wichtig ist. Wenn man die Leute bittet, ein paar Vögel zu nennen, fangen sie mit Sicherheit mit den bekannten Arten an – Spatzen, Tauben oder Amseln.

> **Wohlstand ist das Produkt der Denkfähigkeit des Menschen.**
>
> **AYN RAND**

Wenn man sie jedoch auffordert, eine bestimmte Menge zu finden – zum Beispiel 30 – werden sie nach einer gewissen Zeit in Kategorien denken. Wenn ihnen dann der Truthahn einfällt, kommen sie automatisch auch auf andere einheimische Vögel, also zum Beispiel auf Hühner, Enten, Perlhühner und Fasane. Und von der Möwe schließen sie auf Albatros, Dreizehenmöwe, Papageientaucher und Riesenmöwe.

Plötzlich wird aus dem Offensichtlichen das Ungewöhnliche. Wenn wir die Leute dazu bringen, Quantität als Maßstab anzusetzen, lenken wir ihr Gehirn in neue, kreative Bahnen.

Quantitäten sind jedoch auch noch aus einem anderen Grund wichtig: Viele Ideen sind zwar nicht wirklich gut, aber trotzdem wichtig, weil sie letzten Endes mit zum Erfolg beitragen. Niemand erwartet von Ihnen, dass Sie in jeder Phase des schöpferischen Prozesses Recht haben – nur zum Schluss.

Deshalb stellt jede noch so alberne Idee womöglich eine wichtige Stufe auf dem Weg zur Lösung dar. Es ist wie bei der Goldsuche. Man muss durchschnittlich fünf Tonnen Erz fördern, um eine Unze Gold zu gewinnen, aber ohne das Erz gäbe es auch kein Gold.

Die beste Möglichkeit, Ideen im Überfluss zu produzieren, besteht darin, das „Brainstorming" mit einer Checkliste zu kombinieren, die wir CASPAR nennen.

„Brainstorming" wurde durch Alex Osborn bekannt und besteht aus einem strukturierten, freien Gedankenaustausch. Man lässt sich entweder allein oder in einer Gruppe möglichst viele und verschiedene Ideen einfallen, muss sich dabei jedoch an folgende Regeln halten, die zum Teil von Osborn, zum Teil von Thomas Bouchard von der Minnesota University aufgestellt wurden.

1. Jeder Teilnehmer wird genau über die Fakten informiert.
2. Je ausgefallener die Ideen sind, desto besser.
3. *Jeder* muss an die Reihe kommen (keiner darf dominieren).
4. Je mehr Ideen, desto besser.
5. Die Einfälle eines anderen dürfen nicht kritisiert werden. (Das ist die wichtigste Regel. Wenn sie es nämlich der linken, analytischen Hirnhälfte in dieser Phase erlauben, sich einzumischen, engen Sie den Fluss der Kreativität ein. *Nach* dem Sammeln von Einfällen dürfen Sie Ihr Urteil abgeben und Kritik üben.)
6. Konzentrieren Sie sich vor allem darauf, verschiedene Ideen miteinander zu kombinieren.
7. Sorgen Sie dafür, dass jemand die Diskussion moderiert, damit alle bei der Sache bleiben und nicht abschweifen.

Eine der besten Möglichkeiten, die Ideen festzuhalten, besteht in der Herstellung einer „Lernkarte". Alle Einfälle finden sich auf diese Weise zum Schluss auf ein und derselben Karte. Sie können dann mühelos erkennen, wo sich Verbindungen herstellen lassen.

SASKIA ist hier das Akronym für Ihre Checkliste (ähnlich wie die, die Alex Osborn entworfen hat). Sie erinnert Sie daran, die entscheidenden „Was-wäre-wenn-Fragen" zu stellen, die zur Entdeckung alternativer Ideen führen.

SASKIA steht für:

S – Streichen – Was können wir streichen oder ersetzen?
A – Addieren – Was können wir hinzufügen, vermehren oder verlängern?
S – Subtrahieren – Was können wir reduzieren, vermindern oder kürzen?
K – Korrigieren – Gibt es etwas ähnliches, das wir mit einigen Korrekturen übernehmen können? Welche Analogien könnten hier hilfreich sein?
I – In anderen Situationen nutzen – Wofür können wir es sonst noch gebrauchen?
A – Anders sortieren – Können wir die Reihenerfolg ändern?

Schauen wir uns ein paar Beispiele an. Es geht hier nicht darum, eine fertige Idee zu haben, sondern wir wollen Denkprozesse in Gang setzen. Wichtigste Regel des „Brainstormings" ist, dass man nicht sofort Kritik üben darf, sondern die „Was-wäre-wenn-Ideen" als Vorstufen auf dem Weg zur endgültigen Lösung benützt.

Streichen

- Was würde passieren, wenn wir die Einkommensteuer abschaffen würden und stattdessen jedem ein kleines Gehalt zahlten? Wenn wir außerdem die Verkaufssteuern auf alles außer Lebensmitteln, Lernmitteln und Kinderkleidung erhöhen würden?
- Was würde geschehen, wenn wir die konventionelle Benotung abschaffen würden und uns bei der Beurteilung vor allem auf das Endprodukt konzentrierten und den Schülern die Beurteilung ihrer Arbeiten selbst überließen?
- Was würde passieren, wenn wir das Routinedenken durch ein „Was-wäre-wenn-Denken" ersetzen würden?

Addieren

- Was würde passieren, wenn wir die Zahl der Schulstunden in den Fächern Kunst, Theater und Musik (oder im Fach „Denkfähigkeiten") erhöhen würden?
- Was wäre, wenn wir das Schuljahr an das normale Geschäftsjahr anpassen würden?
- Wie wäre es, wenn wir die Eltern als aktive Mitarbeiter in den Bildungsprozess mit einbezögen oder unsere Großeltern in der Schule als Hilfskäfte anstellen würden? Oder wenn wir Freiwillige einsetzten, um die Kosten für den Unterhalt der Schulen zu senken?
- Wie wäre es, wenn wir die Schulzeit um ein Jahr Gemeindearbeit verlängern würden?
- Was würde passieren, wenn die Schüler ihre eigene Bank, ihre eigene Polizei, ihre Läden und ein eigenes Gericht hätten? (In ein paar Schulen wird so etwas bereits mit Erfolg praktiziert.)
- Was würde sich ändern, wenn Sie wüssten, dass sie 20 Jahre länger leben und 110 Jahre alt werden? Wie würde sich das auf Ihre Lebensplanung auswirken?

Subtrahieren

- Was wäre, wenn wir die Zahl der Lehrer in den höheren Schulen verringern und statt dessen mehr Computer einsetzen würden?
- Wie wäre es, wenn wir die Schülerzahl in den Grundschulklassen vermindern und die Lehrerschaft vergrößern würden?
- Wie würde es sich auswirken, wenn wir die Schulen verkleinern oder große Schulen in kleinere Einheiten unterteilen würden?
- Was würde passieren, wenn wir die Haftstrafen verkürzten, und die Schuldigen statt dessen direkt für das Opfer arbeiten ließen?

Korrigieren

- Wie wäre es, wenn wir einen Ölbohrer in ein Haushaltswerkzeug verwandeln würden? (Ist bereits geschehen, das Ganze nennt sich Bohrmaschine.)
- Was würde geschehen, wenn wir die Museen in Lehranstalten verwandeln würden? (Bei den besten ist das bereits geschehen. Beispiel:

das Exploratorium in San Francisco, in dem sich jede Menge Ausstellungsstücke befinden, die man selbst entdecken und anfassen kann.)

Dieser Teil der Checkliste eignet sich besonders zum Suchen von Analogien – man vergleicht eine vertraute Situation mit dem Problem, das man lösen möchte, oder mit dem Thema, mit dem man sich gerade beschäftigt.

So kann man zum Beispiel den elektrischen Strom mit dem Wasser vergleichen, das durch ein Rohr fließt. Baut man Widerstände in einen Stromkreis ein, senkt man die Stromstärke. Das ist genauso, als würde man das Wasserrohr an einer Stelle verengen, um den Wasserfluss zu reduzieren.

Auch die Brüder Wright bedienten sich bestimmter Analogien, um zu verstehen, wie man ein Flugzeug steuern kann. Bei der Beobachtung von Bussarden stellten sie fest, dass die Vögel in der Kurve nicht nur einen Flügel senkten, sondern ihn zusätzlich verdrehten. Dieser zusätzliche Druck hatte zur Folge, dass die Vögel in der Kurve nicht an Höhe verloren. Die Gebrüder Wright konstruierten daraufhin eine Flügelspitze, die sich getrennt von der eigentlichen Tragfläche verstellen ließ – das Querruder war erfunden.

Analogien helfen, weil sie dem Menschen eine neue Sichtweise vermitteln. William Gordon von der Synectics Corporation (der Erfinder der „Ring pull"-Dose): „Sie tragen dazu bei, dass das Vertraute in einem ungewohnten Licht erscheint." Und das ist seiner Meinung nach nötig, weil wir normalerweise dazu neigen, Dinge zu stark zu vereinfachen, damit sie uns vertraut erscheinen, was wiederum unsere Kreativität behindert. Analogien zwingen uns, alles neu zu betrachten, und haben deshalb unserer Meinung nach für die Kreativität eine große Bedeutung.

Man sollte sich stets fragen: „Wie sieht das aus? Was kann ich aus dem Vergleich lernen?"

In anderen Situationen nutzen

- Was wäre die Konsequenz, wenn wir die Schulen in kommunale Lernzentren verwandeln würden, die täglich 13 Stunden an sieben Tagen in der Woche geöffnet wären?

- Wie wäre es, wenn wir die Flure der Schulen zu Kunstgalerien für die Gemeinde umfunktionieren würden?
- Was würde passieren, wenn man Pensionäre als Hilfslehrer oder Tutoren für die Kinder einsetzen würde?

Anders sortieren

- Wie wäre es, wenn die Schüler ihr ideales Lernzentrum (ihre Schule) selbst entwerfen würden?
- Was würde passieren, wenn die Schulen offen wären und nicht aus geschlossenen Klassenräumen bestünden?
- Was würde geschehen, wenn sich die einzelnen Klassen aus Schülern zusammensetzten, die in einem bestimmten Fach das gleiche Niveau erreicht haben – statt sie in Altersgruppen zusammenzufassen?
- Welche Konsequenz hätte es, wenn es auf den höheren Schulen ein größeres Maß an selbstständigem Lernen und weniger „Frontalunterricht" gäbe?
- Wie wäre es, wenn ein Dreierteam aus Schülern, Eltern und einem speziell dafür ausgebildeten Pädagogen den individuellen Lehrplan für jedes einzelne Kind entwerfen würde?
- Was würde passieren, wenn im Verteidungsministerium eines jeden Landes nur Frauen arbeiteten? Ließen sich die internationalen Spannungen dadurch vermindern?

Damit kommen wir zum nächsten Buchstaben unseres Akronyms IKARUS:

R wie revolutionäre Kombinationen

Eine Sammlung alternativer Ideen kann jedoch allein noch nichts ausrichten. Um einen wirklichen Durchbruch zu erreichen, muss man eine bestimmte Anzahl der neuen Einfälle miteinander auf möglichst einfallsreiche Weise kombinieren.

Gordon Dryden, Spezialist auf dem Gebiet der Kreativität, hat ein ausgezeichnetes Trainingsprogramm zusammengestellt, das er „Aha-Spiel" nennt.

Für ihn ist eine Idee „eine Kombination alter Elemente". „Es gibt nichts Neues unter der Sonne", behauptet er. „Es gibt nur neue Kombinationen alter Elemente."

Auch Kochrezepte sind nichts anderes als neue Mixturen alter Zutaten. Jeder von Menschenhand hergestellte Kunststoff ist eine neue Zusammensetzung existierender Atome. Und auch bei der Genmanipulation werden die Gene nur auf eine neue Weise miteinander verknüpft.

Das Faxgerät ist eine Verbindung aus Fotokopierer und Telefon. Und Gutenbergs Druckerpresse war die Kombination einer Münzpresse mit einer Presse, mit der man Wein kelterte.

Wenn Sie also genügend Alternativen gefunden haben, sollten Sie sich fragen: „Was kann ich miteinander verbinden, um eine gute Lösung zu finden?“ (*Eine*, nicht *die* Lösung.)

Bis Sie das Endresultat wissen, können Sie etwas hinzufügen, wegnehmen, eliminieren, anpassen und in einen neuen Zusammenhang bringen – mit anderen Worten: Sie können eine Vielzahl von Kombinationsmöglichkeiten ausprobieren.

„Lernkarten“ sind auch hier sehr nützlich, denn durch ihre Übersichtlichkeit haben Sie einen besseren Überblick über die verschiedenen Kombinationsmöglichkeiten.

Ein wichtiger Tipp: Versuchen Sie nicht, die endgültige Synthese am gleichen Tag zu finden, an dem die „Brainstorming“-Sitzung stattfindet. Zahlreiche Untersuchungen über Kreativität haben gezeigt, dass es besser ist, dem Unterbewussten Gelegenheit zu geben, sich mit dem Thema zu beschäftigen.

Denken Sie abends noch einmal über Ihre Einfälle nach, konzentrieren Sie sich auf die Lösung, die Sie anstreben, und auf den Zeitpunkt, zu dem Sie sie gefunden haben müssen. Dadurch geben Sie Ihrem Unterbewusstsein eine Zielvorgabe, an der es sich orientieren kann. Und dann schlafen Sie darüber. Auch Beethoven, Wagner, Coleridge und Stevenson haben ihre Träume ganz bewusst als Quelle der Kreativität benützt.

Das Ergebnis ist oft ein Geistesblitz, der allerdings aus wohldurchdachter Quelle entstanden ist; kein Zufallstreffer also, sondern „Kreativität mit Methode“.

Nicht die Erfindung, sondern die Phantasie ist die Hohepriesterin der Kunst und des Lebens.

JOSEPH CONRAD

Die letzten beiden Elemente unseres Plans für das kreative Denken sind **das Übernehmen der umwerfendsten Kombination** (U), und die Aufforderung: **Setzen Sie die Idee um** (S). Es handelt sich dabei um die gleichen Elemente, die wir auch schon im Zusammenhang

> **Es gibt keine Ausflucht, deren ein Mensch sich nicht bedient, wenn er dadurch der unbequemen Arbeit des Denkens aus dem Weg gehen kann.**
>
> **THOMAS ALVA EDISON**

mit dem Problemlösen kennen gelernt haben, denn hier tritt das kreative Denken zugunsten des analytischen Denkens zurück, damit eine Entscheidung über den besten Lösungsweg getroffen werden kann.

U wie Umwerfend

Welche von allen ist die beste, die umwerfendste Idee? Welche erfüllt genau die Kriterien, die wir zu Anfang aufgestellt haben? Welche Konsequenzen würde es haben, wenn wir uns für sie entscheiden würden?

S wie Setzen Sie die Idee um

Jetzt ist der Augenblick gekommen, in dem Sie die Idee in die Praxis umsetzen müssen, denn sonst wäre alles nur weltfremde Tagträumerei gewesen.

Wir sind der Meinung, dass man in der schnelllebigen Welt des 21. Jahrhunderts von uns allen erwartet, dass wir eine schnelle Auffassungsgabe und die Fähigkeit zur kreativen Analyse besitzen. **Beides kann man lernen.**

Sowohl Analyse als auch Kreativität müssen methodisch sein. Es wäre also gut, wenn Sie sich auf vier Postkarten die von uns vorgeschlagenen Akronyme notieren und auswendig lernen würden. Wie das Akronym M.A.S.T.E.R. können sie Ihnen als Checkliste für Ihr Lernen dienen.

IKARUS	für die Kreativität (einschließlich SASKIA für die Alternativen)
A FAN	für das Treffen von Entscheidungen
DANKE	für das Problemlösen
A,B,C,D,E,F,G + I	für die allgemeine Analyse

Denken kann man natürlich nur, wenn man ein bestimmtes Thema oder ein Problem hat, das man bearbeiten kann. Es nützt nichts, wenn Sie sich nur die Checklisten einprägen. Um denken zu lernen, müssen Sie diese Hilfen auch konkret anwenden und zwar so lange, bis sie Ihnen in Fleisch und Blut übergegangen sind.

Der Funke des Genies

Phantasie, Träumerei, Intuition, Spielen, Gefühle, Schlaf.

Was hat das alles mit dem schöpferischen Genius oder mit den Meilensteinen in der Entwicklungsgeschichte der Menschheit zu tun? Diese Elemente haben tatsächlich einen erstaunlichen Beitrag geleistet.

Nach Jahren finsterer Entschlossenheit und einer Beharrlichkeit, die an Besessenheit grenzt, hat oft ein einziger Augenblick der Entspannung einen Geistesblitz und damit den Durchbruch gebracht.

Man muss die Arbeit auch einmal liegen lassen können, denn genauso wie sich ermüdete Muskeln erholen müssen, braucht auch der Geist eine Ruhepause. Wenn wir uns entspannen, werden wir wieder empfänglicher für intuitive Impulse. Im Gegensatz zu einem Computer ist das Gehirn in der Lage, viele Dinge gleichzeitig zu tun. Wenn wir schlafen, im Wald spazieren gehen, zu Hause abwaschen oder uns rasieren, laufen in unserem Gehirn wichtige Prozesse ab, die jedoch nicht in unser Bewusstsein dringen. Die Fabrik in unserem Gehirn arbeitet auch dann weiter, wenn der Chef nicht da ist. Verschiedene Rohmaterialien werden auf eine ungewöhnliche Weise zusammenmontiert und so neue Produkte geschaffen.

Viele große Köpfe haben sich offen dazu bekannt, dass sie oft durch eine plötzliche Inspiration zu den wichtigen Entdeckungen geführt worden sind, die unser Leben und Denken so entscheidend verändert haben.

Albert Einstein war fest davon überzeugt, dass man geniale Gedanken provozieren könne, indem man seiner Phantasie freien Lauf lässt, ohne sich durch Konventionen einengen zu lassen. Er selbst führte die Relativitätstheorie auf seine Tagträume zurück. Als Heranwachsender habe er sich ein Experiment ausgedacht, bei dem er selbst auf einem Lichtstrahl geritten sei.

Später sagte er dazu: „Als ich über mich selbst und über meine Art zu denken nachgedacht habe, bin ich zu dem Schluss gekommen, dass meine Phantasie mir mehr bedeutet hat als meine Begabung, mir konkretes Wissen anzueignen."

Als Ludwig van Beethoven einmal gefragt wurde, woher er die Einfälle zu seinen Kompositionen habe, antwortete er poetisch: „Sie kommen zu mir in der Stille der Nacht oder früh am Morgen und werden durch meine Stimmungen ins Leben gerufen."

Der deutsche Chemiker Friedrich August Kekulé fand den Benzolring, während er im Halbschlaf vor dem Kaminfeuer saß. In den Flammen sah er phantastische Formen und Strukturen, die er später folgendermaßen beschrieb: „Die Atome sausten an meinen Augen vorbei. Lange Reihen ... alle in Bewegung, sie drehten und wanden sich wie Schlangen. Und was war das plötzlich? Eine der Schlangen biss sich selbst in den Schwanz, und das Bild wirbelte vor meinen Augen, als wolle es mich verhöhnen. Da wachte ich plötzlich wie vom Blitz getroffen auf."

Sein Unterbewusstsein hatte ihm den Schlüssel zum Aufbau des Benzolmoleküls gegeben. Wenig später, im Jahre 1865, erklärte er, dass es sich bei dem Molekül um einen geschlossenen, sechseckigen Ring aus sechs Kohlenstoffatomen handle und ihn an die Schlange erinnere, die er damals im Halbschlaf gesehen hatte.

Sir Isaac Newton beschrieb sein Lebenswerk folgendermaßen: „Ich weiß nicht, wie mich die Welt sieht. Ich selbst bin mir jedenfalls immer wie ein Junge vorgekommen, der am Strand spielt und dort einen immer noch glatteren Stein oder eine noch hübschere Muschel findet. Dabei lag während der ganzen Zeit der große Ozean der Wahrheit unentdeckt vor mir."

John Maynard Keynes schrieb über Newton: „Das absolut Außergewöhnliche an ihm war seine Intuition. Er war so glücklich über seine Vermutungen, dass er offensichtlich mehr wusste, als er jemals würde beweisen können. Die Beweise wurden ... hinterher zurechtgemacht. Sie hatten nichts mit seinen Entdeckungen zu tun."

Johann Wolfgang von Goethe ließ sich beim Spazierengehen inspirieren. Jean Jacques Rousseau konnte am besten denken, wenn er allein wanderte. Friedrich Nietzsche hörte sich am Abend Musik an und wachte am nächsten Morgen mit „wichtigen Einsichten und Inspirationen auf".

Schlaf ist der ideale Brutkasten für neue Einfälle. Wordsworth nannte ihn „liebe Mutter der frischen Gedanken".

Zahlreiche schöpferische Menschen wie Carl Friedrich Gauß, Charles Darwin, Ernest Hemingway und Nevelson hatten ihre schöpferischste Phase am frühen Morgen, direkt nach dem Aufwachen. Thomas Edison schlief manchmal auf dem Tisch seines Labors, um sich morgens nach dem Aufwachen direkt an die Arbeit begeben zu können.

> **Jede Entdeckung enthält ein „irrationales Element" oder eine schöpferische Intuition.**
>
> **KARL POPPER**

Honoré de Balzac nannte den Grund, warum so viele Menschen den frühen Morgen für ihre Arbeit bevorzugen. Er sagte, er wolle die Tatsache ausnutzen, dass „mein Gehirn arbeitet, während ich schlafe".

Als Johann Sebastian Bach einmal gefragt wurde, wann ihm seine Melodien einfielen, sagte er: „Das Problem besteht nicht darin, sie zu finden, sondern morgens, wenn ich aufstehe, nicht auf sie zu treten."

René Descartes, dessen Name gewissermaßen ein Synonym für Rationalismus ist, war ursprünglich ein Soldat mit ungewisser Zukunft. In einem Traum wurde ihm plötzlich klar, dass die Verbindung von Mathematik und Philosophie sein Lebensziel sei. Robert Louis Stevenson hat die Geschichte von *Dr. Jekyll und Mr. Hyde* geträumt.

Benjamin Franklin versuchte, Kontakt mit einer Gewitterwolke herzustellen, konnte aber keinen geeigneten hohen Turm finden, und alle anderen Möglichkeiten, zum Beispiel eine lange Eisenstange, funktionierten nicht. Als er sich eines Tages einmal richtig entspannte, hatte er einen Tagtraum und erinnerte sich daran, wie er als Junge einen Drachen hatte steigen lassen. Der Rest ist Geschichte.

Jonas Salk, der Entdecker des Impfstoffs gegen die Kinderlähmung, stellte fest: „Ich bin immer wieder fasziniert, wenn ich morgens aufwache und darüber nachdenke, was meine Intuition mir diesmal wieder bescheren wird. Es kommt mir vor, als seien es Geschenke, die das Meer an den Strand gespült hat. Ich arbeite mit meiner Intuition und verlasse mich auf sie. Sie ist meine Partnerin."

Schon immer haben die meisten schöpferischen Menschen Intuition, Logik, Rhythmus, Struktur und Tagträume mit sorgfältiger Planung, Phantasie und genauer Bewertung kombiniert; erst das macht sie zu wahren Genies.

In der Geistesgeschichte finden sich zahllose Beispiele für intuitive Entdeckungen. Das bekannteste ist sicher das Bad des Archimedes, der in der Badewanne das Prinzip der Wasserverdrängung entdeckte und daraufhin das inzwischen berühmte *Eureka! („Ich habe es gefunden")* ausgerufen haben soll.

Wolfgang Amadeus Mozart hatte seine besten Einfälle zu den ungewöhnlichsten Zeiten – nicht wenn er am Klavier saß und arbeitete.

> **Wenn wir unserer Intuition vertrauen, kann uns das von der „Psychosklerose", einer Verhärtung des Verstandes und des Geistes, heilen, die durch eine zu große Abhängigkeit von der Rationalität und dem analytischen Denken verursacht wird.**
>
> **HAROLD H. BLOOMFIELD, AUTOR VON *MAKING PEACE WITH YOUR PARENTS***

„Wenn ich ganz allein und gut gelaunt bin – sagen wir, wenn ich in einer Kutsche sitze oder nach einem guten Essen spazieren gehe, oder wenn ich nachts nicht schlafen kann, kommen mir die besten Einfälle und zwar in großer Zahl. *Woher* und *wie* sie kommen, weiß ich nicht, und ich kann sie auch nicht erzwingen."

Der Nobelpreisträger Calvin Melvin fand die Antwort auf eine rätselhafte Unstimmigkeit bei seinen Untersuchungen der Photosynthese während er im Auto saß und auf seine Frau wartete, die einkaufen war.

Er schrieb: „Es passierte einfach so – ganz plötzlich – und genauso plötzlich, in wenigen Sekunden, wurde mir klar, welchen Weg der Kohlenstoff nimmt."

Intuition kommt natürlich nicht von ungefähr. Sie muss durch unermüdliche, rationale Arbeit vorbereitet werden, vor allem, wenn es sich um ein hochspezialisiertes Gebiet handelt. Sie liefert der Intuition den Ansporn und das nötige Rohmaterial.

Hat so Intuition auch in der heutigen Arbeitswelt noch eine Bedeutung? Spitzenmanager sind doch mit Sicherheit „Vollblutanalytiker", die ihre Entscheidungen auf einer systematischen Grundlage treffen? Keineswegs.

Henry Mintzberg von der McGill University, Faculty of Management führte umfangreiche Untersuchungen mit leitenden Angestellten durch und kam zu dem Ergebnis, dass ein Topmanager unter chaotischen und unberechenbaren Bedingungen arbeiten muss und ein „ganzheitlicher Denker ist, ... der sich ständig auf seine Intuition verlässt, um Probleme lösen zu können, die viel zu komplex sind, als dass man sie mit Hilfe einer rationalen Analyse lösen könnte."

Mintzberg kam zu dem Schluss, dass die „Effizienz eines Unternehmens nicht von dem engstirnigen Konzept abhängt, das wir ‚Rationalität' nennen, sondern von der Logik eines kühlen Kopfes und einem großen Maß an Intuition."

Was bedeutet das für die schulische Ausbildung unserer Kinder?

Philip Goldberg schreibt in seinem hervorragenden Buch *The Intuitive Edge*, dass man die Schüler darin bestärken sollte, dass angeborene Phantasie und Vorstellungskraft einen hohen Wert haben, denn beide fördern die Intuition.

„Wir würden große Fortschritte im Bereich der intuitiven Fähigkeiten unserer Kinder machen, wenn wir größeren Wert auf den individuellen Erfindergeist legen würden, statt immer nur das routinemäßige Auswendiglernen von Fakten oder die mechanische Anwendung bestimmter Regeln des Problemlösens in den Vordergrund zu stellen." In der Regel werden die Schüler mit bestimmten Aufgaben konfrontiert. Besser wäre, sie würden sich ihre „Kopfnüsse" selbst suchen. Hinterher kann man ihnen sagen, was die richtige Antwort gewesen wäre und wie man dahin gelangen kann. „Es wäre bedeutend besser, wenn man ihnen zumindest hin und wieder die Gelegenheit geben würde, aus erster Hand etwas zu erleben, mit dem wir als Erwachsene ständig konfrontiert werden: Wir müssen Probleme erkennen, die sich auf Dinge beziehen, die uns etwas bedeuten, und wir müssen selbst die Lösungen finden."

Da wir aus Beispielen lernen, wäre es ein guter Anfang, wenn wir die Lehrer so weit bringen könnten, dass sie im Unterricht intuitiv vorgehen.

Goldberg schreibt weiter: „Zur Zeit tragen die Lehrer Fakten vor und präsentieren das, was sie zu Hause vorbereitet haben. Wenn die Schüler erleben könnten, wie ihre Lehrer Vermutungen äußern und auch einmal einen ‚Schnellschuss' wagen, wenn sie erleben könnten, dass auch ein Lehrer in eine Sackgasse geraten kann und eine falsche Spur verfolgt, würden sie erkennen, dass auch ihre eigenen unsicheren Intuitionen und sich ständig wandelnden Vorstellungen eine Berechtigung haben.

Dazu bräuchte man natürlich Lehrer, die wirklich neugierig sind und denen es Freude macht, etwas Neues zu lernen. Es dürfte ihnen außerdem nichts ausmachen, vor ihren Schülern auch einmal Fehler zu machen. Möglicherweise ist das zu viel verlangt, trotzdem müssen wir erkennen, dass ein Lehrer mehr ist als ein automatischer In-

> **Das wirklich Wertvolle ist die Intuition.**
>
> **Albert Einstein**

formationsvermittler. Für den Schüler ist er ein Vorbild, wie man seinen Verstand gebraucht."

Die beiden letzten Kapitel, die sich damit beschäftigt haben, wie man Denken lernen kann, lassen sich am treffendsten durch Henry Fords Bemerkung zusammenfassen: „Denken ist Schwerstarbeit. Deshalb tun es so wenig Leute."

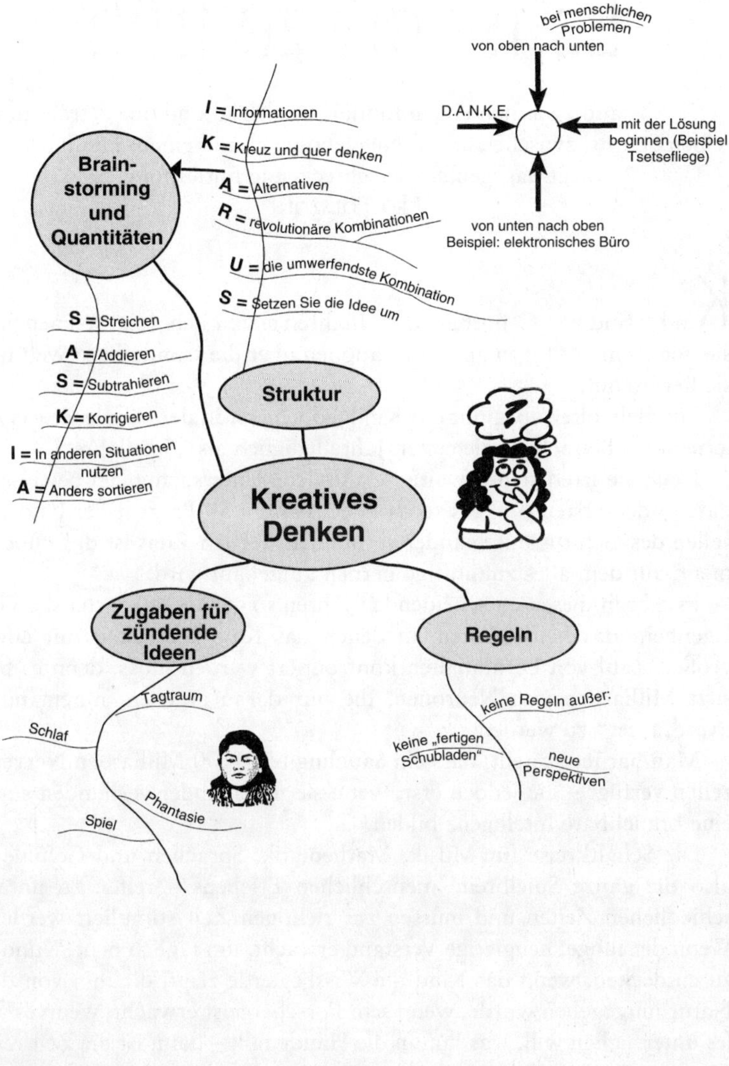
bei menschlichen Problemen
von oben nach unten
D.A.N.K.E.
mit der Lösung beginnen (Beispiel Tsetsefliege)
von unten nach oben Beispiel: elektronisches Büro
I = Informationen
K = Kreuz und quer denken
A = Alternativen
R = revolutionäre Kombinationen
U = die umwerfendste Kombination
S = Setzen Sie die Idee um
Brain-storming und Quantitäten
S = Streichen
A = Addieren
S = Subtrahieren
K = Korrigieren
I = In anderen Situationen nutzen
A = Anders sortieren
Struktur
Kreatives Denken
Zugaben für zündende Ideen
Regeln
Tagtraum
Schlaf
Phantasie
Spiel
keine Regeln außer:
keine „fertigen Schubladen"
neue Perspektiven

15

Es ist nie zu früh

Der Abstand zwischen einem fünfjährigen Kind und mir beträgt nur einen Schritt, zwischen einem Neugeborenen und einem Fünfjährigen liegt dagegen eine erschreckende Entfernung.
LEO TOLSTOI

Kinder sind von Geburt an klug. In ihren ersten Lebensjahren nehmen sie ungeheure Mengen an Informationen über die wunderbare Welt um sie herum auf.

Für viele Eltern beginnt das Kind jedoch erst in der Schule, etwas zu lernen. Sie betrachten die ersten Jahre lediglich als „Spieljahre".

Doch sie irren sich gewaltig. Zahlreiche Untersuchungen beweisen, dass in den ersten fünf bis sechs Lebensjahren 50 Prozent der Nervenzellen des Gehirns miteinander verbunden werden – das ist das Fundament, auf dem alles zukünftige Lernen aufgebaut wird.

Es gibt in diesen entscheidenden Jahren so genannte Fenster der Gelegenheit, das heißt Zeiten, in denen das Kind unbedingt mit einer großen Zahl von Lerninhalten konfrontiert werden muss, denn es besitzt Milliarden von Neuronen, die nur darauf warten, miteinander „verdrahtet" zu werden.

Man hat festgestellt, dass ein Säugling über 100 Milliarden Nervenzellen verfügt – die jedoch erst, wenn sie miteinander verbunden sind, eine brauchbare Intelligenz bilden.

Die Schaltkreise für Musik, Mathematik, Sprachen und Gefühle – also die ganze Spielbreite menschlichen Erlebens – reifen zu unterschiedlichen Zeiten und müssen zur richtigen Zeit stimuliert werden. Wenn der junge, neugierige Verstand erwacht, um täglich neue Wunder zu entdecken, wenn das Kind die Wissbegierde zeigt, die ihm von der Natur mitgegeben wurde, wenn sein Forschergeist erwacht, wenn es alles untersuchen will, was ihm in die Hände fällt – dann ist die Zeit reif.

Werfen Sie einmal einen Blick auf die beiden Abbildungen. Sie zeigen den Unterschied zwischen einem Gehirn, das in den Genuss anregender Aktivitäten gekommen ist, und einem, bei dem das nicht der Fall war. Die Bilder beweisen, wie wichtig es ist, schon früh mit dem Lernen anzufangen.

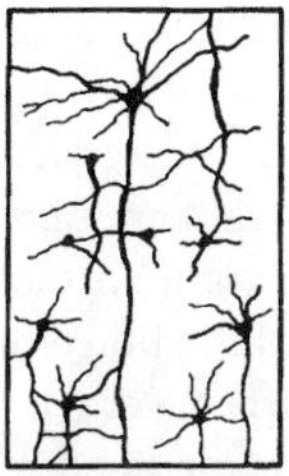

Die Verbindungen der Zellen eines nicht stimulierten Gehirns

Die Verbindungen der Zellen eines stimulierten Gehirns

Das Beispiel zeigt, dass

- die Eltern die wichtigsten Lehrer sind.
- das Zuhause – und nicht die Schule – der wichtigste Ort des Lernens ist.
- es von entscheidender Bedeutung ist, dem Kind zu Hause von Anfang an eine anregende Atmosphäre zu bieten.

Man kann das Bewusstsein und die Lernfähigkeit eines Kindes schon bald nach der Geburt ganz vorsichtig anregen, damit das Spielen zu einer Entdeckungsreise wird. Je früher man einem kleinen Kind das Gefühl vermittelt, dass Lernen Spaß macht und ein Abenteuer ist, desto leichter wird es später dem Erwachsenen fallen, seine Persönlichkeit voll zu entfalten.

Carla Shatz von der University of California, Berkeley, Vorsitzende der Society for Neuroscience, schreibt: „Das Gehirn eines kleinen Kindes ist keine Miniaturausgabe des Gehirns eines Erwachsenen … das Gehirn eines Babys ist eine phantastische Lernmaschine. Wir alle sind im Grunde wandelnde Wunder, wenn man bedenkt, wie in unserem Gehirn alles miteinander verbunden ist.“

Forscher wie Marian Diamond, die in der Neuroanatomie der University of California, Berkeley, arbeitet und Autorin des Buches *Enri-*

ching Heredity ist, sagt, dass unsere „Rohintelligenz" – die komplexe Gesamtheit aller Nervenverbindungen – einerseits von dem abhängt, was uns die Natur an Genmaterial mitgegeben hat, andererseits aber von einer positiven, fördernden und anregenden Umgebung.

Für den Kinderarzt und Neurobiologen Harry Chugani von der Wayne State University haben frühe Lebenserfahrungen eine ganz entscheidende Bedeutung, „sie können die Entwicklung eines Menschen völlig verändern."

Die Nervenverbindungen, die nicht in den ersten fünf Lebensjahren entstehen, entwickeln sich unter Umständen überhaupt nicht mehr. Deshalb ist es so ungeheuer wichtig, dass man die „Fenster der Gelegenheit" ergreift, wenn sie offen sind. Jahr um Jahr schließen sich bestimmte „Fenster", die nie wieder geöffnet werden können.

Manche Experten meinen sogar, dass die für das Lernen wichtigsten Lebensjahre schon vorüber sind, wenn das Kind eingeschult wird.

„Kinder, die in der Vorschulzeit keine geistigen Anregungen bekommen haben, verfügen bei der Einschulung über weniger Fähigkeiten und werden hinter ihren ursprünglichen Möglichkeiten zurückbleiben", ist Joan Beck, Verfasserin des Buches *Intelligenz für Ihr Kind*, überzeugt.

Diese allgemeine Aussage wurde durch Untersuchungen über das Sehvermögen anschaulich gemacht, die von den Neurobiologen und Nobelpreisgewinnern David Hubel von der Harvard University und seinem schwedischen Kollegen Torsten Wiesel durchgeführt worden sind.

Sie konnten zeigen, dass ein neugeborenes Kätzchen, dem man ein Auge zugenäht hatte, auf diesem Auge für immer blind blieb. Während der Zeit, in der das Auge zugenäht war, konnten lebenswichtige Neuronenverbindungen zum visuellen Cortex nicht hergestellt werden – und waren für immer verloren. Das gleiche Experiment führte bei einer erwachsenen Katze nicht zur Beeinträchtigung des Sehvermögens.

Wenn ein Kind geboren wird, ist sein Gehirn ein einziges Knäuel von Neuronen, die nur darauf warten, in den komplexen Teppich des Geistes eingewebt zu werden.

SHARON BEGLEY IM *NEWSWEEK MAGAZIN*

Daraus lässt sich der Schluss ziehen, dass es im frühen Lebensalter nur eine kurze Zeitspanne gibt, in der die Schaltkreise der Netzhaut mit dem visuellen Cortex verbunden werden. Man muss diese Zeit ausnutzen, denn sie kommt nie wieder.

Neurobiologen und Wissenschaftler anderer Disziplinen versuchen immer noch zu klären, welche weiteren Folgen das für ein Kind haben kann. Eines ist jedenfalls schon heute absolut sicher: Die Botschaft: „Es ist nie zu früh“ hat eine solide Grundlage. „Verbindungen werden nicht einfach hergestellt, sondern durch bestimmte Aktivitäten angeregt“, so Dale Purves von der Duke University.

> **Ich betrachte das Alter zwischen zwei und sechs oder sieben Jahren als die faszinierendste Periode der menschlichen Entwicklung ... sie birgt mehr Geheimnisse und Kraft des menschlichen Wachstums in sich, als jeder andere Lebensabschnitt.**
>
> **Howard Gardner**

Legen Sie also ihr Neugeborenes nicht in das übliche pastellfarbene Zimmer. Befestigen Sie statt dessen Karten mit schwarzweißen Figuren und Gesichtern an den Wänden um das Kinderbettchen.

Wie wir unsere Muttersprache lernen

Nehmen wir einmal das Erlernen der Muttersprache.

Bei der Entwicklung der gesprochenen Sprache spielt Nachahmung eine große Rolle. Den Akzent übernehmen wir von den Menschen, mit denen wir die ersten fünf Jahre unseres Lebens verbracht haben, vor allem also von unseren Eltern. Er wird uns vermutlich unser ganzes Leben lang begleiten. Es ist sehr schwer, sich einen solchen Akzent später wieder abzugewöhnen, denn er befindet sich in den Hauptbahnen des Gehirns, dort wo die Sprache angesiedelt ist. Obwohl Sie bei der Erweiterung Ihres Wortschatzes mehr Dendriten entwickeln, wird die Art und Weise, wie Sie sprechen, mehr oder weniger von den Hauptästen bestimmt, die Sie in den ersten Lebensjahren entwickelt haben.

Je mehr Wörter ein Kind hört, desto schneller lernt es sprechen. Kleine Kinder, deren Mütter häufig mit ihnen redeten (wenn auch nur in einsilbigen Wörtern), kannten im Alter von 20 Monaten 131 Wörter mehr als Kinder im gleichen Alter, deren Mütter nicht so gesprächig waren. Im Alter von 24 Monaten betrug diese Differenz bereits 295 Wörter.

Dr. Guy McKhann von der John Hopkins University sagt dazu: „Manche Kinder im Alter von zwei, drei oder vier Jahren sind sprachlich sehr zurückgeblieben. Wenn sie in die Schule kommen, haben sie einen großen Rückstand, der nur sehr schwer aufzuholen ist."

Wie wir eine Fremdsprache lernen

Wenn Kinder in einem zweisprachigen Elternhaus aufwachsen, lernen sie mit ziemlicher Sicherheit beide Sprachen. Selbst wenn drei Sprachen gesprochen werden, werden sie wahrscheinlich später alle drei sprechen und verstehen können.

Säuglinge lernen die Grundlaute ihrer Muttersprache im Alter von sechs Monaten – noch bevor sie ihr erstes Wort aussprechen. Das zeigt eine Untersuchung, die Dr. Patricia Kuhl von der University of Washington in Seattle durchgeführt hat.

Kuhls Ergebnisse weisen darauf hin, dass die Sprache, die das Kind in seinen ersten sechs Lebensmonaten hört, die Wahrnehmung von Sprachlauten verändert.

Manche Linguisten behaupten, dass im Lallen des Säuglings die Laute aller Weltsprachen enthalten sind – obwohl das Kind diese noch nie gehört hat. Wenn ein Kind in der richtigen Umgebung aufwächst, kann es demzufolge in den ersten vier Lebensjahren jede Fremdsprache fließend erlernen.

> **Mit Erreichen des Schulalters haben Kinder bereits eine ungeheure Menge an Informationen aufgenommen. Und sie haben die größte Lernleistung vollbracht: die Beherrschung einer gesprochenen Sprache.**
>
> WILLIAM A. REINSMITH, PROFESSOR FÜR ENGLISCH AM PHILADELPHIA COLLEGE OF PHARMACY AND SCIENCE

Da die Schaltkreise des Gehirns entsprechend vernetzt sind, fällt es einem Kind in diesem Alter tatsächlich leicht, mit der Muttersprache gleichzeitig eine zweite Sprache zu lernen. Später verlieren die „nicht engagierten" Neuronen dann die Fähigkeit, Verbindungen für eine Fremdsprache zu bilden.

Erschwerend kommt hinzu, dass später die „Wahrnehmungslandkarte" der ersten Sprache dominiert und das Erlernen der zweiten behindert. Wenn man versucht, einem Kind nach dem zehnten Lebensjahr eine Fremdsprache beizubringen, wird es diese Sprache mit großer Wahrscheinlichkeit nicht wie seine Muttersprache sprechen können. So haben beispielsweise viele erwachsene Japaner, die nicht unter Menschen aufgewachsen sind, die gutes Englisch sprechen, ihr Leben lang Schwierigkeiten mit bestimmten Konsonanten (wie r und l).

> **Kinder sind wie Samenkörner, die man in die Erde legt. Sie müssen täglich gegossen werden. Durch ständige Pflege und Fürsorge werden aus ihnen Pflanzen, die nach einer gewissen Zeit aufblühen.**
>
> **SHINICHI SUZUKI IN** ***ERZIEHUNG IST LIEBE***

Warum stehen dann in der Schule die Fremdsprachen erst so spät auf dem Lehrplan? Professor Chugani drückt es drastisch aus: „Welcher Idiot hat angeordnet, dass man erst in der höheren Schule mit dem Fremdsprachenunterricht beginnen soll? Wir setzen uns damit ganz einfach über bestimmte biologische Prinzipien hinweg. Am besten wäre es, wenn man Fremdsprachen im Kindergarten oder in der Grundschule unterrichten würde."

Dr. Martha Denckla von der John Hopkins University stimmt ihm zu: „Wir sollten die Vorschuljahre nutzen, um die Kinder mit einer zweiten oder sogar dritten Sprache zu konfrontieren. Das wäre die richtige Zeit und für die Kinder eine wunderbare Erfahrung und Bereicherung."

Kleinkinder, denen der Klang fremder Sprachen vertraut ist, zum Beispiel durch Lieder und Kinderreime, entwickeln ein Gedächtnis für diese Laute, und das macht es ihnen später leichter, eine oder mehrere Fremdsprachen zu lernen.

Mathematik, Musik und Logik

Hat der „Mozartfaktor" eine Bedeutung für ganz kleine Kinder? Durchaus.

Im Rahmen einer Untersuchung, die von der University of California, Irvine, durchgeführt wurde, gab Dr. Gordon Shaw 19 Kindern im Vorschulalter Klavier- oder Gesangsunterricht. Acht Monate später wurde ihr räumliches Denken getestet – das heißt, ihre Fähigkeit, geometrische Strukturen zu zeichnen, Muster von zweifarbigen Klötzen zu kopieren und Labyrinthaufgaben zu lösen. Im Vergleich zu den Kindern, die keinen Musikunterricht gehabt hatten, hatten sich ihre Leistungen „deutlich verbessert".

Shaw nimmt an, dass die kortikalen Neuronen der Kinder durch das Hören von klassischer Musik gewissermaßen trainiert wurden, was zugleich eine Verstärkung der Schaltkreise, die für mathematische Probleme benötigt werden, zur Folge hatte.

Sport für das Gehirn

Tägliche Gymnastik oder sportliche Übungen verbessern die Lese- und Schreibfähigkeit eines Kindes.

Dr. Lyelle Palmer, Professorin für Pädagogik an der Winona State University in Minnesota hat untersucht, wie sich sportliche Betätigung auf die geistige Beweglichkeit von Fünfjährigen auswirkt.

Zu Beginn werden die Kinder in der Turnhalle aufgefordert, eine Reihe von Turnübungen durchzuführen: Seil springen, Gleichgewichtstraining, Purzelbäume, Klettern oder Übungen am Schwebebalken.

Danach müssen sie auf dem Hof am niedrigen Reck schaukeln, sowie klettern, Rollschuh laufen und Purzelbäume schlagen.

Zum Schluss werden im Klassenzimmer verschiedene Spiele gemacht, die das Sehvermögen, das Hören und den Tastsinn anregen.

Palmer, ehemalige Vorsitzende der International Alliance for Learning sagt, dass alle Aktivitäten „bewusst so geplant werden, um diejenigen Hirnregionen zu aktivieren, von denen wir wissen, dass sie das Sehvermögen, den Tastsinn und das Hören fördern – gleichzeitig jedoch auch die Fähigkeit zur Aufnahme von Wissensstoff."

Das Ergebnis: Am Ende eines jeden Jahres unterziehen sich viele der Kinder – die zum größten Teil aus Familien mit niedrigem Einkommen stammen – einem Schulreifetest, bei dem sie glänzend abschneiden. Die meisten von ihnen gehören sogar zu den besten fünf Prozent des Staates.

Palmer bemerkt: „Wenn man Kinder beim Spiel beobachtet, wenn man sieht, wie sie sich bewegen, tanzen und gymnastische Übungen machen, denkt man immer nur an die Entwicklung der Muskulatur. Das entscheidende Ergebnis meiner Arbeiten beweist jedoch, dass die Anregung des Gehirns, das heißt, die Steigerung der sensorischen Aktivitäten im Gehirn, die Hirnzellen verändert. Und diese Veränderungen führen zu größeren Fähigkeiten und Fertigkeiten bei Kindern. Unter Fähigkeiten verstehe ich sensorische Fähigkeiten wie Sehen und Hören. Fertigkeiten haben dagegen etwas mit den Schulleistungen zu tun.

Die Untersuchungen zeigen, dass das Gehirn formbar ist. Hier bietet sich uns eine Gelegenheit, die Möglichkeiten der Kinder durch systematische Anregungen entscheidend zu verbessern. Das Gehirn wächst schneller als je zuvor im Leben des Kindes. Wenn wir die Stimulation durch Licht, Geräusche, Berührungen, Bewegungen und bestimmte Lerninhalte intensivieren, können wir diese Wachstumskurve steiler werden lassen."

Eine dieser Übungen, die Palmer entwickelt hat, nennt sich „Hubschrauberrotation". Sie ist für Kinder zwischen drei und fünf Jahren gedacht. Sie drehen sich dabei so schnell wie möglich 15 Sekunden lang mit ausgestreckten Armen im Kreis. Dann halten sie an, schließen die Augen, stehen etwa 25 Sekunden lang still – und halten das Gleichgewicht. Das Ganze wird zehnmal wiederholt. Auf diese Weise, so Palmer, wird die Grundlage für künftige motorische Fähigkeiten gelegt, wie man sie im Sport und zum Beispiel beim Halten eines Bleistifts braucht.

Jerome Hartigan, ehemaliger Olympiateilnehmer, leitet in Neuseeland Klassen von Vorschulkindern, in denen solche Übungen als Gehirntraining gemacht werden. Er stimmt zu: „Die Entwicklung des Körpers und der Muskulatur hat entscheidende Auswirkungen auf die Entwicklung des Gehirns. Je mehr wir uns um unsere Muskulatur, um unsere Sinnesfunktionen, also um unseren Körper kümmern, desto stärker entfaltet das Gehirn auch seine intellektuelle Lernfähigkeit für das spätere Leben."

Man sollte aus diesem Grund alle Sinne des Kindes stimulieren. Es sollte auf dem Schwebebalken gehen, ein Buch auf dem Kopf balancieren, mit Wasser, Reis und Sand spielen, Bälle rollen und fangen, Mikado spielen (um Fingerfertigkeit und Schreibfähigkeit zu üben), Blindekuh spielen und verschiedene Geschmacksrichtungen testen. Beim Spazierengehen sollten die Kinder auf alle Geräusche achten, und wenn Sie zu Hause sind, sollten Sie Ihr Kind hin und wieder auf den Arm nehmen und mit ihm tanzen. Je aktiver sich alle Sinne Ihres Kindes entwickeln können, desto besser wird es sie im späteren Leben auch nutzen können.

Die venezolanische Initiative

Was geschieht, wenn sich die Regierung eines Landes dazu entschließt, die Intelligenz des ganzen Volkes zu verbessern? Sie fängt am Anfang an, bei der Geburt.

Im Jahre 1979 schuf die neue Regierung von Venezuela das erste Ministerium für die Entwicklung der Intelligenz. Luis Alberto Machado, der bekannte Philosoph und Dichter, wurde mit diesem Amt betraut und stellte sofort ein Expertenteam zusammen, das sich von Spezialisten aus der ganzen Welt beraten ließ.

Schließlich entstand daraus das so genannte Familienprojekt, das auf den Wöchnerinnenstationen der Krankenhäuser begann. Dort unterrichteten rund 10 000 freiwillige Helfer die jungen Mütter und führten ihnen eine Reihe von Videofilmen vor. Man machte ihnen auf diese Weise klar, welche große Bedeutung liebevolle Fürsorge, richtige Ernährung, die Stimulation der sensomotorischen Funktionen und sportliche Übungen für die Entwicklung des Säuglings haben. Während der ersten drei Lebensjahre des Kindes wurden die Eltern in Gemeindezentren weiter betreut.

Machados Programm überschüttete das Land mit immer neuen Informationen über die Möglichkeiten der Weiterentwicklung menschlicher Fähigkeiten. Die Krankenhäuser, die Schulen, die Medien, die Beamten, das Militär und die Industrie, alle wurden zur Mitarbeit aufgerufen. Im Fernsehen gab es auf allen vier kommerziellen Kanälen des Landes Fünfminutenspots, die zwanzigmal am Tag gesendet wurden.

> **Ich glaube, dass wir es sehr bald als selbstverständlich betrachten werden, dass unsere Kinder zu Hause lernen werden, wie man liest, wie man geschriebene Wörter in Klänge verwandelt, wie man schreibt und buchstabiert, und das alles auf eine so natürliche Weise, wie sie zur Zeit hören und sprechen lernen.**
>
> **FELICITY HUGHES IN *READING AND WRITING BEFORE SCHOOL***

Dee Dickinson, Gründerin der Organisation New Horizons for Learning, hat die Erfolge der Venezolaner unter die Lupe genommen. Sie stellte fest, dass dort 150 ausgewählte Lehrer von fünf Psychologen ausgebildet wurden. Diese Lehrer unterwiesen dann 42 000 andere Lehrer, die wiederum über einer Million Kindern die Geheimnisse des kreativen Denkens und Problemlösens beibrachten. Vor kurzem wurde in Arlington, Virginia, ein ähnliches „Familienprojekt" ins Leben gerufen.

„Die Schule des 21. Jahrhunderts" in Amerika

Bei einer Umfrage des TIME Magazins und des Fernsehsenders CNN im Jahr 1996 befürworteten 73 Prozent der Befragten, mehr Steuergelder für Jugendprogramme auszugeben. Es war jedoch immer noch schockierend, dass 20 Prozent solchen Vorschulprogrammen eine niedrige Priorität einräumten oder sie gar für überflüssig hielten.

Glücklicherweise sind viele Kinderschutzorganisationen und Pädagogen davon überzeugt, dass man Kinder gar nicht früh genug auf den richtigen Weg bringen kann – und dass man zu diesem Zweck am besten mit der ganzen Familie zusammenarbeitet und die Schule in eine „fürsorgliche Gemeinde" verwandelt.

Margot Hornblower schreibt im *Time Magazine*: „Es klingt banal, stellt aber in Wirklichkeit eine Revolution dar, die, ehe man sich's versieht, das ganze Land überzieht, von den Ghettos der Innenstädte bis zu den Villenvororten und den ländlichen Bezirken."

Ein exemplarisches Programm, das der Staat Missouri anbahnte, ist inzwischen von 47 Staaten übernommen worden. Dieses Erziehungsprogramm gibt den Familien Tipps und Ratschläge, die sich auf die Entwicklung ihrer kleinen Kinder beziehen. Es beginnt bereits im dritten Monat der Schwangerschaft und endet nach Vollendung des dritten Lebensjahres. Eventuelle Lernschwierigkeiten können so meist noch behoben werden.

Manche Schulen übernehmen neben ihrem konventionellen Lehrauftrag zusätzlich die Verantwortung für das emotionale und soziale Wohlbefinden des Kindes – und zwar schon von Geburt an. Sie werden so in gewisser Weise zu „Ersatzeltern".

Edward Zigler, Professor in Yale, schuf die „Schule des 21. Jahrhunderts", eine Vorschule, die das ganze Jahr über ganztags geöffnet ist und für Kinder vom

> **Nichts ist für eine gute pädagogische Entwicklung wichtiger als reine, unverfälschte Neugier.**
>
> BURTON L. WHITE IN *THE FIRST THREE YEARS OF LIFE*

dritten Lebensjahr an gedacht ist. Zum Programm, das inzwischen von 400 Universitäten übernommen wurde, gehört auch die Kinderbetreuung vor und nach der Schule und natürlich in den Ferien.

In einigen Schulen „adoptieren" Lehrer gefährdete Kinder, um außerhalb der Schule etwas mit ihnen zu unternehmen.

„Schule sollte mehr beinhalten als Lesen, Schreiben und Rechnen", sagt Herman Clark, Rektor der Bowling Park Grundschule in Norfolk, Virginia, dessen Leistungen in einem ausführlichen Artikel im *Time Magazine* besonders gewürdigt worden sind. „Diesen Kindern fehlt so viel – und manchmal wollen sie eigentlich nur einmal fest in den Arm genommen werden."

Die Testergebnisse der Schule haben sich inzwischen verbessert, und die Anwesenheitsrate beträgt jetzt 97 Prozent.

Solche Projekte eignen sich nicht nur für Kinder aus der Unterschicht. Die schulischen Einrichtungen außerhalb der Schulstunden und auch in den Ferien für andere Aktivitäten zur Verfügung zu stellen, ist in jedem Fall eine gute Idee.

„Warum sollten wir diese schönen Gebäude 14 Stunden pro Tag und drei Monate im Jahr leer stehen lassen?" fragt der Schulrat Robert Watkins von Independence, Missouri. „Jetzt können wir hier zum Beispiel ein dreijähriges Kind mit einem Sprachfehler therapieren."

In Independence arbeiten alle 13 Grundschulen nach dem „Modell des 21. Jahrhunderts", und 35 Prozent der Eltern nehmen das vom Staat geförderte Hausbesuchsprogramm für Kinder unter drei Jahren in Anspruch.

Werden andere Schulen diesem Beispiel folgen? Es gibt natürlich bestimmte Hindernisse. „Überfüllte Klassenzimmer, knappe Haushaltsmittel und konservative Lehrer, um nur einige zu erwähnen", sagt Hornblower.

Aber wenn diese Pläne nicht realisiert werden, wird es für die Gesellschaft letzten Endes noch teurer.

Julia Denes, stellvertretende Leiterin des Bush Center of Child Development and Social Policy in Yale, sagt: „Wir müssen schon früh in die Kinder investieren und ihre speziellen Bedürfnis-

Wenn man das Gehirn eines Kindes und dessen Entwicklung versteht, besitzt man den Schlüssel zum Verständnis des Lernens.

JANE M. HEALY IN *YOUR CHILD'S GROWING MIND*

se befriedigen, nur so können wir verhindern, dass sie später kriminell werden."

Alles in allem

Fünfzig Prozent der Kapazität unseres Gehirns entwickeln sich in den ersten fünf bis sechs Lebensjahren! Von allen statistischen Werten, die wir in den letzten 12 Jahren, in denen wir pädagogische Forschung betrieben haben, gesehen haben, hat uns diese Zahl am nachdenklichsten gestimmt.

Je länger wir darüber nachdachten und mit den Eltern sprachen, desto klarer wurde uns, dass die Eltern instinktiv wissen, wie wichtig eine farbige, anregende Umgebung für das kleine Kind ist. Aber immer wieder wurden wir gefragt: „Was ist damit verbunden?"

Jeder Vater und jede Mutter weiß, dass ein Kind sich körperlich nur dann gut entwickeln kann, wenn die Ernährung alle wichtigen Elemente enthält. Aber welche Elemente braucht ein Kind für seine geistige Entwicklung?

Die Frage hat uns dazu veranlasst, im Rahmen eines Fünfjahresprojekts ein komplettes Vorschulprogramm zu entwickeln, das Kindern nicht nur helfen soll, schon vor der Schulzeit Lesen, Schreiben und die Grundrechenarten zu lernen, es soll darüber hinaus andere lebenswichtige Attribute fördern, so zum Beispiel das Selbstwertgefühl, die Kreativität, die Fähigkeit, klar zu denken, Konzentration, Beharrlichkeit, Musikalität und Werte wie Verantwortungsbewusstsein, Ehrlichkeit und Selbstbeherrschung.

Ziel dieses Programms, das sich *FUNdamentals* nennt, ist ein glückliches Kind mit einer abgerundeten Persönlichkeit.

Die Abbildung zeigt eine Pyramide, die aus Blöcken besteht. Das höchste Ziel kann nur erreicht werden, wenn die einzelnen Blöcke – wie auf der Abbildung einer nach dem anderen – aufeinander geschichtet werden.

Das *FUNdamentals*-Programm ist durchaus realistisch. Es trägt dem Umstand Rechnung, dass die Menschen in der heutigen schnelllebigen Welt kaum noch Zeit haben. Mit der Methode des „zweckgerichteten Spiels" schaffen wir für das Kind die notwendige, sinnvolle und anregende Umgebung.

Wir haben bereits ein paar Beispiele erwähnt, wie man die Entwicklung der Sinne des Kindes fördern kann. Weitere Beispiele sollen Ihnen zeigen, wie man eine abgerundete Persönlichkeit fördern kann und dabei alle Aspekte der Intelligenz berücksichtigt. Probieren Sie diese geistig anregenden Spiele und Aktivitäten mit Ihrem eigenen Kind einmal aus:

Wortschatz. Probieren Sie es einmal mit einem aufblasbaren Globus im Badezimmer. Wo sollen wir heute Abend hinfahren? Reden Sie kurz über Land und Leute. Oder spielen Sie „Wörter, die sich reimen". Einer fängt an und der nächste versucht, ein Wort zu finden, das sich auf das erste reimt.

Oder spielen Sie Kategorien. Wie viele Arten zu reisen fallen euch ein? Welche Tiere leben auf einem Bauernhof? Wer oder was kann alles fliegen? Wenn Sie die Sachen auspacken, die Sie eingekauft haben, sollen die Kinder sagen, wo sie herkommen und über das Ursprungsland und die dortigen Sitten und Gebräuche diskutieren.

Lesen. Es gibt einen ganz einfachen Grund, warum Kinder nicht schon früher lesen können: Die Buchstaben sind für ihre noch nicht voll entwickelten Augen zu klein. Lösung: Stellen Sie Karten her, auf denen Tätigkeitswörter stehen, mit Buchstaben, die mindestens fünf Zentimeter groß sind. Zum Beispiel Wörter wie *springen, laufen, hüpfen*. Lassen Sie das Kind die Wörter zuerst vorlesen und dann darstellen. Breiten Sie dann Karten aus, auf denen Dinge stehen, die man sehen und anfassen kann – *Tür, Bett, Lampe, Wand, Teddy, Bein* oder *Arm*. Wenn das Kind den „Code entschlüsselt" und das Prinzip des Lesens verstanden hat, sollten Sie zu Wörtern übergehen, die ähnlich klingen, zum Beispiel *Hase, Nase, Vase*. Sie können sie entweder auf Karten oder an die Tafel schreiben, damit dass Kind den Zusammenhang erkennen kann.

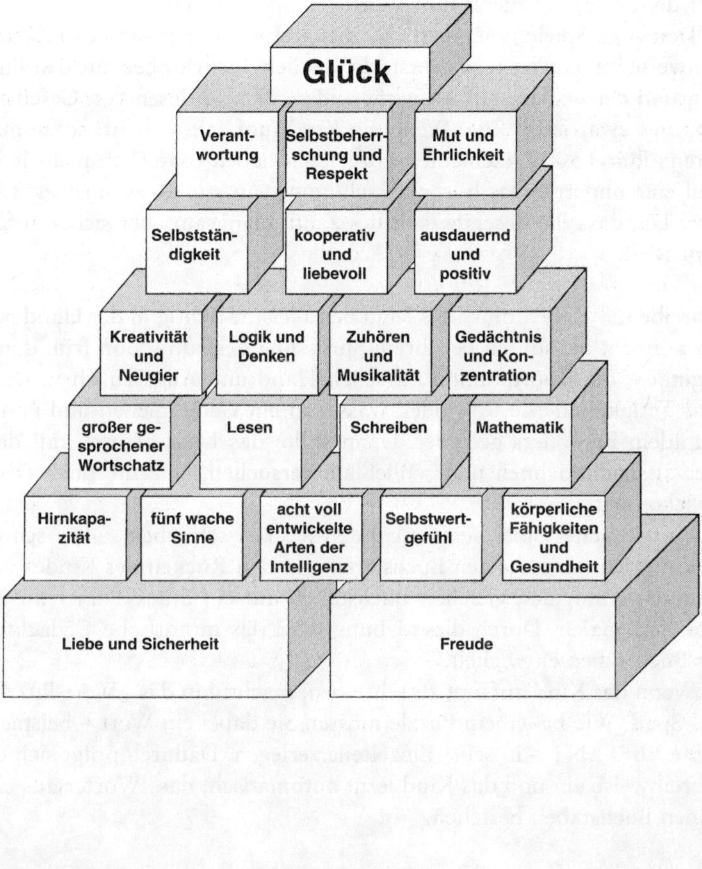

Die Bausteine der *FUNdamentals*. Jeder einzelne lässt sich durch eine Vielzahl von anregenden Aktivitäten weiterentwickeln, die dem Kind Spaß machen. Gemeinsam bilden sie die Grundlage für Erfolg und Glück.

Dann können Sie zu Spielen übergehen, die wir selbst entwickelt haben, zum Beispiel zum „Wortbingo“. 400 der gängigsten Wörter stehen auf Karten, die das Kind mit den Wörtern in Übereinstimmung bringen muss, die auf seiner Bingokarte stehen. Statt wie beim normalen Bingo, bei dem fünf Zahlen in einer Reihe angekreuzt werden müssen, gewinnt hier derjenige, der zuerst fünf Wörter angekreuzt hat.

Derartige Spiele, wie auch die „Schatzsuche“, bei der geschriebene Hinweise im ganzen Haus versteckt werden, sollten aber nur den Hintergrund der wichtigsten Aktivität bilden: dem Vorlesen von Geschichten, und zwar jeden Tag. Wenn ein Kind fünf Jahre alt ist, sollte man bereits ihm 1500 Geschichten vorgelesen haben (natürlich nicht jedes Mal eine andere). Das hört sich schlimmer an, als es ist, aber es trägt dazu bei, dass die Lesefähigkeit des Kindes langsam aber sicher aufgebaut wird.

Schreiben. Zuerst muss das Kind den Bleistift richtig in der Hand halten können. Sie sollten bei Ihrem Sprössling deshalb schon früh damit beginnen, die Koordination zwischen Hand und Auge zu üben. Dazu sind Tätigkeiten wie Reis oder Wasser in ein Gefäß gießen und Perlen auffädeln besonders geeignet. Dann sollte das Kind Figuren mit dem Bleistift nachzeichnen und schließlich versuchen, einzelne Buchstaben zu schreiben.

Ein einfaches Spiel heißt „Auf-den-Rücken-schreiben“ – Sie schreiben mit dem Finger einen Buchstaben auf den Rücken des Kindes und fordern es auf, den gleichen Buchstaben auf ein Stück Papier an der Wand zu malen. Durch diese Übung wird das motorische Gedächtnis für Buchstaben entwickelt.

Wenn das Kind anfängt zu schreiben, macht ihm das „Wort-Puzzle“ viel Spaß. Wie bei einem Puzzle müssen Sie dabei ein Wort – beispielsweise ELEFANT – in seine Einzelteile zerlegen. Dadurch prägt sich die Schreibweise ein und das Kind lernt automatisch, dass Wörter aus einzelnen Buchstaben bestehen.

Mathematische Fertigkeiten. Mathematik fängt mit dem Zählen an. Sie sollten mit Ihrem Kind täglich alle möglichen Dinge zählen. Wiegen Sie außerdem Spielzeuge, sortieren Sie Wäsche und Knöpfe, und reden Sie mit ihm darüber, welche Dinge größer und kleiner sind. Suchen Sie im ganzen Haus nach zehn runden, fünf länglichen, sieben quadratischen, vier dreiekigen Gegenständen und so weiter.

Nehmen Sie ein Kartenspiel und spielen Sie „Schlacht". Jeder Spieler nimmt sich jeweils zwei Karten und addiert sie. Gewinner ist derjenige, der die meisten Punkte hat. Spielen Sie alle möglichen Spiele mit einer Stoppuhr. Wie viel Zeit braucht man, um das „Alphabet-Lied" zu singen? Spielen Sie Tiere addieren. Zählen Sie die Beine von sechs Tieren zusammen. Eine Katze, eine Spinne und eine Ameise haben also zusammen 18 Beine (4 + 8 + 6).

Kreativität. Machen Sie pantomimische Spiele. Öffnen Sie eine unsichtbare Tür, trinken Sie ein Glas Wasser, oder ziehen Sie sich einen Pullover an. Machen Sie Fingerabdrücke auf einem Stück Papier. Was kann man daraus machen, wenn man sie mit Linien verbindet? Eine Blume? Ein Schwein? Eine Rakete?

Einer fängt eine Geschichte an, der andere erzählt sie weiter. Erfinden Sie einen neuen Text zu einer alten Melodie.

Spielen Sie „Was wäre, wenn". (Wie wäre es, wenn du wie ein Eskimo leben müsstest? Wenn du fliegen könntest? Oder wenn du ein Regentropfen wärst?) Spielen Sie Musik. Lassen Sie die Kinder zeichnen, was ihnen zu der Musik einfällt.

Gedächtnis. Spielen Sie das Hütchenspiel. Dazu nehmen Sie drei Tassen, legen unter eine von ihnen eine Kugel und bewegen dann die Tassen auf dem Tisch schnell hin und her. Wo ist die Kugel? Das macht Spaß und fördert die Konzentrationsfähigkeit.

Oder Sie spielen Verstecken, aber nur in Gedanken. Jemand denkt sich einen Platz im Haus aus, wo man einen kleinen Gegenstand ablegen könnte. Dann muss der andere bestimmte Fragen stellen, die ihn letzten Endes zu dem Versteck führen. Dieses Spiel fördert das visuelle Gedächtnis – ein wichtiger Faktor beim Lernen.

Selbstwertgefühl. Versuchen Sie es einmal mit Fleißkärtchen. Immer, wenn ein Kind sich besonders angestrengt hat, bekommt es ein Fleißkärtchen. Wenn es fünf davon hat, können Sie zur Belohnung mit ihm ins Schwimmbad gehen.

Das *FUNdamentals*-Programm enthält fast 1 000 solcher Ideen. Alle Spiele machen den Kindern Spaß, fördern bestimmte Fertigkeiten, helfen mit bei der Charakterbildung oder vermitteln bestimmte Werte. Vor allem sollen sie dazu beitragen, alle acht Arten der Intelligenz eines Kindes zu entwickeln. Es soll lernen, Dinge zu hinterfragen und sich Gedanken zu machen.

Ein Erfolg des Programms besteht darin, dass fast jedes Kind lesen kann, bevor es in die Schule kommt. Manche Pädagogen halten das zwar gar nicht für erstrebenswert. Wir glauben jedoch, dass es gut für das Kind ist, und zwar aus drei Gründen:

Erstens finden die meisten Kinder, die an diesen Aktivitäten teilgenommen haben, dass Lesen ganz natürlich und einfach ist und Spaß macht. Wenn man schon mit vier Jahren lesen kann, warum soll man dann noch warten, bis man sechs ist?

Zweitens fördert es die Selbstständigkeit der Kinder. Zuerst lernen sie, weil sie lesen wollen, und dann lesen sie, weil sie lernen wollen.

Das Kind kann also schon früh alleine lernen und wird sehr bald feststellen, dass Bücher eine unerschöpfliche Quelle faszinierender Gedanken sind, die es selbst dort finden kann. Es muss nicht mehr warten, bis ihm jemand dabei hilft.

Drittens bedeutet es eine erhebliche Stärkung des Selbstbewusstseins, wenn ein Kind bei der Einschulung bereits lesen kann. Es hat sofort ein Erfolgserlebnis und deshalb der Schule gegenüber von Anfang an eine positive Einstellung.

Das Gleiche gilt für die Grundrechenarten. Man kann Spiele erfinden, bei denen addiert, subtrahiert und sogar schon einfache Teilungsaufgaben durchgeführt werden müssen. So etwas kann ein Vierjähriger durchaus begreifen. Auch in diesem Fall wird das Kind bei der Einschulung das Gefühl haben, dass es etwas kann. Das stärkt die Motivation und hat zur Folge, dass auch die Einstellung der Mathematik gegenüber positiv ist.

Wir hoffen, dass die Eltern nicht nur die von uns entwickelten Spiele und Aktivitäten übernehmen, sondern auch selbst untereinander Ideen austauschen und neue Spiele erfinden, damit die Vorschulkinder möglichst viel Spaß haben und sich herausgefordert fühlen, etwas zu lernen.

Das wichtige Wort heißt *Herausforderung*. Wenn ein Kind neugierig ist, alles wissen will und dahinter kommen möchte, warum etwas so ist und nicht anders, werden Sie mit Sicherheit Erfolg haben.

Kinder sind zwar von Natur aus neugierig, aber man muss ihnen auch Orientierungshilfen geben.

Sie sollten ihnen möglichst jeden Tag immer wieder Fragen stellen, die sie zum Denken anregen. Das gilt nicht nur für die Kinder im Vorschulalter, sondern vor allem auch für die Grundschüler.

Hier einige Fragen, die sich im Alltag ergeben könnten:

Wie werden eigentlich Cornflakes gemacht? Wir sollten an die Firma schreiben und nachfragen.
Wo fließt das Wasser hin, wenn es im Abfluss verschwindet?
Warum können Lebensmittel schlecht werden?
Warum darf man das Wasser aus dem Teich nicht trinken?
Warum wächst im Winter kein Gras? (Es gibt doch auch dann Tageslicht und Regenwasser.)
Wer schreibt die Morgenzeitung, und wer druckt sie?
Warum fließt die Elektrizität nicht einfach aus der Steckdose heraus?
Können wir nicht ein neues Spiel erfinden, bei dem man abziehen und zusammenzählen muss?
Ich möchte gern wissen, wo dein Herz ist? Wir wollen einmal einen Umriss von dir auf ein Stück Papier malen und dann dein Herz, deine Leber und deinen Magen einzeichnen.
Was sind deine fünf Lieblingsdinge? Was sind wohl Omas fünf Lieblingssachen? Kannst du dann besser verstehen, wie sie sich fühlt?
Was bedeutet das Wort *Einfluss*? Sollen wir es einmal nachschlagen?
Kannst du etwas zeichnen, das Einfluss illustriert? Wie ist das mit Wörtern wie *Frieden, vorübergehend, Gerechtigkeit* oder *Wut*?
Wie viel Wasser verbrauchen wir in der Woche? Wie könnten wir das messen? Können wir das in einer Kurve darstellen? Enthalten Lebensmittel Wasser? Was würde passieren, wenn wir nur halb so viel Wasser hätten?
Wie teuer sind die Lebensmittel, die wir jede Woche einkaufen?
Man sagt, „tapfer wie ein Löwe“. Welchem Tier ähnelst du? Wenn du dich in ein Insekt verwandeln müsstest, welches würdest du dir aussuchen? Warum?
Können wir ein Gedicht schreiben? Hier ist zum Beispiel ein fünfzeiliges Gedicht.

Wind
stark, stürmisch
heulen, zerren, fegen
Ich muss Schutz suchen
Sturm

Schauen wir einmal, wie es sich zusammensetzt.

In der ersten Zeile steht eine Sache (das nennt sich Substantiv).
In der zweiten Zeile werden zwei beschreibende Wörter verwendet (Adjektive).
In der dritten Zeile stehen drei Tätigkeitswörter (Verben).
In der vierten Zeile wird eine Aussage gemacht, die aus vier Wörtern besteht.
In der fünften Zeile steht ein Wort, das dem ähnelt, das du in der ersten Zeile gesehen hast.

Sollen wir einmal versuchen, selbst solche Fünfzeiler zu erfinden?

Liebevolle Herausforderungen sind lohnend

Man kann gar nicht oft genug betonen, wie wichtig es für ein Kind ist, dass es auf eine liebevolle Weise herausgefordert wird. Ein uns bekanntes Ehepaar aus England hat ein mongoloides Kind. Beide sind fest davon überzeugt, dass man auch die Hirnkapazität eines solchen Kindes durch liebevolle Herausforderungen fördern kann. Sie spielten ihrer Tochter jeden Tag Musik vor und sorgten dafür, dass sie täglich viele einfache, aber anregende Spiele spielte. Sie lasen dem kleinen Mädchen Tag für Tag viele Geschichten vor und ließen es sogar in einem Bett schlafen, das ein wenig schräg gestellt war, sodass es schwierig war hineinzukommen. Mit acht Jahren hatte dieses mongoloide Kind im Lesen das Niveau einer Siebenjährigen erreicht.

Choon Tan, ein Fermeldetechniker aus Neuseeland, ist fest davon überzeugt, dass ein Kind unter geduldiger und liebevoller Anleitung die Mathematik wegen der begrenzten Zahl an Grundprozessen, aus denen sie sich zusammensetzt, schon mit zwölf Jahren beherrschen kann. Als wir seinen achtjährigen Sohn kennen lernten, war er gerade von einem Basketballspiel gekommen und machte seine Hausaufgaben auf einem Bügelbrett. Dieser glückliche, völlig normale, stets zu Scherzen aufgelegte Junge löste allerdings die Matheaufgaben eines Sechzehnjährigen. Choon Tans ältester Sohn hatte im Alter von 20 Jahren an der University of Cambridge in Mathematik promoviert, und seine vierzehnjährige Tochter war gerade dabei, die Diplomprüfung in Mathematik an einer der hiesigen Universitäten abzulegen.

Mit diesem Beispiel wollen wir nicht sagen, dass es unbedingt sinnvoll ist, dass ein Kind mit viel älteren Schülern oder Studenten in einer

Klasse sitzt (die soziale Entwicklung ist schließlich genauso wichtig wie die intellektuelle). Wir wollten nur zeigen, was man erreichen kann, wenn man ein Kind auf liebevolle Weise herausfordert. Wenn das bei diesen Kindern funktioniert, warum dann nicht auch bei vielen anderen? **Wir neigen dazu, die Leistungsfähigkeit unserer Kinder erheblich zu unterschätzen.**

Immer wieder betonen wir in unseren Eltern- und Firmenseminaren, dass die Grenzen des Lernens zum größten Teil vom Lernenden selbst definiert werden.

Und es kostet kaum Geld, nur ein bisschen Zeit, die schöpferische, anregende Atmosphäre zu schaffen, in der die Neugier, das Staunen und die kreativen Aspekte Ihres Kindes gefördert werden. Ihre Investition wird sich doppelt und dreifach auszahlen, denn Ihr Kind wird mit einer Grundeinstellung und einem Denkvermögen groß werden, die es in die Lage versetzen, im 21. Jahrhundert erfolgreich bestehen zu können.

Sind Sie nicht auch der Meinung, dass sich das lohnt? David Morris aus Kapstadt in Südafrika ist jedenfalls fest davon überzeugt. Gemeinsam mit seiner Frau hat er das erste Lernzentrum, die Preschool Learning Alliance, gegründet, die sich an den Prinzipien des *FUNdamentals*-Programms orientiert.

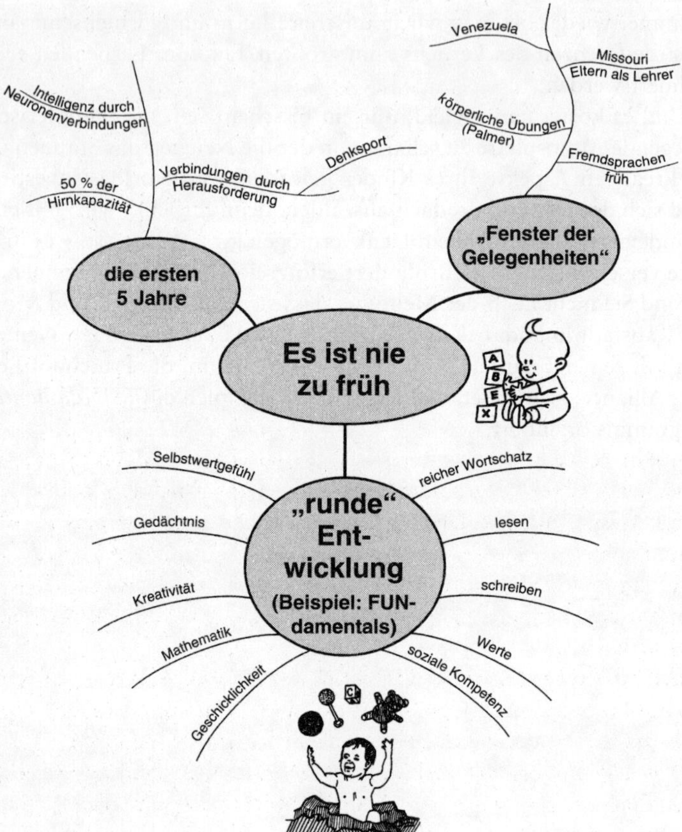
Es ist nie zu früh
die ersten 5 Jahre
Intelligenz durch Neuronenverbindungen
50 % der Hirnkapazität
Verbindungen durch Herausforderung
Denksport
„Fenster der Gelegenheiten“
Venezuela
Missouri Eltern als Lehrer
körperliche Übungen (Palmer)
Fremdsprachen früh
„runde“ Entwicklung (Beispiel: FUNdamentals)
Selbstwertgefühl
Gedächtnis
Kreativität
Mathematik
Geschicklichkeit
reicher Wortschatz
lesen
schreiben
Werte
soziale Kompetenz
A
B
E
X
C

16

Aktivierend Lernen, Aktivierend Lehren (auch für Eltern)

adaptiert von Claudia Monnet

„Die [amerikanische] Schulausbildung ist an einem Wendepunkt."
HOWARD GARDNER *in: „Multiple Intelligences: The Theory in Practice"*

Unsere deutschen Partner entwickeln seit kurzem deutschsprachige Versionen unserer Programme und Kurse. Wir dürfen also hoffen, dass es irgendwann auch in Deutschland unser „Partner fürs Lernen"-Programm geben wird. Dieses Konzept ist das Ergebnis langjähriger, sehr vielversprechender Kooperationen mit einzelnen Schulen in Großbritannien, den Vereinigten Staaten, Australien, Neuseeland, aber auch ganz anderen Ländern, wie z.B. Brunei.

In Großbritannien bündeln Eltern, Lehrer und Schüler ihre Kräfte nun auf breitester Basis, um Schule zu einem rundum positiven, lebensvorbereitenden und aufbauenden Lebensabschnitt zu machen.

Was hat das bislang verhindert? – Forschungsergebnisse im englischen Sprachraum decken drei Hauptproblemfelder auf, die ein günstiges Zusammenwirken von Eltern, Lehrern und Schülern behindern:

1. Zeit

Sechsundsechzig Prozent der Eltern sagen, sie hätten keine Zeit, sich ihren Kindern ausreichend zu widmen. Der hohe Fernsehkonsum steht in direktem Zusammenhang hiermit. Das stimmt bedenklich, weil Untersuchungen gleichzeitig belegen, dass der schulische Erfolg für solche

Kinder stark gefährdet ist, die mehr als zwei Stunden täglich vor dem Fernseher verbringen. Gleichzeitig ist natürlich die Zeit von Lehrern für den Elternkontakt begrenzt.

2. Unsicherheit

Eltern wissen häufig nicht, wie sie die knappe verfügbare Zeit optimal nutzen können. Aber die meisten sagen, sie würden mehr Zeit aufbringen, wenn sie sicher sein könnten, dass ihre Mühe fruchtet. Hinzu kommt: Wenige Lehrer sind geschult darin, Eltern in andere unterstützende Aufgaben einzubinden, als das klassische wechselseitige Vorlesen. Obwohl dies nachweislich *die* wichtigste Übung beim Lesenlernen ist, nimmt sich nur die Hälfte der Eltern von bis zu neunjährigen Kindern hierfür täglich Zeit.

3. Kultur

Wahrscheinlich gilt auch im deutschen Sprachraum, dass Eltern mit einer anderen Muttersprache (z.B. Gastarbeiter oder Russlanddeutsche) und Eltern mit vergleichsweise geringem Einkommen weniger Kontakte mit der Schule haben als andere.

Um es ganz deutlich zu sagen: Wir glauben fest, dass die meisten Eltern auf ihre Weise viel Zeit und Energie darauf verwenden, ihre Kinder zu unterstützen – auch bei Schulfragen. Auch gilt natürlich, dass Lehrer schon immer auf häusliche Unterstützung gebaut haben und sie heute vielleicht dringender denn je brauchen. Und es herrscht weitgehende Einigkeit darüber, dass wir unseren Kindern keine größeren Gefallen tun können, als sie frühzeitig und behutsam in die Verantwortung für ihr eigenes Leben zu nehmen.

Und deshalb sind diese Grundgedanken auch das Fundament, auf denen unser Konzept der *Partner fürs Lernen* fußt. Es wird einige Zeit brauchen, um Teile unserer Erfolge im englischsprachigen Raum auch in deutschsprachige Schulsysteme einfließen zu lassen. Wir sind offen für Anregungen und Erfahrungen (s. Kontaktadressen am Ende des Buches) von Eltern, Lehrern, Schulbehörden, Bildungspolitikern und allen Menschen, denen die Zukunft unserer Kinder wichtig ist.

Wenn wir richtig informiert sind, dann lässt sich in Deutschland eine ähnliche Entwicklung wie in vielen anderen Ländern erkennen: Zwar sehen neue Rahmenpläne im öffentlichen Schulwesen explizit den „Lebensbezug der Lerninhalte“ vor. In der Praxis läuft das aber nur zu oft auf den zum Scheitern verurteilten Versuch hinaus, das *Was* des Lernens moderner und lebensbezogener zu gestalten. Unsere feste Überzeugung ist: Wir müssen schon in der Lehrer- und Erzieherausbildung das *Wie* des Lernens betonen. Wir müssen schon den ganz kleinen Kindern beibringen, dass Wissen sich ständig verändert und erneuert, und wir müssen ihnen beibringen, diesen Wandel zu lieben und mitzugestalten. – Bei genauer Betrachtung bedeutet das: Wir müssen den Kindern erlauben, ihre natürliche Offenheit für alles Neue und ihre verblüffende Anpassungsfähigkeit lebenslang zu erhalten und auszubauen. Das ist unsere einzige Chance für Wohlstand im nächsten Jahrhundert.

Dieses Buch gibt einige Ideen, wie unsere Konzepte sich ganz konkret im alltäglichen Lernen und Lehren anwenden lassen. Fangen Sie jetzt an, Ihre eigenen Erfahrungen zu erweitern und neue zu sammeln. Lassen Sie uns davon wissen. Die vielen, vielen Zitate von ganz „normalen" Lehrkräften zeigen Ihnen: Die guten Anregungen und Gedanken unserer Leser fließen immer in unsere Entwicklungen ein.

Der totale Lernerfolg in Schulen – die Theorie

Es gibt und gab heute wie in vergangenen Zeiten einfach zu viele Kinder, für die Schule eine fortwährende Belastung ist. Die Prüfungsangst wiegt heute schwerer denn je: Die Bildungsreformen haben bei uns den unglaublichen Zuwachs an Prüfungen von zehn bis zwanzig Prozent *jährlich* ausgelöst.

Ein fortschrittlicher Erziehungswissenschaftler wie Howard Gardner hat volles Verständnis für die schlechten Schüler von heute und die schlechten Schüler von gestern, wie z.B. Albert Einstein, Thomas Edison, Mark Twain, Charles Dickens, Maxim Gorki oder Winston Churchill. Er sagt: „Amerikanische Schüler sind weltweit die mit den meisten Prüfungen, aber die am wenigsten geprüften. Wenn etwas schlecht läuft, wiederholen wir eine Klassenarbeit, ungefähr so, als würde es einen Patienten heilen, nochmals Fieber zu messen."

> **Kinder sind Reisende in einem unbekannten Land, und wir sind ihre Fremdenführer.**
>
> **ROBERT FISHER, AUTOR VON „TEACHING CHILDREN TO THINK"**

Schulzeugnisse berühmter Menschen zeigen nur zu häufig, wie schwer ihnen der akademische Weg fiel. Isaac Newton rasselte 1663 durch eine Geometrieprüfung in Cambridge; Albert Einstein vermasselte die Aufnahmeprüfung zur Züricher Polytechnischen Universität; Henri Poincaré schnitt im Binet IQ-Test so schlecht ab, dass er als schwachsinnig eingestuft wurde; Thomas Edison war ein notorisch langsamer Schüler; weder Charles Dickens, noch Mark Twain, noch Maxim Gorki erreichten ein der Sekundarstufe vergleichbares Niveau. Die amerikanischen Präsidenten Washington, Lincoln und Truman kamen nie über die Hochschulreife hinaus.

Das Prüfungssystem ist natürlich nur ein Anzeichen dafür, dass das heutige Erziehungswesen nicht den Ansprüchen der Gesellschaft genügt. Wer ahnt schon, wie viele Genies in Schulen dahindämmern, nur weil sie nicht auf einer Wellenlänge mit den gängigen Schulungsmethoden sind?

Nur zu oft scheitern Schüler allein deshalb, weil sie den traditionellen Lernmethoden nicht folgen können, die hauptsächlich auf zwei Intelligenzformen ausgerichtet sind, nämlich die sprachliche und die logisch-mathematische.

Dabei muss das nicht so sein.

Es gibt in vielen Ländern, und sicherlich auch im deutschen Sprachraum, innovative Menschen im Erziehungswesen, die *Aktivierende Lernmethoden* einsetzen, um ihre Schutzbefohlenen anzuregen. Diese Menschen teilen unsere Philosophie:

- Lernende müssen vor allem „Lernen lernen" und Denken lernen.
- Lernen sollte Spaß machen und gleichzeitig Selbstvertrauen aufbauen.
- Wissen sollte multisensorisch und abwechslungsreich vermittelt werden, mit einer Ansprache möglichst vieler Intelligenzformen.
- Eltern – und Mitmenschen insgesamt – müssen in die Kindererziehung umfassend einbezogen werden.
- Schule sollte eine wirkliche Vorbereitung auf die wirkliche Welt sein und
- Grundsätze des Total Quality Management (TQM) sollten das Schulwesen befruchten.

Lernen lernen

Verfolgen Sie einmal diesen Gedanken: Ein Kind, dass jetzt eingeschult wird, wird im Jahr 2050 wohl immer noch auf dem Arbeitsmarkt sein.

Es ist unmöglich, an alle Veränderungen zu denken, die dieses Schul- und Berufsleben begleiten werden.

> **In einem Punkt sind die Prozesse in der Produktion und in der Ausbildung identisch: Weniger Zeit bedeutet stets auch weniger Quantität oder Qualität – es sei denn, man ändert das Verfahren. In einem anderen Punkt unterscheiden sie sich: Im Produktionsbereich zieht man aus diesem Naturgesetz die Konsequenzen.**
>
> **PROF. DR. WOLFGANG LINKER IN „DAS KONFUZIUS-PROJEKT – EINE STADT LERNT LERNEN"**

Der turbulente technologische Wandel der letzten fünfzig Jahre steht im Vergleich dazu blass da. Um so wichtiger ist es, das „Wie" des Lernens über das „Was" des Lernens zu stellen. Leider ist das Gegenteil nur zu oft der Fall, wie auch Sylvia Farham-Diggory bestätigt.

In der Harvard-Veröffentlichung *Schooling* schreibt sie: „Jedes Kind ist *außergewöhnlich*. Die Natur hat jedes Einzelne mit Lernfähigkeiten ausgestattet, die bei weitem all unsere Möglichkeiten übersteigen, sie zu beschreiben. Leider kollidiert das Schulsystem – basierend auf überkommenen, falschen, vereinfachenden psychologischen Prinzipien – ständig mit der natürlichen Lernfähigkeit von Kindern, lehrt sie, diesen Fähigkeiten zu misstrauen und sie zu unterdrücken und schiebt unzählige Mengen von Kindern durch fünfzehntausend Stunden Unterricht darin, wie man lernt, *nicht* zu lernen".

Lernen kann Spaß machen

Eine breit angelegte Studie ermittelte 1996 in Großbritannien, welches Wort bzw. welche Worte Schüler und Studierende mit Lernen verbinden. Die häufigste Nennung wird viele kaum überraschen: *harte Arbeit*. Das war der erste Gedanke, der 42 Prozent der Studenten in den Sinn kam.

Ganz dicht folgte *Qualifikationen*. Dahinter steckt natürlich die Überzeugung: „Ich muss die Zähne zusammenbeißen und harte Arbeit aushalten, damit ich die für die Zukunft notwendigen Qualifikationen erwerbe."

Dazu Professor Reinsmith vom Philadelphia College für Pharmazie und Wissenschaften: „Recht oft – öfter vielleicht als wir verkraften könnten – ist das Klassenzimmer ein ungeeigneter Raum für wahrhaftiges Lernen. Das Mindeste, was wir versuchen müssen, ist, unsere Klassenzimmer zum Vibrieren zu bringen wie eine Kreuzung, an der mächtige Ideen aufeinander treffen. Je spielerischer das Lernen, desto fesselnder wird es – es sei denn, die Schüler sind bereits so verbogen durch unsere Erziehungsinstitutionen, dass sie nur noch stumpfe, ernsthafte Arbeit mit Lernen gleichsetzen. Es ist erschreckend, wie hart Lehrer heute arbeiten müssen, nur um heutige College-Studenten zu überzeugen, dass Lernen aus interessanten und sogar freudvollen Aktivitäten bestehen kann."

Einer der wenigen Wissenschaftler aus Deutschland, mit dem wir bereits zusammenarbeiten, macht vergleichbare Erfahrungen. Professor Dr. Linker von der Fachhochschule in Flensburg bestätigt: „Wenn ich mehrtägige Workshops durchführe und die Studierenden zum ersten Mal Kontakt mit mir haben, ist die Scheu enorm, sich einfach auf spielerische Elemente einzulassen. Ich brauche regelmäßig viel Zeit, um sie davon zu überzeugen, dass Fehler machen erwünscht ist, dass ihnen keinerlei Gefahr droht, wenn sie ‚daneben' liegen. – Ist dieser Bann aber erst gebrochen, spare ich mindestens dieselbe Zeit wieder ein, weil die Studenten in nur zwei oder drei Tagen oft mehr lernen, als sonst in einem ganzen Semester – und das, obwohl ich mich noch als Neuling in Aktivierenden Lerntechniken betrachte."

Lernen mit allen Intelligenzformen

Manche Schüler brauchen bildliche und physische Darstellungen von Konzepten. Manche bevorzugen abstrakte Gedanken-Konstrukte. Manche brauchen verschiedene verbale Formulierungen von Ideen. Manchen hilft es, wenn ein Kamerad den Stoff erläutert. Manche arbeiten am besten, wenn sie Gelegenheit haben, mit dem Stoff ein Weilchen herumzuspielen, wie in einem Labor, bevor sie die Schlüsselinformation entdecken. Andere wollen die Antwort sofort hören.

Wie wir entdeckt haben, gibt es multiple Pfade zur Wissensaufnahme, und deshalb müssen Lehrer bereit sein, die multiplen Intelligenzen, die ihre Schüler mitbringen, einzubinden.

In dem Buch 7 *Kinds of Smart* betont Thomas Armstrong – ganz in unserem Sinne –, dass man Kinder nicht einfach in solche Schubladen stecken kann wie „interpersonale Lernende" oder „visuelle Lernende".

Er sagt: „Unser Ziel ist es, das Potential der Lernenden zu erweitern, nicht einzuschränken. Kinder sollen ihre individuellen Gaben nutzen, aber wir müssen sie auch ermuntern, all ihre Intelligenzen zu erkunden. Das ist der Weg zu Entdeckungen. Lehrer verwenden zu viel Unterrichtszeit mit Papier-und-Bleistift-Aufgaben und zu wenig mit aktivem Lernen, das das Individuum als Ganzes fordert."

Lernen mit der Kraft der Eltern

Eltern haben Einfluss. Eltern müssen eingebunden werden. Eltern sind die Haus-Experten ihrer Kinder. Sie kennen die Geschichte eines Kindes und seine Art, sich der Welt zu nähern. Gute Lehrer fragen: „Was kann Ihr Kind so richtig gut? Was ist wichtig in seinem Leben?" Eltern sollten Lehrer immer und auf jeden Fall auf die „verborgenen" Talente ihres Kindes hinweisen.

Alle Forschungsergebnisse weisen darauf hin: Das ausreichende oder mangelhafte Gewähren von elterlicher Unterstützung und Ermutigung ist ein Schlüsselfaktor im Leben junger Lernender.

Bejamin Blum und sein Forschungsteam liefern hierfür prägnante Beispiele. Erfolgreiche junge Berufstätige aus den verschiedensten Berufen gaben umfassend Auskunft über ihr Leben. Der häufigste gemeinsame Nenner war „enthusiastische elterliche Fürsorge".

Wie die Forscher Raymond J. Wlodkowski und Judith H. Jaynes beschreiben: „Eltern sind offensichtlich der Haupteinflussfaktor für die Lernmotivation von Kindern. Ihre prägende Wirkung auf die Lernmotivation Ihrer Kinder beeinflusst jede Entwicklungsphase bis zum Hochschulstudium und darüber hinaus."

TQM in der Schule

Myron Tribus (Exergy, Inc.) ist eine der führenden Geschäftspersönlichkeiten, die angemessene Prinzipien des Total Quality Management (TQM) in die Erziehung einbringen. In einer herausragenden Reihe von Veröffentlichungen beleuchtet er einige Schlüsselelemente des TQM hinsichtlich ihrer Brauchbarkeit für schulische Belange. Wir übernehmen hier die vier, die nach unserem Ermessen am bedeutendsten sind.

1. Konzentration auf den Prozess
TQM zielt darauf ab, die Qualität eines Produktes kontinuierlich zu steigern (in diesem Fall handelt es sich um Bildungsziele) und dabei jeden einzubeziehen, um den **Prozess** der „Produktion" zu verbessern.

Daraus folgt, dass nicht nur Lehrer und Verwaltung, sondern auch Eltern und Schüler ihren Teil einbringen müssen und zwar bei der Bestimmung der Lerninhalte, vor allem aber bei der Frage, **wie** gelernt wird. Schüler sollten angehalten werden, „von Verbesserung besessen" zu sein, indem man sie ständig wieder fragt: „Wie können wir dies noch besser machen?"

Myron Tribus gibt ein gutes Beispiel, wie das funktioniert. Schüler entwickelten ein Ablaufdiagramm, das darstellte, welche Schritte zwischen dem Zeitpunkt einer Aufgabenverteilung und dem Zeitpunkt der Abgabe und Benotung lagen. Es zeigte sich, dass der Unterschied zwischen guter und schlechter Beurteilung meistens auf mangelndes Erledigen von Hausaufgaben zurückzuführen war.

Die Klasse untersuchte dann, *warum* Hausaufgaben unerledigt blieben. Dadurch wurden Probleme aufgedeckt, die größtenteils außerhalb des Einflussbereiches der Schüler lagen. Dies führte zum Einräumen von zusätzlicher Zeit innerhalb der Schule und zum Zuordnen von „Paten". Sehr schnell gingen die Misserfolge zurück.

Wie Tribus bemerkt: „Die Misserfolge schwanden durch das Konzentrieren auf den Prozess, nicht einfach durch Ausüben von zusätzlichem Druck auf Lehrer oder Schüler." Anders gesagt: Es wurde nicht an den Symptomen gewerkelt, sondern das Problem gelöst.

Diese Wahrheit sollte jeden Lehrer, alle Eltern und jeden Politiker lenken:

> **Schwache schulische Ergebnisse sind Symptome, sie sind nicht das Problem. Ziele zu setzen wird nicht helfen. Zu untersuchen, wie die Ergebnisse zustande kamen, und Schüler zu lehren, ihre eigenen Probleme zu lösen, das wird helfen.**

In einem anderen Zusammenhang untersuchten Schüler den Zusammenhang zwischen der Vollständigkeit von Hausaufgaben und den Abschlussnoten. Sie entdeckten **eigenständig**, dass die Abschlussnoten desto besser waren, je vollständiger die Hausaufgaben erledigt worden waren. Dies war wesentlich wirksamer als jedes Ermahnen von außen und illustriert ein simples Prinzip: Menschen glauben ihren eigenen Informationen.

> **Was wir in fast allen Schulen lehren, ist Lichtjahre entfernt von der Wirklichkeit an der Schwelle zum neuen Jahrtausend, einer Welt mit EU und ESFOR und ohne UdSSR, einer Welt, in der Mandarin die meistgesprochene Sprache ist.**
>
> **Peter D. Relic, Präsident der National Association of Independant Schools**

2. Die Abnehmer entscheiden über Qualität

Qualität ist definiert als das, was die laufenden Bedürfnisse und Erwartungen der Abnehmer **übertrifft.** In diesem Fall sind die Schüler und Eltern die „Abnehmer". Qualitäts-Erziehung würde Schüler erfreuen und sie süchtig nach Lernen machen.

Wenn Lernende Spaß dabei haben, verlieren äußere Motivatoren wie Zeugnisse, Preise oder Drohungen an Wirkung gegenüber dem inneren Motivator, die eigene Bestleistung übertreffen zu wollen. Und wenn das passiert, werden die Lernenden zu Eigenmotivatoren. Deshalb behalten Zeugnisse ihre Bedeutung: Die Schüler **sehen** daran den eigenen Fortschritt.

3. Die ursprüngliche Vision bestimmt das Ergebnis

Kontrolle ergibt sich nicht aus Regeln und Abläufen, sondern durch das Einigen auf gemeinsame Werte und Visionen, damit Menschen wissen, was sie zu tun haben, ohne dass man es ihnen sagt. Deshalb ist es so wichtig, dass Studenten am Entwickeln der Regeln und Werte in ihrer Klasse beteiligt werden. Das ist auch der Grund, warum die Eltern/Abnehmer aufgefordert werden **müssen**, ihre Vorstellung vom Nutzen der Erziehung einzubringen. Ohne klare Vision können wir auch keine Qualitätsziele erwarten.

A. **Wissen.** Wir brauchen einen ständig wachsenden Datenschatz, um zu verstehen, was wir gerade lernen, und um daraus kreative Lösungen abzuleiten.

B. **Technik.** Technik bringt Wissen zum Laufen. Dazu gehört, Lernen lernen, analytisches und kreatives Denken, klares Schreiben, Lesen, Computerfertigkeiten. Kommunikationstechniken und die Fähigkeit, Vernetzungen von Systemen zu erkennen. Technik befähigt

Schüler, selbstverantwortliche und eigenmotivierte Lernende zu werden.

C. **Weisheit.** Die Fähigkeit, Prioritäten zu setzen, Zeit wirksam zuzuordnen, zu interpretieren und zu bewerten, flexibel und offen zu sein. Weisheit ist die Fähigkeit, Erfahrung zu analysieren und gemäß den Schlussfolgerungen zu handeln.

D. **Charakter.** ... lässt sich am leichtesten definieren mit Eigenschaften wie Ehrlichkeit, Selbstvertrauen, Kooperationsbereitschaft, Durchhaltevermögen, Einfühlungsvermögen, Teamfähigkeit, Besonnenheit und Integrität. Kurz gesagt: Anstand.

E. **Emotionale Reife.** Die Fähigkeit, eigene Stimmungen und Gefühle zu erkennen, zu benennen und zu steuern und einfühlsam auf andere einzugehen; die eigenen Bedürfnisse hintan stellen können; mit Stress, Wut und Besorgnis umgehen können; Konflikte vernünftig lösen und Bestimmtheit gewaltfrei ausdrücken.

Manche werden meinen, das Entwickeln emotionaler Reife gehe über den schulischen Rahmen hinaus. Wir meinen, wenn über 30 Prozent aller Ehen geschieden werden und die Gewaltbereitschaft im häuslichen und sozialen Umfeld wächst, *müssen* wir die emotionale Erziehung einfach in die Lehrpläne aufnehmen.

Wenngleich dies unsere fünf Wunschziele sind, darf bezweifelt werden, dass Schulen derzeit mehr als das erste und Teile des zweiten bedienen. Dazu kommt, dass das erste auch noch ein flüchtiges ist, weil Wissen so schnell veraltet. Die anderen Ziele hingegen bleiben ein Leben lang gültig. Wenn dies alles stimmt, ist es an Ihnen als Eltern/Abnehmer, mit der Schule zusammenzuwirken und den Wandel zu beschleunigen, den Sie anstreben. Es ist nicht wichtig zu wissen, wie die Ziele erreicht werden. Der erste Schritt ist, überhaupt zu definieren, welche Resultate und Kompetenzen auf welchem Niveau Sie sich für Kinder wünschen, die die Schule verlassen. Beispiel: Wollen Sie, dass Ihr Kind analytisch denken kann? Wenn ja, auf welchem Niveau?

Dann liegt es an den Schulbehörden, auszuarbeiten, wie diese Kompetenzen vermittelt werden können, und Sie und die anderen „Abnehmer" (nämlich die Schüler) beim Entwickeln der definitiven Lehrpläne einzubinden.

Bedenken Sie stets, dass neuartige Resultate auch neuartige Prüfungen bedingen. Viele Klassenarbeiten, Klausuren und andere Prüfungen beschränken sich auf das Abfragen von reproduzierbarem Wissen (Prof.

Dr. Linker nennt dies „Papageien-Wissen; denn Wörter auswendig lernen kann auch ein Papagei.) Die vier anderen Ziele werden bei solchen Prüfungen aber vernachlässigt.

Streben Sie daher einen Konsens zwischen Eltern, Schülern und Lehrern darüber an, wie genau Wissen, Technik, Weisheit, Charakter und emotionale Reife gezeigt und bewertet werden können. Und denken Sie daran, dass die Leistungsqualität sprunghaft steigt, sobald wir weniger auf äußere Kontrollmechanismen und mehr auf Schüler gesteuerte Selbstbewertung achten.

Grundfragen zu Bewertungsstrategien sind z.B.:

- Auf welchem Niveau streben wir diese fünf Ziele an?
- Woran werden Schüler und Lehrer erkennen, wann dieses Niveau erreicht ist?
- Wie können Schüler es erreichen, und wie können Lehrer helfen?
- Welche unabhängigen Messverfahren gibt es für diese Kompetenzen?

Für uns liegt der Sinn von Schule viel tiefer als in der bloßen Wissensvermittlung. Deshalb enthält das letzte Kapitel zahlreiche weitere Anregungen, die Schulen helfen können, den Anforderungen des 21. Jahrhunderts zu begegnen.

4. Wandel für das System als Ganzes – kein Stückwerk
Menschen in Systemen funktionieren so gut wie das System es zulässt. Wenn uns ein Ziel missfällt, müssen wir das System ändern. Das bedeutet, dass einem auf sich gestellten Lehrer Frustration und Schwierigkeiten drohen, wenn er oder sie versucht, die Ideen dieses Buches auf eigene Faust umzusetzen. Denn vielleicht hat er oder sie sich verändert, aber nicht das System.

Natürlich drängen wir darauf, den Beginn so oder so zu wagen, aber großen Erfolgen wird ein Wandel des Systems vorausgehen. Das heißt, dass alle Teile des Systems beim Erreichen gemeinsam festgelegter Ziele zusammenwirken werden (und müssen!) – Eltern, Schüler, Lehrer, Rektorat, Kollegium.

Für das Leben lernen

Professor Dr. Linker sagt: „Man betont in Schulen zu Recht, hier werde für das Leben gelernt, nicht für die Schule. – Von allein kommt nämlich niemand darauf." Wie so viele andere betont er damit die Realitätsferne, die trotz aller lobenswerten Bemühungen noch immer in unseren Klassenzimmern und Hörsälen vorherrscht. Wir müssen unsere Kinder aber auf die Welt vorbereiten, die sie nach Schule und Ausbildung erwartet.

Der britische Autor Tony Buzan, der akademische Qualifikationen zuhauf angesammelt hat, sagt zurückblickend: „Ich habe in meiner Schulzeit tausende von Stunden mit Mathematik verbracht. Weitere tausende mit Fremdsprachen und Literatur. Wieder tausende mit Naturwissenschaften, Erdkunde und Geschichte.

Dann habe ich mich gefragt: Wie viele Stunden habe ich mich mit dem Studium meines Gedächtnisses befasst? Wie viele Stunden mit der Funktion meiner Augen? Wie viele damit, wie ich Lernen lernen kann? Wie viele mit meinen Gehirnfunktionen? Wie viele Stunden mit der Beschaffenheit meiner Gedanken und wie diese meinen Körper beeinflussen?“

Die Antwort: Keine einzige.

„Das bedeutet: Niemand hat mir tatsächlich beigebracht, meinen Kopf zu benutzen“, sagt Buzan, dessen Buch *Kopftraining* über eine Million mal verkauft wurde.

Im englischsprachigen Ausland blicken viele neidvoll auf das duale Bildungssystem in Deutschland. Trotz aller aktuellen Probleme ist es ein hervorragender Weg, um den Anforderungen des 21. Jahrhunderts zu begegnen – vorausgesetzt, dass man auch hier Lerninhalte und Lernformen anpasst und stetig verbessert. Dies ist nicht nur unsere Überzeugung; visionäre Bildungspolitiker auf der ganzen Welt streben danach, ein verbessertes duales Bildungssystem auf den Weg zu bringen.

Vielleicht beflügelt es Sie, wenn wir Ihnen sagen, wie im Ausland gedacht wird: In Deutschland bieten eine halbe Million Unternehmen „Learning on the job“-Möglichkeiten für mehr als 750 000 junge Menschen. Fünfundneunzig Prozent aller Lehrlinge bekommen später eine Arbeit in den Firmen angeboten, die sie ausgebildet haben. Wenn das in Deutschland funktioniert (und es funktioniert noch immer!), warum dann nicht auch in anderen Ländern?

Der totale Lernerfolg – Praxis

Es gibt bereits viele gute Ansätze in Schulen, um die Ideen dieses Buches umzusetzen. Und es gibt hervorragende Ansätze auch von anderen Forschern, die den nötigen Wandel in der Schule begünstigen können.

Prof. Dr. Franz Biglmaier von der freien Universität Berlin befasst sich schon seit über dreißig Jahren fast ausschließlich mit der Entwicklung von wirksameren Lesetechniken. Seine internationalen Studien zeigen verblüffende Ergebnisse und beweisen vor allem: Bereits Kinder können lernen, verschiedene Lesetechniken einzusetzen. Mal reicht es, einen Text sehr zügig zu überfliegen, mal muss man ihn vertieft bearbeiten. Angesichts der stetig wachsenden Informationsflut sind verfeinerte Lesetechniken geradezu ein Muss.

Michael Grinder, ein seit langem auch in Deutschland erfolgreich arbeitender Forscher und Entwickler aus dem US-Staat Washington (wir erwähnten ihn schon im sechsten Kapitel), hat in jahrelanger Forschungsarbeit herausgearbeitet, wie Lehrer Gruppendynamik im Klassenzimmer tatsächlich steuern können – auch und gerade in so genannten schwierigen Klassen. Seine Arbeit ergänzt in besonderer Weise die unsere. Denn wir können die Augen vor den explosiven Situationen in vielen Klassen nicht verschließen, und wir müssen Lehrern wirksame Mittel an die Hand geben, um aus solchen Situationen herauszukommen.

Sehr zu begrüßen ist auch die Initiative der Bertelsmann-Stiftung die 1998 einen Kongress „Ziele und Wege innovativer Schulen in Deutschland“ veranstaltete und die versucht, ein Netzwerk von allgemeinbildenden Schulen aufzubauen, die neue Wege gehen.

Die Konferenzen der IAL (International Alliance for Learning) und auch der DGSL bieten allen Interessierten Möglichkeiten, neuste Entwicklungen im aktivierenden Lernen und Lehren kennen zu lernen (Addressen siehe S. 386).

Konkrete Umsetzungsbeispiele aus verschiedenen Ländern zeigen Ihnen in den nächsten Abschnitten, wie hier und da schon neue Lernwege gegangen werden – mit vielversprechendem Erfolg. Wir sind neugierig, mehr und mehr Beispiele zu sammeln. Seit dieses Buch in den Vereinigten Staaten und Großbritannien erschien, erreichen uns immer wieder wertvolle Anregungen und Erfahrungsberichte. Es wird für uns besonders spannend, diese mit Berichten aus Ihrem Kulturraum zu vergleichen. Das wird für uns und unsere Arbeit ein entscheidender Schritt nach vorn. Die Kontakte am Ende dieses Buches verfolgen deshalb mindestens zwei Ziele:

1. Ihnen die Gelegenheit zu geben, Fragen zu stellen (… die wir beantworten. Versprochen!)

2. Uns die Gelegenheit zu geben, von Ihnen zu lernen. (Sie sehen: Wir meinen es ernst mit dem lebenslangen Lernen ...)

Gardner's Projekt Spectrum

Howard Gardner entwickelte bereits 1984 in Zusammenarbeit mit Mara Krechevsky und David Feldmann das so genannte *Project Spectrum*. Es untersuchte ursprünglich an Kindergarten- und Vorschulkindern, ob diese bereits Präferenzen im Gebrauch ihrer verschiedenen Intelligenzformen entwickelt hätten.

Das Ergebnis: Bereits Vierjährige weisen recht deutliche Neigungen auf. Die Konsequenz: ein Lernumfeld schaffen, das alle Intelligenzformen stimuliert und Aktivitäten zum Ausbauen des eigenen Spektrums anbieten.

Nach langen Versuchsreihen gibt es nunmehr Angebote für Kinder im Alter von vier bis acht Jahren, für mittelmäßige Schüler, für Hochbegabte, für Behinderte und für Risikogruppen.

Sieben Denkschulen

Der Grundschullehrer Bruce Campbell im US-Staat Washington ließ sich ebenfalls von Howard Gardner's Theorie inspirieren. Er entwickelte die Idee der sieben „Denkschulen" in seiner Klasse und meint damit, dass seine Schüler ein Thema auf sieben verschiedene Arten bearbeiten.

Diese sieben (wahrscheinlich bald acht, da Gardner kürzlich eine Intelligenz ergänzte) Denkschulen tragen die Namen berühmter Persönlichkeiten:

William Shakespeare – sprachliche Intelligenz
Albert Einstein – logisch-mathematische Intelligenz
Pablo Picasso – visuell-räumliche Intelligenz
Ray Charles – musikalische Intelligenz
Thomas Edison – körperlich-kinästhetische Intelligenz
Mutter Teresa – interpersonale/soziale Intelligenz
Emily Dickinson – intrapersonale Intelligenz

Wenn die Schüler z.B. das Thema „Kometen" behandeln, bedeutet das:

- In der Shakespeare-Schule lesen die Schüler Bücher und Artikel über Kometen und machen Notizen dazu.

- In der Einstein-Schule befassen sich die Schüler mit Ammenmärchen über die Schwanzlängen von Kometen.
- In der Picasso-Schule kreieren sie ausgefeilte, bunte, glitzernde Kometen.
- In der Ray Charles-Schule werden Raps über Kometen „komponiert", die möglichst viele inhaltliche Details wiedergeben.
- In der Edison-Schule bauen die Schüler Modelle von Kometen mit Stöcken, Kaugummis und Bindfäden und erfinden dann einen Tanz, um die Sonnenumlaufbahn von Kometen darzustellen.
- In der Mutter Teresa-Schule arbeiten die Kinder gemeinsam am Erstellen einer Datei (am Computer!) mit Informationen und Referenzen über Kometen und das Weltall.
- In der Dickinson-Schule schreiben die Kinder Gedichte über Kometen auf buntem Papier, dem sie mit der Schere Kometenform geben.

Am Ende des Tages schließlich gehen alle gemeinsam die gesammelten Ergebnisse durch. Wen sollte es wundern: Die Schüler einer solchen Klasse haben eine ausgeprägte soziale Kompetenz, zeigen sich teamfähig und arbeiten selbstverantwortlich, eigenständig und zielorientiert. Einige vorher schwache Kinder blühen durch dieses Vorgehen merklich auf.

Individuelles Lernen

Die Lehrerin Kristen Nelson in Kalifornien publiziert im *Instructor*, einem Fachblatt für Pädagogen, wie sie jüngere Kinder selbst definieren lässt, was „schlau sein" bedeutet.

Eine ganze Woche lang beschäftigt sie sich täglich 45 Minuten lang mit dem Thema Intelligenz. Wenn sie die Kinder am Anfang fragt, was ihrer Meinung nach einen schlauen Mensch auszeichnet, kommen Dinge wie: Lesen, Schreiben, Mathematik. In einem Brainstorming tragen die Schüler dann zusammen, wie sich Intelligenz noch zeigen kann.

Schließlich konzentriert sich die ganze Klasse sieben Tage lang auf eine Intelligenzform pro Tag. Wenn sie z.B. mit Viertklässlern die visuell-räumliche Intelligenz bespricht, werden die Kinder riesige Schlachtpläne aus dem Bürgerkrieg malen, der sowieso gerade behandelt wird, oder lernen, sich Zahlen bildlich vorzustellen, um sich im Kopfrechnen zu verbessern.

Nach dieser Einführungswoche ist die Theorie der multiplen Intelligenzen fester Bestandteil des „Was" und „Wie" des Lernens – sie erscheint Kindern übrigens meistens sehr natürlich und eingängig.

> **Ich habe nie erlaubt, dass die Schule meiner Bildung in die Quere kommt.**
>
> **Mark Twain**

„Durch den individuellen Bezug auf die Lernstile entdecken immer mehr Schüler ihre Stärken, bemühen sich stärker um ein Verbessern ihrer Schwächen und fühlen sich wohler in ihrer Haut."

300-prozentige Steigerung

Sind Aktivierende Lernmethoden auf allen Ausbildungsstufen dienlich?

Der M·A·S·T·E·R-Plan in sechs Schritten bindet die Theorie der multiplen Intelligenzen ein, geht aber – wie Sie gesehen haben – weit darüber hinaus. Er wurde an einer weiterführenden Londoner Schule getestet, und zwar vom Office for Standards in Education, der Behörde, die in Großbritannien über Schulinhalte und -ziele befindet und darüber, was Schulen zu leisten haben. Kollegium und Verwaltung der untersuchten Schule waren nicht zuletzt deshalb sehr interessiert daran, Verbesserungen bei den Prüfungsleistungen zu erzielen, weil Stellenstreichungen im Gespräch waren.

Das überwältigende Ergebnis: Eine Steigerung von 300 Prozent in der Anzahl von Studenten mit sehr guten und guten Noten (britische Grades A, B und C) – diese Feststellung konnte der Erziehungswissenschaftler und Psychologe Ian Millward machen, der *Aktivierendes Lernen* an der Schule einführte.

Millward meint: „Ausschlaggebend war, dass die Unterrichtssequenzen motivierend, gut begleitet und bedeutungsvoll für diese sehr gemischte Schülerschaft des multikulturellen East London waren."

Um dieses Ziel zu erreichen, ließ er zum Stundenbeginn Musik spielen, die seine jeweils sechzehn bis zwanzig Schüler in „Stimmung" brachten. In einen guten Lernzustand versetzte er sie außerdem, indem er sie „mit den Füßen abstimmen" ließ: Sie positionierten sich auf einer sich durch den ganzen Klassenraum erstreckenden Skala auf dem Wert, der ihrer Zuversicht entsprach, die Jahresabschlussprüfungen zu bestehen.

Diese Kombination weckte ihre Aufmerksamkeit und ihr Interesse. „Es war außerdem hilfreich, weil sich damit die körperlich-kinästhetisch Lernenden besser erkennen ließen, deren Aktivitäten normalerweise leicht den Unterricht sprengen," berichtet Millward. „Ihre körperliche Energie setzten wir sinnvoll ein, indem sie als ‚Organisatoren' fungierten und Zettel verteilten, wortwörtlich ‚unterstützten' und z.B. technische Hilfsmittel bereitstellten."

Millward fügt hinzu: „Vor Projektbeginn gingen wir davon aus, dass es eine besondere Herausforderung sein würde, mit Schülern in East London zu arbeiten, wo die schulischen Leistungen gewohnheitsmäßig oft weit unter dem Durchschnitt liegen. Aber sie zeigten sich begeistert vom *Aktivierenden Lernen* und bewiesen in der Umsetzung Ideenreichtum und geistige Reife."

In einer Folgestudie beurteilten die Schüler das Projekt aus ihrer Sicht: 62 Prozent vergaben mit fünf Punkten den besten Wert, insgesamt 78 Prozent vergaben vier oder fünf Punkte. Die einzige durchgängige Beschwerde war, dass sie nicht früher in den Genuss der *Aktivierenden Lernmethodik* gekommen waren.

Nach Millwards Ansicht war „... der Sechs-Schritte-Plan ein Rahmen von unschätzbarem Wert, um Lerngeschwindigkeit und Motivation von Lehrern und Schülern zu fördern. Zu den zahlreichen Themen gehörten auch ‚Nie dagewesene Prüfungserfolge erreichen' und ‚Verstehen, wie Kinder in Klassenzimmern lernen'. Das M·A·S·T·E·R-Modell ist seither fester Bestandteil der Unterrichtsvorbereitung."

In einem anderen Teil von London, an Schulen der City of Westminster, wurden zweierlei Programme mit *Aktivierendem Lernen* getestet: zum Erwerb genereller Lernkompetenz (Lernen lernen) und zum Fremdsprachenlernen.

Alle Ergebnisse zeigten, dass die Schüler aus den *Aktivierenden Lernkursen* weit besser abschnitten als die Schüler, die „traditionell" unterrichtet wurden, wie Richard Dix-Pincott vom Department of Education (Bildungsministerium) berichtet.

Die Erziehungswissenschaftlerin Lesley Hossner erstellte eine unabhängige Studie über die Ergebnisse mit *Aktivierendem Lernen* an drei Schulen in Westminster und sagt: „Ich habe exzellente Rückmeldungen bekommen. Alle beteiligten Lehrkräfte bestätigen, dass sie große Erfolge erleben."

„Für mich ist die alles beherrschende Grundannahme von *Aktivierendem Lernen*, dass alle Schüler unbegrenzte Fähigkeiten besitzen. Daraus folgt das Verlagern vom Lehren zum eigenständigen Lernen. Die Kurse sind so angelegt, dass alle Lernpräferenzen befriedigt werden, nicht nur der visuelle und auditive, und es ist wichtig, dem freien Lauf zu geben. Sehr oft sind es die sonst benachteiligten Kinder, die am meisten profitieren."

Diese Ergebnisse verdienen dadurch noch mehr Aufmerksamkeit, dass die *Aktivierenden Lernkurse* in den schwächsten Sprachklassen eingesetzt wurden, während die stärksten weiterhin konventionelles Unterrichtsmaterial nutzten. Innerhalb von sechs Monaten hatten die „schwachen" Klassen die „starken" deutlich überholt. Der Vorsprung war so erheblich, dass die Lehrer der ehemals starken Schüler (hauptsächlich aus gehobenen Einkommensschichten) eine Exkursion zu den Schulen mit *Aktivierenden Lernprogrammen* machten (in Gegenden mit vorwiegend niedrigem Durchschnittseinkommen). Wie Lesley Hossner betont, hatte es so etwas noch nie zuvor gegeben.

Sie unterstreicht außerdem, dass positive „Unterstellungen" und Freude zwei entscheidende Elemente sind.

Mit besonderem Bezug auf Schüler, die Fremdsprachen mit *Aktivierendem Lernen* lernten, sagt sie: „Die Schüler müssen darauf hingewiesen werden, welche Fortschritte sie machen, auch wenn es so einfach geht. Wir stellen fest, dass die Schüler mit *Aktivierendem Lernen* so leicht Vokabeln und Grammatik lernen, dass ihnen überhaupt nicht bewusst ist, wie außergewöhnlich das ist."

Andere Untersuchungen aus Großbritannien und den USA an den verschiedensten Schulen und Erziehungseinrichtungen in allen denkbaren Altersstufen belegen, dass *Aktivierendes Lernen* geeignet ist, die aktuellen pädagogischen und gesellschaftlichen Probleme zu bewältigen und Raum für die eigentlichen Aufgaben zu schaffen.

Vielleicht liegt es daran, dass wir im Großen und Ganzen nur eines tun: minutiös zusammentragen und synthetisieren, was nachweislich unser Lernen und Denken positiv beeinflusst – und daraus konkrete Instrumente entwickeln. Und wir betrachten dies als Lebensaufgabe.

Deshalb ist es gleichzeitig Erfüllung und Ansporn, wenn wir Rückmeldungen bekommen: von ehemals verzweifelten Lehrern, die mit *Aktivierendem Lernen* endlich Bewegung in unmotivierte und träge Klassen bringen konnten; von Eltern, die ihren „lernschwachen" Kindern endlich wirkungsvoll helfen konnten; von Schülern und Studenten, die sich für „hoffnungslose Fälle" hielten und mit *Aktivierendem Lernen* ihre kühnsten Träume überragen.

Aktivierend Lehren (auch zu Hause!)

Lehrerinnen und Lehrer zählen zu den wertvollsten Mitgliedern aller Gesellschaften. Und den größten Wert haben jene Lehrkräfte, die die ihnen anvertrauten Sprösslinge eher begleiten denn unterrichten, und jene Lehrer, die Gedanken anstoßen, erfahren lassen und Lernen und Leben verknüpfen.

Der Einsatz von *Aktivierendem Lernen* in Klassenzimmern bewirkte schon mehr als einmal, dass Kinder – und zwar gerade auch die so genannten lernschwachen – regelrecht aufblühen.

Wenngleich wir nachfolgend vor allem Anregungen zum Einsetzen elementarer *Aktivierender Lerntechniken* im Unterricht geben, richtet sich der Abschnitt gleichermaßen an Eltern. Sie haben nicht nur das Recht (und Bedürfnis), über die Vorgänge im Klassenzimmer unterrichtet zu sein; Sie werden eine Art von Lehren und Lernen unterstützen wollen, die die ganzheitliche Entwicklung von Kindern im Auge hat.

Sie werden außerdem sehen, dass viele der empfohlenen Strategien von Ihnen selbst umgesetzt werden können – zu Hause.

Auch in der Erwachsenenbildung und Personalentwicklung Tätige werden Nutzen aus diesem Abschnitt ziehen; denn viele der Ideen eignen sich genauso gut in einem „erwachsenen" Lernumfeld.

1. Mentale Vorbereitung

Forschungsergebnisse zeigen, dass Schüler ihre Lernfreude zuallererst von der (guten) Beziehung zum Lehrer abhängig machen. Deshalb ist es ganz wesentlich, Zeit darauf zu verwenden, Rapport aufzubauen und sicherzustellen, dass die Schüler in einem aufnahmebereiten, stressfreien und lernfreudigen Zustand sind. Hinter den nachfolgenden Stichworten verbergen sich erprobte, ausgesprochen erfolgreiche Möglichkeiten, aus Schülern motivierte Lerner zu machen:

- Schüler über ihre Gehirnfunktionen und Lernstile informieren
- Persönliche Bedeutung erkennen lassen
- Schülern Gelegenheit geben, sich klar zu machen, was Spitzenleistungen sind

> **„Ich berühre die Zukunft. Ich lehre."**
>
> CHRISTA MCAULIFFE, LEHRERIN UND NASA-ASTRONAUTIN

- Schülern das Gefühl von Einflussnahme vermitteln
- Ein Leitmotto für die Klasse entwickeln
- Das Lernumfeld gestalten
- Die Eltern einbeziehen!
- Schülern den Wert von positiven „Selbstgesprächen" vermitteln
- Freude am Lernen zulassen und fördern
- Mini-Pausen einbauen
- Zeit für das Selbstwertgefühl geben
- Die Sicherheit vermitteln, dass Fehler erlaubt sind
- Die Kraft von positiven „Unterstellungen" erklären
- Eine „Kultur des Erfolges" aufbauen

Schnelleres Lernen ist gleichzeitig auch angenehmeres Lernen.

Die persönliche Einstellung zu sich selbst und zum Lernen ist von enorm großer Bedeutung für den Erfolg. Wer zuversichtlich, motiviert und freudvoll agiert, ist ein potenziell guter Lerner und ein potenziell erfolgreiches Mitglied der Gesellschaft. **Wir brauchen zum Lernen starke Herausforderungen und schwachen Druck.**

2. Aufnehmen der Lerninhalte

Lehrkräfte (und andere öffentliche „Redner") sollten hier besonders aufmerken: Wenn Sie eine gewisse Menge neuer Informationen übermittelt haben, ist es ganz natürlich, dass Ihre Zuhörer anfangen, diese Informationen innerlich zu verarbeiten.

Menschen mit stark visueller Verarbeitungspräferenz werden dann wahrscheinlich anfangen, „Löcher in die Luft zu gucken", um die Informationen visuell zu strukturieren. Eher Auditive werden „den Kopf wegdrehen" oder nach unten schauen. Körperlich-kinästhetisch Veranlagte werden entweder nach unten schauen oder „rumzappeln".

> **„Das wirksamste Mittel im Unterricht ist die Pause. Manchmal genügt eine Sprechpause von nur zwanzig Sekunden, um eine zappelige ‚Horde' zu voller Konzentration zu bringen."**
>
> **MICHAEL GRINDER, AUTOR VON *OHNE VIELE WORTE***

Wer „da vorn" steht, empfindet ein solches Benehmen nur zu oft als Unaufmerksamkeit. Manche Lehrer reagieren ganz automatisch, indem sie Sprechgeschwindigkeit und Lautstärke erhöhen, um Aufmerksamkeit zu erzwingen und den Stoff „durchzuziehen". Damit irritieren sie die Klasse und vermindern das Verständnis.

Eine wirksame Strategie wäre, langsamer zu sprechen oder – noch besser – zu unterbrechen und zum zweiminütigen Gespräch mit den Nachbarn zu ermuntern. Das schafft Raum für das innere Verarbeiten und gibt eine kleine Pause – auch für den Präsentator!

In der Zwischenzeit wäre es vielleicht angebracht, nach einer Möglichkeit zu suchen, das Thema physisch darzustellen – zum „Be-Greifen".

Lehrer, die erkennen, dass sie selbst starke visuelle Lernpräferenzen haben (und das ist sehr häufig der Fall!), sind überrascht, um wie viel besser der Kontakt zur Klasse schlagartig wird, sobald sie auditive und körperlich-kinästhetische Elemente einstreuen. Unterschiedliche Lernpräferenzen bei Lehrer und Kind sind eine häufige Ursache für starke Leistungsschwankungen von einem Schuljahr aufs nächste – bei einem anderen Lehrer.

Hier wieder einige Stichworte, wie wir im Unterricht vorgehen, um die multisensorische Stoffvermittlung für alle Lernstile zu sichern:

- Den Kerngedanken herausarbeiten
- Sammeln lassen, was die Schüler schon zum Thema wissen
- Visuelle Vermittlung mit Gedanken-Maps, Postern, Karten, graphischen Darstellungen, Diagrammen und Bildern – und der Farbkodierung der Unterlagen; bildhafte Sprache und Gedankenreisen zählen auch dazu.
- Auditive Vermittlung durch häufige Diskussionen in Kleingruppen, generell durch den verstärkten Einsatz der Schülerstimmen, durch Abwechslung in den Sprechmustern der Lehrkraft (Michael Grinder vermittelt auf diesem Gebiet ungeahnte Fertigkeiten!).
- Körperlich-kinästhetische Vermittlung durch Beispiele „zum Anfassen"; Analogien und Rollenspiele; Wettspiele und Herausforderungen aller Art; Ballspiel (im Klassenzimmer, doch doch! Fragen Sie uns mal nach dem „heißen" Ball ...); Experimente, besonders wenn der eigene Körper Untersuchungsobjekt ist; oder die simple Erlaubnis,

> **Der Geist ist kein zu füllendes Behältnis, sondern ein anzuzündendes Feuer.**
>
> **PLUTARCH**

den Papierkorb auch mal als Basketballeimer zu nutzen (und sich über ein „Tor“ zu freuen!)

- Kooperativ lernen, besonders, indem Verantwortung von der Gruppe verteilt und beurteilt wird (Kinder sind die besseren Demokraten: In der Gruppe sind sie unerbittlich, aber fair – vorausgesetzt, sie bekommen Gelegenheit dazu.)

3. Suchen nach Sinn und Bedeutung

Wir können es gar nicht genug betonen: Das Ziel ist nicht, einfach Wissen zu vermitteln, das Ziel ist, dass Schüler Themen mit persönlicher Bedeutung belegen, um wahrhaft zu verstehen.

Das gesamte Spektrum der Intelligenzformen einzubinden bietet den Schülern vielfache Möglichkeiten, „es zu raffen“. Alle Strategien, die wir zuvor für individuelles Lernen empfahlen, lassen sich genauso gut im Klassenzimmer einsetzen – besonders, wenn Sie das Lernen in verschiedenen Gruppen zulassen.

Einige weitere Stichworte geben Anregungen, was Sie noch tun können, um Schüler und Studenten beim aktiven Ver- und Bearbeiten zu unterstützen:

- Lassen Sie Analogien suchen.
- Helfen Sie, eine visuelle Struktur für die Gedanken zu schaffen.
- Stellen Sie Zyklen auch zyklisch dar – z.B. bei Themen wie Wetter, Hormonhaushalt oder auch Denken.

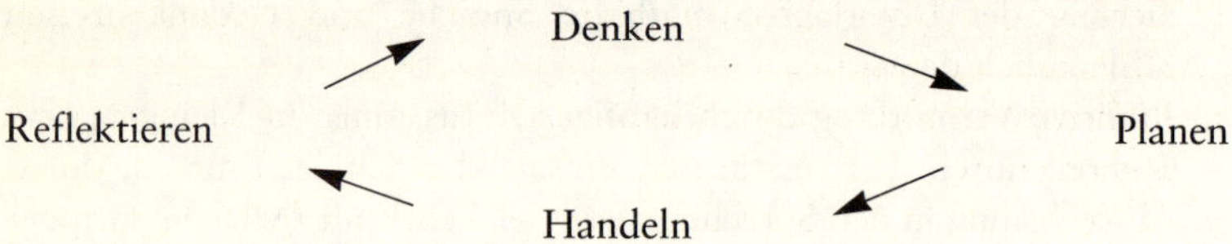

- Zum Nachhaken, Bohren, Vertiefen ermuntern.
- Den Körper einsetzen: Warum nicht chemische Verbindungen darstellen mit Schülern als Modellen für die einzelnen Atome? Warum nicht am Rollenspiel zeigen, wie sich Krankheitserreger verbreiten? Warum nicht drei Schüler zum gleichschenkligen Dreieck legen?
- Phantasiereisen – z.B. um zu erfahren, was mit einem Samenkorn passiert.
- Herausfordernde Fragen (z.B. „Wenn Ihr Herrscher der Welt wäret, welche Gesetze würdet ihr erlassen?“ – „Wie würdet ihr zu Bildung

kommen, wenn es Schule nicht gäbe?" – „Was ist der wichtigste Teil?" – „Wie könnt ihr wissen, dass dies oder jenes stimmt?")
- Soziale Kompetenz fördern – Lernen durch Austauschen und Mitteilen.
- Eigenständiges Lernen fördern: Instrumente zur Zieldefinition und Selbstkontrolle, Anleiten zum Festlegen persönlicher Projekte.

Viele dieser Stichworte scheinen so selbstverständlich, dass man kaum glauben mag, wie wenig davon wirklich und regelmäßig umgesetzt wird!

4. Treibstoff für das Gehirn

Wir haben bereits gesehen, wie wichtig Wiederholungen für das Lernen sind, deshalb sollten sie fester Bestandteil in jeder Stunde sein:

- Lassen Sie Schüler die Hauptpunkte so schnell wie möglich durchgehen.
- Fordern Sie sie auf, ihre Unterlagen täglich zu Hause durchzugehen.
- Wiederholen Sie die Hauptpunkte bei jedem Unterrichts**beginn.**
- Wiederholen Sie wöchentlich die Hauptpunkte der gesamten Wochen, und versuchen Sie es einmal mit „Lernkonzerten" – dem vierminütigen Wiederholen der Schlüsselelemente vor klassischer Hintergrundmusik (siehe auch Kapitel 11).
- Halten Sie eine Stunde monatlich für Wiederholen und Vertiefen frei
- Führen Sie einen vollen Wiederholungstag in allen Klassen ein, der alle sechs Monate abgehalten wird.
- Binden Sie die Schüler bei allen Wiederholungen aktiv und mit allen Sinnen ein.

5. Einsatz des Gelernten

Schüler müssen ausprobieren können, ob der Stoff „sitzt". Neben Klassenarbeiten und Klausuren gibt es andere Formen des Feedback, die eher als hilfreiche Unterstützung und Bestätigung empfunden werden.

Wir haben zahlreiche Spiele und Aktivierungen erfunden und gesammelt, die mindestens so wirkungsvoll Wissen überprüfen wie klassische Arbeiten, aber wesentlich besser motivieren, tatsächlich für das Leben zu lernen.

Vielleicht ahnen Sie, was sich hinter Titeln wie „Spiel der Herausforderungen" oder „Tauschbörse für Tipps und Tricks" verbergen könnte?

Wir ermutigen auch immer wieder dazu, Regeln und Grundlagen für die Notenfindung in die Hände der Klasse zu legen und die Klasse auch konkrete Vorschläge erarbeiten zu lassen, wie sich schlechte Leistungen verbessern lassen. Schüler sind meist die härteren Richter!

Schaffen Sie mit den Schülern aussagekräftige Dokumentationen der Lernerfolge, und sorgen Sie dafür, dass diese Unterlagen auch für Fremde und in späteren Jahren noch nützlich und sinnvoll sind.

Und bleiben Sie dabei, Noten zu vergeben! Beurteilungen sind fester Bestandteil des Lebens. Wichtig ist, gleichzeitig Entwicklungsmöglichkeiten aufzuzeigen und den Lernprozess zu betonen. Dann sind Noten kein „Urteil", sondern eine Zwischenbilanz und Orientierung.

Und damit sind wir beim letzten Schritt unseres M·A·S·T·E·R-Plans.

6. Reflektieren über den eigenen Lernweg

Das Wesen wahrhaft unabhängig Lernender liegt darin, dass sie ständig nach einer Verbesserung des eigenen Lernens streben. Und das ist nur mit Reflexion möglich.

Feste Tage und Momente, über das eigene Lernen nachzudenken, sind sehr hilfreich, und hier können nicht nur Lehrer, sondern auch Eltern behutsam unterstützen und ermutigen. Es ist im Kern sehr einfach, sich Fragen zu stellen, wie z.B.:

- Was hat dir am besten/am wenigsten am heutigen Unterricht gefallen? Warum?
- Was hast du nicht verstanden – wenn überhaupt?
- Was waren deine Möglichkeiten, für Verständnis zu sorgen? Einen Nachbarn fragen?
- Was war heute dein größter Erfolg? (Nimm dir unbedingt Zeit, dich darüber zu freuen!)
- Welche Lerntechniken funktionieren für dich am besten?

Und da wir alle sowohl Lernende als auch Lehrende sind, können uns diese Fragen helfen:

- Habe ich heute für einen guten Lernzustand gesorgt?
- Kann ich das Unterbreiten von Unterlagen verbessern?
- Habe ich genug Zeit für Erkundungen mit verschiedenen Intelligenzformen gegeben?

- War die Phase zum Verankern im Gedächtnis richtig platziert und ausreichend lang?
- Gab es Gelegenheit, das Gelernte zu zeigen (mir oder sich selbst)?
- Gab es Fortschritte im Verständnis für die eigenen Lernprozesse?

Wenn Sie die obigen Anregungen umsetzen, sind Sie auf gutem Wege, *Aktivierendes Lernen* in Ihrem Unterricht umzusetzen. Aber es ist natürlich nur ein Beginn. Wir konnten hier nicht mehr bewirken, als die Neugier auf mehr zu wecken.

Aktivierend Lernen
+
Lehren
Probleme
Unsicherheit
Zeit
Kultur
Prozess
Lernstile befriedigen
Partner fürs Lernen
Lehrer
Schüler
Eltern
Lehrstellen
Lernen lernen
5 Ziele
welches Niveau?
emotionale Reife
Charakter
Technik
Weisheit
Vorab: Vision
Wissen
TQM (Total Quality Management)
System ändern ≠ Symptome kurieren
Resultate Systemimmanent
Abnehmer bestimmt Qualität
Schüler analysieren Lernprozesse
Analyse nutzen ⇒ Verbesserung
Der M·A·S·T·E·R-Plan in Schulen
Mentales Vorbereiten
Lernzustand
Lernumfeld
Aufnehmen
Lerninhalte
VAK
Kerngedanke
Teams
...
Sinnsuche
8 Intelligenzen
Treibstoff fürs Gehirn
zyklisch wiederholen
Einsatz des Gelernten
Spiele
Wettkämpfe
Reflexion
„Lern-Tagebuch“

17

Unternehmen lernen

Die Lernfähigkeit könnte eines Tages die einzige verlässliche Quelle sein, die einem Unternehmen einen Vorsprung vor der Konkurrenz sichert.

Sloan Management Review

Dieses Zitat trifft genau den Kern des aktuellsten Management-Konzepts der letzten Jahre – die Schaffung einer „Lernorganisation". Um jede neue Möglichkeit ausnutzen zu können, muss ein Unternehmen so strukturiert sein, dass es in der Lage ist, ständig zu lernen und sich zu verändern.

Peter Senge vom MIT (Massachusetts Institute of Technology) hat 1990 das Interesse an dieser Thematik mit seinem Buch *Die fünfte Disziplin* geweckt. Seit dieser Zeit sind zahlreiche Bücher geschrieben worden, in denen versucht wird darzulegen, wie man ein so schwer zu definierendes, dennoch sehr erstrebenswertes Gebilde auf die Beine stellen kann.

Wegen der Geschwindigkeit, mit der sich heutzutage Veränderungen vollziehen, und aufgrund der zunehmenden Komplexität des modernen Geschäftslebens kann ein Unternehmen nur dann überleben, wenn es als Gesamtorganismus in der Lage ist zu lernen. Jack Welch, der Vorstandsvorsitzende von General Electric, hat es treffend formuliert: „Wenn die Veränderungen, die sich außen vollziehen, größer sind als die in Ihrem Inneren, ist das Ende nah."

Das gleiche Schicksal, das die Dinosaurier ereilt hat, ist schon hundertausenden von „Dinosaurier Unternehmen" widerfahren, die Veränderungen und Trends auf ihren Märkten nicht voraussahen und aus diesem Grund nicht schnell genug auf sie reagieren konnten.

Alle 15 Jahre verschwindet über ein Drittel der 500 *Fortune* Unternehmen; das sind 33 Prozent aller großen Firmen. Neun von zehn neu gegründeten Unternehmen müssen bereits in den ersten drei Jahren wieder ihre Tore schließen. Und wie in der Natur hängt es auch hier damit zusammen, dass die Leute nicht bereit sind zu lernen.

Das Neue an einer „Lernorganisation“ besteht darin, dass man erkannt hat, dass eine Firma heutzutage nicht mehr von einem einzigen „Superhirn“ geführt werden kann. Stattdessen muss man versuchen, etwas zu erreichen, das wir „Kultur des Erfolgs“ nennen. Jeder weiß genau, welche Ziele das Unternehmen verfolgt, und setzt sich so stark dafür ein, dass er selbst die Verantwortung für das Erlernen der dazu nötigen Fertigkeiten übernimmt. Man muss „jedes Gramm Intelligenz aktivieren“.

Mit anderen Worten ersetzt man die von oben verordnete Weiterbildung, bei der die Firmenleitung entscheidet, was gelernt werden muss, durch ein demokratisches Lernen, an dem die Angestellten aller Ebenen beteiligt sind.

Da sich jeder Einzelne für die Ziele des Unternehmens einsetzt, entwickelt er auch eine hohe Sensitivität für interne oder externe Faktoren, die den Erfolg gefährden oder andererseits garantieren könnten. Jeder sammelt Informationen, und jede Idee wird unverzüglich in alle Richtungen weitergeleitet, damit auf allen Ebenen entsprechende Aktionen in Gang gesetzt werden können.

Das Ganze passt zu dem weltweit zu beobachtenden Trend, wie ein Unternehmen reorganisiert werden muss: Man bildet kleinere, flexiblere Einheiten, von denen jede im Fall einer sich plötzlich ändernden Situation auch hochrangige Entscheidungen treffen kann, ohne sich vorher ausführlich mit der Firmenleitung absprechen zu müssen. Das ist jedoch nur sinnvoll, wenn die einzelnen Einheiten über das notwendige Wissen und die entsprechenden Fähigkeiten verfügen. Und es geht auch nur dann, wenn sie Ziele verfolgen, die im Interesse des Gesamtunternehmens liegen – so wie die einzelnen Zellen eines Lebewesens alle denselben DNS-Code besitzen, der sicherstellt, dass der Organismus in seiner Gesamtheit funktioniert.

Man kann diese biologische Metapher noch erweitern. Ein gesunder, junger Körper besitzt ein gut funktionierendes Immunsystem, das automatisch in Aktion tritt, wenn Gefahr droht, und es dem Organismus ermöglicht, sich weiterzuentwickeln.

Wenn man das Unternehmen auch als einen Organismus begreift, stellt sich die Frage, ob es genauso lernfähig ist wie eine Einzelperson? (Das gilt natürlich auch für den öffentlichen Dienst). Wenn dem so ist, können wir dann auch unser Sechsschrittemodell des Lernens erfolgreich anwenden?

Wir glauben, ja – denn es genügt nicht, eine „Lernorganisation“ zu werden, ein Unternehmen muss vielmehr eine „schnelle Lernorganisation“ werden. Es muss sogar noch mehr tun: Es muss **besser lernen, besser denken** und **kreativer sein** als die Konkurrenz. Das werden im 21. Jahrhundert die entscheidenden Merkmale einer erfolgreichen Firma sein.

Wie ist es möglich, dass ein Team von engagierten Managern, die jeweils einen IQ von über 120 haben, als Kollektiv einen Intelligenzquotienten von 63 hat?

PETER SENGE,
VERFASSER DES BUCHES
DIE FÜNFTE DISZIPLIN

Einige der folgenden Ideen sind in einem Programm enthalten und weiter ausgearbeitet worden, das wir gemeinsam mit Sir Christopher Ball, dem Leiter der Abteilung „Lernen“ an der Royal Society of Arts, zusammengestellt haben. Es geht dabei um die Entwicklung einer so genannten M·A·S·T·E·R-Organisation. Der Titel bezieht sich auf unser Sechsschrittemodell des Lernens und auf die Möglichkeiten, dieses Programm beim Aufbau eines Unternehmens einzusetzen, in dem die persönliche Entwicklung und das Können des einzelnen Mitarbeiters die Entwicklung des gesamten Unternehmens positiv beeinflusst.

Die Zeiten, in denen ein Mensch von der Wiege bis zur Bahre in ein und derselben Firma gearbeitet hat, sind vorüber. Heute muss der kluge Arbeitnehmer so viel wie möglich und so schnell wie möglich lernen, um seinen Wert im Unternehmen zu erhöhen und um seine eigene Vermittelbarkeit auf dem Arbeitsmarkt zu fördern.

BUD CARTER, VORSTAND DES
BUSINESS THINK TANK

Voraussetzung für eine echte M·A·S·T·E·R-Organisation ist, dass jeder einzelne Mitarbeiter in der Lage ist, selbstständig zu denken. Man braucht zwar am Anfang immer eine Vision, um den Prozess in Gang zu setzen, jeder Versuch, einer Firma einen fertigen Plan aufzudrängen, ist jedoch von vorneherein zum Scheitern verurteilt. Das ist auch der Grund, warum so viele Initiativen, die von oben angeordnet werden, Schiffbruch erleiden und warum das didaktische Modell in der Schule versagt. Es kann die

Herzen und Köpfe der daran beteiligten Menschen einfach nicht erreichen.

Wir behandeln das Problem eines Unternehmens genauso wie ein Schulproblem. Man muss die Fertigkeiten von unten aufbauen – jeder Mitarbeiter muss wissen, welche Bedeutung das, was er lernt, für das Unternehmen hat, und er muss sich mit Begeisterung für die Firmenziele einsetzen.

Hier ist eine Übersicht, wie unser Sechsschritteplan die Entwicklung einer M·A·S·T·E·R-Organisation fördern kann. Da es unser Ziel ist, die Mitarbeiter so weit zu bringen, dass sie selbstständig denken und handeln, haben wir eine Reihe von Fragen zusammengestellt. Einige davon sind hier aufgelistet. Aus jeder Frage ergibt sich logischerweise eine Zusatzfrage: „...und was können wir damit anfangen?"

M = Mentale Vorbereitung

- Was habe ich persönlich davon, wenn unser Unternehmen eine M·A·S·T·E·R-Organisation wird?
- Wird das, was ich lerne, meine Chancen auf dem Arbeitsmarkt verbessern?
- Welche Wertvorstellungen streben wir in dieser Firma an?
- Kann man in dieser Umgebung gut und schnell lernen?
- Welche Regeln würden wir gern einführen? (Zum Beispiel: keine Diskriminierung oder das Familienleben darf nicht unter der Arbeitszeit leiden.)
- Wie reagieren wir auf Risiken und Fehler? Neigen wir dazu, anderen die Schuld in die Schuhe zu schieben, oder geht es uns in erster Linie um die Lösung des Problems?
- Ist eine „fruchtbare Unruhe" entstanden, weil immer noch alles im alten Trott läuft?
- Hat das Neue und Interessante bei uns einen hohen Stellenwert?
- Wird Lernen anerkannt und geschätzt?

A = Aufnehmen der Informationen/Lerninhalte

- Haben wir eine klare Vorstellung von den Zielen des Unternehmens? (Die Zukunft eines Verlags, dessen Angestellte von sich selbst behaupten, sie „verkauften Informationen", sieht anders aus als die eines Verlags, der nach Aussage seiner Mitarbeiter „Bücher verkauft".)

- Wo stehen wir im Vergleich zu unserer Konkurrenz?
- Achtet jeder darauf, dass Informationen über die Bedürfnisse der Kunden weitergeleitet werden? Gibt es genügend Gelegenheiten, wertvolle Marktinformationen zu sammeln? Wer sollte über neue Entwicklungen informiert werden, und wie sagen wir es diesen Leuten?
- Welche Funktion habe ich selbst? Welchen Beitrag leiste ich zu dem Firmenziel?
- Was ist meine Hauptaufgabe?
- Welche Konsequenzen hat es, wenn ich meine Arbeit schlecht oder besonders gut mache?
- Was könnten andere Menschen tun, damit ich meinen Job besser verrichten kann?

S = Suche nach Sinn und Bedeutung

- Welche Vorstellungen hat jeder Einzelne von uns, und wie könnten wir uns einigen? Was könnte uns motivieren, hier zu arbeiten?
- Was steht zwischen dem Status quo und unseren Zielen?
- Was müssen wir tun, um unsere Vorstellungen zu verwirklichen? Welche Fertigkeiten und welches Wissen werden wir dazu brauchen? Wer besitzt das alles bereits? Können diese Leute es den anderen beibringen? Welche weiteren Lernquellen werden wir brauchen?
- Was werde ich lernen? Wann? Wie? (Daraus lässt sich ein Plan für die persönliche Entwicklung aufstellen.)
- Wie können wir jedes einzelne Produkt oder unsere Dienstleistungen verbessern? Das Ganze beschleunigen? Kostengünstiger gestalten?
- Was müssen wir tun, damit unsere Kunden noch zufriedener sind?
- Weiß jeder von uns, wie man lernt und wie man kreativ und analytisch denkt?
- Was hält uns davon ab, unser Ziel zu erreichen? Wie können wir diese Hindernisse beseitigen?

T = Treibstoff fürs Gehirn

- Was müssen wir tun, damit das, was wir lernen, im Gedächtnis haften bleibt und jederzeit abrufbar ist, und wie können wir verhindern, dass wir Fehler, die wir in der Vergangenheit gemacht haben, wiederholen?

E = Einsatz des Gelernten

- Wie können wir Informationen schnell und für die Mitarbeiter einprägsam verbreiten, sodass sie zu bestimmten Aktionen führen?
- Hat sich unsere Fähigkeit, Voraussagen zu machen, verbessert?
- Woran erkennen wir, dass wir Erfolg gehabt haben?
- Auf welche Weise können wir uns für Lernbereitschaft und Innovationsvermögen erkenntlich zeigen? Sollten wir die Mitarbeiter dafür belohnen, dass sie bestimmte Probleme aufgedeckt haben? (Eine Lösung kann man schließlich erst finden, wenn man das Problem erkannt hat.)
- Kann man das „intellektuelle Kapital" einer Firma messen?
- Zahlen sich die Investitionen aus, die nötig sind, um eine M·A·S·T·E·R-Organisation zu werden? Lohnt sich der Aufwand?

R = Reflexion über den Lernprozess

- Was müssen wir unternehmen, um die Begeisterung und den Elan der ersten Monate aufrechterhalten zu können?
- Was müssen wir tun, um die Unternehmensziele, unsere persönlichen Ziele und die unserer Familien unter einen Hut zu bringen?
- Was können wir außerdem noch machen? Wie kann man das Konzept der M·A·S·T·E·R-Organisation auf die Familie und die Gemeinde anwenden?
- Wie können wir einen neuen Unternehmensstil finden, der die Grenzen zwischen Arbeit und Freizeit verwischt?

Das sind nur einige der Fragen, über die die Mitarbeiter eines Unternehmens einmal nachdenken sollten und über die sie im Rahmen des kooperativen Lernens miteinander diskutieren sollten. Wir haben die Erfahrung gemacht, dass so etwas außerordentlich fruchtbar ist.

Natürlich werden einige Firmenchefs einwenden, dass es sich dabei um Fragen handelt, die nur die Unternehmensleitung beantworten sollte – aber diese Leute beweisen damit nur, dass sie noch nicht erkannt haben, wie wichtig es für jeden Betrieb ist, auf allen Ebenen schnell reagieren zu können.

Der Einwand anderer Manager, einige Mitarbeiter verfügten zur Zeit weder über die Fähigkeit noch über den nötigen Bildungsstand, der bei einer derartigen Diskussion vorausgesetzt wird, hat schon eher eine gewisse Berechtigung. Wenn das zutrifft, unterstreicht es nur die dringende Notwendigkeit einer Reform unseres Bildungssystems, damit schließlich jeder in der Lage ist, auf diesem Niveau zu denken.

Für euch besteht das Wesen des Managements darin, dass man die Ideen aus den Köpfen der Chefs auf die Hände der Arbeiter überträgt... für uns ist Management die Kunst, die intellektuellen Quellen aller Mitarbeiter anzuzapfen und in den Dienst des Unternehmens zu stellen.

KONOSUKE MATSUSHITA IN *WHY THE WEST WILL LOSE*

Wir vertrauen darauf, dass Menschen, die ihr Familienleben und ihren Haushalt organisieren können, auch in der Lage sind, einen Beitrag zur Gestaltung des Unternehmens zu leisten, in dem sie arbeiten.

Wenn eine Firma genauso gut lernen kann wie eine Einzelperson, müssten sich dann nicht auch hier die Prinzipien des *Aktivierenden Lernens* anwenden lassen, um sicherzustellen, dass die einzelnen Mitarbeiter besser und schneller lernen? Mit anderen Worten, lässt sich das *Aktivierende Lernen* nicht auch in der betrieblichen Weiterbildung einsetzen?

Der süße Duft des Erfolgs – von den „Stinktieren"

Viele große Firmen haben die Methoden des *Aktivierenden Lernens* bereits erfolgreich übernommen.

Ein klassisches Beispiel ist die *Bell Atlantic Telephone Company,* die nicht nur die Kosten von zwei Trainingskursen drastisch senken konnte – um 42 beziehungsweise 57 Prozent –, sondern darüber hinaus die Leistung ihrer Mitarbeiter verbesserte.

In einigen Fällen berichteten die Abteilungsleiter, dass sich alle Mitarbeiter, die einen Kurs nach der Methode des *Aktivierenden Lernens* absolviert hatten, im Hinblick auf die Fähigkeit, Probleme zu lösen und ohne Aufsicht selbstständig zu arbeiten, gesteigert hatten. Insgesamt ließen sich bei 72 Prozent der Beschäftigten, die am *Aktivierenden Lernen* teilgenommen hatten, bei einer Vielzahl von Aufgaben Leistungsverbesserungen beobachten. Die Initiative zu diesen innerbetrieblichen Kursen ging von dem prominenten Unternehmensberater David Meier und von Mary Jane Gill, der Ausbildungsleiterin der Firma Bell, aus.

Wie sind die beiden vorgegangen?

Zunächst hatte Bell Atlantic die Ausbildungsabteilung beauftragt, die Methoden eines zwölftägigen Technikkurses zu überprüfen, der schon seit langer Zeit nicht viel gebracht hatte. Die meisten Teilnehmer hatten sich beschwert, der Kurs sei viel zu kompliziert, er verwirre sie und sei obendrein langweilig.

Die Umstrukturierung des gleichen Kurses nach den Prinzipien des *Aktivierenden Lernens* brachte überwältigende Ergebnisse: Die Dauer konnte halbiert werden, Ausbilder und Teilnehmer waren zufrieden, und die Mitarbeiter lernten mehr.

Unnötig zu erwähnen, dass das Unternehmen so beeindruckt war, dass man das Lernprogramm auch bei den längeren und kostspieligeren Seminaren anwandte. Man wählte zwei Kurse für Kundenbetreuer aus und stellte ein Team zusammen, das sie völlig umstrukturieren sollten.

Die Gruppe arbeitete in einer Art „Denk-Tank", der von den Mitarbeitern „Stinktierwerke" genannt wurde. Das Leben sah dort völlig anders aus als in den normalen Büros. Man ging bedeutend lockerer miteinander um, und es herrschte eine spielerische Atmosphäre. Das entspannte Betriebsklima wirkte sich anregend aus, und jeder konnte seine Kreativität zur Entfaltung bringen.

Der Raum war farbenfroh gestaltet, überall standen frische Blumen, und man hörte eine beruhigende Hintergrundmusik. Während das Team Gedanken-Maps entwarf und mentale Vorstellungen entwickelte, wurden kleine Häppchen serviert.

Ziel war, einen Kurs zu entwerfen, in dem die Teilnehmer aktiv mitarbeiteten und selbstständig lernten. Das Motto lautete „Zusammenarbeit statt Konkurrenz", und man ermunterte die Teilnehmer, sich gegenseitig so gut wie möglich zu helfen.

Mary Jane Gill sagt dazu: „Natürlich wirken bestimmte Impulse bei dem einen besser als beim anderen. Das Umfeld bietet viele verschiedene Möglichkeiten. Die Leute können sich aus einer ganzen Palette die Lernmethoden und Materialien aussuchen, die für sie am besten geeignet sind."

Wenn man dir sagt, du sollst Erwachsen werden, meint man in Wirklichkeit, du sollst aufhören zu wachsen.

PABLO PICASSO

Nach Aussage ihrer Vorgesetzten haben die Kursteilnehmer des

Aktivierenden Lernens im Vergleich zu den Mitarbeitern, die an den gewöhnlichen Kursen teilgenommen haben, mehr Selbstvertrauen, können Probleme besser lösen und besitzen einen besseren Teamgeist. Man kann sie unbeaufsichtigt arbeiten lassen, sie geben ihren Kunden genauere Informationen, sind bessere Verkäufer und können Unterlagen schneller durcharbeiten. Außerdem sank die Zahl der Kursabbrecher von 20 auf 5,5 Prozent.

Diese Ergebnisse, die von der American Society for Training and Development veröffentlicht wurden, zeigen, dass die Teilnehmer des *Aktivierenden Lerntrainings* nur halb so lange lernen mussten, halb soviel Kosten verursachten und doppelt so zufrieden waren. „Das *Aktivierende Lernen* hat sich als die Lernmethode der Stunde erwiesen“, urteilte das Magazin.

Gill, die die Einführung dieser Methode veranlasst hat, bezeichnet sie „als einen starken Verbündeten im heutigen Existenzkampf, bei dem es darum geht, mit geringerem Aufwand mehr zu erreichen“.

Mary Gill hat gemeinsam mit uns ein Programm entwickelt, mit dem Manager lernen, die sechs Schritte des *Aktivierenden Lernens* bei der innerbetrieblichen Weiterbildung anzuwenden.

Wir haben dieses Programm entwickelt, weil Fortbildung in den heutigen schlankeren Unternehmen in den Händen der Manager liegt oder zumindest liegen sollte, denn sie kennen alle Einzelheiten und wissen genau, was tagtäglich in der Firma gefordert wird. Aus diesem Grund können sie den anderen die dazu notwendigen Fertigkeiten am besten weitervermitteln. Die wenigsten von ihnen haben jedoch eine pädagogische Ausbildung. Unser Programm kann hier Abhilfe schaffen.

Das soll nicht heißen, dass wir die innerbetriebliche Weiterbildung abschaffen wollen. Wir glauben nur, dass ihre Funktion verändert werden sollte. Unserer Meinung nach sollten die Ausbilder die Rolle interner Lernberater übernehmen, die den Auszubildenden (und den Ausbildern/Managern) bei der Auswahl des Lernmaterials, der Zusammenstellung der Kurse und der Lehr- und Lernmethoden mit Rat und Tat zur Seite stehen. Auf diese Weise wird das Lernen nicht mehr von oben angeordnet, sondern umgekehrt.

Aus dem gleichen Grund haben wir zahlreichen Firmen den Gedanken der „Lernzirkel“ nahe gebracht. Das ist eine einfache, aber sehr effiziente Methode, die im Kapitel: „Einsatz des Gelernten“ bereits angesprochen wurde und sich auch im kommerziellen Bereich anwenden lässt.

Die ursprüngliche Diskussionsreihe über Werte und die in Zukunft erforderlichen Fertigkeiten versetzt die Mitarbeiter in die Lage zu erkennen, wo im Wissensstand der Mitarbeiter des Unternehmens Lücken klaffen – oder wo es an bestimmten Fertigkeiten fehlt. Und sie werden sofort erkennen, wie wichtig es ist, diese Mängel so schnell wie möglich zu beheben. Ein „Lernzirkel" ist eine informelle Gruppe, die selbst entscheidet, was sie lernen möchte, zum Beispiel: „Wir müssen unsere Kundenbetreuung verbessern."

Jeder Mitarbeiter der Gruppe bietet sich freiwillig an, entweder ein bestimmtes Buch zu lesen oder einen Kurs über das entsprechende Thema zu besuchen. Einen Monat später trägt er dann eine Zusammenfassung dieser Gedanken vor. Ein Team, das aus zehn Leuten besteht, kann auf diese Weise über zehn verschiedene Bücher referieren und darüber diskutieren, wie sich die darin enthaltenen Ideen auf die eigene Situation anwenden lassen. So etwas nimmt natürlich bedeutend weniger Zeit in Anspruch, als wenn jeder das für sich allein versucht hätte. Und alles ist Teil des selbstständigen Lernens.

Unser Trainings- und Entwicklungsprogramm ist anders aufgebaut als die meisten Programme dieser Art. Es stellt eine völlige Kehrtwendung von der linearen Darbietungsform dar, bei der der Ausbilder das Lernmaterial Schritt für Schritt präsentiert.

Hier ein paar Beispiele für unsere Vorgehensweise:

- Jeder Teilnehmer erhält einen Willkommensbrief und eine Vorabinformation, oft auf einer Tonbandkasssette, dazu eine „Lernkarte", die ihm einen Überblick vermittelt und zahlreiche Einzelheiten enthält.
- Wenn die Teilnehmer ankommen, finden sie einen freundlichen, farbenfroh eingerichteten Raum vor. An den Wänden hängen Plakate mit den wichtigsten Fakten und Zahlen, auf anderen stehen Botschaften, durch die sie motiviert werden sollen. Man hört Musik und sitzt an einem runden Tisch, der mit Blumen geschmückt ist.
- Zu Beginn wird darüber geredet, wie wichtig es ist, mehr über das Thema zu erfahren – und über das „WB-FM" („Was bringt's für mich?").
- Dann wird eine Gruppenübung veranstaltet, in deren Verlauf alles, was die Anwesenden bereits über das Thema wissen, in eine große „Lernkarte" eingezeichnet wird. Dadurch werden die Teilnehmer gezwungen, aktiv zu werden.

Konventionelle Ausbilder sind oft entschieden gegen diese Vorgehensweise – sie haben Angst, dass man ihren sorgfältigen Tagesplan durcheinander bringt. Ihr Motto heißt: „Nehmen wir einmal an, die Gruppe weiß vorab schon, was ich in den nächsten sechs Stunden vortragen werde? Das bedeutet, dass ich die Kontrolle über die Leute verliere."

Für die Unternehmer besteht die entscheidende Herausforderung der neunziger Jahre darin, dass sie den neuen, besser ausgebildeten Arbeiter ermuntern müssen, unternehmerischer zu denken, selbstbestimmter zu sein und sich darüber klar zu sein, dass er sein Leben lang lernen muss.

John Naisbitt und Particia Aburdene in *Megatrends 2000*

Dem haben wir zwei Argumente entgegenzusetzen:

Erstens: Wenn man etwas vorträgt, was die Gruppe schon weiß, wird man sie nur langweilen. Zweitens: Wenn man herausfindet, was die Gruppe noch nicht weiß, aber gerne wissen möchte, werden alle aufmerksam zuhören und an den Diskussionen teilnehmen.

Das Trainingsprogramm folgt dann den sechs Schritten des M·A·S·T·E·R-Plans, um das Thema ausführlich zu behandeln. Dabei sollten möglichst viele Sinne und Intelligenzfaktoren beteiligt sein und Methoden angewendet werden, die dafür sorgen, dass das Ganze fest im Gedächtnis verankert wird. Wir führen dabei viele Aktivitäten und Spiele durch, bei denen sowohl Zweiergruppen als auch größere Gruppen mitmachen.

Von Australien nach Südafrika

Kommt man mit einer so völlig anderen Ausbildungsmethode wirklich zum Ziel? Lassen wir erfolgreiche Ausbilder aus aller Welt zu Wort kommen.

Jule Fuller, Ausbildungsleiter und Entwicklungsmanager der DFS Australia Ltd., eines Unternehmens, das Duty-free-Shops betreut, konnte ein fünftägiges Trainingsprogramm für Manager mit Hilfe unseres Programms auf zwei Tage verkürzen.

Nach 14 Workshops war Jule begeistert: „Ich bin selbst immer wieder erstaunt, wie gründlich die Teilnehmer gelernt haben. Ich bin seit

1980 auf diesem Gebiet tätig, aber dies ist das professionellste und leichteste Programm, mit dem ich je gearbeitet habe."

Und er fügte hinzu: „Wenn die Leute an ihren Arbeitsplatz zurückkommen, wenden sie im Durchschnitt zwischen 70 und 95 Prozent der Methoden an, die sie bei uns gelernt haben. Eine Frau hat mir sogar versichert, dass der Kurs nicht nur ihr Arbeitsleben, sondern auch ihr Privatleben dramatisch verändert habe."

OPTUS ist das australische Telekommunikationsunternehmen, das am schnellsten expandiert hat. George Abramowicz, der für die Weiterbildung und Entwicklung zuständige Manager, sagt: „Unsere Angestellten freuen sich auf die Trainingssitzungen. Sie stärken ihr Selbstwertgefühl, ihr Selbstvertrauen, ihre Motivation und ihre Effizienz.

Vom Standpunkt der Firmenleitung ist es die leichteste und sparsamste Art, eine Weiterbildung zu planen und durchzuführen. Zeitaufwand und Kosten werden reduziert und das Betriebsergebnis verbessert."

John Warley, Leiter der Abteilung für Personalentwicklung der *Metropolitan Life Company of South Africa,* sagt: „Als wir unseren Mitarbeitern die Möglichkeit einer Weiterbildung am Arbeitsplatz anboten, die es ihnen ermöglichte, selbstständig und im eigenen Rhythmus zu arbeiten, mussten wir feststellen, dass erwachsene Menschen nicht wussten, wie man lernt. Den meisten anderen Firmen geht es ähnlich. Sie bieten ihren Leuten Kredite an, damit sie sich weiterbilden können, aber nur wenige Angestellte sind in der Lage, die Kurse, für die sie sich angemeldet haben, auch erfolgreich zu Ende zu bringen."

John Warley fand eine Lösung. Er kombinierte unser „Lernen-wie-man-lernt-Programm" mit unserem „Lernen-zu-Lehren-Programm". Lernende und Lehrende wurden dadurch zu einem festen Team – die Kombination der Programme brachte beiden Erkenntnisse über die Art und Weise, wie der andere arbeitete. Man tat sich zusammen, um die gestellten Aufgaben schnell und auf eine möglichst angenehme Art gemeinsam zu lösen.

Die gesamte Arbeiterschaft muss am laufenden Band trainiert werden... Früher wurde man vor dem Arbeitsleben in der Schule „gekocht", bis man gar war, jetzt muss die Suppe ständig brodeln.

SUE E. BERRYMAN, AUSBILDUNGSLEITERIN BEI DER WELTBANK

Eine große englische Firmengruppe der Automobilindustrie hatte erkannt, wie wichtig es ist, dass jemand erst lernt, wie man lernt, bevor er eine umfangreiche Weiterbildung beginnt.

> **Vor hundert Jahren war man der Meinung, dass ein Fabrikarbeiter ohne eine höhere Schulbildung auskomme, wer hingegen das Diplom einer Universität besaß, wurde Akademiker oder Rechtsanwalt. Zum ersten Mal in der Geschichte erfordern heute die meisten neuen Arbeitsplätze eine schulische Weiterbildung.**
>
> **William B. Johnston und Arnold H. Packer in *Workforce 2000***

Rover gibt Gas

Lange vor dem Verkauf an BMW befand sich die britische Automobilfirma Rover in Schwierigkeiten und verlor jährlich über 200 Millionen DM. Die Qualität der Fahrzeuge war fragwürdig, die Beziehungen zu den Gewerkschaften schlecht, die Moral der Belegschaft hatte einen Tiefstand erreicht – und die ganze Situation wurde immer schlimmer.

Danach konnte das Unternehmen seine Produktivität, seine Effizienz und den Gewinn jedoch wieder erheblich steigern. Die Verkaufszahlen lagen 1994 weltweit bei über 16 Milliarden DM, und das Unternehmen erzielte einen Gewinn von 112 Millionen DM.

Dieser Umschwung war der Verdienst des neuen Firmenchefs, Sir Graham Day, der Ende der achtziger Jahre das Ruder übernahm und im Mai 1990 das Rover Learning Business (RLB) ins Leben rief, ein eigenständiges Unternehmen innerhalb der Rover Gruppe, das sich intensiv für die Weiterbildung auf allen Ebenen einsetzt. Jeder Mitarbeiter orientierte sich an einem so genannten Persönlichen Entwicklungsplan und verpflichtete sich schriftlich zur Weiterbildung, durch die seine eigene Entwicklung und die des Unternehmens gefördert wird. Dieser Plan wurde regelmäßig vom Vorgesetzten der Mitarbeiter und von einem Mentor, der kein Firmenangehöriger sein musste, überprüft.

Rover zahlte seinen Mitarbeitern jährlich einen Zuschuss in Höhe von maximal 300,– DM für ein Lernprojekt ihrer eigenen Wahl. Es musste nicht unbedingt etwas mit der Arbeit zu tun haben, sollte aber der Weiterentwicklung des Mitarbeiters dienen.

Weil man festgestellt hatte, dass viele Arbeiter dem Lernen gegenüber eine negative Einstellung haben, gab Rover uns den Auftrag, ein spezielles Lernprogramm zu entwickeln. In der Schule hatten diese Leute immer das Gefühl gehabt, Versager zu sein, und jetzt sollten sie auf einmal wieder die Schulbank drücken und lernen, wie man mit Ausbildungsprogrammen, komplizierten, Computer gesteuerten Automaten und statistischen Qualitätskontrollen umgeht.

Gemeinsam mit der Unternehmensleitung entwickelten wir ein einfaches Programm, das auch einen Test enthielt, mit dem der persönliche Lernstil jedes Mitarbeiters ermittelt wurde. Darüber hinaus wählten wir die Lernmethoden und das Material aus, die den persönlichen Vorlieben der einzelnen Mitarbeiter entsprachen. Das Buch, das auf diese Weise entstand, umfasste 90 Seiten, war reich illustriert und wurde von einer Tonbandkassette begleitet. Wir nannten es: *Personal Learning Pays (Lernen lohnt sich)*. Es war nicht teuer, aber sehr effektiv und wurde schon in den ersten zwei Monaten von mehr als 6 000 Leuten angefordert. Man musste es bestellen. Es wurde zwar kostenlos abgegeben, aber wir waren der Meinung, dass die Mitarbeiter ein Mindestmaß an Motivation beweisen sollten, indem sie es bestellten.

Michael J. Marquardt, der in seinem Buch *Building the Learning Organisation* viel über die Wende bei Rover geschrieben hat, stellt fest: „Bei Rover trägt jeder Mitarbeiter selbst die Verantwortung für seine Weiterbildung und langfristige Anstellung im Unternehmen. Und das hat der Belegschaft die erfolgreiche, entscheidende geistige Wende beschert."

Marquardt, Professor für angewandte Forschung auf dem Gebiet der innerbetrieblichen Weiterbildung an der George Washington University, informiert, dass Unternehmen, die wirklich daran interessiert sind, dass sich ihre Mitarbeiter fortbilden, die Methoden des *Aktivierenden Lernens* anwenden, damit jeder mehr und schneller lernt – und die Informationen in seinem Langzeitgedächtnis speichern kann.

„Beim ‚Aktivierenden Lernen' werden alle Teile des Gehirns einschließlich der bewussten und unbewussten geistigen Funktionen aktiviert", schreibt er. „Das ‚Aktivierende Lernen' hat darüber hinaus bewiesen, dass es Innovationsfähigkeit, Phantasie und Kreativität mit in den Lernprozess einbezieht."

Tausende von Unternehmen, die sowohl das *Aktivierende Lernen* als auch unser Entwicklungsprogramm eingesetzt haben, haben uns den Beweis geliefert, dass unsere Methoden bei Erwachsenen, die in einem

Unternehmen arbeiten, genauso erfolgreich sind wie bei Schulkindern. Das Programm war in den so genannten *Fortune 500* Unternehmen, wie American Express, Boeing, Chevron, Esso, Kellog's, Procter & Gamble, Xerox und Woolworth, genauso erfolgreich wie in kleineren oder mittelgroßen Firmen.

Der Grund dafür liegt auf der Hand: Man berücksichtigt beim Lernen nicht nur die Gefühle und die zahlreichen Facetten der Intelligenz, sondern man legt auch Wert darauf, dass der Lernende sich für den Stoff, aber auch für den Lernprozess begeistert. Warum sollte Lernen keinen Spaß machen? Bob Pike, Spezialist für innerbetriebliche Weiterbildung, drückt es treffend aus: „Erwachsene sind bloß Kinder mit einem großen Körper."

Ausgerechnet in der High-Tech-Industrie, wo man eigentlich meinen sollte, dass das Lernen hier absolut „seriös" und „intellektuell" ablaufen würde, hatte das *Aktivierende Lernen* einige seiner größten Erfolge. Die Methode wurde in Computerfirmen, Finanzierungsgesellschaften, Banken, pharmazeutischen Unternehmen und bei der Ausbildung von Buchhaltern in einer der großen Wirtschaftsprüferfirmen angewandt.

„Ein Lebensstil"

„Ich übertreibe wirklich nicht. Für mich ist *Aktivierendes Lernen* ein Lebensstil", so die New Yorker Finanzberaterin Christine Salter. Nach 20 Berufsjahren resümiert sie: „Ich kann jetzt bedeutend besser mit den Leuten umgehen, ihnen viel wirksamer meine Argumente vermitteln, weil ich ihren persönlichen Lernstil kenne. Das hat mir in meinem Beruf viele Vorteile verschafft und mein Lebensgefühl erhöht.

Früher war Lernen für mich immer mit Frustration verbunden, obwohl mir nie klar war, warum. Ich musste mich immer gewaltig anstrengen. Während meines Studiums habe ich zwar immer gute Noten bekommen, musste aber fünf- bis sechsmal so viel büffeln als die anderen.

Ich habe mir stundenlang Anmerkungen gemacht, Dinge unterstrichen und so lange alles noch einmal neu geschrieben und zusammengefasst, bis mir schließlich das Ganze zum Hals heraushing. Mit Hilfe der Gedanken-Maps brauche ich mich jetzt nur noch auf das zu konzentrieren, was wirklich wichtig ist und was ich mir unbedingt merken muss.

Meine Bücher sind schmutzig, mit Farbstiften verschmiert, überall sind Markierungen – aber das sind eben meine ganz persönlichen Notizen.

Jetzt macht mir das Lernen Spaß. Ich muss mich nicht mehr anstrengen und brauche nicht mehr zu kämpfen. Das *Aktivierende Lernen* hat mir Informationen und Fertigkeiten vermittelt, die mich in die Lage versetzen, meine Lernprozesse selbst zu kontrollieren und mich an die Veränderungen anzupassen, die sich tagtäglich in unserer Welt vollziehen. Das ist eine der besten Lebenserfahrungen, die ich je gemacht habe."

Christine Salters hat damit etwas sehr Wichtiges gesagt: Sie leistet mehr in ihrem Beruf, weil sie so etwas wie eine persönliche Entwicklung durchgemacht hat.

Bill O'Brien, ehemaliger Geschäftsführer der Hanover Insurance beschreibt diese geistige Wende: „Zu Beginn des industriellen Zeitalters mussten die Menschen sechs Tage pro Woche arbeiten, um ihren Lebensunterhalt zu verdienen. Heutzutage haben die meisten von uns das bereits am Dienstagnachmittag erledigt. Unsere hierarchisch strukturierten Unternehmen sind nicht geeignet, um das Streben der Menschen nach Selbstachtung und Selbstverwirklichung zu befriedigen. Erst wenn ein Unternehmen sich auch um diese Bedürfnisse seiner Mitarbeiter kümmert, wird die Unruhe im Management ein Ende finden."

Wir können ihm nur zustimmen. Unserer Auffassung nach ist es Aufgabe eines Vorgesetzten, ein Gemeinschaftsgefühl unter seinen Mitarbeitern zu erzeugen und ihnen eine Vision zu vermitteln, für die sich alle mit Begeisterung einsetzen können. Und er muss dafür sorgen, dass die außergewöhnlichen Fähigkeiten, die in jedem Menschen schlummern, geweckt werden.

Sentimentales Zeug? Mit genau dieser Philosophie hat es die japanische Firma Kyocera innerhalb von 30 Jahren geschafft, aus dem Nichts einen Umsatz von vier Milliarden DM zu erreichen und dabei überdurchschnittliche Gewinne zu erzielen.

Aldo Adriaan, Leiter der innerbetrieblichen Weiterbildung eines größeren Unternehmens im Silicon Valley, Kalifornien, ist überzeugt: „Wir müssen noch viel lernen. Das Informationszeitalter schafft eine Menge Probleme. Die Technologie entwickelt sich so schnell, dass wir kaum nachkommen können. Das *Aktivierende Lernen* gibt den Menschen das nötige Selbstvertrauen, um die Dinge schnell in Angriff zu nehmen und sie genauso rasch zu erledigen.

Ich habe mir viele pädagogische Methoden angesehen, aber keine wird mit dem Stress fertig, den das Lernen mit sich bringt, und keine kann den Leuten helfen, das Gelernte auch zu behalten. Und keine von ihnen macht wirklich Spaß", stellt er fest.

> **Die Kraft des Gehirns wird zum wichtigsten Kapital eines Unternehmens.**
>
> **MICHAEL J. MARQUARDT IN *BUILDING THE LEARNING ORGANIZATION***

„Im heutigen Berufsleben gibt es für das ‚Aktivierende Lernen' eine Vielzahl von Anwendungsmöglichkeiten. Man kann den Leuten damit die Methoden vermitteln, die sie brauchen, um ihr Gehirn besser ausnutzen zu können und das zu lernen, was die Firma von ihnen erwartet. Unsere Mitarbeiter können das ‚Aktivierende Lernen' sogar zu Hause anwenden und auch ihrer Familie beibringen, wie man besser lernt."

Die letzte Bemerkung ist von entscheidender Bedeutung. Eine echte M·A·S·T·E·R-Organisation muss sich dafür einsetzen, dass ihre Mitarbeiter sich des *Aktivierenden Lernens* auch zu Hause bedienen und ihre Familie daran beteiligen. Wenn die Kurse also sowohl beruflich als auch zu Hause Gewinn bringen, wird die Motivation des Mitarbeiters verbessert und seine Loyalität der Firma gegenüber gestärkt. Und das führt zu einer Verringerung der Personalfluktuation, die in den USA zur Zeit bei vier Prozent pro Monat, in Japan dagegen bei 3,5 Prozent **pro Jahr** liegt!

Wir müssen die scharfe Grenze zwischen Job, Familie und Freizeit abschaffen. Zu viele Menschen sehen ihre persönliche Erfüllung nur außerhalb der Arbeitswelt, weil das Ziel der Arbeit ausschließlich im finanziellen Gewinn gesehen wird.

Da jedoch auch finanzielle Erfolge wichtig sind, müssen wir die Technologie voll ausnützen. Die Belegschaft muss an den Kostensenkungen, die diese Technologie möglich macht, beteiligt werden, damit das Unternehmen gleichzeitig ein zweites Ziel verfolgen kann – die persönliche Entwicklung seiner Mitarbeiter. Das festigt die Loyalität, steigert die Kreativität und das klare Denken, was schließlich zu weiteren finanziellen Erfolgen führt. Man setzt also auf diese Weise eine Art positiven Teufelskreis in Gang.

Einige der erfolgreichsten Firmen haben offensichtlich den Zusammenhang zwischen Arbeit und Familie erkannt:

- Motorola hat eine eigene Motorola Universität gegründet und gibt jährlich 3,6 Prozent seines Gewinns für Weiterbildung aus – das sind etwa 240 Millionen DM pro Jahr. Außerdem hat das Unternehmen für die Kinder der Belegschaft Vorschulen eingeführt.

- Die Saturn Corporation legt besonderen Wert auf Diskussionen über gemeinsame Wertvorstellungen, gemeinschaftlich getroffene Entscheidungen und Teamwork. Das Unternehmen erwartet von seinen Mitarbeitern außerdem, dass sie 100 Stunden pro Jahr der Weiterbildung widmen.
- Arthur Anderson gibt 6,5 Prozent seiner Gewinne aus, damit jeder Beschäftigte alle vier bis fünf Jahre eine Weiterbildung absolvieren kann, und begrüßt es sogar, wenn auch ehemalige Mitarbeiter sich anschließen.
- General Electric hat 13 000 Angestellte an einem zweitägigen Kurs teilnehmen lassen, bei dem es um Methoden des Problemlösens und der Denkfähigkeit ging.
- Fel Pro erstattet die Kosten für eine Weiterbildung und zahlt den Mitarbeitern, die einen Abschluss gemacht haben, eine Gratifikation. Zudem unterstützt die Firma die Kinder der Mitarbeiter bei der Ausbildung.
- Im Budget der Arup Partnership sind zehn Prozent der gesamten Arbeitszeit der Belegeschaft für Weiterbildung vorgesehen.
- Die Canadian Imperial Bank of Commerce (CIBC) legt so großen Wert auf das Lernen, dass sie ihr „intellektuelles Kapital" quantitativ bewertet und in den Bilanzen aufführt.

CIBC ist mit einem Kapital von 214 Milliarden DM die siebtgrößte Bank Nordamerikas. Ende der achtziger Jahre, nach einer Wirtschaftskrise mit Zusammenbruch der Immobilienwerte, begann das Unternehmen, sich mit diesem Thema zu beschäftigen. Man kam zu dem Schluss, dass ein „Software Kapital" wie das Computer Know-how eine bessere Anlage darstellt als das „Hardware Kapital" in Form eines Bürohochhauses.

Und die Bank sah ein, dass sie ihren Worten Taten folgen lassen musste. Da sie größten Wert auf das „intellektuelle Kapital" des Unternehmens legte, entwickelte man eine völlig neue Methode der innerbetrieblichen Weiterbildung.

Leiter der Operation ist Hubert Saint-Onge, eine Autorität auf diesem Gebiet. Er hat die Position eines stellvertretenden Geschäftsführers, Aufgabenbereich Lernorganisation und Entwicklung von Führungsqualitäten. Gemeinsam mit seiner Mannschaft arbeitet er im Leadership

Centre der CIBC nördlich von Toronto, zu dem ein Gästehaus mit 125 Zimmern gehört.

Saint-Onge sagt: „Die wenigsten Firmen können Ihnen sagen, wie viel sie für die Weiterbildung ausgeben. Wir haben sechs Monate gebraucht, um dahinter zu kommen – es sind 30 Millionen Dollar pro Jahr."

Um ihre Investitionen besser anlegen zu können, übertrug CIBC den Mitarbeitern die Verantwortung für die Weiterbildung. Man erleichtert den Leuten die Arbeit, indem man ihnen unser „Lernen-lernen-Material" zur Verfügung stellt. Es gibt richtige Lernräume, in denen die Mitarbeiter Bücher und Software benützen können, und man ermuntert sie, auch andere Kollegen davon zu überzeugen, dass es gut ist, sich fortzubilden. Außerdem können natürlich alle regelmäßig an Kursen teilnehmen.

Großunternehmen, die ebenfalls zur Vorhut der Förderung des „intellektuellen Kapitals" gehören, sind die Skandia Gruppe, das größte Finanzierungsunternehmen Skandinaviens, das einen jährlichen Bericht über sein „intellektuelles Kapital" herausgibt, und Dow Chemical, das 1993 eine neue Stelle einführte – den Leiter der Abteilung für „intellektuelles Kapital".

Viele Firmenprospekte erwähnen so schön, dass die Belegschaft das größte Kapital des Unternehmens ist – aber das sind zumeist bloße Lippenbekenntnisse. Unserer Meinung nach kann ein Unternehmen nur dann wirklich von sich behaupten, eine Lern- oder M·A·S·T·E·R-Organisation zu sein, wenn folgende Voraussetzungen erfüllt sind:

- Der Betrieb muss sich mit seiner Belegschaft zu Werten, Regeln und Zielen bekennen, die man gemeinsam definiert hat.
- Das Unternehmen muss sich verpflichten, sich um die langfristige persönliche Entwicklung seiner Mitarbeiter zu kümmern, und dieses Ziel als gleichrangig mit der kurzfristigen Gewinnmaximierung betrachten.
- Die Lernprozesse müssen von unten nach oben verlaufen, dazu gehören Lernen-wie-

Lebenslanges Lernen und Weiterbildung sind entscheidend, wenn die Industrie der USA Weltklasse bleiben will.

RICHARD L. LESHER, VORSTAND DER US HANDELSKAMMER

man-lernt-Programme, Kurse, die analytisch-kreative Denkfähigkeiten vermitteln und „Lernzirkel“.

- Die Firma muss die Familien ihrer Mitarbeiter bei der Ausbildung aktiv unterstützen, und zwar nicht nur finanziell, sondern auch durch das Angebot verschiedener Kurse – zum Beispiel Kommunikation, EDV, Teamwork und Fremdsprachen.

Wenn wir den drohenden Arbeitsplatzverlusten wirklich etwas entgegensetzen und stattdessen unsere Lebensqualität verbessern wollen, müssen wir die scharfe Grenze zwischen Berufstätigkeit und Familienleben ganz bewusst abschaffen.

Da wir selbst Unternehmer sind, wissen wir nur zu gut, dass das Überleben und die Gewinne in jeder Firma die erste Priorität haben müssen. Aber dieses Ziel lässt sich nur erreichen, wenn sich alle Beteiligten mit Begeisterung und voller Konzentration für die gemeinsame Sache einsetzen. Die ständige Verbesserung der Fähigkeiten eines jeden einzelnen Mitarbeiters liegt daher nicht nur in deren persönlichem Interesse, sondern dient auch dem Unternehmen.

Eine M·A·S·T·E·R-Organisation hat darüber hinaus jedoch eine wichtige soziale Funktion. Denn selbst wenn es uns gelänge, allen Schülern beizubringen, wie man auf hohem Niveau lernt und besser denkt – was wird dann aus den Erwachsenen, die bereits berufstätig sind? Wenn nicht auch ihre Fähigkeiten verbessert werden, sind sie dazu verurteilt, ihr Leben lang wenig zu verdienen.

Und wo sollten sie etwas Neues lernen, wenn nicht am Arbeitsplatz?

VORSCHLAG FÜR EINE NEUE BEZIEHUNG ZWISCHEN ARBEITNEHMERN UND ARBEITGEBERN

Die Veränderungen der äußeren Bedingungen werden im nächsten Jahrtausend auch eine Veränderung der Beziehung zwischen Arbeitgebern und Arbeitnehmer erfordern. Und das Lernen wird eine zentrale Rolle spielen.

Von den Arbeitnehmern der Zukunft erwarten wir, dass sie ihrem Arbeitgeber gegenüber fünf Verpflichtungen erfüllen, und umgekehrt. Wohlgemerkt: Es handelt sich um Verpflichtungen, nicht um Rechte.

Pflichten des Arbeitnehmers:

1. Wertsteigerung

Ein Unternehmen kann nur Gewinne machen, wenn die Leistung der gesamten Belegschaft größer ist als die verursachten Kosten. Die Lohnkosten sind davon natürlich nur ein Teil. Rohstoffe, Mieten, Elektrizität, Werbung, Transport und Kredite spielen ebenfalls eine bedeutende Rolle. Sie selbst können jedoch vor allem die Kosten beeinflussen, die durch Sie selbst entstehen.

Die erste Regel für einen Arbeitnehmer lautet, dass der Beitrag, den er zum Gedeihen des Unternehmens leistet, größer ist als die Kosten, die er verursacht. Er läßt sich weder in Stunden messen, noch hängt er davon ab, wie fleißig Sie sind oder wie lange Sie schon in der Firma arbeiten – obwohl auch diese Faktoren wichtig sind. Ihr Beitrag bemisst sich letzten Endes nur daran, ob Sie der Firma mehr gebracht haben, als Sie von ihr bekommen haben.

Auch der einzelne Mensch macht über das Jahr gesehen Gewinne oder Verluste, aber nur ein Unternehmen weist diese offiziell aus.

Wir sollten daher im eigenen Interesse stets darauf achten, dass wir unsere Kosten senken, die Zufriedenheit der Kunden steigern und den Umsatz erhöhen. Je höher der Gewinn ist, den jeder einzelne Mitarbeiter erwirtschaftet, desto sicherer ist sein Einkommen und sein Arbeitsplatz.

Im Jahre 1996 lag der **durchschnittliche** Mehrwert pro Arbeitnehmer in der englischen Industrie bei 53 000 Pfund (153 000 DM). Das heißt, dass jeder einzelne Angestellte dem Unternehmen durchschnittlich 53 000 Pfund **mehr** einbrachte, als er einschließlich Gehalt, Sondervergütungen, Krankenversicherung und so weiter kostete.

Bei den oberen zehn Prozent der Unternehmen der Elektronikindustrie lag der durchschnittliche Mehrwert sogar doppelt so hoch, also bei rund 108 000 Pfund. So lange, wie jeder Mitarbeiter einer solchen Firma besser denkt, kreativer ist und besser lernt als die Konkurrenz, sind die Löhne und Arbeitsplätze gesichert.

2. „Scheinselbstständigkeit" – einmal positiv

Betrachten Sie sich als Chef Ihrer eigenen Einmann- oder Einfrau-Unternehmensberatung – als John Jones oder Jane Jones GmbH, die einen Vertrag mit Ihrem gegenwärtigen Arbeitgeber hat.

Und wenn der Wert Ihres Subunternehmens steigen soll, müssen Sie stets alle Fähigkeiten Ihrer „Firma“ einbringen, denn nur so kann der Wert Ihrer Dienstleistungen die Kosten übersteigen, die Sie verursachen.

Das Ganze ist das Ergebnis eines lebenslangen Lernprozesses: Sie investieren gewissermaßen in Ihre eigene Forschungs- und Entwicklungsabteilung.

Sobald Sie aufhören zu lernen, bringen Sie zu wenig ein und werden zurückfallen.

Wenn Sie dagegen bereit sind, in Ihre eigene Abteilung zu investieren, sind Sie jederzeit und überall zu vermitteln – ganz gleich, was Ihrem gegenwärtigen „Klienten“, also Ihrem Arbeitgeber, zustößt. Sorgen Sie also dafür, dass Sie genau wissen, welche Ziele er verfolgt, und lernen Sie alles, was nötig ist, um diese zu erreichen. Es liegt in Ihrem eigenen Interesse, denn ein zufriedener Kunde zahlt seine Rechnung.

Warten Sie nicht, bis man Ihnen eine Möglichkeit zur Weiterbildung anbietet – bringen Sie sich das Notwendige selbst bei. Bilden Sie eine Lerngemeinschaft. Sie helfen damit nicht nur dem Unternehmen, sondern sorgen auch dafür, dass Sie auf dem Arbeitsmarkt leichter zu vermitteln sind. Selbst wenn Sie nur eine Teilzeitarbeit bekommen sollten, können Sie sich darauf verlassen, dass Sie genügend Erfahrungen gesammelt haben, um gut damit umgehen zu können.

3. Erstklassige Dienstleistungen

Wenn Sie sich als einen selbstständigen Subunternehmer im Dienstleistungsbereich betrachten, müssen Sie sich zum Beispiel fragen: „Wie kann ich meine Kunden besser bedienen?“ „Wie kann ich ihnen helfen, ihre Ziele zu erreichen?“

Kunden gibt es nicht nur außerhalb der Firma, für die Sie arbeiten. Betrachten Sie auch die Leute **im Unternehmen** als Ihre Klienten. Werden sie von Ihnen gut betreut? Sind Sie Ihr Geld wert?

Natürlich müssen auch diese Leute ihre Aufgaben erfüllen und sollten sich stets bemühen, Ihnen zu helfen, damit Sie sich immer weiter verbessern können.

Als selbstständiger Unternehmer haben Sie auch die Aufgabe, Störungen zu beseitigen. Man erwartet von ihnen, dass Sie keine Zeit verschwenden, indem Sie sich zum Beispiel über die Firma beklagen, sondern eine Lösung suchen und weitermachen – schließlich sind **Sie selbst** die Firma.

4. Ständige Verbesserungen

Ein japanisches Wort, das Sie sich merken sollten, heißt *Kaizen* – das ist die Gewohnheit des Geistes, ständig nach Verbesserungsmöglichkeiten zu suchen, eine tägliche Herausforderung, besser zu werden. So schaffen Sie Mehrwert.

Mitunter kann eine einzige Entdeckung, ein neues Produkt oder eine neue Art und Weise, etwas zu tun, zu einem sensationellen Fortschritt führen. In einem typischen japanischen Unternehmen sucht man jedoch ständig hunderte, ja sogar tausende von kleinen Verbesserungen. Jede einzelne mag unbedeutend erscheinen, zusammen entscheiden sie jedoch über Erfolg oder Misserfolg.

Eine Gruppe japanischer Manager eines Stahlwerks in Yokohama besuchte ein Stahlwerk in England. Beide Fabriken hatten ähnliche Anlagen und waren etwa gleich alt. Die englische machte jedoch Verluste, die japanische Gewinne.

Am Ende des Besuchs fragte der Geschäftsführer des englischen Unternehmens seine Besucher: „Wir können viel von Ihnen lernen. Wo liegt der Unterschied? Warum machen Sie Gewinne und wir nicht?"

Der Leiter der japanischen Delegation erwiderte höflich: „Man kann nicht von einem großen Unterschied sprechen, aber wir könnten Ihnen ein paar Vorschläge machen..." Und dann präsentierte er sage und schreibe 124 Verbesserungsvorschläge. So hatte er zum Beispiel beobachtet, dass die ein Meter hohen Türen des Hochofens sich beim Herausrollen des Stahlblocks zehn Zentimeter weiter öffneten als die der Japaner, wodurch mehr Hitze verloren ging. Das war zwar nicht viel, aber im Laufe eines Jahres summierte sich der Energieverlust. Zusammen mit den anderen 123 kleinen Unterschieden reichte das aus, um aus Gewinnen Verluste zu machen.

Man muss sich jeden Tag fragen: „Lässt sich das noch weiter verbessern?" „Können wir das vielleicht schneller erledigen?" „Wie können wir das billiger machen?"

In der heutigen Zeit konkurrieren wir nicht nur mit den anderen Firmen in unserem Land, denn der Wettbewerb ist global geworden. Und alle Unternehmen stellen die gleichen Fragen.

Das ist auch der Grund, warum Ihre Firma von Ihnen als Arbeitnehmer mehr verlangen muss – sie hat einfach keine andere Wahl. Und Sie selbst müssen deshalb auch mehr von sich fordern – schließlich sind Sie Ihr eigener Arbeitgeber.

Kaizen ist übrigens keine japanische Erfindung. Die meisten Ideen stammen ursprünglich von dem amerikanischen Managementexperten W. Edwards Deming. Die Japaner haben allerdings zahlreiche kleine Verbesserungen angefügt.

5. Den Wandel wünschen

Stabilität gehört der Vergangenheit an. Heutzutage sind die einzigen Konstanten die immer schneller ablaufenden Veränderungen – in der Arbeitswelt, auf den Weltmärkten und in der Technologie.

Und das Unternehmen, in dem Sie arbeiten, muss nicht nur damit Schritt halten, sondern sich auch beeilen, denn die weltweite Konkurrenz schläft nicht. Ein Betrieb kann jedoch nicht schnell sein, wenn seine Mitarbeiter träge sind.

Es hat also gar keinen Sinn, sich gegen Veränderungen zu sträuben, nur weil sie möglicherweise mit Unbequemlichkeiten verbunden sind. Wenn es eine Möglichkeit gibt, die Effektivität zu erhöhen, wird das geschehen – wenn nicht in Ihrer Firma, dann in einer anderen. Und diese wird letzten Endes die besseren Arbeitsplätze anbieten können.

Jeder muss also lernen, sich an die neuen Verhältnisse anzupassen, oder noch besser, sie vorherzusehen oder sogar selbst in die Wege zu leiten. Das ist auch der Grund, warum Sie sich mit dem *Aktivierenden Lernen* auseinander setzen sollten und lernen müssen, kreativ-analytisch zu denken.

Diese fünf Verpflichtungen sind nicht leicht zu erfüllen, denn sie erfordern ein hohes Maß an Selbstständigkeit. Aber trösten Sie sich, es geht Ihnen nicht allein so, auch Ihr Arbeitgeber hat Verpflichtungen.

Wir glauben sogar, dass der Arbeitgeber des 21. Jahrhunderts **genau die gleichen** Verpflichtungen hat wie der Arbeitnehmer.

Pflichten des Arbeitgebers:

1. Wertsteigerung

Wenn Ihre Arbeitnehmer sich bemühen, einen Mehrwert zu erwirtschaften, wenn sie sich neue Technologien aneignen, um die Effektivität des Unternehmens zu steigern und den Arbeitsaufwand zu senken, sind Sie verpflichtet, sie an dem erwirtschafteten Mehrwert teilhaben zu lassen.

Die Vorteile, die die Automatisierung mit sich bringt, müssen auch der Belegschaft teilweise zugute kommen. Wir denken dabei an Arbeitszeitverkürzungen bei vollem Lohnausgleich, Job Sharing, gleitende

Arbeitszeit oder an das Angebot von Altersteilzeitarbeit. Darüber hinaus sollte eine bestimmte Summe in die Weiterbildung investiert werden, damit die Arbeitsleistung das hohe Niveau erreichen kann, das die neuen Arbeitsplätze erfordern.

Wohlgemerkt, wir haben von „einem Teil der Vorteile" gesprochen. Uns ist klar, dass ein Unternehmen automatisieren muss, um im weltweiten Wettbewerb mithalten zu können, dass man also nicht alles, was eingespart wird, als zusätzlichen Gewinn betrachten kann. Ein Teil muss für Preisabschläge aufgewendet werden, ein anderer wird in die Forschung und Entwicklung investiert, und schließlich wollen natürlich auch die Aktionäre ein Stückchen vom Kuchen abbekommen.

Trotzdem ist ein Betrieb nicht nur dazu da, das Kapital der Aktionäre zu vermehren. Wie die französische oder spanische Bezeichnung eines Unternehmens (*société* beziehungsweise *sociedad*) besagt, ist jede Firma auch eine gesellschaftliche Gruppierung mit sozialer Verantwortung.

2. Angestellte als Partner sehen

Wenn Ihre Angestellten sich wie selbstständige Subunternehmer verhalten und aus eigener Kraft die Dinge lernen, die den gemeinsamen Erfolg garantieren, müssen sie auch unmittelbar an den Werten, Rollen und Zielen des Unternehmens beteiligt sein.

Das hohe Maß an Selbstmotivierung und Selbstständigkeit seiner Mitarbeiter, das ein modernes Unternehmen braucht, muss von einem ebenso hohen Maß an Selbstbestimmtheit begleitet sein. Man kann eine Entscheidung nur dann mit ganzem Herzen umsetzen, wenn man an ihrer Entstehung beteiligt war.

3. Erstklassige Dienstleistungen

Wenn sich jeder Arbeitnehmer darauf konzentriert, eine erstklassige Leistung abzuliefern, muss der Arbeitgeber auch bereit sein, ebensolche Arbeitsbedingungen zu schaffen.

Welche Ambitionen hat jeder einzelne Mitarbeiter? Wie kann die Firma ihm helfen, seine Ziele zu erreichen? Was kann man tun, um den Arbeitsplatz angenehmer zu gestalten? Wir wissen, dass Menschen am besten lernen und schöpferisch tätig sein können, wenn jeder angstfrei arbeiten kann. Wie können wir ein solches Betriebsklima schaffen?

4. Ständige Verbesserungen

Wenn sich die Mitarbeiter bemühen, immer besser zu werden, damit die Firma Erfolge hat, muss sich die Unternehmensleitung umgekehrt darum kümmern, dass sich jeder einzelne Betriebsangehörige als Mensch weiterentwickeln kann. *Kaizen* berücksichtigt beide Seiten.

Wie kann man das innere Potential der Leute fördern? Wie kann man ihnen beim Lernen helfen? Wie kann man die Lernprozesse, die in der Familie des Mitarbeiters ablaufen, unterstützen? Kann die Firma zum Beispiel Lernmaterial im Großhandel kaufen und die Rabatte an die Beschäftigten weitergeben? Kann man Weiterbildungskurse veranstalten, an denen auch die Familie teilnehmen kann?

Da niemand vorher sagen kann, welche Fähigkeiten in Zukunft von uns erwartet werden, müssen die Arbeitnehmer eine solide Wissensgrundlage haben und außerordentlich flexibel sein, was sowohl ihnen als auch den Arbeitgebern zugute kommt.

Die technologische Entwicklung hat zur Folge, dass zuerst die am wenigsten qualifizierten Arbeitnehmer ihren Arbeitsplatz verlieren werden. Haben wir uns wirklich genug Mühe gegeben, um herauszufinden, wie man diese Menschen so ausbilden kann, dass sie auch in Zukunft noch ihren Beitrag leisten können? Es ist natürlich bedeutend leichter, Leute einfach zu entlassen, als dafür zu sorgen, dass sie sich weiterbilden können. Wenn wir den leichten Ausweg wählen, wälzen wir das Problem der Arbeitslosigkeit auf die Gesellschaft ab. Lässt sich das moralisch vertreten?

5. Den Wandel wünschen

Die Veränderungen, die wir von den Mitarbeitern verlangen, sind tiefgreifend. Umstellungen, die früher Jahrhunderte gedauert haben, laufen heute in Monaten ab. Das schafft eine große Verunsicherung.

Neu ist auch die Verantwortung, die ein Unternehmer heute trägt. Wenn wir jedoch in den ungetrübten Genuss der Vorteile einer High-Tech-Gesellschaft kommen wollen, muss jeder seine Rolle überdenken. Die Unternehmen müssen ihre Ziele weiter fassen und sich zusätzlich ihrer sozialen Bedeutung bewusst werden, nicht aus Altruismus, sondern aus Gründen der Selbsterhaltung. Sie sollten ihre Türen öffnen und die Kinder und Ehepartner ihrer Angestellten an den innerbetrieblichen Weiterbildungskursen teilnehmen lassen. Fortbildung statt Entlassung muss die Devise lauten.

Wenn Sie diese fünf Pflichten des Arbeitnehmers und des Arbeitgebers betrachten, werden Sie feststellen, dass sie den Verpflichtungen gleichen, die die Mitglieder einer guten Familie bereitwillig übernommen haben. Und das ist, wie wir glauben, kein Zufall.

Im Grunde stellen diese fünf parallel laufenden Verantwortungsbereiche eine neue Definition der Rolle der Arbeit dar. Es geht nicht mehr nur um den materiellen Wohlstand, sondern auch um die persönliche Erfüllung. Aus diesem Grund würden wir es begrüßen, wenn man nicht nur mit den Unternehmern, sondern schon mit den Schulabgängern über die Folgen dieser neuen Verpflichtungen diskutieren würde.

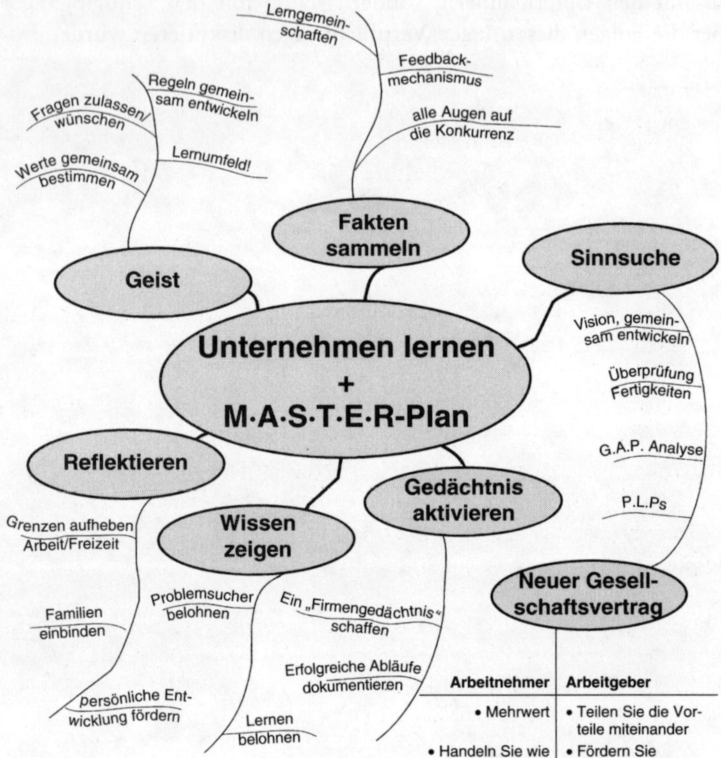

Arbeitnehmer	Arbeitgeber
• Mehrwert	• Teilen Sie die Vorteile miteinander
• Handeln Sie wie ein Selbstständiger	• Fördern Sie Selbstbestimmung
• Konzentrieren Sie sich auf Qualität	• Schaffen Sie die Voraussetzungen für gute Arbeit
• Versuchen Sie immer wieder, Verbesserungen zu finden	• Fördern Sie die Persönlichkeitsentwicklung
• Seien Sie offen für Veränderungen	• Soziale Verantwortung

18

Die Vision

Wo keine Offenbarung ist, wird das Volk wild und wüst.
SPRÜCHE 29, VERS 18

Unsere Zukunft entscheidet sich jetzt. Pädagogen, Regierungschefs, Unternehmer, Eltern – sogar die Schüler selbst – äußern offen ihre Besorgnis.

Das Problem: Die Schulabgänger, die von der Schule in den Beruf wechseln, sind einfach nicht ausreichend vorbereitet, um den Herausforderungen begegnen zu können, die sie erwarten. Wirklich brauchbare Techniken haben Sie nicht erworben. Aber genau die entscheiden darüber, ob sie die heutigen, laserschnellen, hochtechnologisierten, im globalen Wettbewerb stehenden Lebensräume mitgestalten – und nicht nur verkraften.

Eine Untersuchung des Hudson Institutes, die kürzlich im Auftrag des Arbeitsministeriums der USA durchgeführt wurde, zeigt, wie groß die Kluft zwischen den Erwartungen der Industrie und den Fähigkeiten der Schulabgänger wirklich ist. Im Jahr 2000 werden etwa 41 Prozent aller Arbeitsplätze eine spezialisierte Ausbildung erfordern. 1984 waren es noch 24 Prozent. Und diese Arbeitsplätze erfordern nicht nur eine höhere Qualifikation, sie sind zudem neuartig, und sie unterliegen ständigem Wandel.

„An der Schwelle des 21. Jahrhunderts muss sich ein großer Teil der Bevölkerung weiterbilden – nicht nur um Grundfertigkeiten zu erwerben oder um sich auf eine bestimmte Tätigkeit vozubereiten, sondern um einer Zukunft ins Auge blicken zu können, die flüchtiger, kompetitiver und komplexer ist als je zuvor", schreiben Fred Best und Ray Eberhard im Magazin *The Futurist*. „Bildung … heißt heute, lebenslanges Lernen für Erwachsene selbstvertändlich zu machen."

Der US-Präsident Bill Clinton greift diesen Gedanken auf und sagt: „Wir müssen das lebenslange Lernen der Amerikaner fördern, indem wir in jeder Hinsicht in unser Volk investieren."

Die drei Worte *in jeder Hinsicht* sind der Schlüssel.

Unsere Forschung und Arbeit auf vier Kontinenten und der Austausch mit begabten Lehrkräften, Trainern, Akademikern, mit betroffenen Menschen in öffentlichen Behörden und anderswo sind das Fundament einer kraftvollen Vision von diesem Weg nach vorn, der aus uns allen lebenslang Lernende macht.

Lernen spielt in jeder Phase des Lebens eine entscheidende Rolle: vom Kleinkind, das seine ersten Schritte ausprobiert, bis zum leitenden Angestellten. Lernen ist Aufgabe der gesamten Gemeinschaft.

Das intellektuelle Potenzial seiner Menschen ist der Eckpfeiler jedes florierenden Staates. Der wahre Reichtum ist der Schatz, der in den Köpfen seiner Bevölkerung verborgen ist.

Wir stellen uns die Gesellschaft der Zukunft, in der jeder ein Leben lang lernt, die bisher jedoch nie genau definiert worden ist, etwa folgendermaßen vor:

Eine Gesellschaft, die sich aus Menschen zusammensetzt, die ihr Leben lang lernen, die kreativ-analytisch denken können und die Fähigkeiten besitzen, um wirtschaftlich unabhängig zu sein. Eine Gesellschaft, in der die Gewinne der Produktivität gerecht verteilt werden, damit Arbeit und Freizeit Mittel zur optimalen Selbstverwirklichung werden können.

Das Umsetzen der folgenden 16 Anregungen würde uns sehr viel weiter bringen, um das Ideal einer wahrhaft lernenden Gesellschaft im 21. Jahrhundert zu erreichen.

1. Unser Ziel: Lernen lernen und kreative Analyse

Setzen Sie sich dafür ein, dass alle an Kursen teilnehmen können, die Lernen lernen und kreative Analyse zum Thema haben. Machen Sie Lernen lernen zum Hauptfach in der Orientierungsstufe, und verankern Sie die Prinzipien in jedem Fach. Verankern Sie analytisches und kritisches Denken im Lehrplan und in der Lehrerausbildung. Machen Sie

> **Ausbildung sollte bereits im Augenblick der Zeugung beginnen, wobei die Eltern Lehrfunktion haben.**
>
> **DR. LUIS ALBERTO MACHADO, IN *CREATING THE FUTURE***

die Idee vom selbstgesteuerten, klar denkenden Lernen transparent und zum obersten Ziel der Schule. Jedes einzelne Kind kann – und muss – auf hohem Niveau arbeiten. Ermutigen Sie alle Unternehmen, solche Kurse der gesamten Belegschaft anzubieten. Sie sind mit Sicherheit für jedes irgendwie wachsende Unternehmen unverzichtbar. Sorgen Sie dafür, dass solche Kurse auch über das Fernsehen verbreitet werden. In den USA geschieht dies z.B. über die Mind-Extension-University, in England über die Open University.

Die englische Open University war die erste, die ein solches Fernstudium am Bildschirm einführte. Die Studierenden im Alter von 18 bis 80 können sogar Universitätsdiplome ablegen.

Die Mind-Extension-University war 1987 die erste Einrichtung, die in den USA über das Kabelfernsehen eine Universitätsausbildung anbot. Im Jahre 1992 wurden diese Fernsehkurse an 21 Universitäten durchgeführt und in 18 Millionen Haushalte gesendet. Inzwischen hat sich diese Zahl auf 50 Millionen erhöht.

(An den Fernkursen des Public Broadcasting Service (PBS) nehmen inzwischen 350 000 Studenten teil – vor zehn Jahren waren es noch 55 000. PBS hat eine Partnerschaft mit 60 Universitäten in den USA, in denen die Studierenden Diplome ablegen können, auf die sie sich mit Hilfe der PBS-Kurse vorbereitet haben.)

Tragen Sie dazu bei, dass jeder Mensch einen persönlichen Plan für aktives Lernen (Personal Learning Action Plan – PLAP) entwickelt. Dies ist die zentrale Empfehlung einer visionären Initiative, die 1996 in Großbritannien von der Royal Society of Arts unter der Leitung von Sir Christopher Ball ins Leben gerufen wurde.

Ein solcher Plan kann Sie ermuntern, das ständige Verbessern Ihres Könnens und Wissens zu durchdenken, es niederzuschreiben und zu planen. Es ist eine Anregung, jährlich ein bedeutendes Lernprojekt zu planen und zu verwirklichen – zeichnen, malen, eine Fremdsprache erwerben, eine neue Sportart ausüben, Buchhaltung verstehen oder computer- und internet-bewandert zu werden. Dazu gehört auch der Vorschlag, sich einen Mentor zu gönnen, der einen führt und unterstützt.

„Man lernt nie aus." – Das ist nicht nur eine Redensart.

Nur ein massives Anheben der Kompetenz zum klaren, vertieften und weitsichtigen Denken in der gesamten Bevölkerung liefert uns als Individuen und Gesellschaftsverbund das Rüst- und Handwerkszeug für die Herausforderungen und Probleme des 21. Jahrhunderts.

Richard Paul drückt das so aus: „Unsere Lebensqualität wird in immer größerem Maße von der Qualität unseres Denkens abhängen."

Jede Schule und jedes Unternehmen muss Weiterbildungsprogramme durchführen, damit jeder lernt, kreativ-analytisch zu denken.

2. Ganz im Ernst: Früherziehung

Es ist wichtig, dass alle Eltern wissen, wie eine vielschichtige und stimulierende häusliche Umgebung entsteht, und es ist wichtig, dass jedes Kind in den Genuss von Früherziehung kommt.

Alle Eltern wollen das Beste für ihre Kinder, aber nur wenige von uns erfahren Unterstützung bei dem Versuch, eine solche Umgebung zu schaffen, die umfassend frühe Fähigkeiten fördert.

In Zusammenarbeit mit einer großen englischen Erziehungsbehörde führen wir zur Zeit ein Pilotprojekt durch, bei dem wir die Kombination dieser Ideen realisieren. Zunächst bekommen die Eltern das *FUNdamentals* Programm, das im 15. Kapitel beschrieben wurde. Dieses Programm soll nicht nur einfach bei der Förderung von Lese- und Rechenfertigkeiten helfen, sondern eine Anleitung sein, wie sie selbst Anregung und Hilfestellung geben können bei der natürlichen Entwicklung und Entfaltung des gesamten Spektrums der Intelligenzformen ihrer Kinder.

Eltern werden damit zu erkennbaren Partnern in der institutionellen Früherziehung. Familie wie Institution wirken zusammen, um den natürlichen kindlichen Wissensdurst und die Lust am Lernen zu bestärken.

Die Belege für den Einfluss von Früherziehung auf die Gesamtlebenslaufbahn eines Kindes sind überwältigend. Untersuchungen in den USA zeigen, dass 1 000 Dollar Früherziehungsausgaben pro Kind spätere Einsparungen von 4 000 Dollar an öffentlichen Mitteln gegenüberstehen.

Man hat in diesem Zusammenhang festgestellt, dass Kinder, die eine Vorschule absolviert haben:

- später eher ein eigenes Haus besitzen werden
- mit geringerer Wahrscheinlichkeit im Gefängnis landen
- eher einen Arbeitsplatz finden
- mit geringerer Wahrscheinlichkeit Drogen nehmen.

Einige Länder haben die Vorteile einer solchen Früherziehung längst erkannt. In Frankreich, Italien und Deutschland gehen über 90 Prozent der Drei- und Vierjährigen in einen Kindergarten. In Israel gibt es ein landesweites Eltern-Erziehungs-Programm, das sich HIPPY nennt, und in Missouri, USA, ist das Programm „Eltern als Lehrer" trotz Geldmangel ein großer Erfolg.

Im Hinblick auf Kindergartenplätze nimmt England in Europa den letzten Platz ein, das berichtet die angesehene Royal Society of Arts. In einem Bericht, in dem eine Früherziehungspflicht gefordert wird, steht, dass weniger als 50 Prozent der Kinder im Vorschulalter einen Kindergartenplatz haben.

Auch der frühere britische Kultusminister Sir Geoffrey Holland ist der Meinung, dass man allen Drei- und Vierjährigen eine Früherziehung bieten sollte, vorausgesetzt natürlich, die Eltern sind einverstanden.

Er ist der Überzeugung: „Für die Entwicklung des Kindes sind die ersten fünf Lebensjahre die wichtigsten – Kinder, die keinen Kindergarten besucht haben, haben später in der Schule den anderen gegenüber im Hinblick auf die Lesefähigkeit oft einen Rückstand von zwei Jahren."

Craig T. Ramey, Professor für Psychologie, Kinderheilkunde, Gesundheitswesen und Soziologie an der University of Alabama, hat gezeigt, dass positive, geistig anregende Erlebnisse in der frühen Kindheit den IQ dauerhaft um 20 Punkte oder mehr anheben können.

Genau das wollen wir mit unserem *FUNdamentals*-Programm erreichen. Wenn aber positive Stimulation Gehirnleistung aufbauen kann, wie können wir dann die Gefahr ignorieren, dass die falsche Art von Stimulation wohl ähnlich kraftvoll wirken wird?

Es fällt uns schwer zu glauben, dass die Zunahme der Gewaltverbrechen nichts mit der Zunahme der Gewaltdarstellungen im Fernsehen zu tun haben soll. Das Gehirn reagiert auf Reize – sowohl auf gute als auch auf schlechte.

3. Kleine Klassen, große Herausforderungen

Eine Grundschulkasse sollte eine Klassenstärke von 15 nicht überschreiten.

Sally Featherstone, eine Grundschullehrerin mit Phantasie, hat sich Gedanken darüber gemacht und es auf den Punkt gebracht: „Warum lassen wir in der Grundschule die Schüler so oft bestimmte Routinearbeiten mit Bleistift und Papier machen? Ganz einfach. Wenn ich versuche, einem bestimmten Kind etwas zu erklären, muss ich die anderen 29 mit *irgendetwas* beschäftigen. Nur weil wir nicht wissen, was wir sonst tun sollen, wird in der Grundschulklasse viel zu viel Zeit mit Papierkram verschwendet, der unter dem Niveau der Kinder liegt und für sie keine Herausforderung darstellt."

Große Grundschulklassen behindern den natürlichen Fortschritt der Kinder. Die Hälfte der Zeit – wenn nicht sogar mehr – müssen Sie unwichtige Dinge lernen.

Wenn Ihr Kind in der Grundschule in einer Klasse von 30 Kindern unterrichtet wird, wird es pädagogisch betrachtet betrogen. Warum geben so viele Eltern Geld für eine Privatschule aus? Lehrer und Lehrpläne sind dort – wie man weiß – auch nicht besser als in den öffentlichen Schulen. Die Eltern bezahlen quasi für die individuelle Zuwendung des Lehrers.

Wenn wir das Wort Chancengleichheit mit Leben füllen wollen, müssen wir lautstark fordern, dass die Klassen jetzt kleiner werden.

Können wir uns das leisten? Finanziell, ja – wenn wir unsere Ressourcen umverteilen; dazu später mehr. Die eigentliche Frage lautet nämlich: Können wir es uns leisten, es **nicht** zu tun?

Unser Bildungssystem hat seine Wurzeln bekanntlich in den Anfängen der industriellen Revolution. Damals brauchte man eine große Zahl von Arbeitern, die die neuen Maschinen bedienen konnten, sich nicht beklagten und keine Fragen stellten.

Vorbild für dieses System war die preußische Armee. Der Gedanke, der der Ausbildung der preußischen Soldaten zugrunde lag, war der, dass 20 Prozent der Rekruten Offiziere wurden und 80 Prozent einfache Soldaten (also Kanonenfutter) blieben. Nach dem Vorbild des Fabrikmodells schufen wir unser Bildungssystem – große Klassen, in denen die Grundfertigkeiten vermittelt werden konnten. Die Bildung der Mehrheit orientierte sich damals an den Bedürfnissen einer Minderheit.

Es ist einfach skandalös, dass wir uns heute, an der Schwelle des 21. Jahrhunderts, immer noch einer geistigen Haltung verpflichtet fühlen, die ihren Ursprung im 19. Jahrhundert hat. Das Bildungssystem richtet sich immer noch nach überholten Vorstellungen über das menschliche Lernen für Gesellschaftsformen von gestern.

Unumstößliche Beweise sprechen für kleine Klassen und bestätigen, was alle Eltern instinktiv wissen und was Untersuchungen über Hausschulen bestätigen: Klein ist schick – und erfolgreich.

In Tennessee, USA, haben Forscher den Lebensweg von rund 7000 Kindern im Alter zwischen fünf und zwölf Jahren verfolgt (das so genannte Star Project). Die Kinder, die in kleineren Klassen unterrichtet wurden, waren **in jedem Fach** besser.

Der Grund liegt auf der Hand. Wenn der Lehrer sich um jedes einzelne Kind kümmern kann, können Missverständnisse schneller aufgeklärt werden, und der Lehrer kann sich besser auf die unterschiedlichen Lernstile der Schüler einstellen. Die Kinder können früher lesen und lernen die elementaren Kulturtechniken schneller. Das wiederum bedeutet, dass sie interessantere, zum Nachdenken anregende Projekte übernehmen können und früher an selbstständiges Lernen herangeführt werden.

Kinder, die in großen Klassen unterrichtet werden, brauchen bedeutend länger, bis sie diese Grundtechniken gelernt haben, und das hat einen Dominoeffekt zur Folge. Zu viele von ihnen kommen auf die höhere Schule, ohne die nötigen Grundvoraussetzungen zu erfüllen, und das führt wiederum dazu, dass entweder bei den Zwölf- bis Dreizehnjährigen zu viel Zeit aufgewendet werden muss, um diese Lücken zu schließen – oder dass diese Kinder nie den Anschluss finden und später zu den strukturell Arbeitslosen zählen werden.

Die großen Grundschulklassen sind die Ursache dieser Tragödie. Wir dürfen das nicht weiter hinnehmen.

Wir begrüßen eine Initiative des Staates Kalifornien aus dem Jahr 1996. Angesichts einer immer größeren Schülerzahl und der überfüllten Klassen rief der Staat ein Projekt ins Leben, mit dem Ziel, die Grundschulklassen zu verkleinern.

Man bot den Schulen einen Bonus von 650 Dollar pro Kopf an, wenn sie die Klassen von 30 auf 20 Schüler reduzierten. Das Ergebnis: Man stellte nicht weniger als 20000 neue Lehrer ein, und die Schulen schufen Platz für neue Klassenräume, indem sie Cafeterias, Küchen und Konzertsäle umfunktionierten oder verschiedene Schulklassen zeitlich versetzt in ein und demselben Raum unterrichten ließen.

Nach Meinung der Lehrer lohnte sich der Aufwand, denn jetzt konnten sie sich besser um die Kinder kümmern.

4. Primäre Macht der Eltern

Zusätzlich zum Ziel der kleineren Klassen müssen die Schulen darum werben, dass Eltern aktiv mit den Lehrern zusammenarbeiten – für Qualität in der Bildung.

Viele Eltern glauben, mit der Einschulung ihres Kindes seien sie aus der Verantwortung für dessen Ausbildung entlassen. Das stimmt nicht – denn das Kind verbringt nur etwa 1300 Stunden jährlich in der Schule, dagegen 2500 wache Stunden zu Hause.

In den sieben Lebensjahren von sechs bis zwölf – die entscheidenden Jahre, in denen die elementaren Kulturtechniken gelernt werden – beansprucht die Schule etwa ein Drittel der wachen Zeit eines Kindes. Zu Hause werden dagegen zwei Drittel seines wachen Lebens verbracht. Man sollte diese 17500 Stunden mit Spaß, Forschen, Fragen und Lernen ausfüllen und nicht leichtfertig vergeuden.

Es ist natürlich genauso wichtig, dass ein Kind auch mit seinen Freunden spielt oder sich zu Hause einfach nur entspannt. Trotzdem bietet das Elternhaus darüber hinaus phantastische Möglichkeiten, wichtige Dinge zu lernen. In Zusammenarbeit mit dem Northamptonshire Inspectorate and Advisory Service (NIAS) beschäftigen wir uns in England gerade mit diesen Möglichkeiten.

George Gyte, der Leiter dieser Organisation, beschreibt das Verhältnis zwischen Lehrern, Schülern und Eltern auf anschauliche Weise (siehe das folgende Diagramm).

Die relative Größe der Kreise auf der linken Seite symbolisiert die Bedeutung, die jedem Teilnehmer zugemessen wird. Nur ein ausgeglichenes Verhältnis wird letztendlich zu dem Durchbruch führen, den wir so dringend brauchen.

Das Ziel der Zusammenarbeit ist einfach genug zu definieren. Wir haben eine Reihe von Projekten entworfen, die Anregungen geben können.

Sie werden regelmäßig von der Schule an die Eltern weitergegeben und so gestaltet, dass das Kind sie zu Hause bearbeiten kann, wenn die Eltern ihm ein wenig dabei helfen.

Solche Projekte sollen jedoch weder eine Erweiterung der Hausaufgaben noch eine Verlagerung der Schule ins Elternhaus darstellen. Sie

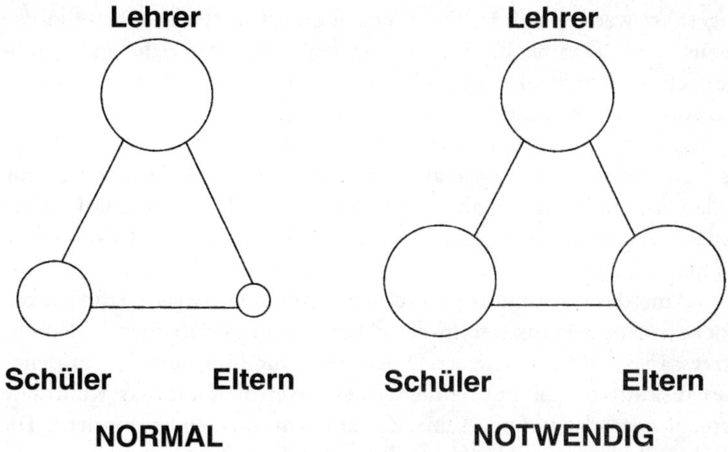

machen den Kindern Spaß und regen sie dazu an, Probleme zu lösen, die sie persönlich angehen und sie interessieren.

Dabei lernen sie ganz nebenbei lesen und zählen, wie man Informationen verarbeitet, logisch denkt und Probleme auf eine kreative Weise löst. Oft werden die Kinder durch solche Projekte angeregt, in kleinen Gruppen zu arbeiten. Den Eltern wird gezeigt, wie sie ihren Söhnen und Töchtern dabei unter die Arme greifen können, ohne aufdringlich zu sein.

Fast alle Eltern wollen helfen. Ziel dieser Initiative, die sich PLANS (Parent Learning Action Networks) nennt, ist es, ihnen zu zeigen, wie sie helfen können. Da die Arbeit der Eltern die Lehrpläne der Schule ergänzt, wissen sie, dass die Projekte, an denen ihre Kinder gerade arbeiten (und die sie selbst kontrollieren können) dazu beitragen, dass ihr Kind in der Schule erfolgreich ist. Während die Kinder auf eine formlose Weise ganz allein oder in Zweier- oder Dreiergruppen lernen, wächst ihr Selbstbewusstsein.

> **An der Schwelle des 21. Jahrhunderts ist eine positive, emotional reiche Umgebung kein Luxus, sondern im Interesse einer besseren Ausbildung absolut notwendig.**
>
> **Dr. Noboru Kobayashi in *Creating the Future***

Wir sind der Meinung, dass solche flexiblen Schulen überall

eingeführt werden sollten. Die Kinder kommen auf diese Weise in den Genuss einer Kombination aus normalem Schulunterricht und häuslicher Schule. Der Schüler ist schließlich der Kunde des Bildungssystems, also sollte es ihm dienen, und nicht umgekehrt.

Präsident Clinton hat 1996 in einer seiner provokativen Reden gesagt: „Ich fordere alle Eltern auf, die ersten Lehrer ihrer Kinder zu sein. Stellen Sie den Fernseher ab. Achten Sie darauf, dass die Hausaufgaben gemacht werden. Schauen Sie sich einmal das Klassenzimmer Ihres Kindes an."

In Amerika verbringt die Durchschnittsfamilie etwa 27 Stunden pro Woche vor dem Fernseher. In der gleichen Zeit könnte man bedeutend interessantere und wichtigere Dinge tun. Nur fünf Stunden, in denen man diskutiert oder bestimmte Projekte verfolgt, die das Kind zum Denken anregen, können seine Zukunft entscheidend verändern. Die Parole sollte lauten: „Nur eine Stunde pro Tag".

Howard Gardner bemerkt dazu: „Unsere Gesellschaft macht es selbst den gutwilligen und gut ausgebildeten Lehrern schwer, ihre Ziele zu erreichen. Die Wende im Bildungssystem (...) liegt in *unser aller* Verantwortung."

Bis dahin ist es noch ein weiter Weg. Einem kürzlich erschienenen Bericht zufolge verbringt die Hälfte aller Väter weniger als fünf Minuten täglich in Einzelzuwendung mit ihren Söhnen.

> **... außerdem machen wir uns nur selten klar, dass wir heute bedeutend mehr über die erstaunlich komplexen Prozesse des Lernens wissen als noch vor 90 Jahren, aber die Schablone, die damals auf die amerikanischen höheren Schulen aufgelegt wurde, ist immer noch dieselbe.**
>
> TED SIZER, VORSTAND DER COALITION OF ESSENTIAL SCHOOLS IN *HORACE'S SCHOOL*

5. Sekundäre Macht der Schüler

Der wahre Wert des M·A·S·T·E·R-Modells liegt in dem Umstand, dass die Schüler nach und nach erkennen, dass Lernen nicht etwas ist, was einem widerfährt – sondern etwas, das man nur selbst in Angriff nehmen kann. Es will die Klassenzimmer so verändern, dass dort eher gelernt als gelehrt wird.

Nur wenn Schüler und Lehrer die gleichen Vorstellungen von effektivem Lernen haben, kann es zu einer guten Zusammenarbeit kommen. Und das ist einer der entscheidenden Gründe, warum der Lernprozess beschleunigt wird. „Begleitende Orientierungshilfe“ statt des „Weisen hinter dem Katheder“.

Wenn eine Zwölfjährige mit Selbstvertrauen ihrem Lehrer freundlich sagen kann, sie habe Verständnisprobleme, und wenn sie sich dann an eine Klassenkameradin mit der Bitte um Rat wenden darf, dann liegt ein gutes Stück auf dem Weg zum lernenden Klassenzimmer hinter uns.

Der eigentliche Nutzen eines Lernen-lernen-Programms ist aber nicht, dass es Schüler motiviert und selbstständig macht. Der Hauptnutzen ist, dass wir damit anfangen, technologische Entwicklungen sauber zu nutzen.

6. Nutzen Sie die neue Technologie

Die heutigen technologischen Entwicklungen haben eine genauso tief greifende Wirkung wie Gutenbergs Druckerpresse und seine Bibel. Er hatte damit das Monopol der Kirche durchbrochen, die bis zu diesem Zeitpunkt allein bestimmte, was gelehrt wurde und wer lehren durfte. Wir stehen zur Zeit erst am Anfang einer echten Revolutionierung des Lernens. Eine gut zusammengestellte CD-ROM kann zum Beispiel ein bestimmtes Thema auf eine farbige, unterhaltsame oder auch dramatische Weise darstellen.

Außerdem kann sie das Thema auf verschiedene Weise präsentieren, sodass jeder sich so damit beschäftigen kann, wie es ihm am besten passt.

Man kann Texte, grafische Darstellungen, bewegte Bilder, Videos, Geräusche oder Musik einsetzen. Durch bestimmte Spiele oder Aktivitäten lässt sich feststel-

Um die Stunden zu füllen, haben wir zugelassen, dass sich die Bleistift-und-Papier-Methode immer weiter ausgebreitet hat. Dabei wissen wir genau, dass die Schüler mit einem Textverarbeitungsprogramm schneller und ordentlicher schreiben könnten ... aber das würde das System verändern. Die Leute wüssten nicht, wie sie damit fertig werden sollten, wenn die Schüler ihre intellektuellen Ziele schneller erreichen würden.

SEYMOUR PAPERT,
VERFASSER VON
REVOLUTION DES LERNENS

len, ob der Schüler das Ganze verstanden hat. Als besonderen Anreiz kann man dabei auch Punkte vergeben.

Unsere Methode ist sehr geduldig und lässt jeden Schüler in seinem eigenen Tempo lernen. Die Lernzeit und Noten lassen sich speichern. Die Benutzer des Programms können Geschichte virtuell **erleben**, bestimmte Orte besuchen oder sich aktiv in ein Shakespearedrama einmischen.

Das ist der persönliche Privatlehrer, von dem Sie immer geträumt haben, den Sie sich aber nicht leisten konnten.

Und das alles sind die Vorteile.

Der Nachteil ist, dass noch lange nicht alle CD-ROM Programme das Medium voll ausnützen. Einige der gegenwärtigen Programme sind nichts anderes als sprechende Bücher, sie bringen Bilder, die bereits existieren, Illustrationen und Texte, deren Rechte der Verlag besitzt, und dem man lediglich Ton hinzugefügt hat und die eilig zusammengeschustert wurden, weil man den Anschluss an den Markt nicht verlieren wollte.

Aber das sind die unvermeidlichen Kinderkrankheiten jeder neuen Technologie. Die nächste Phase ist bereits erreicht. Die Hersteller von CD-ROM Programmen tun sich jetzt mit den öffentlichen Institutionen des Bildungswesens zusammen und arbeiten an einem gemeinsamen Projekt. So produzieren wir zur Zeit die CD-ROM „Englisch als Fremdsprache“ für Schulen mit Schülern, die schwer zu unterrichten sind, weil sie eine andere Sprache sprechen.

Wir bedienen uns der so genannten Virtual reality. Die Schüler können also virtuell einkaufen gehen und das Land besuchen, dessen Sprache sie lernen möchten. Sie spielen im wahrsten Sinne des Wortes mit der Sprache und entdecken auf diese Weise, wie ihre Grammatik aufgebaut ist. Das Programm enthält eine Menge peripheres Lernen und mehr als 200 Spiele, bei denen die Fremdsprache eingesetzt werden muss. Zusammen mit unseren deutschen Partnern arbeiten wir an Adaptationen für ähnlich gelagerte Probleme in deutschsprachigen Ländern.

Der Schüler der Zukunft soll jedoch keinesfalls den ganzen Tag auf den Bildschirm starren. Wir schlagen vor, dass man die Zeit auf zwei bis drei Stunden pro Tag begrenzt. Anschließend werden persönliche Notizen in den Computer getippt oder „Lernkarten“ benützt.

Jeden Tag sollte eine gewisse Zeit für strukturierte Gruppendiskussionen freigehalten werden, und die Schüler sollten sich auch gegenseitig etwas beibringen. Wenn sie vorher schon wissen, dass sie das, was sie gelernt haben, anschließend ihren Klassenkameraden verständlich machen sollen, achten sie bedeutend mehr darauf, dass sie den Stoff auch wirklich verstanden haben, und präsentieren ihn logisch und in schriftlicher Form.

Und die Lehrkraft? Sie arbeitet mit einzelnen Schülern oder kleineren Gruppen. Sie beantwortet Fragen. Sie hilft dem Schüler nach der Antwort zu suchen. Natürlich unterrichtet sie auch die ganze Klasse. Aber sie teilt ihre Zeit anders ein. Der Frontalunterricht wird durch individuellere Methoden ersetzt – sowohl durch Computer- oder TV-gestützten Unterricht, als auch durch persönlich moderierte Stunden.

Unsere Prognose ist nicht, dass die Schule ausstirbt, aber wir erwarten einen großen Wandel. Wir erwarten, dass Computer den Lehrkräften Freiräume geben, damit sie Erkundungen zu den neuen Lerninhalten führen können, von denen wir bereits sprachen, und erwünschte Ziele fördern können: Fertigkeit, Weisheit, Charakter und emotionale Reife.

Zur Zeit ist man in Großbritannien, in den USA und in Kanada stolz darauf, dass sich in den höheren Schulen acht Schüler einen Computer teilen, denn damit ist die Situation dort bedeutend besser als in den meisen anderen Ländern, lässt aber immer noch zu wünschen übrig.

Man muss nicht unbedingt jedem Schüler einen eigenen Computer zur Verfügung stellen, aber mindestens einer für zwei Schüler sollte vorhanden sein – dabei ist die Zeit zu berücksichtigen, die für den Unterricht mit der ganzen Klasse, für Gruppendiskussionen und andere Projekte gebraucht wird. Dazu wäre natürlich eine gewaltige Steigerung der Zahl der in der Schule vorhandenen Computer und Online-Zugänge nötig. Woher aber das Geld nehmen?

Langfristig kann man es einsparen, indem man weniger Lehrer für die Sekundarstufe einstellt, denn ihre Rolle wird sich völlig verändern. Sie werden künftig eher Lernberater und keine Instruktoren mehr sein. Ein Teil der auf diese Weise gesparten Mittel könnte den Grundschulen zugute kommen, denn dort werden **mehr** Lehrer gebraucht.

Im englischen Sprachraum sind die Unterrichtskosten für einen Schüler der Sekundarstufe etwa doppelt so hoch wie für einen Grundschüler. Dort lassen sich viele Mittel freistellen. Wenn man die Zahl der Lehrer an den höheren Schulen um 15 Prozent verringern würde, könnte man 30 Prozent mehr Grundschullehrer einstellen. In anderen Ländern gibt es bereits Hilfslehrer, freiwillige Helfer und Mentoren. Wir müssen uns auch für den deutschen Kulturraum Gedanken darüber machen, wie wir mit Kosten sparenden Konzepten eine hervorragende Bildung gewährleisten können. Dann erreichen wir auch das Ziel, die Schülerzahl in den Grundschulklassen zu senken – ohne dass dadurch in den höheren Schulen Probleme entstehen müssten, vor allem wenn man in Betracht zieht, wie positiv sich der Einsatz der Computer auswirken würde.

Und wo soll das Startkapital herkommen? Wenn wir von außen bedroht werden (wie es zum Beispiel im Krieg der Fall ist), finden wir immer Mittel und Wege, das Geld aufzutreiben. Gegenwärtig werden wir innerlich bedroht (von einem Zerfall der Gesellschaft). Wir müssen deshalb unbedingt die Zahl der **wirklich gebildeten** Bürger erhöhen. Wir *müssen* das Geld einfach auftreiben.

So viel wissen wir von den Problemen, z.B. in der Bundesrepublik Deutschland:

- Lehrer sind meistens verbeamtet.
- Der Verwaltungsanteil ist hoch.
- Schule ist allein Ländersache.
- In den Grundschulen werden drei verschiedene Schreibschriften gelehrt.
- Die Entscheidung obliegt dem Lehrer.
- Die Rechtschreibreform ist ein noch offenes Kapitel.
- Schulzeiten variieren von Bundesland zu Bundesland.
- Abschlüsse werden nicht einheitlich bewertet.
- Die Bildungsreform besteht im Wesentlichen wieder nur aus inhaltlichen Erweiterungen.
- Die Lehrer sind zunehmend überfordert.

Dies alles sind große Probleme. Tun wir einmal so, als könnten wir ganz neue Wege gehen. Dann wären unsere Vorschläge: Lasst uns steuerbegünstigte Treuhandgesellschaften für Bildung gründen und Aktien ausgeben. Sagen wir zunächst zehn große Trusts. Diese Gesellschaften kaufen die Hardware (für Aufträge in dieser Größenordnung würden sie phantastische Rabatte erhalten) und würden miteinander konkurrieren, damit die Schulen wirklich die besten Konditionen bekommen. Die einzelnen Schulen leasen die Ausrüstung zu Bedingungen, die auch den Aktionären einen Gewinn garantieren. Dann wird man den Eltern zeigen, wie sie die Software für ihre Schulen finanzieren können. Es sind ihre Kinder – und jeder weiß, wie teuer eine Privatschule ist.

Ergebnis? Die Schulen bekämen die notwendigen Computer – und zwar *sofort* – und könnten sie über einen Zeitraum von etwa sechs Jahren abzahlen.

Zur gleichen Zeit muss natürlich jede Schule mit den Datenautobahnen verbunden werden.

Die letzten drei Empfehlungen – Erhöhung der Zahl der Grundschullehrer, Verringerung der Lehrerschaft in den höheren Schulen und der umfassendere und effektivere Einsatz technologischer Hilfsmittel – sind die Kernpunkte unserer Auffassung, die von vielen anderen Beobachtern geteilt wird. Wir brauchen nicht unbedingt eine massive Erhöhung des Bildungsetats, wir müssen unser Geld nur klüger investieren.

Das lässt sich auch an anderen Zahlen nachweisen. In Großbritannien werden 80 Prozent des Bildungsetats für Lehrer und Hilfskräfte ausgegeben, drei Prozent für Lehrmittel wie Bücher und nur ein Prozent für Computer. Das ist ein absolut ungesundes Verhältnis, wenn man die Schüler zur Selbstständigkeit erziehen und dabei die Technologie in angemessener Weise einbeziehen will.

Viel zu häufig verschwinden die Mittel, die eigentlich den Schulen zugute kommen sollten, in der aufgeblähten Bürokratie – vor allem in den USA.

Howard Gardner stellt fest: „Unser Schulsystem ist kopflastig. Es gibt viel zu viele Verwaltungsbeamte, die die Qualität des Bildungssystems nicht verbessern. In manchen Städten der USA kommt auf einen im Klassenzimmer arbeitenden Angestellten ein Verwaltungsangestellter."

Im Hinblick auf die Situation in Großbritannien ist Sir Geoffrey Holland noch direkter. Seiner Meinung nach wäre das Bildungssystem als Privatunternehmen wegen der vielen Fehler im System längst pleite.

7. Wenn man von den Lehrern mehr erwartet, muss man auch ihre Arbeitsbedingungen verbessern

Wir müssen endlich einsehen, dass die Lehrer einen schweren Beruf haben und eine wichtige Aufgabe erfüllen, die großes Können erfordert. Und die Anforderungen steigen immer weiter, wenn die Lehrer einer höheren Schule die Rolle von Universitätstutoren übernehmen müssen, also nicht nur Lehrer, sondern auch Mentoren und Berater sein sollen. Außerdem wird von ihnen erwartet, dass sie in verantwortungsbewusster Weise auch anspruchsvollere Themen behandeln (jedenfalls sollten sie das tun). Dazu zählen beispeilsweise kritisches Denken, Kommunikation und emotionale Reife.

Wenn wir mehr von ihnen erwarten, sollten wir ihnen auch mehr zahlen. Durch den Einsatz technologischer Hilfsmittel lässt sich in der Sekundarstufe die „Produktivität“ (mehr Schüler pro Lehrer) erhöhen. Es ist jedoch nicht einzusehen, warum ein guter Lehrer, dessen Schüler gute Leistungen bringen, nicht auch mehr verdienen sollte. Lehrer, deren Schüler dagegen schlechte Ergebnisse erzielen, sollten entweder weniger verdienen, selbst noch einmal die Schulbank drücken oder entlassen werden. Unsere Kinder haben ein Anrecht darauf, das Beste zu bekommen. Wenn wir nachfolgend von den Verhältnissen in den Vereinigten Staaten berichten, wird Ihnen auffallen, wie stark sich die Situation an den Schulen international ähnelt. Achten Sie einfach einmal darauf, welche Assoziationen zu Ihrem Schulsystem Ihnen spontan in den Kopf kommen – wenn Sie diese Assoziationen auch noch mit uns teilen (s. hierfür unsere Kontakte am Ende des Buches), tun Sie nicht nur uns einen Gefallen, denn wir arbeiten sehr ernsthaft daran, wirksame Ansätze auch für den deutschen Kulturraum zu erarbeiten.

Leider hat längere Betriebszugehörigkeit nicht nur in den USA einen höheren Stellenwert als die Tüchtigkeit. Die Gewerkschaften haben die Parole ausgegeben: „Wer zuletzt eingestellt wurde, wird als Erster entlassen (last-hired, first-fired).“ Auf diese Weise haben sie eine leistungsorientierte Bezahlung der Lehrer verhindert. Ihr Gehalt richtet sich stattdessen nach der Zahl der Dienstjahre und nach den Kursen, die sie absolviert haben.

Um ihren Job nicht zu verlieren, haben sich alte Lehrer bereit erklärt, auch Fächer zu unterrichten, die sie nicht studiert haben. In den USA, so ein Bericht des Erziehungsministeriums, hat in der Oberschule ein Drittel der Mathematiklehrer, fast ein Viertel der Englischlehrer und rund ein Fünftel der Lehrer, die in den Naturwissenschaften unterrichten, keinen Universitätsabschluss in diesen Fächern.

Präsident Clinton hat erklärt, dass der Staat die guten Lehrer angemessen entlohnen und sich von den schlechten trennen sollte.

Zukunftsorientierte Lehrer wie Albert Shanker, Vorsitzender der American Federation of Teachers, erkennen die Notwendigkeit einer Veränderung: Shanker, von dem eine Reihe von Reformentwürfen stammen, warnt: „Wenn es uns nicht gelingt, die Öffentlichkeit wieder von dem zu überzeugen, was wir tun, wird das öffentliche Bildungssystem zusammenbrechen.“

Er fordert schärfere Auswahlkriterien, eine leistungsgerechte Entlohnung und eine Überprüfung der Gehaltsgarantien.

In Großbritannien haben die Gewerkschaftsführer der Lehrer bereits erkannt, dass eine leistungsorientierte Bezahlung unvermeidlich ist und dass man sich mit dem Gedanken an eine besondere Gehaltsgruppe für „Superlehrer" anfreunden muss. Chris Woodhead, der oberste Schulinspektor der Regierung, sagt, es sei nicht zu übersehen, dass das Leistungsniveau der Schüler in etwa der Hälfte der Grundschulen und zwei Fünftel der Sekundarschulen angehoben werden müsse. Und er stellt die provokative Frage: „Ist die Sicherheit der Arbeitsplätze der wenigen Lehrer, die sich den falschen Beruf ausgesucht haben, wichtiger als das Wohl unserer Kinder?" Wir meinen, nein.

Auch Lehrer haben das Recht, in ihrem Beruf Befriedigung zu finden. Unsere Kritik richtet sich deshalb vor allem gegen das System und nur in den seltensten Fällen gegen die Lehrer. Die meisten guten Lehrer wollen die gleichen Reformen, die wir in diesem Kapitel empfehlen. Sie haben darüber hinaus das Recht auf ein vernünftiges und ausgeglichenes Arbeitsleben. Während der Schulzeit arbeiten sie zu viele Stunden, aber zu wenige Wochen im Jahr.

Man erwartet außerdem von den Lehrern, dass sie sich mit den Auswirkungen des Zusammenbruchs der Familie auseinander setzen – mit Gewalt, Brutalität und Zerstörungswut –, aber dafür sind sie nicht ausgebildet. Wir sollten von ihnen nicht zu viel erwarten, sie sollen einen wirklich guten Unterricht machen, für die Lösung der gesellschaftlichen Probleme müssen wir hingegen Spezialisten einstellen.

8. Gehirn-gerechtes Lernen als Motor in Schulen

In Kapitel 16 gaben wir viele Empfehlungen, wie jüngere Forschungsergebnisse über das Lernen im Klassenzimmer umgesetzt werden können.

Die Schüler müssen an der Festlegung der Verhaltensregeln, der Wertvorstellungen und des Leistungsniveaus beteiligt sein. Kooperatives Lernen soll die Regel werden, und die Schüler sollen sich mit wirklichen Probleme (die sich oft auf die Kommunalpolitik beziehen) beschäftigen. Aber es gibt noch viele andere Punkte.

Diese Vorschläge sind nicht nur an Lehrer gerichtet. Wir hoffen, dass auch Eltern sie wieder und wieder lesen. Wenn Sie ihnen vernünftig erscheinen, sollten Sie sich mit den Lehrern oder mit dem Elternbeirat un-

> **... der Staat muss eine Vorstellung davon haben, wie eine gute Schule aussehen sollte. Das erfordert jedoch ein Umdenken und einen neuen Ansatz. Der Lehrer, der zur Zeit noch ein Automat ist, der Informationen ausspuckt, muss zum Trainer und Berater umfunktioniert werden. Drill und stures Auswendiglernen müssen durch echtes Problemlösen, durch abstraktes Denken, durch das Treffen von Entscheidungen und kooperatives Lernen ersetzt werden ...**
>
> **DIE HERAUSGEBER DER *EDUCATION WEEK***

terhalten. Könnten wir so etwas in unseren Klassen einführen? Können wir diese Ideen übernehmen?

Wir *brauchen* dringend eine Revolution des Schulwesens, und Revolutionen gehen nun einmal nie von oben nach unten, sondern breiten sich stets von unten nach oben aus.

Wenn Sie Kinder haben – oder selbst Schüler sind –, sind Sie der Verbraucher. Und Sie bekommen die Qualität, die Sie fordern. Lernen kann Spaß machen und für jeden Schüler eine Herausforderung darstellen. Solange er sein Lerntempo selbst bestimmen kann und im Lernstoff einen Sinn entdeckt, wird er entsprechend motiviert sein. Wenn er sich dagegen nach einem festgelegten Lehrplan richten muss, auf den er selbst keinen Einfluss hat, langweilt er sich.

Im Grunde reden wir über eine Veränderung des Denkens:

VON	ZU
Lehrergeführt	Erkundungen durch Schüler
Trennung der Fächer	Interdisziplinäre Projekte
Auswendiglernen	Kreativität
Externe Motivation (Noten)	Eigenmotivation (die Schüler versuchen selbst, gesetzte Normen zu übertreffen)
Gruppierung nach Alter	Gruppierung nach Auffassungsgabe
„Frontalunterricht“	Unabhängige Lernmöglichkeiten
Individueller Wettbewerb	Zusammenarbeit
Abhängig	Unabhängig
Autokratische Regeln	Regeln werden von allen Teilnehmern festgesetzt

VON	ZU
Büffeln	Freude an der Arbeit
Schule hat nichts mit dem wirklichen Leben zu tun	Schule als Teil des Gemeinwesens
Alle Schüler werden gleich behandelt	Schaffung eines individuellen Programms, das den unterschiedlichen Lernstilen und dem individuellen Lerntempo Rechnung trägt

Wir glauben, dass diese Checkliste den Eltern helfen kann festzustellen, ob eine Schule gut ist oder nicht. Und lassen Sie sich nicht durch den Spruch *Zurück zu den Grundlagen* verunsichern, denn das ist eine gefühlsbetonte Phrase, mit der oft die alten autoritären Unterrichtsstrukturen gerechtfertigt werden sollen, die angeblich die Situation im Bildungswesen verbessern können. Auch wir sind dafür, teilweise wieder auf die alten Grundlagen zurückzugreifen. Das heißt aber nicht automatisch, dass man zum „Frontalunterricht" zurückkehrt. Der Zweck heiligt auch hier **nicht** die Mittel. Es ist wie mit Sexualität und Gewalt. Es gibt keinen automatischen Zusammenhang zwischen den beiden Begriffen, werden sie aber oft genug zusammen verwendet, bildet sich die gemeinsame Vorstellung in den Köpfen der Öffentlichkeit. Analytische Denker fallen auf so was natürlich nicht herein!

9. Verlängerung des Schuljahrs

Das gegenwärtige Schuljahr hat etwa 40 Wochen. Das war schon vor über 100 Jahren so und diente damals vor allem den Bedürfnissen der Agrargesellschaft – die Kinder mussten den Bauern in den Ferien bei der Feldarbeit helfen.

Das war so lange sinnvoll, als noch 40 Prozent der Bevölkerung in der Landwirtschaft tätig waren, heute sind es jedoch kaum noch zwei Prozent. Es ist unsinnig, die schulischen Einrichtungen so lange Zeit ungenutzt zu lassen. Auch die Eltern haben heutzutage oft Schwierigkeiten, mit den langen Ferien fertig zu werden, und häufig genug wirken sie sich auch negativ auf den Schulerfolg der Kinder aus.

Wenn man das Schuljahr nur um sechs Wochen pro Jahr verlängern würde, hätte ein Sechzehnjähriger insgesamt 18 Monate mehr Unterricht.

> **Abgesehen von der Unterstützung durch die Mitglieder der Familie und andere Erwachsene, die die Rolle eines Mentors übernehmen könnten, sollten Institutionen wie Firmen, die gesamte Berufswelt und vor allem die Museen sich bedeutend stärker für den Bildungsprozess einsetzen.**
>
> **HOWARD GARDNER IN *MULTIPLE INTELLIGENCES: THE THEORY IN PRACTICE***

Wir beklagen uns ständig über die Situation im Bildungswesen, ignorieren jedoch die einfachen Schritte, die nötig wären, um sie zu verbessern.

Natürlich müsste man den Lehrern die zusätzlichen Wochen vergüten. Man sollte sie mit einer Verringerung der Zahl der Stunden ausgleichen, die sie zur Zeit noch für die Unterrichtsvorbereitung und die Benotungen aufwenden müssen. Wir können außerdem auch unsere kommunalen Möglichkeiten viel umfassender nutzen. Das ist der Übergang zu unserer 10. Empfehlung.

10. Gemeindemitglieder einbinden

Lehren ist eine sehr verantwortungsvolle Tätigkeit, die eine gewisse Begabung und eine gute Ausbildung erfordert. Es gibt jedoch bestimmte Tätigkeiten in diesem Bereich, die auch von Hilfskräften ausgeführt werden könnten. Viele Rentner vermissen eine sinnvolle Tätigkeit, zahlreiche andere Menschen wünschen sich eine flexiblere Arbeitszeit, und wir wissen schon heute genau, dass sich die Wochenarbeitszeit in den nächsten Jahren erheblich verkürzen wird. Daraus ergeben sich Möglichkeiten, die wir nutzen sollten.

Einige Fächer – Musik, Sport, Werken, Zeichnen, ja sogar der Fremdsprachenunterricht – können besonders gut von Hilfskräften unterrichtet werden. Auch wenn diese Leute nicht so gründlich ausgebildet worden sind wie ein Klassenlehrer, könnten sie unter dessen Aufsicht gute Arbeit leisten. Was hindert uns daran, unsere kommunalen Ressourcen intensiver zu nutzen, damit die Lehrkräfte frei werden für ihre Hauptaufgaben?

11. Modernisierung der Lehrpläne

Was erwarten wir von der Schule des 21. Jahrhunderts? In Kapitel 16 heben wir fünf Kernziele hervor: Wissen, Können, Weisheit, Charakter und emotionale Reife. Was werden unsere Kinder sonst noch brauchen?

Eine Gruppe, die sich aus Geschäftsleuten und prominenten Persönlichkeiten aus dem pädagogischen und sozialen Bereich zusammensetzte, hat auf einer Konferenz, die vom englischen Oxford and Cambridge Examination Board einberufen worden war, über die gleiche Frage diskutiert.

Außerdem hat Daniel Goleman in seinem Buch *Emotionale Intelligenz* das gleiche Thema behandelt. Wenn wir das alles zusammenfassen, kommen wir zu dem Schluss, dass die Lehrpläne des 21. Jahrhunderts für die Sekundarstufe zusätzlich zu den zentralen Themen „Lernen-wie-man-lernt“ und „Denken“ folgendes enthalten sollten: (a) Emotionale Erziehung, (b) Das Erkennen und Ausfüllen von Bürgerpflichten, (c) Ein „soziales“ Jahr (eine dringende Empfehlung von uns). Lassen Sie uns kurz diese Punkte durchgehen.

(a) Emotionale Erziehung

Sport ist für die körperliche Gesundheit der Schüler von großer Bedeutung. Warum haben wir bisher nicht erkannt, dass die emotional-psychische Erziehung für die Entwicklung eines seelisch gesunden Schülers genauso wichtig ist? Es ist höchste Zeit, dass wir uns auch um diesen Bereich kümmern.

All dies müssen Kinder und Jugendliche nach unserem Ermessen lernen:

- Eigene Gefühle erkennen, zuordnen und ausdrücken und ihre Intensität wahrnehmen
- Gefühle und Empfindungen steuern, impulsives Verhalten kontrollieren und Bedürfnisbefriedigung hintenan stellen, wenn dies angemessen ist
- Stress steuern und reduzieren
- Ziele setzen, die realistisch und trotzdem herausfordernd wirken
- den eigenen Standpunkt vertreten ohne Aggressivität und die Bereitschaft haben, andere Standpunkte objektiv zu betrachten
- anderer Leute Emotionen und Empfindungen erkennen und verstehen und wissen, dass Unterschiede normal sind
- Trennen zwischen Empfindungen und logischem Denken und diese Erkenntnis auf Themen wie Sex und Drogen anwenden
- Verantwortungsvolle Elternschaft übernehmen

- mit Furcht und Angst umgehen
- Moralvorstellungen und Werte vertreten
- aufmerksam zuhören und Gefühle genauso wie Fakten im Gespräch mit anderen Menschen erkennen
- Konflikte beilegen durch Anstreben der für alle Seiten bestmöglichen Lösung

Wenn ein Mensch das alles bereits als Kind gelernt hat, wird er später sowohl sich selbst als auch anderen Menschen gegenüber verantwortungsbewusster, mitfühlender und ausgeglichener sein. Wir sind der Ansicht, dass ein Programm, das der emotionalen Erziehung dient, kurzfristig das Verhalten der Schüler in der Klasse und langfristig die Erfolgsaussichten des Erwachsenen auf sozialer Ebene und in der Berufswelt verbessern würde. Das dürfte doch sicher ein erstrebenswertes Schulziel sein?

Wäre die Welt vollkommen, würden die Kinder das alles schon im Elternhaus lernen – und zwar in dem Alter, in dem die Mitleidsfähigkeit und das soziale Gefühl in den Stirnlappen gebildet wird. Wenn diese Fähigkeiten jedoch nicht zu Hause gelernt werden, muss die Schule in die Bresche springen. Und selbst ein Kind, dem so etwas zu Hause nahe gebracht wurde, muss das Gelernte in einem sozialen Umfeld wie in einer Schulkasse erleben.

Natürlich sind die meisten Lehrkräfte selbst nicht geschult, um diese Fertigkeiten zu entwickeln. Aber in fast allen Lebensräumen gibt es Menschen mit diesen Fertigkeiten. Wir müssen Platz für ein solches Fach schaffen, das wesentlich mehr Einfluss auf den zukünftigen Lebenslauf von Schülern hat als die meisten üblichen Lerninhalte in der Schule.

(b) Einjährige Gemeinschaftsprojekte für alle Jugendlichen

Fertigkeiten wie Problemlösungskompetenz und Entscheidungskraft lassen sich oft besser in konkreten Projekten erlernen.

John Abbott, ein ehemaliger Schuldirektor und ein Mann mit Visionen, hat in Großbritannien eine Treuhandgesellschaft gegründet, die sich Education 2000 nennt und Möglichkeiten untersucht, wie man Stadt oder Gemeinde in die Pädagogik einbeziehen kann. Er arbeitet zur Zeit vorübergehend in den USA, wo er an die Johnson Wingspread Foundation „ausgeliehen“ wurde.

Abbott weist darauf hin, dass die Schule vor der industriellen Revolution weitgehend in die Arbeitswelt integriert war. Die Schüler waren

Lehrlinge und lernten ein Handwerk. Es fiel ihnen deshalb nicht schwer, die Bedeutung des Gelernten zu verstehen. Sie lernten, weil sie später damit ihren Lebensunterhalt verdienen und einen Beitrag für die Gesellschaft leisten wollten, die damals noch eine geographisch geschlossene und überschaubare Einheit war. Lernen, Gemeinde und Arbeit waren direkt miteinander verbunden. Und dieser Zusammenhang war auch der Grund, warum alle sehr motiviert waren, etwas zu lernen.

John Abbott ist der Meinung, dass wir die Gemeinde wieder stärker in den pädagogischen Prozess einbeziehen sollten. Und das wollen wir auch.

Was könnte es Besseres geben, als die Schüler in Projekte zu integrieren, die der Gemeinde zugute kommen? Unsere Empfehlung sieht vor, dass die Teilnahme an einem einjährigen Gemeindeprojekt Teil der Standardausbildung der Schüler der Sekundarstufe wird. Sie können dabei ihr Denkvermögen und ihre Fähigkeit, Entscheidungen zu treffen, in den Dienst der Gemeinde stellen.

Durch die konkreten Projekte lernen sie nicht nur, sie begegnen auch Beispielen für Rollen in der Erwachsenenwelt, anders als es in der Schule möglich ist. Die Schule isoliert die Kinder von der Gesellschaft, indem sie sie in bestimmten Altersgruppen zusammenfasst.

Nur wenn ein Mensch seinen Beitrag in der Gemeinschaft leistet, zu der er gehört, kann er sich als Teil dieser Gemeinschaft erleben. Das ist eine der großen Stärken dieses Konzepts. Und das ist auch der Grund, warum die Arbeitslosigkeit eine so zerstörerische Wirkung hat. Sie führt nicht nur zum Verlust der finanziellen Sicherheit, sondern auch zu einer Trennung von der Gemeinschaft. Die Erlebnisse durch freiwillige Gemeindearbeit ermöglichen es einem, sich weiterhin als Leistungsträger der Gesellschaft zu beweisen, selbst wenn man irgendwann keine feste Beschäftigung hat. In Eastbourne in England entwarfen, schrieben und produzierten Schüler eine Broschüre über ihre Stadt. Das Projekt wurde von Geschäftsleuten der Stadt finanziert.

Wir müssen unseren Kindern vor ihrem Eintritt ins Berufsleben beibringen, was es mit dem Konzept der Vermittelbarkeit auf dem Arbeitsmarkt auf sich hat. Dabei hätten sie Gelegenheit, Chef ihres eigenen Unternehmens zu sein – zum Beispiel Jane Jones GmbH – wie wir es im 17. Kapitel beschrieben haben.

Jetzt kann Jane Jones ihre Dienste gelegentlich direkt einem Unternehmer anbieten (das heißt, sie kann beispielsweise direkt für eine Firma „arbeiten“). Aber sie darf dieses Arbeitsverhältnis nicht als Selbstverständlichkeit betrachten. Nur wenn sie immer wieder in das intellektuelle Kapital der Jane Jones GmbH investiert (das heißt, ständig an sich weiterarbeitet), wird ihr Einmann/Einfraubetrieb florieren.

Dieses Konzept – dass jeder für sich arbeitet und eine kostengünstige Dienstleistung von hoher Qualität anbietet, die natürlich sehr gefragt ist, stimmt mit der Realität des 21. Jahrhunderts überein. Die meisten Unternehmen werden in zunehmendem Maße dazu übergehen, kurzfristige Verträge mit hochqualifizierten Spezialisten abzuschließen. Wir rechnen damit, dass sich das Internet (oder seine Nachfolger) zu einem riesigen Markt sowohl für Jobs als auch für Dienstleistungen entwickeln wird.

Da in Zukunft jeder sein eigener Unternehmer sein wird, werden die Menschen auch die Angst vor der Arbeitslosigkeit und dem damit verbundenen Verlust an Sozialprestige verlieren. Wenn alle Anstellungsverträge befristet sind, macht eine vorübergehende Arbeitslosigkeit keine Angst mehr.

Sie sollten Ihre Kinder auf das Berufsleben der Zukunft vorbereiten, indem Sie ihnen klarmachen:

1. Für ihre Vermittelbarkeit auf dem Arbeitsmarkt sind sie selbst verantwortlich.
2. Man muss schnell lernen, entscheidungsfreudig sein, kreativ denken können und Mehrwert materiell oder ideell erwirtschaften.

(c) Mündige Bürger erwarten

Umfragen beweisen, dass wir unseren Politikern mit Misstrauen begegnen. Sie weichen einer direkten Antwort aus, legen wichtige Fragen willkürlich oder irreführend aus und reden oft um den heißen Brei herum.

Aber wessen Schuld ist das wirklich? Die meisten Wähler kennen sich weder in der Wirtschaft noch im Rechtswesen aus. Und sie haben auch nicht die Geduld, sich mit solchen „ernsten Problemen“ auseinander zu setzen. Wie können wir unter diesen Umständen von den Politikern erwarten, dass sie bereit sind, komplexe Themen in der angemessenen Weise zu erörtern? Wissen ist der beste Schutz vor Ausbeutung.

Wir denken, folgende Lernelemente helfen uns, mündige Bürger zu werden:

1. Jeder sollte Bilanzen und Gewinn- und Verlustrechnungen lesen können. (Die besten Unternehmer erklären ihren Angestellten –

auch denen, die in den Filialen arbeiten –, wie es um die Firma bestellt ist.)

2. Existenzgründung. Das ist ganz besonders wichtig, denn in manchen Gegenden sind 30 bis 40 Prozent der Männer arbeitslos. Die gängige Reaktion der Schüler lautet: „Lernen? Wozu denn?" Man könnte ihnen darauf zumindest eine Antwort geben: „Damit du deine eigene Firma gründen kannst!" Aber dazu muss man sich ein wenig in betriebswirtschaftlichen Dingen auskennen. Aber das ist durchaus möglich. 80 Prozent der Firmen in Großbritannien beschäftigen weniger als zehn Leute.
3. Wirtschaftliche Aspekte des Gesundheitswesens und Verantwortung für die persönliche Gesundheitsvorsorge.
4. Was ist Wahrheit?
5. Umweltprobleme
6. Grundzüge der Gesetzgebung und Rechtsprechung.
7. Interpretieren von Statistiken, Graphiken, … und einschätzen von Wahrscheinlichkeiten.
8. Zeitplanung
9. Geld verwalten. Schaffen und Kontrollieren von persönlichen Budgets und Wohlstand.
10. TQM Prinzipien (Total Quality Management), die in allen Lebensbereichen Anwendung finden.
11. Einen Lebenslauf schreiben und Bewerbungsgespräche erfolgreich gestalten.

Obige Vorschläge für eine neue Art von Lehrplänen treffen den Kern der Frage: „Wozu ist die Schule da?" Was macht eigentlich einen gebildeten Menschen aus? Und ist unser Schulsystem richtig eingestellt, um solche Menschen zu schaffen? Wir glauben jedoch, dass Eltern und Schule auf lokaler Ebene über die Lehrpläne entscheiden sollten. Unsere Vorschläge sind lediglich als Anregungen gedacht.

Wer könnte den Schülern das alles beibringen? An dieser Stelle wären Mitglieder der Gemeinde und die Angestellten der ortsansässigen Firmen aufgerufen.

12. Änderung der Prüfungsordnung

Auf beiden Seiten des Atlantiks wird gefordert, die Prüfungsbedingungen für Schüler und Studenten hinsichtlich ihres „Wann" und „Wie" grundlegend zu ändern.

Hierzu Howard Gardner: „Wir brauchen völlig neue Methoden der Beurteilung unserer Schüler. Leistungsbewertungen müssen Teil des Lehrplans sein und täglich durchgeführt werden. Schüler brauchen kontinuierliche Rückmeldung und nicht einmaliges Feed-back am Ende des Schuljahres. Und die Beurteilungen müssen im Klassenzimmer stattfinden, und zwar im direkten Kontakt mit dem Lehrer und nicht von irgendeiner Maschine, die nur Noten ausspuckt und dem Schüler nicht sagt, was er besser machen könnte."

Charles Handy, Gastprofessor an der London Business School, stellt einen interessanten Vergleich an, den die meisten von uns leicht nachvollziehen können: „Wenn wir die Führerscheinprüfung nur ein einziges Mal im Alter von ca. 18 Jahren ablegen dürften, bei der nur die besseren 50 Prozent bestehen würden, hätten wir weniger, aber bessere Autofahrer, mehr Sicherheit auf den Straßen, und die Krankenhauskosten würden sinken. Der Hälfte der Bevölkerung wäre dann allerdings der ungehinderte Zugang zur Gesellschaft verwehrt, die Wirtschaft würde ernsthafte Verluste hinnehmen müssen, und wir alle würden es zu Recht als einen Eingriff in unsere Bürgerrechte betrachten.

Stattdessen lassen wir alle Bewerber zur Führerscheinprüfung zu, wenn sie selbst glauben, dass sie so weit sind, und gestatten ihnen, die Prüfung gegebenenfalls so oft zu wiederholen, wie sie wollen. Es wäre gerechter und besser, wenn man mit den wichtigen Prüfungen in der Schule ähnlich umgehen würde. Eine Rationierung der Intelligenz ist genauso wenig sinnvoll wie eine Rationierung der Führerscheine."

Wir wollen die Prüfungen nicht völlig abschaffen – zu viele Menschen können sich offenbar nicht von ihnen trennen. Wir haben jedoch in den vorangegangenen Kapiteln viele Vorschläge gemacht, die zu mehr Selbstbeurteilung führen und z.B. mit Dokumentationen und Ausstellungen die Schulleistungen im Kollegium und der Elternschaft transparent machen.

Darüber hinaus wäre die Planung und Durchführung der einjährigen Gemeindearbeit des Schülers eine wichtige Grundlage für seine Beurteilung. So müsste eine echte Vorbereitung auf das Leben aussehen.

13. Studienzeiten halbieren

Ein Studium ist mehr als nur das Streben nach Diplomen. Die Studierenden könnten trotzdem – vorausgesetzt, sie vergeuden keine Zeit –

beim richtigen Einsatz unserer Methoden ihre Diplome und Doktorarbeiten in viel kürzerer Zeit ablegen.

Diese Verkürzung des Studiums ist wichtig, denn unsere Gesellschaft braucht immer mehr Hochschulabsolventen, und immer mehr Leute drängen in die Fachhochschulen und Universitäten. In Großbritannien besteht das Problem zum Beispiel darin, dass die Regierung zwar immer wieder laut verkündet, der Anteil der Schüler, die eine Universität besuchen, müsse auf 60 bis 70 Prozent erhöht werden, dass sie andererseits aber nicht die dazu benötigten Mittel bereitstellt. Wenn man jedoch die Zeit bis zum ersten Universitätsdiplom verringern könnte, wäre es durchaus möglich, die Zahl der Studenten ohne Mehrkosten zu erhöhen. Wenn auch in den USA die Schulen diese Methode übernähmen, würde eine solche Verkürzung die Studenten und – finanziell gesehen – ihre Eltern weniger belasten.

Darüber hinaus kann sich die bereits existierende Datenautobahn zu einer Art Kabeluniversität entwickeln, in der die Studenten Kurse belegen könnten, die ihnen gewissermaßen auf den Leib geschneidert wären.

In England kostet die Ausbildung eines Oxford-Studenten jährlich etwa 50 000 DM. Der Student einer Fernuniversität bräuchte dagegen nur 5 000 DM, denn er lernt zu Hause und mit Hilfe seines Videorekorders. Was wir brauchen, wäre die Qualität einer Oxford-Universität verbunden mit der Wirtschaftlichkeit einer Fernuniversität.

In den USA ist das Studium zwar nicht völlig gebührenfrei, aber die Kosten halten sich in Grenzen. In der Regel ging man bisher davon aus, dass der Studierende etwa zehn Prozent der tatsächlichen Kosten selbst tragen muss.

In den letzten zehn Jahren ist es immer teurer geworden, zu studieren. Zwischen 1991 und 1994 betrug der Anstieg an den amerikanischen Universitäten etwa zehn Prozent pro Jahr. In den meisten US-Staaten haben sich diese Kosten verdreifacht oder sogar vervierfacht. Deshalb zahlen die heute neun Millionen Studierenden in öffentlichen amerikani-

Die Faszination des Lernens und der Kreativität muss das ganze Leben lang wach bleiben. Es ist die letzte Herausforderung, die dem Leben Sinn und Farbe verleiht.

DR. MARIAN DIAMOND, IN *CREATING THE FUTURE*

schen Hochschulen jährlich um die 9 000 Dollar, was einem Vielfachen der eigentlichen Gebühren entspricht. Und die Kosten an den staatlichen Prestigeuniversitäten gleichen sich denen der privaten an. So zahlt man beispielsweise an der University of California at Berkeley inzwischen 14 000 Dollar und an der University of Virginia über 10 500 Dollar.

Auch im deutschen Kulturraum, wo zumeist noch keine Studiengebühren erhoben werden, liegen die tatsächlichen Kosten für ein Hochschulstudium mittlerweile erschreckend hoch. Deshalb hat auch hier die Bemerkung von Nicholas Lemann Bedeutung: „Egal, wie gut sich ein Studium an öffentlichen Hochschulen letztlich rentiert, es bleibt ein Bruch in den Vereinbarungen zwischen Staat und Bevölkerung, dass wir von einem praktisch kostenlosen Studium zu derart hohen Belastungen gekommen sind." Für die meisten Amerikaner ist die öffentliche Ausbildung die wichtigste Dienstleistung des Staates – und zwar sowohl wirtschaftlich als auch gesellschaftlich, denn sie verbindet uns als Volk. Außerdem ist sie psychologisch wichtig, denn sie bietet den jungen Leuten Aufstiegsmöglichkeiten, und das ist immer einer der zentralen amerikanischen Werte gewesen.

„Es ist ein Gefühl der Auszeichnung für uns alle, wenn wir uns durch dieses von der übrigen Welt unterscheiden: Allen geeigneten Menschen offen und ohne Einschränkung alle denkbaren Bildungswege zu ermöglichen. Dieses einzigartige und wertvolle staatliche Zugeständnis verliert nun seine Bedeutung."

In einem Wahljahr, in dem die „Schlacht um die Steuern" geschlagen wurde, bot Präsident Clinton Kredite aus Steuergeldern in Höhe von 7,9 Milliarden Dollar für das Hochschulstudium an.

Dieses so genannte Hope Scholarship (Hoffnungsstipendium) basiert auf einem erfolgreichen Programm, durch das die Zahl der Hochschüler in Teilen von Georgia verdreifacht werden konnte. Man finanziert das Projekt mit den Einnahmen aus der Staatslotterie. Es soll Millionen von Amerikanern aus der Mittelklasse und aus der Arbeiterklasse die Möglichkeit bieten, sich weiterzubilden, was diesen Leuten bisher durch die hohen Kosten verwehrt worden war.

Die Initiative gewährt einen Kredit von jährlich 1500 Dollar für die Dauer von zwei Jahren. Für den Studienanfänger gibt es keine weiteren Bedingungen. Wenn er jedoch im zweiten Jahr weiter gefördert werden will, muss er im ersten Jahr mindestens die Durchschnittsnote Gut erreicht haben.

In einer Eröffnungsrede an der Princeton University sagte Clinton: „Heute entscheidet die Bildung mehr denn je in der Geschichte der Vereinigten Staaten von Amerika darüber, ob jemand an dem Wohlstand, den unsere neue Wirtschaft uns beschert, teilnimmt oder nicht."

Lebenslanges Lernen ist inzwischen auf allen Regierungsebenen, in allen großen und kleinen Industrieunternehmen und in allen Bereichen des Bildungswesens zum zentralen Anliegen geworden. Wir bewegen uns mit zunehmender Geschwindigkeit auf eine Wirtschaftsform zu, die auf Wissen basiert.

GRANT THOMAS,
EINER DER ORGANISATOREN
DER ZWEITEN WELTKONFERENZ
ÜBER LEBENSLANGES LERNEN

Weiter sagte er: „Es ist klar, dass wegen der Kosten und anderer Faktoren nicht alle Amerikaner in den Genuss einer Hochschulbildung kommen können." Und dann erinnerte er daran, dass man nach dem Zweiten Weltkrieg beschlossen hatte, eine mindestens zwölfjährige Regelschulzeit einzuführen. Und er forderte wiederholt, dass man sich nicht eher zufrieden geben sollte, bis in ganz Amerika auch das dreizehnte und vierzehnte Schuljahr eingeführt worden seien.

14. Der Verbraucher hat die Wahl

Die größte Triebkraft für tief greifenden Wandel sind Wahlmöglichkeiten. Wahlmöglichkeiten sorgen für Vielfalt der Angebote und für Wirksamkeit.

Staatliche Schulen haben in der Regel eine Monopolstellung. Sie verfügen normalerweise alle über die gleichen Einnahmen pro Schüler, ganz gleich, ob ihre Leistungen hervorragend oder schlecht sind. Außerdem reagieren sie nicht besonders sensibel auf die Bedürfnisse ihrer „Verbraucher" (also der Schüler und ihrer Eltern).

Hier kommt unser radikaler Vorschlag: Die Grundidee verdanken wir Dr. James Tooley und seinem Buch *Education Without the State (Bildung ohne den Staat)*, das vom Institute of Economic Affairs in London herausgegeben worden ist.

Der Staat sollte das Geld, das er zur Zeit pro Schüler und Student ausgibt, in einen Fond einzahlen – den so genannten Lifelong Individual Fund for Education – abgekürzt LIFE. Das Geld soll Schülern und Eltern zugute kommen, die es für offiziell genehmigte private oder öffentliche Projekte wie Fernstudium, Abendschulkurse oder CD-ROMs ausgeben können. Mit anderen Worten entscheidet der Verbraucher selbst, welche Dienstleistung für ihn die günstigte ist.

Unserer Meinung nach könnte ein solches Programm in großem Rahmen beim Eintrittsalter in die Sekundarstufe beginnen. Jeder könnte zusätzliches Geld in den LIFE Fond einzahlen – Eltern, Großeltern, die Schüler oder Studenten selbst und vielleicht auch ortsansässige Unternehmer oder Trusts. Die LIFE Konten würden bei den Banken Zinsen bringen oder könnten als Fonds auf Gegenseitigkeit angelegt werden. Es wäre vorstellbar, dass man elektronische Karten einführt, auf denen sogar die aktuellen Leistungswerte des Schülers oder Studenten gespeichert sind.

Der „Verbraucher" kann sich also selbst die Bildung kaufen, die seinen persönlichen Bedürfnissen entspricht. Die Anbieter (also beispielsweise die Schulen), würden dadurch motiviert, die beste Auswahl zu einem möglichst niedrigen Preis anzubieten.

Viele Schulen würden dann Dienstleistungen von außen hereinholen oder sich etwas einfallen lassen, wie man die Nachfrage am besten befriedigen könnte (zum Beispiel durch den Einsatz neuer Technologien). Wir glauben, dass sich dadurch auch die Infrastruktur verbessern würde, denn man würde sicherlich auch private Investoren finden, mit deren Hilfe man eine möglichst attraktive Schule schaffen könnte.

Die Auszahlungen aus dem LIFE Fond sollten jeweils davon abhängig sein, ob die Schüler ein bestimmtes Leistungsniveau in einem Fach erreicht haben, und das würde sie ständig motivieren.

Und wenn die Kinder schließlich die Schule verlassen, läge immer noch Geld auf ihren LIFE Konten. Sollten sie später feststellen, dass sie sich noch weiter qualifizieren müssen, könnten sie ihre Ausbildung fortsetzen. Mit dem Geld, das der Staat an den Leuten spart, die vorzeitig aus dem Bildungsprozess aussteigen, kann er die Weiterbildung der anderen finanzieren. Auf diese Weise unterstützen die Busfahrer die Anwälte, wie jemand das einmal treffend ausgedrückt hat.

Mit den LIFE Konten könnte man das Konzept einer Gesellschaft, deren Mitglieder ihr Leben lang lernen, auf eine wirtschaftlich solide Grundlage stellen. Außerdem würde dann ein Teil der Schüler, die die Schule vorzeitig verlassen haben, wieder in die Schule zurückkehren.

Die jungen Leute, die noch zur Schule gehen, würden durch dieses Beispiel lernen, wie wichtig es ist, sich weiterzubilden.

Die Idee eines „individuellen Lernkontos" ist nicht neu. Die Commission on Social Justice (Kommission für soziale Gerechtigkeit), die von der britischen Labour Partei einberufen worden war, unterstützte diesen Gedanken, weil er jedem Einzelnen erlaubt zu lernen, wie und wann es für ihn am besten ist.

Erfolgreiche Schulen könnten dann die Gehälter besonders fähiger Lehrer erhöhen. Der Anreiz zu Innovationen und Verbesserungen, der im gegenwärtigen System nicht vorhanden ist, würde zu einer ständigen Verbesserung der Unterrichtsqualität, der Einrichtungen und der angebotenen Lehrpläne führen.

Schulen, die schlechte Lehrpläne anbieten, deren Lehrer unterdurchschnittlich unterrichten und die keine guten Ergebnisse vorweisen können, könnten dann einfach nicht überleben, oder sie würden – so wie es in der Industrie geschieht – von erfolgreicheren Unternehmen „geschluckt".

Da die „Wahlschulen" besser wissen, wie man den Verbraucher am besten bedient, könnten sie Lizenzen für die Verwendung ihrer Ideen an andere Schulen vergeben.

Wir glauben, dass sich Schulen dieser Art sehr bald zu „gemeindlichen Lernzentren" entwickeln würden. Und da attraktive Schulen mehr Schüler anziehen, würde es auch nicht lange dauern, bis sie finanziell in der Lage wären, zum Beispiel eine erstklassige Bibliothek, Multimediazentren und Elternzentren einzurichten, in denen die Eltern sich Unterrichtsmaterial und gute Ratschläge holen könnten.

In den Multimediazentren hätten die Schüler die Möglichkeit, Informationen aus dem weltweiten Internet zu beziehen. Ideen, die sie zu ihrem einjährigen Gemeindejahr haben, könnten dort ausgetauscht und diskutiert werden. Abends könnte dann die gleiche Einrichtung an die Gemeinde vermietet werden. Die Schulen würden so als „mentales Fitness Center" fungieren.

Wir glauben, dass sich die Idee vom lebenslangen Lernen mit dem LIFE Konzept und den Lernzentren verwirklichen lässt. Kritiker werden behaupten, gerade im deutschen Kulturraum mit verbeamteten Lehrern und hoheitlich festgelegten Lehrplänen seien solche Ideen nicht umsetzbar. Doch auch hier gibt es bereits Bestrebungen und Überlegungen, die zukünftigen Wandel möglich machen. Eine bessere Frage ist daher: Was können wir jetzt schon konkret tun, um den nötigen tief greifenden Wandel möglich zu machen?

Kritiker werden auch behaupten, Eltern haben nicht genug Information, um über die richtige Ausbildung ihrer Kinder zu befinden. Wir möchten darauf hinweisen, dass sie schließlich auch die Ernährung für ihre Sprösslinge aussuchen. Es gibt immerhin noch keine staatlichen Lebensmittelläden. Warum soll ein Prinzip, das man auf so etwas Elementares wie das Essen anwendet, nicht auch für die Ausbildung gelten?

15. M·A·S·T·E·R-Pläne in allen Unternehmen

Wenn ein Unternehmen davon überzeugt ist, dass sein Überleben von der Förderung des Potentials seiner Belegschaft abhängt, ist es auf dem besten Weg, eine M·A·S·T·E·R-Organisation zu werden.

Sobald eine Firma Programme entwickelt, um ihren Leuten Kreativität, analytisches Denken, Kommunikationstechniken und Teamarbeit beizubringen, stopft sie nicht nur die Löcher, die unser gegenwärtiges Schulsystem verursacht hat, sondern trägt unmittelbar dazu bei, dass die Heerschar der Niedrigverdiener, Angelernten und schwer Vermittelbaren nicht noch weiter wächst.

16. Auf dass Bildung uns allen wichtig werde!

> „Jedes Kind braucht ein ganzes Dorf,
> um seine Erziehung zu vervollständigen."

In ihrem Buch *Eine Welt für Kinder* erwähnt die amerikanische First Lady Hillary Rodham Clinton dieses afrikanische Sprichwort. Man ist sich inzwischen mehr oder weniger einig, dass Bildung und Erziehung **jeden** etwas angehen. Auch die Geschäftswelt ist bestrebt, ihren Beitrag zu leisten.

Einige große Industrieunternehmen haben dabei in begrüßenswerter Weise die Führung übernommen. Motorola geht in den Vereinigten Staaten mit gutem Beispiel voran.

Man schickt allen Mitarbeitern regelmäßig Broschüren ins Haus, in denen sie aufgefordert werden, sich aktiv an der Ausbildung ihrer Kinder zu beteiligen. Gary Tooker, stellvertretender Aufsichtsratsvorsitzender und leitender Angestellter dieses riesigen Unternehmens, sagt: „Das wird Motorola dabei helfen, das amerikanische Bildungssystem zu verbessern. Und es trägt dazu bei, dass wir an der Schwelle des 21. Jahrhunderts auf ein erstklassiges Potential an Arbeitskräften zurückgreifen können, das aus Menschen besteht, die bereit sind, ihr Leben lang zu lernen."

Es wäre uns eine Freude, wenn Unternehmen folgende praktische Unterstützung leisten:

- Eine Schule sponsern. Vor allem Grundschulen leiden ständig unter Geldmangel.
- Für die Kinder ihrer Mitarbeiter Personalentwicklungsprogramme anbieten – zum Beispiel Lernprogramme, die die Denkfähigkeit fördern.
- Zeit widmen. Geben Sie ihnen ein paar Tage im Jahr Gelegenheit, einem erwachsenen Mitarbeiter über die Schulter zu schauen. Das Projekt ist in Schweden bereits mit großem Erfolg durchgeführt worden. „Das tut dem Kind bestimmt gut", sagte John Abbott zu einem der erwachsenen Mitarbeiter, dem ein Schüler bei der Arbeit zusah. „Ja, aber für uns ist es noch besser", antwortete der Mann. „Die Schüler stellen manchmal so kritische Fragen, zum Beispiel warum wir das oder das so machen und nicht anders, Fragen, die wir nicht immer beantworten können – weil es nämlich für manche keinen logischen Grund gibt. Wir machen es einfach schon so lange so, dass nur ein Außenstehender den Sinn und Zweck in Frage stellen kann."
- Stellen Sie den Eltern verbilligtes Lernmaterial für ein Fernstudium zur Verfügung. Ein großes britisches Einzelhandelsunternehmen mit 40 000 Mitarbeitern bietet seiner Belegschaft CD-ROMs, Bücher, unser *FUNdamentals*-Programm und Elternkurse in der Mittagspause an.

Wir hoffen, dass sich in Zukunft nicht nur die Eltern der Schüler, sondern die ganze Gemeinde um die Schulen kümmern werden.

Das sollte der Gewinn der Produktivitätsrevolution sein. Denn wenn die Unternehmen bereit sind, die wirtschaftlichen Vorteile der Produktivitätssteigerung mit ihren Mitarbeitern zu teilen, die dann in weniger Stunden das Gleiche verdienen, könnte die gewonnene Zeit der Gemeinde zugute kommen.

Sie könnten zum Beispiel Renovierungs- und Wartungsarbeiten in den Schulen übernehmen. Eine kürzlich in den USA durchgeführte Untersuchung kam zu dem Ergebnis, dass der größte Teil der Schüler ihre Schule und die dazugehörigen Einrichtungen als unterdurchschnittlich betrachteten. Das zeigt, welchen Wert unsere Gesellschaft dem Bildungswesen und seinen Einrichtungen beimisst. Es könnten sich aber auch bestimmte Leute als Hilfslehrer zu Verfügung stellen und die verschiedensten Fächer unterrichten: Computertechniken, Fremdsprachen, Grundbegriffe der Betriebswirtschaft oder der Kommunikation. Sie könnten mit den jungen Leuten auch darüber reden, was ein mündiger Bürger können und wissen sollte und was man unter emotionaler Erziehung versteht.

Die großen Unternehmen könnten dafür sorgen, dass immer genügend Mentoren zur Verfügung stehen, so dass sich die Kinder jederzeit an einen erfahrenen Erwachsenen wenden können. Wenn das „Goldene Zeitalter" tatsächlich kommen sollte und wir viel Freizeit haben, müssen wir bestimmte Voraussetzungen erfüllen, um es auch wirklich genießen zu können.

Da die kommende Generation besonders viel Erfahrung mit Gemeindeprojekten haben wird – zum Beispiel mit der Betreuung alter Menschen –, wird der Gemeinsinn bei ihr bedeutend stärker ausgeprägt sein.

Das könnte die Initialzündung sein für das stetige Verbessern der Ausbildung eines jeden und für die stetige Konzentration auf die wahren Lernpotentiale jedes einzelnen Kindes. Man könnte sich das so vorstellen:

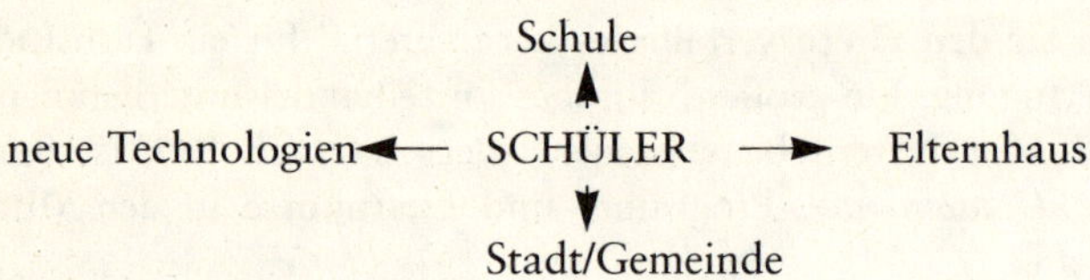

Dieses Buch will Ihnen klarmachen, dass wir eine Revolution brauchen. Eine Revolution, die sich darauf bezieht, was wir lernen und wie wir lernen, was gelehrt wird und wie gelehrt wird. Revolutionen nehmen ihren Anfang immer unten, nie oben – wenn die einfachen Leute wütend werden, den Status quo abschaffen wollen und verlangen, dass so schnell wie möglich etwas geschieht. Und es wird tatsächlich passieren, wenn sich viele zusammentun und eine kritische Masse formieren.

Die Zeit ist reif.

Und die einfachen Leute sind Menschen wie du und ich.

Unser Ziel ist es, die Kultur zu verändern. Wir wollen Menschen davon überzeugen, dass sie sich um ihr eigenes Lernen genauso kümmern müssen, wie wir Schritt für Schritt gelernt haben, uns um unsere Umwelt und Gesundheit zu kümmern.

Und wir wollen Ihnen helfen zu verstehen, dass kaum etwas heute wertvoller ist als das Lernen.

Wir wollen die frohe Botschaft verbreiten, dass jeder dazulernen *kann* und dass es nie zu spät ist, damit anzufangen.

Eine lernende Gesellschaft könnte jedem Chancen für ein besseres Leben bieten.

Sir Christopher Ball, Leiter des Ressorts „Lernen" an der Royal Society for the Encouragement of the Arts, Manufacture, and Commerce (RSA), Kanzler der University of Derby, 1996 anlässlich der Eröffnung der National Campaign for Learning in Großbritannien.

DIE VISION – ZUSAMMENFASSUNG

1. Lernen lernen und kreative Analyse
Wir müssen uns dafür einsetzen, dass jeder an Kursen über die wichtigsten und elementarsten Fähigkeiten teilnehmen kann: die Gabe zu lernen, wie man lernt und wie man ein kreativer und analytisch denkender Mensch wird.

2. Ganz im Ernst: Früherziehung
Die frühe Kindheit ist die entscheidende Zeit des Lernens. Wir müssen die Eltern unterstützen, damit sie ihren Kindern zu Hause ein anregendes Umfeld bieten können. Und wir müssen mehr Plätze in der institutionellen Früherziehung schaffen.

3. Kleinere Grundschulklassen anstreben
In der Grundschule sollten höchstens 15 Kinder in einer Klasse unterrichtet werden. Nur dann kann der Lehrer sich jedem einzelnen Kind in ausreichendem Maße widmen.

4. Den Einfluss der Eltern in Grundschulen stärken

Schule und Elternhaus müssen enger zusammenarbeiten, damit die Eltern zu Hause das ergänzen und vertiefen können, was die Kinder in der Schule gelernt haben.

5. Schülern in der Sekundarstufe Verantwortung übertragen

In der höheren Schule sollten die Schüler selbst die Verantwortung für ihren persönlichen Lernstil übernehmen.

6. Neue Technologien nutzen

Der Einsatz von Computern muss erheblich intensiviert werden, denn dadurch bekommen die Schüler einen Zugang zu besonders begabten Lehrern und zu den multimedialen Informationsquellen. Außerdem können sie dann ihr Arbeitstempo selbst bestimmen.

7. Mehr Geld für Lehrer – und mehr von ihnen erwarten

In unserer Gesellschaft ist der Beruf des Lehrers einer der wichtigsten, die es gibt. Wir sollten höhere Ansprüche an unsere Lehrer stellen und gleichzeitig einsehen, dass ein guter Lehrer besser bezahlt werden muss – Lehrer, die weniger leisten, sollten auch weniger verdienen.

8. Gehirngerechtes Lernen als Motor in Schulen

Kooperatives Lernen sollte in allen Schulen eingeführt werden, und die Schüler sollten angehalten werden, Probleme des „wirklichen Lebens" zu lösen, und gleichzeitig selbst die Regeln für ein angemessenes Verhalten festlegen.

9. Das Schuljahr verlängern

Die Schüler sollten mehr Zeit in der Schule verbringen – wir empfehlen eine Verlängerung um sechs Wochen. Das 40-Wochen-Schuljahr ist ein Relikt der Agrargesellschaft, aus einer Zeit, in der die Kinder noch bei der Ernte helfen mussten.

10. Gemeindemitglieder einbinden

Pensionäre und andere Leute, die sich für die Schule interessieren, könnten als Hilfskräfte eingestellt werden. Experten bestimmter Fächer könnten den Schülern als Mentoren dienen.

11. Modernisierung der Lehrpläne
„Emotionale Erziehung" muss feste Lernaufgabe in der Sekundarstufe sein. Nur dann lernen die Schüler, was einen mündigen Bürger auszeichnet – wie man eine Firma gründet, eine Bilanz liest, wie man seine Zeit und sein Geld einteilt und so weiter. Und sie sollten ein Jahr an kommunalen Projekten mitwirken, um das „richtige Leben" kennen zu lernen.

12. Ändern der Prüfungssysteme
Die Beurteilung der Schüler müsste Teil des Lehrplans sein und in der Klasse ständig praktiziert werden. Der Einzelne sollte nach seiner Leistung beurteilt werden und zu diesem Zweck eine Mappe mit seinen Arbeiten anlegen. Die Beurteilung sollte im Gespräch mit dem Lehrer stattfinden, damit der Schüler ein vernünftiges Feedback bekommt – das wäre bedeutend besser als eine einmalige, indirekte Benotung.

13. Kürzere Studienzeiten
Die Studierenden sollten ihre Diplom- oder Doktorarbeit in kürzerer Zeit machen können. Das ließe sich durch eine Steigerung der Effektivität und durch den verstärkten Einsatz neuer Technologien erreichen – mit erheblicher Kostenreduzierung.

14. Wahlmöglichkeiten für die Abnehmer
Ausbildungsfonds und Scheckkartensysteme könnten Schülern und Studenten erlauben, ein persönliches Budget für Lernmittel und Lehrveranstaltungen zu verwalten. Das würde auch die Lehranstalten zwingen, gute Leistungen zu vernünftigen Preisen anzubieten. Freie Marktwirtschaft!

15. M·A·S·T·E·R-Pläne für alle Unternehmen
Unternehmer und Mitarbeiter sollten den Richtlinien folgen, die wir am Ende des 15. Kapitels aufgestellt haben. Die Verantwortung für die Schaffung eines Mehrwerts trägt sowohl das Unternehmen als auch jeder einzelne Mitarbeiter. Alle müssen zusammenarbeiten, damit sich der Betrieb ständig weiterentwickeln kann und für die Zukunft gerüstet ist.

16. Auf dass Bildung uns allen wichtig werde!
Gemeinden, Schulen und Unternehmen müssen sich gemeinsam bemühen, damit jeder Einzelne sein Leben lang weiterlernen kann.

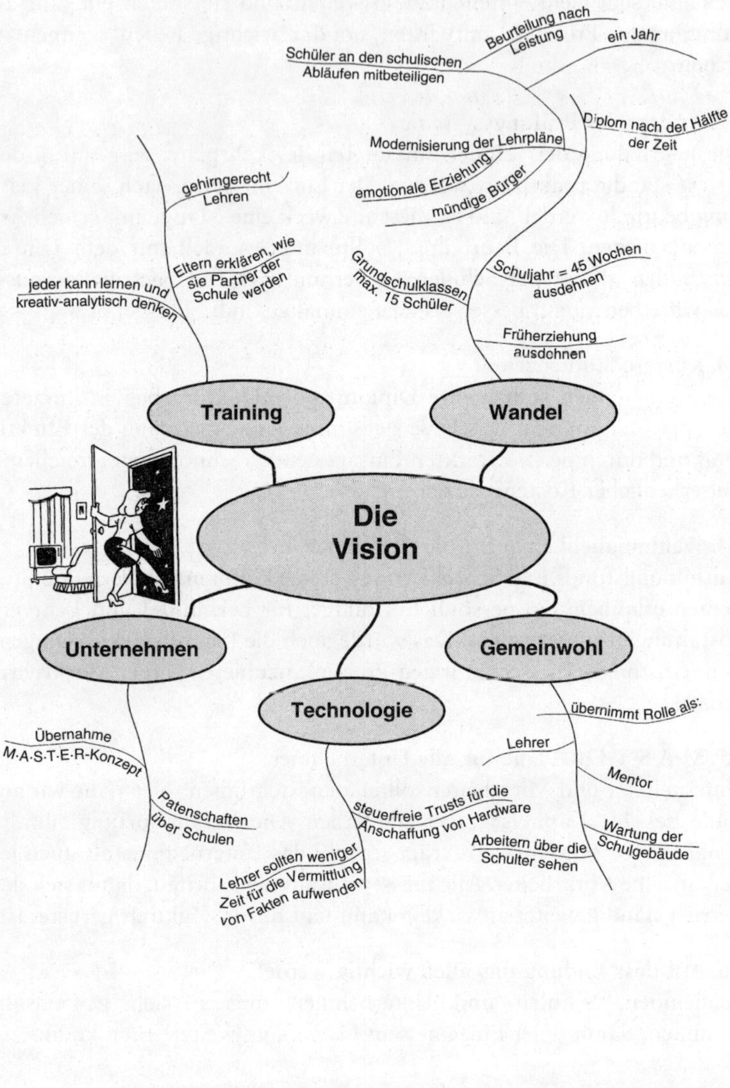
Die Vision
Training
Wandel
Unternehmen
Technologie
Gemeinwohl
Schüler an den schulischen Abläufen mitbeteiligen
Beurteilung nach Leistung
ein Jahr
Diplom nach der Hälfte der Zeit
Modernisierung der Lehrpläne
emotionale Erziehung
mündige Bürger
Schuljahr = 45 Wochen ausdehnen
Grundschulklassen max. 15 Schüler
Früherziehung ausdohnen
gehirngerecht Lehren
Eltern erklären, wie sie Partner der Schule werden
jeder kann lernen und kreativ-analytisch denken
Übernahme M·A·S·T·E·R-Konzept
Patenschaften über Schulen
steuerfreie Trusts für die Anschaffung von Hardware
Lehrer sollten weniger Zeit für die Vermittlung von Fakten aufwenden
übernimmt Rolle als:
Lehrer
Mentor
Wartung der Schulgebäude
Arbeitern über die Schulter sehen

WIE GEHT ES WEITER?

Wenn Sie dieses Buch gelesen haben, sollten Sie es ein paar Tage beiseite legen – und dann noch einmal überfliegen. Lesen Sie die Abschnitte, die Ihnen besonders wichtig erscheinen, noch einmal aufmerksam durch.

Nach einer „Ruhepause" von ein paar Tagen wird Ihr Kopf wieder frei sein und auch den Stoff verarbeitet haben, der Ihnen vorher ziemlich schwer verdaulich erschienen ist. Unterstreichen Sie ruhig – mit Farbstiften – die Bereiche, in denen Sie aktiv werden müssen.

Das dürfte den Lesern schwerfallen, die es gewöhnt sind, ihre Bücher in makellosem Zustand wieder in den Bücherschrank zu stellen. Es ist jedoch eine notwendige Ergänzung der Methode des *Aktivierenden Lernens* und sorgt dafür, dass den guten Ratschlägen auch Taten folgen.

Fangen Sie an, sitzen Sie nicht einfach herum, wenden Sie das *Aktivierende Lernen* in der Praxis an und entdecken Sie selbst, welche ungeheuren Vorteile es Ihnen bringen kann.

Für Neugierige

Sie haben sicher festgestellt: Die Prinzipien des *Aktivierenden Lernens* lassen sich von der frühen Kindheit bis ins hohe Alter anwenden – also in jeder Lebensphase.

Wir entwickelten deshalb mit der Unterstützung eines Gremiums aus internationalen Beratern alters- und themenspezifische Programme, die alle Konzepte dieses Buches berücksichtigen. Engagierten Menschen öffnen wir damit einen leichten Weg von der Theorie in die Praxis.

Unsere Programme erscheinen auch in deutscher Sprache – allerdings nicht sofort und nicht alle auf einmal. Drei Gründe sind dafür verantwortlich:

1. Ein bloßes Übersetzen in die deutsche Sprache genügt nicht. Es geht auch um ein Anpassen an unterschiedliche Denkgewohnheiten.
2. Im deutschsprachigen Raum finden sich andere Schulsysteme als z.B. in England und den Vereinigten Staaten. Auch hierauf ist Rücksicht zu nehmen.
3. Und nicht zuletzt berücksichtigen wir in den deutschen Ausgaben auch Erweiterungen und Ergänzungen, die wir Ihnen z.T. schon in diesem Buch vorgestellt haben.

Es lohnt sich also, etwas länger zu warten.

VORSCHULISCHES LERNEN

Ihr Kind oder Enkelkind muss in einer geistig anregenden Atmosphäre aufwachsen: 50 Prozent der Gehirnkapazität eines Kindes entwickeln sich in den ersten fünf bis sechs Jahren – wenn die dazu erforderlichen Anregungen vorhanden sind.

Für die Altersgruppe von 18 Monaten bis sechs Jahren schufen wir deshalb das Programm *FUNdamentals* zum vorschulischen Lernen. Da die Silbe FUN im Englischen auch Spaß bedeutet, lässt sich leider kein ähnlich guter doppeldeutiger Begriff im Deutschen finden; wir bleiben deshalb wahrscheinlich bei *Fundamental.*

Das Ziel dieses Programms ist ein ausgeglichenes, glückliches Kind. Um möglichen Missverständnissen von vornherein vorzubeugen: Dies ist keine Anleitung für Eltern, um von *ihnen* gewünschte Ziele bei einem Kind zu erreichen. Ganz im Gegenteil: Eltern lernen, die natürlichen Bedürfnisse ihres Kindes zu erkennen, zu berücksichtigen und zu befriedigen. Und alle Eltern stellen dabei zu ihrer Überraschung fest: Ihr Kind will viel mehr und schneller lernen, als man aus der Sicht eines Erwachsenen geglaubt hat.

Das Programm enthält daher auch Spiele und andere Aktivitäten, durch die Kinder schon früh Lesen und Schreiben lernen und sich mit den Regeln des Zusammenzählens, Abziehens und Teilens vertraut machen können. Bei den Lesespielen gibt es über 600 Wortkärtchen und viele originelle Brettspiele. Zu den Rechenspielen gehören Zahlenklötzchen, wie wir sie aus der Montessori Schule kennen, Punktkärtchen mit Zahlen auf der Rückseite und das so genannte Magische L, bei dem schon ein Fünfjähriger den Vorgang des Multiplizierens versteht.

Daneben gibt es auch Spiele, die den Wortschatz aufbauen, die Kreativität, Konzentration, musikalische Begabung, logisches Denken, das Gedächtnis, das Wertverständnis und das Selbstwertgefühl fördern – und natürlich Geschicklichkeitsspiele. Eltern, Großeltern oder andere Erziehungsberechtigte geraten jedenfalls nie in die Verlegenheit, nicht zu wissen, wie sie mit ihrem Kind die Zeit verbringen: *Fundamental* enthält mehr als 1 000 Ideen für spaßige und zugleich sinnvolle Spiele. Damit nutzen Eltern und Großeltern die Zeit optimal, die sie mit ihren Kindern verbringen. Etwas Neues lernt Ihr Kind zum Beispiel bei einer alltäglichen Sache wie beim Auspacken der Einkaufstaschen oder bei einer Autofahrt. Inzwischen empfehlen bereits Kinderpsychologen und Pädagogen unser Konzept.

Zum Lieferumfang von *Fundamental* gehören ein Videoband, ein Anleitungsbuch, ein Buch mit den Beschreibungen aller Aktivitäten und Spiele, Wortkärtchen, Rechenspiele und Schriftschablonen.

Es gibt darüber hinaus eine spezielle Version für Eltern von Neugeborenen bis zum Alter von 18 Monaten, ein Alter, in dem eine sanfte Anregung ganz entscheidend sein kann.

LERNEN IN DER SCHULE UND AM ARBEITSPLATZ

Die deutsche Ausgabe von Colin Rose's *Master it Faster* wird auch auf Deutsch erscheinen. Sie verhilft Schülern höherer Schulen und Studenten zu besseren Noten und zu einer höheren Motivation. Das Buch ist außerdem ein Instrument für Mitarbeiter, die zu Mitdenkern und Mitentscheidern werden.

Mit diesem Programm finden alle Lernenden ihren persönlichen Lernstil und eignen sich die Methoden an, die ihrer individuellen Art zu lernen am besten entsprechen.

Ergebnisse verschiedener pädagogischer Experten zeigen, dass Menschen, die mit diesem Programm arbeiten, ihre Prüfungsergebnisse bzw. Arbeitsergebnisse deutlich verbessern. In Großbritannien wird das Programm inzwischen von der National Confederation of Parent-Teachers Associations empfohlen. Denn es genügt nicht, mehr Leistung zu verlangen. Man muss den Menschen praktische Methoden an die Hand geben, dies zu schaffen. Wir haben uns deshalb bemüht, alle diese Methoden in unser Programm einzubauen.

Das Programm vermittelt, wie man geschriebene Informationen schneller aufnehmen kann, Gedächtnis und Schreibgeschwindigkeit verbessert, kurzum: überhaupt effektiver lernt oder studiert.

ZUR LERNENDEN ORGANISATION WACHSEN

Als Einzelner und als Wirtschaftsunternehmen muss man heutzutage schneller lernen als die Konkurrenz. Deshalb entwickelten wir ein Programm zum Thema *Lernende Organisationen*.

Menschen, die mit beiden Beinen im Berufsleben stehen, erfahren hier, wie sie jeden Lernstoff und jede Fertigkeit so erlernen, dass es ihrem persönlichen Lernstil bzw. Arbeitsstil entspricht. Wir erreichen damit, dass Menschen intelligenter arbeiten (nicht härter) und in kürzerer Zeit mehr lernen.

Das Programm wird ein Muss für jede Firma, die es sich zum Ziel gesetzt hat, ein Lernunternehmen zu werden.

Auch dieses Programm wird aktuell für den deutschen Sprachraum entwickelt.

Ein weiteres Programm für den beruflichen Erfolg ist „Die 7 Schlüssel zur Kunden-Zufriedenheit". In den seltensten Fällen kann ein Betrieb alle Mitarbeitenden, für die es wichtig wäre, zu einem Seminar über Kunden-Zufriedenheit schicken. Gleichzeitig ist der gekonnte Umgang mit Kunden ein Schlüsselelement für unternehmerischen Erfolg. „Die 7 Schlüssel zur Kunden-Zufriedenheit" bietet die Lösung: Es ist ein Schulungsprogramm, das sich ohne Außenhilfe im Betrieb umsetzen lässt – wahlweise als eineinhalbtägige Veranstaltung oder in regelmäßigen zweistündigen Treffen. „Die 7 Schlüssel zur Kunden-Zufriedenheit" erschien im Dezember 1999.

IN WENIGEN WOCHEN EINE FREMDSPRACHE LERNEN

Kaufen können Sie in jeder Sprache – verkaufen jedoch immer nur in der Sprache Ihres Kunden. Beherrscht man eine Fremdsprache, besitzt man in Beruf und Schule viele Vorteile, und Reisen macht bedeutend mehr Spaß.

Unsere Fremdsprachenkurse beweisen: In wenigen Wochen erreicht man das Gleiche, wozu man mit konventionellen Methoden Jahre benötigt. Denn unsere Methode besteht aus einem multisensorischen Eintauchen in eine fremde Sprache und eine fremde Kultur. Um jedem individuellen Lernstil gerecht zu werden ergänzen zahlreiche ausgewählte Spiele und Aktivierungen das Programm.

Die Grundbegriffe der Sprache vermitteln unterhaltsame Hörspiele, die auf zwölf Tonkassetten alltägliche Situationen behandeln. Originelle Gedanken-Maps illustrieren anschaulich die wichtigsten Phrasen. Denken Sie an diese Bilder, fallen Ihnen auch die Begriffe wieder ein. Ein Videoband fordert Sie auf, bestimmte Worte und Formulierungen aktiv darzustellen. Mit einem Namensspiel bauen Sie in kurzer Zeit einen überraschend großen Wortschatz auf. Sie können im Auto üben und Folgen sogar mit Musik wiederholen. So prägen sich Ihnen die Worte genauso leicht ein wie der Text eines Liedes.

Die Kombination aus akustischem, optischem und körperlichem Lernen führt tatsächlich zu einer erheblichen Beschleunigung des Lernprozesses. Der Rekord liegt bisher bei 31 Stunden, um das Zertifikat des Institute of Linguists Preliminary zu bekommen. Die BBC brachte kürzlich den Bericht über eine Schule, in der die Zahl der Schüler, die ihre Noten nach der Teilnahme an unserem Programm verbessern konnten, zehnmal so hoch war wie die der Teilnehmer an konventionellen Kursen. An anderen Schulen gelang es, den Stoff von zwei Jahren in nur drei Monaten zu vermitteln. Dies ist ein Grund, warum man unsere Programme auch weltweit in Banken, Fluglinien und bei vielen multinationalen Unternehmen einsetzt.

Die Sprachkurse mit *Aktivierendem Lernen* (Selbststudium und Lernen im Team) werden in deutscher Fassung zu verschiedenen Zeitpunkten (je nach Sprache und Lernziel) erscheinen. Wir informieren gern über die laufende Entwicklung.

KÜNSTLERISCHE FÄHIGKEITEN

Die Künstlerin Nancy Margulies brachte tausenden von Menschen das Zeichnen bei – obwohl die meisten anfangs an ihren Fähigkeiten stark zweifelten. Aber nachdem sie Margulies' genialen einfachen Anweisungen Schritt für Schritt gefolgt waren, fertigten sie bereits nach ein paar Stunden Porträts und Zeichnungen an, die sich – im wahrsten Sinne des Wortes – sehen lassen konnten. Jeder kann zeichnen, zeigt man ihm das „Wie".

Das Programm *Yes, You can draw* gibt es auch auf einem Videoband mit einem reich illustrierten Begleitbuch. Es zeigt Ihnen alles, was Sie wissen müssen, um Ihre künstlerischen Fähigkeiten ans Tageslicht zu bringen und zu entwickeln.

BETRIEBLICHE WEITERBILDUNG

Mit dem *TEP – Trainings- und Entwicklungsprogramm* integrieren Unternehmen und Ausbilder die Prinzipien des *Aktivierenden Lernens* sogar in bereits vorhandene Trainingsprogramme – und zwar unabhängig von Dauer und Inhalt einer Ausbildung.

Dem Ausbilder stehen eine Vielzahl durchdachter Übungen, Spiele und anderer Aktivitäten zur Verfügung, um die verschiedenen Intelligenzformen anzusprechen. Alle Teilnehmer haben daher die Möglichkeit, ihre individuellen Stärken einzusetzen. Der Stoff wird im Laufe der Ausbildung auf die unterschiedlichste Art und Weise dargestellt, untersucht und überprüft. Dies gewährleistet nicht nur ein gründliches Verständnis. Es spricht auch eine Vielzahl von Lernstilen an, ganz nach dem Motto von Dr. Howard Gardners „Multiple Chance Learning“.

Zur Auswahl stehen über 80 erprobte Einzelaktivitäten. Außerdem können die Teilnehmer mit einem bewährten Test ihre persönlichen Lernpräferenzen ermitteln.

Das Programm besteht aus vier Handbüchern, drei Videobändern und drei Tonträgern. Die Handbücher erklären die Maßnahmen zum Aktivieren der Teilnehmer. Eines der Videobänder illustriert den Ablauf eines realen Trainingsprozesses. Deshalb enthält das *TEP* sogar ein komplettes Ein-Tages-Training zum Thema „Kundenzufriedenheit – ein Wort wird Wirklichkeit“ als Beispiel. Hieran wird detailliert erläutert, welche Techniken man wann und wie bei einer Ausbildung einsetzt.

Das Handbuch für die Ausbilder enthält alle nötigen Vorlagen, Tabellen, Anleitungen und Aktivitäten. Diese zeigt in anschaulicher Form auch das Demonstrationsvideo.

Diese ausführliche multimediale Materialsammlung des *TEP* versetzt Unternehmen in die Lage, jeden vorhandenen Ausbildungskurs nachträglich mit den Techniken des *Aktivierenden Lernens* aufzurüsten. Aber natürlich lassen sich damit auch vollkommen neue Trainingskurse konzipieren. Neutrale vergleichende Untersuchungen in den USA zeigten: Die Unterschiede in den Trainingserfolgen sind frappierend im Vergleich zu herkömmlichen Ansätzen.

Das *Trainings- und Entwicklungsprogramm TEP* ist bereits erschienen.

HIER ERHALTEN SIE INFORMATIONEN UND HILFE ZUM AKTIVIERENDEN LERNEN:

Großbritannien:

Colin Rose
Accelerated Learning Systems Ltd.
50 Aylesbury Road
Aston Clinton, Aylesbury
Bucks. HP22 9AH
United Kingdom
Telefon: 0044-1296-631177
Telefax: 0044-1296-631074
e-mail: colinrose@globalnet.co.uk
Website: www.accelerated-learning-uk.co.uk

Vereinigte Staaten:

Malcolm J. Nicholl
Accelerated Learning Systems, Inc.
908 Crest Drive
Endinitas, CA 92024
Telefon: 001-760-943-0762
Telefax: 001-760-942-0197
e-mail: als@u-s.com

A.L.S.
Accelerated Learning Special Projects Division
800 Grand Avenue, Suite A14
Carlsbad, CA 92008-1808
Telefon: 001-800-874-7779
Telefax: 001-760-434-4545
e-mail: als@accelerated-learning.com
Website: www.accelerated.learning.com

IAL – International Alliance for Learning
Box 26175
Colorado Springs, CO 80936
Telefon: 001-719 596 6827
Telefax: 001-719 638 6153
e-mail: info@ialearn.org
Website: www.ialearn.org

Deutschland:

Claudia Monnet
FOCUS MARKETING und mehr GmbH
Norderstraße 4
24937 Flensburg
Telefon: 0461/14 14 80
Telefax: 0461/14 14 8 14
e-mail: focus-flensburg@t-online.de
Website: www.focus-marketing.de

DGSL – Deutsche Gesellschaft für suggestopädisches Lernen und Lehren e.V.
Hörlkofenstraße 2
85457 Wörth
Telefon: 08123-991000
Telefax: 08123-991001
e-mail: dgsl@compuserve.com
Website: www.dgsl.de

Literaturverzeichnis

Abbott, John: Learning Makes Sense, Education 2000 Trust Herts, Letchworth Garden City 1994

Allmann, W. F.: Apprentices of Wonder: Inside the Neural Network Revolution, Bantam, New York 1989

Armstrong, Thomas: Awakening Your Child's Natural Genius, Jeremy P. Tarcher Inc., Los Angeles 1991

Armstrong, Thomas: In Their Own Way: Discovering and Encouraging Your Child's Personal Learning Style, Jeremy P. Tarcher Inc., Los Angeles 1987

Armstrong, Thomas: 7 Kinds of Smart, Plume Books, New York 1993

Baddeley, A. D.: Your Memory: A User's Guide, Avery, Garden City Park, NY 1993

Ball, Sir Christopher: Learning Pays: The Role of Post-compulsory Education and Training, R.S.A., London 1991

Ball, Sir Christopher: Profitable Learning: Summary Report, Findings, and Action Plan, R.S.A., London 1992

Baron, Joan B./Sternberg, Robert J.: Teaching Thinking Skills: Theory and Practice, W. H. Freeman & Co., New York 1987

Beck, Joan: Intelligenz für Ihr Kind, Hyperion Verlag Hermann Luft, Freiburg 1970

Beyer, Barry K.: Developing a Thinking Skills Program, Allyn and Bacon, Boston 1988

Bills, Robert E.: Education for Intelligence? Or Failure?, Acropolis Books, Washington, D.C. 1982

Bloom, Benjamin S. (ed.): Developing Talent in Young People, Ballantine, New York 1985

Borysenko, J.: Minding the Body, Mending the Mind, Bantam Press, London 1988

Borysenko, J.: Für den Körper sorgen – die Seele entfalten (Toncassette), Vier Türme, Schwarzach 1996

Boyd, William Lowe/Walberg, Herbert J. (eds.): Choice in Education: Potential and Problems, McCutchan Publishing Corp., Berkeley 1990

Boyer, Ernest L.: Ready to Learn: A Mandate for the Nations, The Carnegie Foundation for the Advancement of Teaching, Lawrenceville, NJ 1991

Brewer, Chris/Champbell, Don G.: Rhythms of Learning, Zephyr Press, Tuscon 1991

Briggs, John: Fire in the Crucible: The Self-Creation of Creativity and Genius, Jeremy P. Tarcher Inc., Los Angeles 1991

Buzan, Tony: Kopftraining, Goldmann Verlag, München 1984

Buzan, Tony: Make the Most of your Mind, Linden Press, New York 1984

Buzan, Tony: Use Your Perfect Memory, NAL-Dutton, New York 1984

Buzan, Tony/Buzan, Barry: Das Mind-Map-Buch, mvg-verlag, Landsberg 1997[2]

Buzan, Tony/Buzan, Barry: How to use the Mind Map Book: Radiant Thinking to Maximize Your Brain's Untapped Potential, NAL-Dutton, New York 1994

Caine, Geoffrey/Caine, Renate N./Crowell, San: MindShifts, Zephyr Press, Tuscon 1994

Cameron-Bandler, Leslie/Gordon, David/Lebeau, Michael: Know-How-Guided Programs for Inventing Your Own Best Future, FuturePace Inc., San Rafael, CA 1985

Canfield, Jack/Wells, Harold C.: One Hundred Ways to Enhance Self-Concept in the Classroom: A Handbook for Teachers and Parents, Prentice-Hall, Englewood Cliffs, NJ 1976

Churchill, Winston: My Early Life: A Roving Commission, Scribner's, New York 1987

Clark, Ronald W.: Einstein: The Life and Times, Avon Books, New York 1994

Coles, M. J./Robinson, W. D. (eds.): Teaching Thinking: A Survey of Programmes in Education, Bristol Press, Bristol, Avon 1989

Collins, Marva: Ordinary Children, Extraordinary Teachers, Hampton Roads, Norfolk, VA 1992

Commission on the Skills of the American Workforce: America's Choice: High Skills or Low Wages, National Center on Education and the Economy, Rochester, NY 1990

Costa, Arthur/Bellanca, James/Fogarty, Robin (eds.): If Minds Matter: A Foreword to the Future Vol. 2, IRI/Skylight Publishing, Palatine, IL 1992

Costa, Arthur L.: Developing Minds: A Resource Book for Teaching Thinking Vol. 1, ASCD, Revised Edition, Alexandria, VA 1991

Csikszentmihalyi, Mihaly: Flow: Das Geheimnis des Glücks, Klett-Cotta/SVK, Stuttgart 1996[5]

Davidow, William H./Malone, Michael S.: Das virtuelle Unternehmen. Der Kunde als Co-Produzent, Campus, Frankfurt 1996[2]

Davis, Stan/Botkin, Jim: The Monster under the Bed, Simon & Schuster, New York 1994

De Bono, Edward: Lateral Thinking: Creativity Step-by-Step, Harper & Row, New York 1970

DePorter, Bobbi: Quantum Learning, Dell, New York 1992

Diamond, Marian C.: Enriching Heredity: The Impact of the Environment on the Anatomy of the Brain, The Free Press, New York 1988

Dickinson, Dee (ed.): Creating the Future, Accelerated Learning Systems, Aston Clinton, Bucks 1991

Dryden, Gordon/Rose, Collin: FUNdamentals: The Building Blocks to Raise a Brighter, Happier Child, Accelerated Learning Systems, Aston Clinton, Bucks 1996

Dryden, Gordon/Vos, Jeannette: The Learning Revolution, Jalmar Press, Torrance, CA 1994

Edelmann, Gerald M: Göttliche Luft, vernichtendes Feuer. Wie der Geist im Gehirn entsteht – die revolutionäre Vision des Medizin-Nobelpreisträgers, Piper, München 1995[2]

Elias, Maurice J./Clabby, John F.: Building Social Problem-Solving Skills: Guidelines From a School-Based Program, Jossey Bass, San Francisco 1992

Ellis, David B.: Becoming a Mater Student, College Survival Inc., Rapid City, MD 1985

Evans, Peter/Deehan, Geoff: The Descent of Mind: The Nature and Purpose of Intelligence, Grafton Books, London 1990

Evans, Peter/Deehan, Geoff: The Keys to Creativity: Unlocking the Secrets of the Creative Mind, Grafton Books, London 1988

Eyre, Linda/Eyre, Richard: Teaching Your Children Values, Simon & Schuster, New York 1993

Feuerstein, Reuven: Instrumental Enrichment: An Intervention Program for Cognitive Modifiability, University Park Press, Baltimore 1980

Fisher, Robert: Teaching Children to Think, Stanley Thorves, Chelterham 1990

Fiske, Edward B.: Smart Schools, Smart Kids: Why Do Some Schools Work?, Simon & Schuster, New York 1991

Fogarty, Robin/Bellanca, James: Multiple Intelligences: A Collection, IRI/Skylight Publishing, Palatine, IL 1995

Frankl, Viktor E.: Man's Search for Meaning, Washington Square, New York 1963

Gardner, Howard: Abschied vom I.Q. Die Rahmen-Theorie der vielfachen Intelligenzen, Klett-Cotta/SVK, Stuttgart 1991

Gardner, Howard: Multiple Intelligences: The Theory in Practice, BasicBooks, New York 1993

Gardner, Howard: The Unschooled Mind: How Children Think and How Schools Should Teach, BasicBooks, New York 1991

Gardner, Howard/Kornhaber, Mindy L./Wake, Warren K.: Intelligence: Multiple Perspectives, Harcourt Brace College Publishers, New York 1996

Gates, Bill: Der Weg nach vorn. Die Zukunft der Informationsgesellschaft, Heyne W., München 1997

Gawain, Shakti: Stell Dir vor. Kreativ visualisieren, Rowohlt TB, Reinbek 1986

Gazzaniga, Michael S.: Mind Matters: How Mind and Brain Interact to Create Our Conscious Lives, Houghton Mifflin, New York 1988

Gazzaniga, Michael S.: The Social Brain: Discovering the Networks of the Mind, BasicBooks, New York 1985

Glasser, William: Control Theory in the Classroom, Harper & Row, New York 1986

Glasser, William: The Quality School: Managing Students without Coercion, Harper & Row, New York 1990

Goldberg, Philip: The Intuitive Edge, Jeremy P. Tarchner/Putnam Book, New York 1983

Goleman, Daniel: Emotionale Intelligenz, dtv, München 1997

Grinder, Michael: NLP für Lehrer, WAK, Freiburg im Breisgau 1995

Grinder, Michael: Ohne viele Worte, VAK, Freiburg im Breisgau 1995

Handy, Charles: The Age of Unreason, Century Hutchinson, London 1989

Harman, Willis/Rheingold, Howard: Higher Creativity: Liberating the Unconscious for Breakthrough Insights, Jeremy P. Tarcher, Los Angeles 1984

Hart, Leslie A.: Human Brain and Human Learning, Longman, New York 1983

Harth, E.: The Creative Loop: How the Brain Makes a Mind, Addison-Wesley, Reading, MA 1993

Hawkins, David, et al.: Communities That Care, Jossey-Bass, San Francisco 1992

Healy, Jane M.: Endangered Minds: Why Children Don't Think and What We Can Do about It, Simon & Schuster, New York 1990

Holt, John: Wie kleine Kinder schlau werden. Selbstständiges Lernen im Alltag, Beltz, Weinheim 1997[3]

Houston, Jean: The Possible Human: A Course in Enhancing Your Physical, Mental, and Creative Abilities, Jeremy P. Tarcher, Los Angeles 1982

Hughes, Felicity: Kleine Kinder lernen lesen und schreiben, Hyperion Verlag Hermann Luft, Freiburg 1972

Hunt, David E.: Beginning with Ourselves: in Practice, Theory, and Human Affairs, Brookline Books, Cambridge, MA 1987

Hutchison, Michael: Megabrain Power. Transformation & Bewusstseinstechnologien. Die Revolution der grauen Zellen, Junfermann, Paderborn 1996

Jackendorf, Ray: Patterns in the Mind: Language and Human Nature, BasicBooks, New York 1994

Jensen, Eric P.: Super-Teaching, Turning Point, Del Mar, CA 1988

Johnson, David W.: Reaching Out: Interpersonal Effectiveness and Self-Actualization, Prentice-Hall, Englewood Cliffs, NJ 1990

Johnson, David W./Johnson, R.: Circles of Learning: Cooperation in the Classroom, Interaction, Edina, MN 1990

Johnson, David W./Johnson, R.: Learning Together And Alone, Prentice-Hall, Englewood Cliffs, NJ 1990

Johnson, David W./Johnson R.: Structuring Cooperative Learning: Lesson Plans for Teachers, Interaction, Edina, MN 1987

Johnson, Virginia: Hands-On Math, Creative Teaching Press, Cypress, CA 1994

Kammeraad-Champbell, Susan: Doc. The Story of Dennis Littky and His Fight for a Better School, Contemporary Books, Chicago 1989

Kaye, Peggy: Games for Learning, Noonday Books, New York 1991

Kaye, Peggy: Games for Reading, Pantheon Books, New York 1984

Kearns, David T./Doyle, Denis P.: Winning the Brain Race: A Bold Plan to Make Our Schools Competitive, ICS Press, San Francisco 1991

Kline, Peter: Das alltägliche Genie. Oder: Wie man sich in das Lernen (neu) verlieben kann, Junfermann, Paderborn 1995

Kline, Peter/Martel, Lauren u. D.: Die Schule spielend meistern, Junfermann, Paderborn 1997

Kline, Peter/Saunders, Bernard: Zehn Schritte zur Lernenden Organisation, Junfermann, Paderborn 1996

Lazaer, David: Seven pathways of Learning: Teaching Students and Parents about Multiple Intelligences, Zephyr Press, Tuscon 1994

Lazear, David: Seven Ways of Knowing: Teaching for Multiple Intelligences, IRI/Skylight Publishing, Palatine, IL 1991

Lazaer, David: Seven Ways of Teaching: The Artistry of Teaching with Multiple Intelligences, IRI/Skylight Publishing, Palatine, IL 1991

LeBoeuf, Michael: Imagineering: How to Profit from Your Creative Powers, McGraw-Hill, New York 1982

Le Poncin, Monique/Levine, Michael: Brain Fitness: A Proven Program to Improve Your Memory, Logic, Attention Span, Organizational Ability, and More, Fawcett Columbine, New York 1990

Lipman, Matthew: Harry Stottelmeiers Entdeckung, Hölder-Pichler-Tempsky, Wien 1990

Lipman, Matthew/Sharp Ann M.: Philosophy in the Classroom, Temple University, Philadelphia 1980[2]

Lorayne, Harry/Lucas, Jerry: The Memory Book, Wyndham Publications, London 1974

Lozanov, Georgi: Suggestology and Outlines of Suggestopedy, Gordon & Breach, New York 1978

Luria, Aleksandr R.: The Mind of a Mnemonomist, Basic Books, New York 1968

Machado, Luiz: The Brain of the Brain: The Key to the Mysteries of Man, Cia-da do Cérebro, Rio de Janeiro 1990

Maddox, Harry: How to Study, Pan Books, London 1963

Margulies, Nancy: Mopping Inner Space, Zephyr Press, Tuscon 1991

Margulies, Nancy: Yes, You Can Draw, Accelerated Learning Systems, Aston Clinton, Bucks 1991

Markova, Dawna: Die Entdeckung des Möglichen. Wie unterschiedlich wir denken, lernen und kommunizieren, VAK, Kirchzarten 1993

Marquardt, Michael J.: Building the Learning Organization, McGraw-Hill, New York 1996

May, Rollo: Der Mut zur Kreativität, Junfermann, Paderborn 1987

McCord, Joan/Tremblay, Richard (eds.): The Prevention of Antisocial Behavior in Children, Guilford, New York 1992

McNally, David: Even Eagles Need a Push: Learning to Soar in a Changing World, TransForm Press, Eden Prairie, MN 1990

Michalko, Michael: Thinkertoys: A Handbook of Business Creativity for the Nineties, Ten Speed Press, Berkeley 1991

Minsky, Marvin: The Society of Mind, Simon & Schuster, New York 1986

Missimer, Connie: Good Arguments: An Introduction to Critical Thinking, Prentice-Hall, Englewood Cliffs, NJ 1986[2]

Nadler, Gerald/Hibino, Shozo: Breakthrough Thinking: Why We Must Change the Way We Solve Problems and the Seven Principles to Achieve This, Primo Publishing and Communications, Rocklin, CA 1990

Naisbitt, John: Megatrends, Warner Books, New York 1982

Naisbitt, John/Auburdene, Patricia: Megatrends 2000, Morrow, New York 1990

Nickerson, Raymond S./Perkins, David N./Smith, Edward E.: The Teaching of Thinking, Lawrence Erlbaum Associates, Hillsdale, NJ 1985

Olsen, Robert W.: The Art of Creative Thinking, Harper & Row, New York 1980

Ornstein, Robert: The Evolution of Consciousness: The Origins of the Way We Think, Touchstone, New York 1991

Ornstein, Robert/Ehrlich, Paul: New World, New Mind: Moving Toward Conscious Evolution, Doubleday, New York 1989

Ornstein, Robert/Sobel, D.: The Healing Brain: Breakthrough Discoveries about How the Brain Keeps Us Healthy, Simon & Schuster, New York 1987

Ornstein, Robert/Swencionis, Charles (eds.): The Healing Brain: A Scientific Reader, The Guilford Press, New York 1990

Osborne, A. F.: Applied Imagination, Scribner's, New York 1963

Ostrander, Sheila/Ostrander, Nancy/Schroeder, Lynn: Superlearning. Leichter lernen ohne Stress, Goldmann, München 1990

Ostrander, Sheila/Schroeder, Lynn: Super-Learning 2000, Delacorte Press, New York 1994

Palmer, Lyelle: Kindergarten Maximum Stimulation: Results over Four Years at Westwood School, Irving, Winona State University, MN 1993

Parnes, Sidney J.: The Magic of Your Mind, Bearly Ltd., Buffalo, NY 1981

Paul, Richard W.: Critical Thinking: What Every Person Needs to Survive in a Rapidly Changing World, Foundation for Critical Thinking, Santa Rosa, CA 1990

Paul, Richard W./Ginker, A. J. A. et al.: Critical Thinking Handbook: K-3rd Grade. A Guide for Remodeling Lesson Plans in Language Arts, Social Studies, and Science, Foundation for Critical Thinking, Santa Rosa, CA 1990[2]

Pedler, Mike/Burgoyne, John/Boydell, Tom: Das lernende Unternehmen. Potentiale freilegen – Wettbewerbsvorteile sichern, Campus, Frankfurt 1994

Perkins, David: The Mind's Best Work, Harvard University Press, Cambridge, MA 1981

Perkins, David: Outsmarting IQ: The Emerging Science of Learnable Intelligence, The Free Press, New York 1995

Pike, Robert W.: Creative Training Techniques Handbook, Lakewood Books, Minneapolis, MN 1990

Popcorn, Faith: Der Popcorn-Report, Heyne W, München 1993

Postman, Neil/Weingartner, Charles: Teaching as a Subversive Activity, Delacorte, New York 1979

Rae, John: Too Little, Too Late: The Challenges That Still Face British Education, William Collins, Glasgow 1989

Reinsmith, William: Archetypal Forms in Teaching: A Continuum, Greenwood Press, Westport, CT 1992

Restak, Richard: The Modular Brain, Scribner's, New York 1994

Rich, Dorothy: MegaSkills, Houghton Mifflin, Boston 1988

Rico, Gabriele L.: Garantiert schreiben lernen. Sprachliche Kreativität methodisch entwickeln – ein Intensivkurs auf der Grundlage der modernen Gehirnforschung, Rowohlt TB, Reinbek 1998

Rifkin, Jeremy: Das Ende der Arbeit und ihre Zukunft, Fischer Taschenbuch, Frankfurt 1997

Robbins, Anthony: Awaken the Giant Within, Summit Books, New York 1991

Robbinson, Ken: The Art in Schools: Principles, Practice, and Provision, BPCC Oyez Press, London 1982

Rogers, Carl R.: Freedom to learn for the Eighties, Macmillan, New York 1983

Rogers, Carl R.: Entwicklung der Persönlichkeit. Psychotherapie aus der Sicht eines Therapeuten, Klett-Cotta/SVK, Stuttgart 1989[7]

Rosenfield, Israel: The Invention of Memory: A New View of the Brain, BasicBooks, New York 1988

Rowntree, Derek: Learn How to Study: A Guide for Students of All Ages, McDonald Illustrated, London 1990

Rylatt, Alastair: Learning Unlimited, Business & Professional Publishing, Sydney 1995

Samples, Bob: Open Mind/Whole Mind: Parenting and Teaching Tomorrow's Children Today, Jalmar Press, Rolling Hills, CA 1987

Sarason, Seymour B.: The Predictable Failure of Education Reform: Can We Change Course Before It's Too Late?, Josey-Bass, San Francisco 1990

Scriven, Michael: Reasoning, McGraw-Hill, New York 1976

Senge, Peter M.: Die fünfte Disziplin. Kunst und Praxis der lernenden Organisation, Klett-Cotta/SVK, Stuttgart 1997[4]

Siegel, Bernie S.: Love, Medicine, and Miracles, Harper & Row, New York 1986

Sizer, Theodore R.: Horace's Compromise: The Dilemma of the American High School, Houghton Mifflin, Boston 1984

Sizer, Theodore R.: Horace's School: Redesigning the American High School, Houghton Mifflin, New York 1992

Slavin, Robert E.: Cooperative Learning, Longman, New York 1983

Smith, Anthony: The Mind, Hodder and Stoughton, London 1984

Springer, Sally P./Deutsch, Georg: Linkes/Rechtes Gehirn, Spektrum Akademischer Verlag, Berlin 1995[3]

Staff of the New City School: Celebrating Multiple Intelligences: Teaching for Success, The New City School, St. Louis, MO 1994

Sternberg, Robert J.: Intelligence Applied: Understanding and Increasing Your Intellectual Skills, Harcourt Brace Jovanovich, New York 1986

Sternberg, Robert J.: The Nature of Creativity: Contemporary Psychological Perspectives, Cambridge University Press, New York 1988

Sternberg, Robert J.: The Triarchic Mind: A New Theory of Human Intelligence, Viking, New York 1988

Stone, Karen F./Dillehunt, Harold Q.: Self Science: The Subject Is Me, Goodyear Publishing Co., Santa Monica 1978

Sylwester, Robert A.: A Celebration of Neurons: An Educator's Guide to the Human Brain, ASCD, Alexandria, VA 1995

Tavris, Carol: Anger: The Misunderstood Emotion, Touchstone, New York 1989

Tobin, Daniel R.: Re-Educating the Corporation: Foundations for the Learning Organization, Oliver Wright Publications, Essex Junction, VT 1993

Tooley, James: Education without the State, The Institute of Economic Affairs, London 1996

Tracy, Brian: Maximum Achievement, Simon & Schuster, New York 1993

Tribus, Myron: Selected Papers on Quality and Productivity Improvements, National Society of Professional Engineers, Washington, DC 1991

Vygotsky, Lev S.: Mind in Society: the Development of Higher Psychological Processes, Harvard University Press, Cambridge, MA 1978

Walton, Mary: The Deming Management Method, Perigee Books, New York 1986

Weinstein, Claire E./Goetz, Ernest T./Alexander, Patricia A. (eds.): Learning and Study Strategies, Academic Press, San Diego 1988

West, Thomas G.: In the Mind's Eye, Prometheus Books, Buffalo 1991

Whimbey, Arthur/Lackhead, Jack: Problem Solving and Comprehension, Franklin Institute Press, Philadelphia 1982[3]

White, Burton L.: The First Three Years of Life, Prentice Hall, New York 1986

Wick, Calhoun W./Leon, Stanton Lu: The Learning Edge; How Smart Managers and Smart Companies Stay Ahead, McGraw Hill, New York 1993

Wlodowski, Raymond J./Jaynes, Judith H.: Eager to Learn: Helping Children Become Motivated and Love Learning, Jossey-Bass Inc., San Francisco 1990

Wujec, Tom: The Complete Mental Fitness Book, Aurum Press, London 1989

Wurman, Richard Saul: Information Anxiety, Doubleday, New York 1989

Zdenek, Marilee/Hoppe, Klaus D.: Die Entdeckung des rechten Gehirns. Der kreative Prozess. Das persönliche Programm zur Befreiung der schöpferischen Kräfte, Gabal, Offenbach 1992[12]

Stichwortverzeichnis

E

F

G

H

I

J

K

L

S

W

Y

Z

Notizen

Notizen

Notizen

Notizen

Notizen

Notizen